古代歷史文化研究輯刊

二六編

王明蓀 主編

第 **5** 冊

漢代廷尉研究

閆強樂 著

國家圖書館出版品預行編目資料

漢代廷尉研究／閆強樂 著 -- 初版 -- 新北市：花木蘭文化事
業有限公司，2021〔民 110〕
序 4+ 目 2+272 面；19×26 公分
（古代歷史文化研究輯刊 二六編；第 5 冊）
ISBN 978-986-518-588-6（精裝）
1. 官制 2. 漢代
618   110011816

ISBN-978-986-518-588-6

古代歷史文化研究輯刊
二六編 第 五 冊   ISBN：978-986-518-588-6

漢代廷尉研究

作 者 閆強樂
主 編 王明蓀
總 編 輯 杜潔祥
副總編輯 楊嘉樂
編 輯 許郁翎、張雅淋、潘玟靜 美術編輯 陳逸婷
出 版 花木蘭文化事業有限公司
發 行 人 高小娟
聯絡地址 235 新北市中和區中安街七二號十三樓
電話：02-2923-1455 ／傳真：02-2923-1452
網 址 http://www.huamulan.tw 信箱 service@huamulans.com
印 刷 普羅文化出版廣告事業
初 版 2021 年 9 月
全書字數 231625 字
定 價 二六編 32 冊（精裝）台幣 88,000 元

漢代廷尉研究

閆強樂 著

作者簡介

閆強樂，男，1993 年 7 月生，陝西西安藍田人。西北大學法學院講師，法學博士。2015 年於蘭州大學國家文科基礎學科人才培養基地班歷史學學士畢業；2018 年於蘭州大學歷史文化學院中國古代史碩士畢業，導師喬健教授；2021 年於中國政法大學法學院法律史博士畢業，導師朱勇教授。出版學術專著《趙舒翹年譜》、《正史法律資料類編（先秦秦漢卷）》、《長安高僧錄》等著作 3 部，在《中國史研究》、《中國社會科學報》、《中華法系》、《東亞文獻研究》等刊物發表論文 20 餘篇，研究領域中國法律史。

提　　要

　　秦漢國家的統治，或是以法為治、以吏為師，或是黃老因循，或是內法外儒，律令在國家政治的運行和社會秩序的維繫方面，都起到了基礎性的作用。廷尉是秦漢時期的最高司法官員，是春秋以來司法刑官專職化趨勢在秦漢時期的定型形態。對這一職官的起源、職掌、選任、機構屬員等問題做一系統的探討，在一定程度上能夠深化對秦漢帝國的國家司法權力體系及其運行邏輯的認識和理解。廷尉作為秦漢帝國最高司法長官，其職權包括制定、修改法律條文，審理詔獄，審理地方郡國報請的上訴疑難案件，廷尉審理的「詔獄」，其犯罪主體包括與諸侯王及其親屬、公卿大臣、地方郡守、軍事將領以及與皇帝相涉的相關人員，而廷尉審理的奏讞疑獄逐漸呈「判例化」趨勢。秦漢時期的廷尉審判的運作程序遵循「下僚起案，上官裁決」的原則，漢代的審判制度可以稱之為「獄吏主導型」或「小吏主導型」的審判。在廷尉的屬吏中，廷尉正與廷尉平最為重要，他們的設置經歷了一個變化的過程，是漢廷對最高司法機構不斷完善的體現。廷尉正本屬中央廷尉的屬官，但在漢代之後的發展中，逐漸成為王國一級的司法官員，是漢朝中央加強對王國控制在司法方面的表現。廷尉平的設置，體現了漢代法律政策從「嚴酷刑法」向「尚德緩刑」轉變。職官與政治的關係，可進行深入的解讀。廷尉作為九卿之一，除了專職的司法職責外，也對朝政大事發表議論，影響決策。有時候伴隨著廷尉權勢的增長，對國家政局也能產生重大影響。

序　言

閆曉君

　　歷代典章制度隨時轉移變化，有因襲，也有變革。春秋戰國之世，社會變革尤為劇烈，王應麟《漢制考序》云：「井牧變而阡陌，畿服變而郡縣，車乘變而步騎，什一變而箕斂，佩玉變而帶劍，簟席變而杯案。生民之理有窮，則聖王之法可改。」（宋王應麟《漢制考》，中華書局，2011 年）

　　漢朝建立，高祖鑒亡秦之弊，除封建諸侯外，其他一切皆襲亡秦之舊制。秦文化具有極強的開放性以及積極向上的進取精神，這一點為世人所稱道，在作為秦文化底色的法律文化上表現得尤為突出，那就是秦敢於制度創新的氣魄。《史記‧六國年表》序：「然戰國之權變亦有可頗采者，何必上古。秦取天下多暴，然世異變，成功大。傳曰『法後王』。何也？以其近已而俗變相類，議卑而易行也。學者牽於所聞，見秦在帝位日淺，不察其終始，因舉而笑之，不敢道，此與以耳食無異。悲夫！」司馬遷從「法後王」的角度出發，提出後世當以秦為後王而法之，對拘泥於傳統聞見而動輒稱道「上古」以譏笑秦的時風提出批評，認為彼輩所為乃是無異於「以耳食」的可悲之事。縱覽歷史，秦制確實對後世產生了很大影響，顧炎武說：「漢興以來承用秦法以至今日者多矣，世之儒者言及于秦，即以為亡國之法，亦未之深考乎！」

　　秦奉行法家的「以法為教」「以吏為師」的治國理念，在中央設置廷尉，「掌刑辟，有正、左右監，秩皆千石。」（《漢書‧百官公卿表》）廷尉及屬官皆取精通法律之士。秦設廷尉，與西周的秋官司寇系統不同，也與關東六國的法官法吏有別，這是秦文化敢於創制精神的體現。漢代的廷尉雖承秦而來，但前後漢近四百年，不可能沒有變化。如武帝時，張湯為廷尉，廷尉

史開始選用經學之士，改變了以往純用明習法律之士的傳統做法。《漢書‧張湯傳》：「是時，上方鄉文學，湯決大獄，欲傅古義，乃請博士弟子治《尚書》、《春秋》，補廷尉史，平亭疑法。奏讞疑，必奏先為上分別其原，上所是，受而著讞法廷尉挈令，揚主之明。」有鑑於此，閆強樂博士的《漢代廷尉研究》對漢代廷尉的源流、屬員以及職能、選任進行了系統梳理和研究，具有一定的學術價值。

閆強樂與我同姓，又皆秦人，研究方向、興趣亦複相近。前幾年，強樂在蘭州大學隨喬健教授讀碩士，研究方向為秦漢史，《漢代廷尉研究》就是他申請碩士學位的論文。因我研習秦漢法律史的緣故，我們就此互相結識，雖各在秦隴兩地，但利用節假日時常見面交流。閆強樂雖是九零後，然好古敏求，志向遠大，眼界開闊，碩士畢業後又負笈燕京，追隨朱勇教授治法律史。2018 年，我申請「陝派律學研究」的國家社科基金項目課題，邀請他參與我主持的研究項目，學界友朋或誤以為子侄。噫！我非不願，恨不是而已！強樂大作將在臺灣花木蘭出版社出版，囑請作序，因此欣然命筆，草此以為序。

閆曉君〔註1〕

辛丑正月上元燈節於古長安

〔註 1〕閆曉君，西北政法大學法治學院二級教授，博士生導師。

序　言

喬健

　　秦漢時期是中國制度文明的重新整合時期，所形成的國家治理體系，不僅深刻地影響著中國的歷史進程，形成了皇帝制度、官僚體制、法律制度、基層社會制度等等基礎，也決定了以後中國制度文明的基本格局。法律制度是秦漢國家治理體系的重要方面，近幾年出土的秦漢法律簡牘文獻，為我們認識秦漢帝國的法律治國圖景提供了重要的學術參考，但我們也同時需要認識到，官僚體制是中國古代國家制度的主要方面，法律類職官在國家法律制定、實施、普及方面發揮了更為重要的基礎作用，因此選擇秦漢廷尉研究，既可以梳理中國古代法律職官的歷史變遷，從縱向角度熟悉中國法治文明的歷史進程，也可以論證官僚體制與法律制度之間的密切聯繫，從橫向角度瞭解秦漢國家治理的制度邏輯。

　　閆強樂著《漢代廷尉研究》，立足歷史學、法律史學的宏觀視角，充分利用秦漢傳世文獻、出土簡牘文獻與考古資料，充分借鑒學界學術研究成果，系統考證漢代中央司法職官廷尉的源流、人員、屬員、職掌，對於秦漢廷尉職官研究進一步深化、細化，也提出了自己的學術思考，具有一定的學術價值。我作為他碩士階段的指導老師，十分高興能在學生的著作前說幾句話，聊以表達對學生的鼓勵！

喬健〔註2〕
2021 年春於蘭州

〔註 2〕喬健，蘭州大學歷史文化學院教授，博士生導師。

目次

緒　論

一、選題的對象和意義

　　本文以秦漢廷尉制度為研究對象，重點探討兩漢四百年間廷尉職官的源流、選任、屬員與職能，在此基礎上思考秦漢帝國的司法職官的特徵與演變，分析中國古代國家形態及治理模式，探討司法官在國家制度運行中的作用。時間範圍因需要有時會延伸至先秦以及魏晉時期。

　　全文共四章，第一章研究周制、楚制、秦制中央司法職官的設置與職掌變遷。第二章補綴完成詳細的《秦漢廷尉繫年錄》，探討秦漢時期法律學術的演變歷程。第三章考證廷尉正、廷尉監、廷尉平、廷尉史、奏讞掾、廷尉獄及其他屬吏的選任、事蹟與司法活動，梳理秦漢時期廷尉審判的運作程序與審判原則。第四章整理兩漢時期有關廷尉司法實踐活動的案例，分析廷尉參與朝廷「論議」、審理疑獄、審理「詔獄」、制定與修改法律條文等職能。

　　著名史學家鄧廣銘先生將職官與目錄、年代、地理作為史學研究的四把鑰匙。在帝制中國時期，職官與律令處於同等重要的地位，職官之源流、選任、屬吏、職掌，都會對中國古代法的制定與運行產生重要影響，我們對於歷代職官「活的制度史」的考察，背後所反映的正是帝制中國法律權力的運行邏輯。本文希望從傳統的職官考證研究入手，對漢代廷尉職官問題加以考察，將職官制度研究與法律史研究相結合，以冀對中國法律史的研究有所推進。

二、研究回顧

秦漢史研究中，學界以往對廷尉職官的學術史梳理與評述，措意不多。本文從制度史研究視野、法律史研究視野、廷尉專題研究三個方面對學界研究成果進行梳理，辨章學術，考鏡源流，突出本文學術研究的價值與意義。

（一）制度史研究視野下的秦漢廷尉研究

傳統學術下的官制撰寫與秦漢廷尉研究，以《漢書‧百官公卿表》〔註1〕與《續漢書‧百官志》〔註2〕為基礎，敘錄廷尉的源流、人選、屬員、職掌，為本文研究奠定堅實的資料基礎。之後歷代學者考證研究廷尉，多以《漢書‧百官公卿表》、《續漢書‧百官志》為參考，轉相抄錄，如唐代學者杜佑《通典》〔註3〕，宋代學者鄭樵《通志》〔註4〕，徐天麟《西漢會要》〔註5〕、《東漢會要》〔註6〕，孫逢吉《職官分紀》〔註7〕，元代學者馬端臨《文獻通考》〔註8〕，方回《秦漢九卿考》〔註9〕，清末學者沈家本《歷代刑官考》〔註10〕、孫楷《秦會要‧職官》〔註11〕等，無出其右。

20 世紀 40 年代以來，國內外學者的相關制度史研究論著在中央官制（九卿制度）與中央司法制度方面，對秦漢廷尉職官進行了更為廣泛深入的

〔註1〕 （漢）班固：《漢書‧百官公卿表》，北京：中華書局，1962 年，第 730 頁。

〔註2〕 （晉）司馬彪：《續漢書‧百官志》，見（劉宋）范曄：《後漢書‧百官志》，北京：中華書局，1965 年，第 3582 頁。

〔註3〕 （唐）杜佑：《通典》卷 25《職官（七）》，杭州：浙江古籍出版社，2000 年，第 151 頁。

〔註4〕 （宋）鄭樵：《通志二十略‧職官略（四）》，王樹民點校，北京：中華書局，1995 年，第 1092 頁。

〔註5〕 （宋）徐天麟：《西漢會要》卷 31《職官（一）》，上海：上海人民出版社，1977 年，第 343 頁。

〔註6〕 （宋）徐天麟：《東漢會要》卷 19《職官（一）》，上海：上海古籍出版社，2006 年，第 281 頁。

〔註7〕 （宋）孫逢吉：《職官分紀》，北京：中華書局，1988 年，第 456～457 年。

〔註8〕 （宋）馬端臨：《文獻通考》卷 56《職官考（十）》，上海師範大學古籍研究所、華東師範大學古籍研究所點校，北京：中華書局，2011 年，第 1647 頁。

〔註9〕 （宋）魏了翁纂、（元）方回續：《古今考》卷 10，臺北：臺灣學生書書局，1971 年，第 260 頁。

〔註10〕 （清）沈家本：《歷代刑法考‧歷代刑官考（上）》，北京：中華書局，1985 年，第 1966～1967 頁。

〔註11〕 （清）孫楷：《秦會要》卷 14，楊善群校補，上海：上海古籍出版社，2004 年，第 244～245 頁。

討論，形成諸多綜合性研究成果，為後續的學術研究做出了重大的貢獻，然亦未超出傳統職官制度研究的內容。如陶希聖、沈巨慶《秦漢政治制度》（1936）〔註12〕簡要梳理廷尉職掌。曾資生《中國政治制度史》（1943）〔註13〕於中央政府諸卿中考證廷尉的源流、屬官，認為「自秦以至西漢武帝以前，廷尉為法律刑名之府，是為純粹的法家制度。武帝時儒家學說與制度逐漸抬頭，如董仲舒之流，有春秋決獄之說。其時武帝心向文學，於是廷尉內部亦頗有儒家學說之影響」。

　　安作璋、熊鐵基《秦漢官制史稿》（1984）〔註14〕詳細考證、梳理秦漢廷尉的源流、屬員及其職掌，認為「廷尉正像丞相長史和御史丞（當為中丞）一樣，可以代表廷尉參加雜治詔獄，又可以單獨決疑獄，其地位僅次於廷尉」，指出「自秦至西漢前期，廷尉純為法律刑名之官。武帝時尊崇儒術，外儒內法，此後儒法逐漸合流，儒生及儒家思想也隨之涉入司法機關」，是書是現階段研究廷尉最為全面的學術著作。美國學者畢漢思《漢代官僚制度》（1980年）〔註15〕論述了廷尉淵源、職掌與屬員分布問題。張晉藩《中國古代政治制度》（1988）〔註16〕，白鋼、孟詳才主編《中國政治制度通史（秦漢卷）》（1991）〔註17〕、王育民《秦漢政治制度》（1996）〔註18〕、蘇俊良《漢朝典章制度》〔註19〕、卜憲群《秦漢官僚制度》（2002）〔註20〕，陳茂同《中國歷代職官沿革史》〔註21〕，韋慶遠、柏樺編著《中國官制史》

〔註12〕陶希聖、沈巨慶：《秦漢政治制度》，上海：商務印書館，1936年，第127～128頁。

〔註13〕曾資生：《中國政治制度史》（第2冊），重慶：南方印書館，1943年，第110～112頁。

〔註14〕安作璋、熊鐵基：《秦漢官制史稿》，濟南：齊魯書社，1984年，第149頁。

〔註15〕Hans Bealunstine, *The Bureaucracy of Han Times,* Cambridge University Press, 1980, pp38-39.

〔註16〕張晉藩：《中國古代政治制度》，北京：北京師範學院出版社，1988年，第51、79頁。

〔註17〕孟詳才：《中國政治制度通史（修訂本）》（卷3）《秦漢》，北京：社科文獻出版社，2011年，第129～130、216～217頁。

〔註18〕王育民：《秦漢政治制度》，西安：西北大學出版社，1996年，第35～36頁。

〔註19〕蘇俊良：《漢朝典章制度》，長春：吉林文史出版社，2001年，第220～228頁。是書在分析中央司法行政制度中廷尉及其署官的審判職能，論述兩漢廷尉審判的弊端。

〔註20〕卜憲群：《秦漢官僚制度》，北京：社會科學文獻出版社，2002年第129頁。

〔註21〕陳茂同：《中國歷代職官沿革史》，天津：百花文藝出版社，2005年，第65、

（2006）〔註22〕，鹿諳慧、曲萬法、孔令紀主編《中國歷代官制》（2013）
〔註23〕，亦在中央官制、中央司法制度方面簡要論述廷尉職官，但均未超
越《秦漢官制史稿》的研究。

秦漢通史研究著作在論述秦漢中央官制與中央司法制度時亦論述廷尉
職官。代表性著作有錢穆《秦漢史》〔註24〕、呂思勉《秦漢史》〔註25〕、熊
鐵基《秦漢文化史》〔註26〕、韓復智等編著《秦漢史》〔註27〕，以及英國學
者崔瑞德與魯惟一編撰《劍橋中國秦漢史》〔註28〕。但相關研究仍在《秦漢
官制史稿》的研究範圍之內，並無新意，《劍橋中國秦漢史》甚有諸多錯誤
論斷。

饒宗頤《新莽職官考》〔註29〕考新莽時期廷尉當為「作士」，始建國元
年更成此名，三年加將軍號。秩上卿，有掌寇大夫。樓勁《漢—唐諸卿沿革
發微》〔註30〕分析自漢至唐中央政治體制的發展過程，以廷尉為例，論證
「漢卿政專權重，輒繫全局；但魏晉以來，諸卿之職漸與大政無關」，認為
漢時廷尉即治刑獄，又掌刑律。至晉尚書有都官、比部、三公、二千石曹，
皆有刑獄之任而右永執其要，較為混沌錯雜的諸卿所屬機構也組合生滅，
趨於有條理和清晰化。黃留珠《略談秦的法官法吏制》〔註31〕論述秦的「法

88～89 頁。

〔註22〕韋慶遠、柏樺編著：《中國官制史》，上海：東方出版社，2006 年，第 200、
225～226 頁。

〔註23〕鹿諳慧、曲萬法、孔令紀主編：《中國歷代官制（增訂本）》，濟南：齊魯書社，
2013 年，第 67～68 頁。

〔註24〕錢穆：《秦漢史》，北京：生活・讀書・新知三聯書店，2004 年，第 285 頁。

〔註25〕呂思勉：《秦漢史》，上海：上海古籍出版社，1983 年，第 633 頁。

〔註26〕熊鐵基：《秦漢文化史》，上海，東方出版中心，2007 年，第 63～64 頁。

〔註27〕韓復智等編著：《秦漢史（修訂版）》，臺北：里仁書局，2007 年，第 183、208
～209 頁。

〔註28〕〔英〕崔瑞德、〔英〕魯惟一編：《劍橋中國秦漢史：公元前 221 年至公元 220
年》，楊品泉等譯，北京：中國社會科學出版社，1992 年，第 447～448、473、
503 頁。

〔註29〕饒宗頤：《新莽職官考》，《東方雜誌》1959 年第 1 期，見饒宗頤：《饒宗頤史
學論著選》，上海：上海古籍出版社，1993 年，第 183 頁。

〔註30〕樓勁：《漢—唐諸卿沿革發微》，《青海社會科學》1988 年第 3 期，第 59～65
頁。

〔註31〕黃留珠：《略談秦的法官法吏制》，《西北大學學報》1981 年第 1 期，第 74～
78 頁；又載於黃留珠：《秦漢歷史文化論稿》，西安：三秦出版社，2002 年，
第 32～40 頁。

官法吏制」，認為法官、法吏的職責有三項：（一）學習法令；（二）解答官吏和人民有關法令方面的問題；（三）每年一次，以禁室所藏法令條文為準，核對法令，然後把核對過的法令頒布給吏民，以求法令的明確。這為進一步瞭解秦漢廷尉的職責提供了參考。劉海年《秦代法吏體系考略》〔註 32〕分析廷尉及其屬官。韓連琪《春秋戰國時代的中央官制及其演變》〔註 33〕在戰國時中央官制與秦漢公卿制度的起源處考論秦漢廷尉官的緣起，即春秋趙國的「大理」。

（二）法律史研究視野下的秦漢廷尉研究

中國法律通史及秦漢法律史研究均涉及廷尉研究。楊鴻烈《中國法律發達史》（1930）〔註 34〕以西方法學理論與概念梳理中國法律史，編排史料，於中央法院編制部分提及廷尉。陳顧遠《中國法制史》（1934）〔註 35〕在中國法制中之組織法部分論述漢代中央司法組織。戴炎輝《中國法制史》（1966）〔註 36〕在部門法學知識框架下，論述漢代中央司法機關廷尉。蒲堅主編《中國法制史》（1987）〔註 37〕在秦漢司法制度中論述中央司法機關廷尉。通史類著作中，張晉藩主編、徐世虹編《中國法制通史·戰國、秦漢》（1999）〔註 38〕最為詳細地論述秦漢廷尉淵源、屬員及其職掌，從秦漢司法制度角度分析廷尉的職能，認為廷尉只是皇權的在司法方面的辦事機構，亦是秦漢司法組織中的一個機構。

秦漢法律史研究領域，蒲堅《中國古代行政立法》（19990）〔註 39〕、日

〔註32〕劉海年：《秦代法吏體系考略》，《學習與探索》1982 年第 2 期，第 57～65 頁；亦載於劉海年：《戰國秦代法制管窺》，北京：中國社會科學出版社，2017 年，第 131～144 頁。

〔註33〕韓連琪：《春秋戰國時代的中央官制及其演變》，《文史哲》1985 年第 1 期，第 10 頁。

〔註34〕楊鴻烈：《中國法律發達史》，北京：中國政法大學出版社，2003 年，第 51、67、109～110 頁。

〔註35〕陳顧遠：《中國法制史》，上海：商務印書館，1934 年，第 177～178 頁。

〔註36〕戴炎輝：《中國法制史》，臺北：三民書局，1966 年，第 141 頁。

〔註37〕蒲堅主編：《中國法制史》，北京：光明日報出版社，1987 年，第 74～75、107 頁。

〔註38〕張晉藩主編、徐世虹編：《中國法制通史》第 2 卷，北京：法律出版社，1999 年，第 172、515 頁。

〔註39〕蒲堅：《中國古代行政立法》，北京：北京大學出版社，1990 年，第 116、152、171～172 頁。

本學者大庭脩《秦漢法制史研究》（1991）〔註40〕、孔慶明《秦漢法律史》（1992）〔註41〕、高恒《秦漢法制論考》（1994）〔註42〕、張景賢《漢代法制研究》（1997）〔註43〕在論述中央司法機關時論述廷尉，均較為簡略。

　　廷尉是中央最高司法長官，重要職責為審理獄訟，出土簡牘文獻中有大量司法文書，為廷尉司法實踐研究提供了新的資料。蔡萬進《張家山漢簡〈奏讞書〉研究》（2006年）〔註44〕利用出土文獻張家山漢簡《奏讞書》考證漢高祖七年讞疑獄詔的法律化過程和奏讞案例的判例化過程，復原了漢初的奏讞制度及其程序，為我們進一步認識秦漢廷尉的「讞疑獄」司法活動提供了借鑒。日本學者宮宅潔《秦漢時期的審判制度——張家山漢簡〈奏讞書〉所見》〔註45〕認為秦漢時期的廷尉審判的運作程序廷尉遵循「下僚起案，上官裁決」，治獄的過程中，前期的診問、聽取供述，援引律令提出草案之例以及整理相關治獄材料，均有廷尉屬吏完成，只有當獄案事實關係明確之後，廷尉長吏才開始出面，廷尉及相關長吏、屬吏將之前已經作好的供述記錄匯總起來進行廷尉府「廷議」，由廷尉主導，進行最終的裁決，《張家山漢簡〈奏讞書〉》杜瀘女子甲和姦案已經完整地展現廷尉府「廷議」的過程。日本學者籾山明《中國古代訴訟制度研究》〔註46〕在進一步分析出土簡牘中所見獄訟案件的基礎上，認為漢代的審判制度可以稱之為「獄吏主導型」或「小吏主導型」，這種審判模式處於從上級二千石到中央廷尉、再到皇帝這一金字塔式官僚制度的末端。

　　那思陸《中國審判制度史》（2009）〔註47〕在中國審判制度（三法司制

〔註40〕〔日〕大庭脩：《秦漢法制史研究》，徐世虹等譯，上海：中西書局，2017年，第20頁。

〔註41〕孔慶明：《秦漢法律史》，西安：陝西人民出版社，1992年，第132、374頁。

〔註42〕高恒：《秦漢法制論考》，廈門：廈門大學出版社，1994年，第6～7頁。

〔註43〕張景賢：《漢代法制研究》，哈爾濱：黑龍江教育出版社，1997年，第234～235頁。

〔註44〕蔡萬進：《張家山漢簡〈奏讞書〉研究》，桂林：廣西師範大學出版社，2006年。

〔註45〕〔日〕宮宅潔：《秦漢時期的審判制度——張家山漢簡〈奏讞書〉所見》，徐世虹譯，載於楊一凡、〔日〕寺田浩明主編：《日本學者中國法制史論著選（先秦秦漢卷）》，北京：中華書局，2016年，第294頁。

〔註46〕〔日〕籾山明：《中國古代訴訟制度研究》，李力譯，上海：上海古籍出版社，2009年，第101頁。

〔註47〕那思陸：《中國審判制度史》，上海：上海三聯書店，2009年，第1～75頁。

度）的歷史變遷視域下，認為秦及西漢（漢成帝以前）形成的二法司制度是中國審判制度史上的重要發展，廷尉審理中央和地方絕大多數的刑名案件，是一般案件的普通審判機關，御史審理皇帝交議的特別案件，以貴族和官員犯罪案件居多，是特別審判機關，西漢成帝以後的三公曹和東漢光武帝以後的二千石曹都先後成為審判機關，廷尉的審判權受到影響，廷尉上呈皇帝的司法案件一般由三公曹或兩千石複審。重大案件，三公曹尚書（或兩千石尚書）與廷尉及御史大夫會審。在審判上，第三個審判機關逐漸成形。龍顯昭在《中國封建社會政治體制運作研究》（2014）中第一次明確提出「法政體制」這一概念，認為「法政體制是伴隨廷尉等司法機構和職官的設置而逐漸形成的，它是我國封建政治制度的一個特殊現象和重要組成部分」〔註48〕而劉長江〔註49〕在龍顯昭這一觀點的基礎上，全面研究中國古代司法行政體制及其運作過程，認為秦漢時期創建了封建君主專制主義中央集權制的司法機關體系，國家司法大權操縱在皇帝手裏，廷尉作為常設的最高司法審判機構和職官，審理皇帝交辦的案件、地方不能審理的重大案件以及審判平決各郡的疑難案件。漢承秦制，中央以廷尉為最高司法機關，其長官也叫廷尉，擁有決獄、制令、決天下疑獄等諸多權力，但在司法實踐中，因受到各種因素的影響，並不能做到司法獨立，管轄權限往往受到丞相、御史等的制約。

（三）廷尉專題研究

最早對秦漢廷尉職官進行專題研究的是臺灣學者劉令輿《秦漢之廷尉制度》〔註50〕，是文論述廷尉名稱由來，廷尉出身履歷，廷尉職掌，廷尉幕僚機構，廷尉偵查審判程序，漢代廷尉相關機構等，全面論述了秦漢廷尉制度的具體內容，頗具參考價值。問永偉的碩士論文《秦漢廷尉新探》〔註51〕利用傳世文獻考證廷尉源流，重點分析秦漢時期廷尉的承辦詔獄，受理地方、郡國一級的上訴案件，制定與修改法令條文，管理監獄事務，參與大案、朝

〔註48〕未見龍顯昭先生關於此問題研究的具體論著，參見劉長江等編著：《中國封建司法行政體制運作研究》，北京：中國社會科學出版社，2014年，第5頁。

〔註49〕劉長江：《中國封建法政體制的形成和演變述論》，《山東師範大學學報》2005年第2期，第136～137頁；劉長江：《漢代法政體制述論》，《成都大學學報》2005年第5期，第64～67頁；劉長江等編著：《中國封建司法行政體制運作研究》，北京：中國社會科學出版社，2014年，第1～76頁。

〔註50〕劉令輿：《秦漢之廷尉制度》，《華岡法粹》1977年第9期。

〔註51〕問永偉：《秦漢廷尉新探》，首都師範大學2001年碩士論文。

廷大事等方面的職能，進一步論述廷尉在強化皇權、鞏固專制主義中央集權、制定和維護法律制度等方面的作用，認為秦漢時期廷尉需要法律專業知識和辦案能力，但此處論述頗為簡略。黑廣菊、李家釗《論兩漢的廷尉制度》〔註52〕分析兩漢時期的廷尉的職責，治理獄案情況及其對漢代法制建設的影響。袁剛《秦漢廷尉寺》〔註53〕認為「專職司法官的設置，是王朝行政管理的一大進步」。沈剛《漢代廷尉考述》〔註54〕認為廷尉是漢代掌管刑獄的最高職官，其主要職掌有決獄，包括行政和軍政系統中二千石以上的官吏、宗室犯罪及謀反等重罪，部分法令的制訂，審理天下疑獄等。但在皇權至上的政治格局下，廷尉的權力受到其他職官的制衡。作為司法官員，廷尉需要具備一定的專業法律素質，西漢武帝之後，這一職官也要有相應的經學修養，這同漢代政治文化背景的變遷有著密切關係。何君《論漢代廷尉制度》〔註55〕與蔣波《簡牘與秦漢民法研究》〔註56〕亦論述廷尉制度，但均頗為簡略。

　　唐子恒《「廷尉王恬開」小考》〔註57〕認為王恬開當是梁相山都貞侯王恬啟，時為郎中令，《史記》關於誅殺彭越的事情中廷尉的名字弄錯了。李炳泉《「廷尉王恬開」其人小考》〔註58〕分析了王恬啟的仕途履歷。段清波《秦始皇帝陵園K0006陪葬坑性質芻議》〔註59〕利用考古發掘資料，認為秦始皇帝

〔註52〕黑廣菊、李家釗：《論兩漢的廷尉制度》，《聊城師範學院學報》2001年第6期。

〔註53〕袁剛：《秦漢廷尉寺》，《行政法制》2002第6期。

〔註54〕沈剛：《漢代廷尉考述》，《史學集刊》2004年第1期。

〔註55〕何君：《論漢代廷尉制度》，《北京電力高等專科學校學報》2010年第10期。

〔註56〕蔣波：《簡牘與秦漢民法研究》，北京：中國社會科學出版社，2015年，第157～168頁。

〔註57〕唐子恒：《「廷尉王恬開」小考》，《文史哲》2002年第3期。

〔註58〕李炳泉：《「廷尉王恬開」其人小考》，《南都學壇》2017年第5期。

〔註59〕段清波：《秦始皇帝陵園K0006陪葬坑性質芻議》，《中國歷史文物》2002年第2期，第59～66頁。而劉占成：《秦陵新發現陪葬坑性質芻議》，《文博》2001年第4期，第60～61頁，劉占成：《秦陵「六號坑」性質商榷》，載於吳永琪主編：《秦文化論叢（第十一輯）》，西安：三秦出版社，2004年，第386～399頁，袁仲一：《秦始皇陵考古發現與研究》，西安：三秦出版社，2002年，第135頁，均認為秦始皇帝陵園K0006陪葬坑屬宮廷圉馬性質的「馬廄坑」；王勇、葉暉：《秦始皇陵K0006陪葬坑性質蠡測》，《文博》2010年第5期，第19～21頁，此文認為秦始皇帝陵園K0006陪葬坑極有可能象徵著秦代中車府或中車府的組成部分；陳治國、趙毅民：《秦始皇帝陵園K0006陪葬坑性質試探》，《文博》2014年第5期，第34～39頁，此文認為秦始皇帝

陵園 K0006 陪葬坑是秦帝國廷尉官署，出土的八名文官俑是該機構的主要行政工作人員，負責秦帝國平常的司法行政事務，此為我們認識秦漢廷尉提供了實物資料佐證。宋傑《漢代的廷尉獄》〔註60〕認為漢代的廷尉獄位於廷尉府內，屬「詔獄」，專門收審重大案件的涉嫌人犯，「廷尉詔獄」一語另有法庭的含義。霍存福《西漢揚雄〈廷尉箴〉的主旨與貢獻──法官箴言研究之二》〔註61〕認為西漢揚雄《廷尉箴》是歷史上第一個法官箴，它從法官職守角度提出君主應秉持的刑政理念、政策綱要，從儒家立場總結歷史經驗，批判重刑酷法，體現儒家刑政觀。荷蘭漢學家何思維《漢代廷尉的職能》〔註62〕整理 75 例廷尉審理案件，分析廷尉治獄之職能，然其關於廷尉犯罪由廷尉府審判的觀點不能成立。日本學者池田雄一《廷尉平と直指繡衣使者──漢代の司法行政一斑》〔註63〕研究了廷尉平與直指繡衣使者對漢代昭宣時代司法行政的影響。飯島和俊《「與廷尉雜治」と詔獄──漢代の訴訟》〔註64〕研究漢代廷尉雜治的具體內容。

　　關於秦漢廷尉研究的學術動態概述如上，詳細的研究成果和相關學者的主要觀點，筆者在具體問題討論中將會適時交待、穿插到對應問題的考辨當中。

三、篇章結構

　　通過上面的討論研究我們可以發現，秦漢廷尉研究源遠流長，積累豐厚，對於秦漢制度史、法律史研究的推進貢獻良多。本文研究資料主要來源

　　　　陵園 K0006 陪葬坑表現的應該是負有記事和護駕職能的御史在待命隨從皇帝出行的場景。筆者較為贊同段清波的觀點。
〔註60〕宋傑：《漢代的廷尉獄》，《史學月刊》2008 年第 1 期。
〔註61〕霍存福：《西漢揚雄〈廷尉箴〉的主旨與貢獻──法官箴言研究之二》，《當代法學》2017 年第 6 期。
〔註62〕A. F. P. Hulsewé. *The functions of the Commandant of Justice during the Han Period*, Charles Le Blanc and Susan Blader: Chinese Ideas about Nature and Society: Studies in Honour of Derk Bodde, Hong Kong University Press, 1987, pp.249-264.
〔註63〕〔日〕池田雄一：廷尉平と直指繡衣使者──漢代の司法行政一斑，*Journal of the faculty of literature* （124），p129-162, 1987-03.
〔註64〕〔日〕飯島和俊：「與廷尉雜治」と詔獄──漢代の訴訟 *The trial with "Tingwei" the supreme court judge and "Zhaoyu" the royal command court: a study on the suit in Han-Dynasty, Journal of the Institute of Cultural Science,* Chuo University （61），131-161, 2007.

於傳世文獻（正史、編年、別史、職官、子書），與出土簡牘資料兩個方面。前人所引用過的，則嘗試做更為細緻與深入的研究。

　　本文共分四章，第一章《廷尉淵源考》分析了周制、楚制、秦制中央司法職官的設置與職掌變遷，對於學界的相關通說提出質疑，藉此分析先秦時期中國國家形態及治理模式之變遷。第二章《廷尉選任考》以《漢書‧百官公卿表》為基礎，利用其他傳世文獻及出土文獻，參考歷代學者年表成果，補綴完成詳細的《秦漢廷尉繫年錄》，考得漢時期任職廷尉者 97 人，論述兩漢廷尉的選任狀況，從而探討秦漢時期法律學術的演變歷程。第三章《廷尉屬員考》考證廷尉正、廷尉監、廷尉平、廷尉史、奏讞掾、廷尉獄及其他屬吏的選任、事蹟與司法活動。利用《張家山漢簡〈奏讞書〉》杜瀘女子甲和姦案與《漢書‧朱博傳》，論證秦漢時期的廷尉審判的運作程序與審判原則。第四章《廷尉職能考》梳理兩漢時期有關廷尉司法實踐活動的 109 件案例，編撰《兩漢廷尉司法實踐表》，分析廷尉參與朝廷「論議」、審理疑獄、審理「詔獄」、制定與修改法律條文等職能。

第一章　廷尉源流考

　　官制之沿革變遷殊為繁雜，而其中刑官之源流尤為難解。沈家本曾言：
「官制之因革損益，代各不同，即一代之中，或亦先後不同。刑官之制，尤
為糾紛，非艦舉而詳究之，不能得其變遷之故」〔註1〕。廷尉作為帝制中國
的專職刑官，其淵源流變適當分析。而以往學界關於廷尉的相關研究論著在
論及「廷尉」官職的起源時，往往是堆砌先秦司法職官的史料，如安作璋、
熊鐵基《秦漢官制史稿》〔註2〕、問永偉《秦漢廷尉新探》〔註3〕、黑廣菊、
李家釗《論兩漢的廷尉制度》〔註4〕、何君《論漢代廷尉制度》〔註5〕等等，
皆認為「廷尉」起源於「司寇」，簡單地勾勒出「廷尉」職官的源流演變過
程，即商周（司寇）—春秋（司寇）—戰國秦（廷尉），這種單線條式的歷
史敘述遮蔽了職官制度演變所反映的歷史信息。「先秦」是以千年計算的時間
概念，西周王朝亦有三百多年的歷史，官制既複雜，又有很多的變化〔註6〕。
本文選取廷尉為研究對象，梳理先秦司法職官的演變過程，藉此分析商周到
秦漢法律秩序的演變與發展。

〔註1〕（清）沈家本：《寄簃文存》，北京：商務印書館，2015年，第198頁。
〔註2〕安作璋、熊鐵基：《秦漢官制史稿》，濟南：齊魯書社，1984年，第149頁。
〔註3〕問永偉：《秦漢廷尉新探》，首都師範大學2001年碩士論文。
〔註4〕黑廣菊、李家釗：《論兩漢的廷尉制度》，《聊城師範學院學報》2001年第6期，
　　　第33頁。
〔註5〕何君：《論漢代廷尉制度》，《北京電力高等專科學校學報》2010年第10期，
　　　第374頁。
〔註6〕宮長為：《西周官制研究的回顧與展望》，《史學月刊》1995年第5期，第21
　　　頁。

關於上古時期中央司法職官的設置，傳世文獻有所記載。《史記·五帝本紀》：「⋯⋯舜曰：『皋陶，蠻夷猾夏，寇賊姦軌，汝作士，五刑有服，五服三就；五流有度，五度三居：維明能信』〔註7〕，可見虞舜時期，中央司法官可能為士，以皋陶為之，但並沒有相關史料佐證，故存疑。殷商時期，《禮記·曲禮下》：「天子之五官，曰司徒，曰司馬，司空、司士、司寇，點司五眾」，鄭注：「此亦殷時制也」〔註8〕，查閱現階段出土的商代甲骨文，並未見到「司寇」的記載〔註9〕。因此，殷商時期中央司法官員是否為司寇，至今仍不能確定。

這些史料從另外一個側面說明了中國上古時期在治國理政方面，就已經有了處理犯罪的相關公共事務，亦有了「禮法並用」的法律思想〔註10〕。

第一節　西周春秋時期司寇的演變

西周從公元前1046年到公元前771年，歷時約300年，「司寇」是中央司法職官，但其何時作為中央司法職官，這是值得我們思考的問題。傳世文獻中關於周初「司寇」的記載如下：

《左傳·成公十一年》：「昔周克商。使諸侯撫封，蘇忿生以溫為司寇」，杜注：「蘇忿生，周武王司寇蘇公也」〔註11〕。

《左傳·定公四年》：「武王之母弟八人，周公為太宰，康叔為司寇⋯⋯」〔註12〕。

〔註7〕（漢）司馬遷：《史記·五帝本紀》，北京：中華書局，1959年，第39頁。

〔註8〕（漢）鄭玄注、（唐）孔穎達疏：《禮記正義》卷4《曲禮下》，（清）阮元校刻：《十三經注疏（清嘉慶刊本）》，北京：中華書局，2009年，第2730頁上。

〔註9〕李力：《〈九刑〉、「司寇」考辨》，《法學研究》1999年第2期，第127頁。但1971年12月，考古發掘河南安陽小屯西地殷墟遺址，出土21枚牛胛骨卜骨，其中第四號有刻辭如下：「御臣，父乙豚，子豚，母壬豚。御鷹，丙鼎犬，丁豚。祖庚豚，父乙豚，子豚。」（參見沫若：《安陽新出土的牛胛骨及其刻辭》，《考古》1972年第2期，第4頁）；李力據此認為商代甲骨文中之「御鷹」一詞是職官名，主掌司法審判（參見李力：《出土文物與先秦法制》，鄭州：大象出版社，1997年，第82頁），可見殷商時期是有專職從事司法審判的法官，但中央司法職官仍難以考證。

〔註10〕郭川偉：《〈周禮〉制度淵源與成書年代新考》，北京：國家圖書館出版社，2016年，第401頁。

〔註11〕楊伯峻編著：《春秋左傳注》，北京：中華書局，2009年，第854頁。

〔註12〕《春秋左傳注》，第1541頁。

《史記・管蔡世家》：「於是周公舉康叔為周司寇」〔註13〕。

《周禮・秋官》設司寇，「帥其屬而掌邦禁，以佐王刑邦國」〔註14〕，將司寇分為大司寇和小司寇，大司寇為卿，其職能為頒布法令，「布刑於邦國都鄙」〔註15〕，同時處理諸侯、卿大夫、庶民之獄訟，從事司法審判，「凡諸侯之獄訟，以邦典定之；凡卿大夫之獄訟，以邦法斷之，凡庶民之獄訟，以邦成弊之」〔註16〕。小司寇為中大夫，當為大司寇之佐貳（副手），其具體職掌亦為獄訟，主要負責平民的司法審判，「以五刑聽萬民之獄訟⋯⋯以五聲聽獄訟，求民情⋯⋯以三刺斷庶民獄訟之中」〔註17〕。大、小司寇下設64名屬官，並具體負責獄訟中的相關事務。其中掌刑獄者，為士師、鄉士、遂士、縣士、方士、訝士、朝士、司刑、司刺、司厲、司圜、掌囚、掌戮、布憲、禁殺戮、禁暴氏，16個；掌刑禁者，為雍氏（掌溝瀆之禁）、萍氏（掌水禁）、司寤氏（掌宵禁）、司烜氏（掌火禁）、野廬氏（掌路禁）、修閭氏（掌國中路禁）、銜枚氏（禁喧嘩），7個；掌民事、奴隸及管理戰犯者，司民、司隸、罪隸、蠻隸、閩隸、夷隸、貉隸，7個；掌「秋官司寇」外交、祭祀者，為大行人、小行人、司儀、行夫、環人、象胥、掌客、掌訝、掌交、伊耆氏、犬人，11個；掌辟除及安全事務者，為蠟氏、冥氏、庶氏、穴氏、翨氏、柞蔟氏、剪氏、赤犮氏、蟈氏、壺涿氏、庭氏、職金、柞氏、薙氏，14個；掌諸侯會盟約法者，為司盟、司法，2個；掌諸侯、卿大夫之安保及刑罰執行者，為條狼氏，1個；至於其他掌祭祀，貨賄、都則、都士、家士，5個〔註18〕。《周禮・秋官・司寇》以此構建了周代的司法體系。

〔註13〕（漢）司馬遷：《史記・管蔡世家》，北京：中華書局，1959年，第1565頁。

〔註14〕（漢）鄭玄注、（唐）賈公彥疏：《周禮注疏》卷34《秋官・司寇》，（清）阮元校刻：《十三經注疏（清嘉慶刊本）》，北京：中華書局，2009年，第1873頁上。

〔註15〕（漢）鄭玄注、（唐）賈公彥疏：《周禮注疏》卷34《秋官・司寇》，（清）阮元校刻：《十三經注疏（清嘉慶刊本）》，北京：中華書局，2009年，第1879頁上。

〔註16〕（漢）鄭玄注、（唐）賈公彥疏：《周禮注疏》卷34《秋官・司寇》，（清）阮元校刻：《十三經注疏（清嘉慶刊本）》，北京：中華書局，2009年，第1881頁下。

〔註17〕（漢）鄭玄注、（唐）賈公彥疏：《周禮注疏》卷34《秋官・司寇》，（清）阮元校刻：《十三經注疏（清嘉慶刊本）》，北京：中華書局，2009年，第1887～1888頁。

〔註18〕郭川偉：《〈周禮〉制度淵源與成書年代新考》，北京：國家圖書館出版社，2016

　　法律史學界中的先賢前輩認為西周時期司寇為中央司法官。如民國學者楊鴻烈《中國法律發達史》中有法院編制的欄目，羅列傳世文獻中關於司寇的文獻資料，認為西周、春秋時期的司寇是中央司法官〔註19〕。民國時期另一位法律史大家陳顧遠先生《中國法制史概要》亦認為「周，法官統名秋官，或泛言理官，詳則莫考，而春秋各國有司寇，陳、楚有司敗，齊有士，晉有理，散見經傳，當較可信」〔註20〕。

　　曾憲義〔註21〕、蒲堅、張晉藩〔註22〕大概都贊成該說，並將這樣的內容編著進法律史教科書中。馮卓慧在利用相關出土青銅器金文的研究基礎上，結合上述傳世文獻，得出了更加肯定的認識，「西周初期司寇就是中央的司法職官，蘇公為周初第一任司寇，康叔為周初第二任司寇，同時認為周初司寇為專職中央司法官員」〔註23〕。但西周初期的出土青銅器金文中尚未發現有關「司寇」的記載，同時傳世文獻只是說到了西周時期司寇的任職，並沒有提到其具體是否有司法審判權利，所以說周官司寇是否職掌獄訟，還是值得我們認真思考。

　　張亞初、劉雨〔註24〕、王貽梁〔註25〕、李力〔註26〕、徐祥民〔註27〕、陳絜〔註28〕、朱騰〔註29〕對上述通說式的論斷提出了質疑。前賢關於西周初期

年，第 402 頁。

〔註19〕楊鴻烈：《中國法律發達史》，北京：中國政法大學出版社，2009 年，第 36～37 頁。

〔註20〕陳顧遠：《中國法制史概要》，北京：商務印書館，2011 年，第 115 頁。

〔註21〕曾憲義：《新編中國法制史》，濟南：山東人民出版社，1987 年，第 56～57 頁。

〔註22〕蒲堅、張晉藩觀點，見張晉藩主編：《中國法制通史》（第一卷），北京：法律出版社，1999 年，第 329～330 頁。

〔註23〕馮卓慧、胡留元：《西周金文中的司寇及其官司機構》，《考古與文物》1988 年年第 2 期，第 32～89 頁；後主題內容收入胡留元、馮卓慧：《夏商西周法制史》，北京：商務印書館，2006 年，第 543～545 頁。

〔註24〕張亞初、劉雨：《西周金文官制研究》，北京：中華書局，1986 年，第 24～25 頁。

〔註25〕王貽梁：《周禮「司寇」考辨》，《考古與文物》1993 年第 4 期，第 96～99 頁。

〔註26〕李力：《〈九刑〉、「司寇」考辨》，《法學研究》1999 年第 2 期，第 127 頁。

〔註27〕徐祥民：《春秋時期的司寇是法官嗎？》，《鄭州大學學報》2002 年第 1 期，第 132～137 頁。

〔註28〕陳絜、李晶：《〈夨井〉季鼎、揚簋與西周法制、官制研究中的相關問題》，《南開學報》2007 年第 2 期，第 101 頁。

〔註29〕朱騰：《也論先秦時代的司寇》，《法學家》2015 年第 2 期，第 165 頁。

司寇的論斷是存在疑問，論證並不嚴謹。本節利用出土青銅器金文，對西周、春秋時期司寇的演變歷程作一番考述。

現階段出土青銅器金文中有「司寇」之名的共有五件，周共王時期器南季鼎〔註30〕、周厲王時器揚簋〔註31〕，均為西周中期青銅器。西周晚期青銅器司寇良父壺〔註32〕和虞司寇壺〔註33〕、春秋中期青銅器魯少司寇封孫宅盤〔註34〕。關於西周時期司寇的職掌問題，我們主要通過分析南季鼎和揚簋來解決。

南季鼎銘文如下：

唯五月既生霸庚午，伯俗父祐南季……曰：「用佐祐俗父」。司

寇南季拜稽首，對揚王休，用作寶鼎。其萬年子子孫孫永用〔註35〕。

上文質疑學者主要關注於「用左右俗父司寇南季拜稽首」的斷句問題，第一種句讀為「『用左右俗父』。司寇南季拜稽首」；第二種句讀為「『用左右俗父司寇。』南季拜稽首」。張亞初、劉雨、王貽梁、李力、徐祥民皆贊成第一種觀點。陳絜贊成第二種觀點，其立意以日本學者松井嘉德關於西周社會「家產制統治」的學術假說為基礎，即認為「周的職務任命是以『封建』原理給予受命者以周王的大家庭相關具體事務。因此，不必認為受命者在權

〔註30〕劉海年、楊一凡主編：《中國珍稀法律典籍集成》甲編第一冊《甲骨文金文簡牘法律文獻》，北京：科學出版社，1994年，第299～300頁；《殷周金文集成釋文》作「庚季鼎」，參見中國社會科學院考古研究所編：《殷周金文集成釋文》第二卷，香港：香港中文大學中國文化研究所，2001年，第357頁；陳絜作「（矢井）季鼎」，參見陳絜、李晶：《（矢井）季鼎、揚簋與西周法制、官制研究中的相關問題》，《南開學報》2007年第2期，第101頁。本文以《中國珍稀法律典籍集成》為準，稱「南季鼎」。

〔註31〕劉海年、楊一凡主編：《中國珍稀法律典籍集成》甲編第一冊《甲骨文金文簡牘法律文獻》，北京：科學出版社，1994年，第301～302頁；中國社會科學院考古研究所編：《殷周金文集成釋文》第三卷，香港：香港中文大學中國文化研究所，2001年，第415頁。陳夢家：《西周銅器斷代（上）》，北京：中華書局，2003年，第192～193頁。

〔註32〕中國社會科學院考古研究所編：《殷周金文集成釋文》第五卷，香港：香港中文大學中國文化研究所，2001年，第422頁。

〔註33〕中國社會科學院考古研究所編：《殷周金文集成釋文》第五卷，香港：香港中文大學中國文化研究所，2001年，第444頁。

〔註34〕劉海年、楊一凡主編：《中國珍稀法律典籍集成》甲編第一冊《甲骨文金文簡牘法律文獻》，北京：科學出版社，1994年，第311～312頁。

〔註35〕中國社會科學院考古研究所編：《殷周金文集成釋文》第二卷，香港：香港中文大學中國文化研究所，2001年，第357頁。

力結構中的地位是通過官制來體現的，換言之，不必認為職務任命構成等級官制」〔註36〕，陳絜以此學術假說為基礎，匯錄西周冊命文書中被冊命者的各種自稱形式，認為「在針對天子的自稱形式中，須強調的僅為個人的私名，有時也會提及家族名號也即氏名，但其職官與職事無須彰顯」〔註37〕，從而認為這一時期「司寇」是職事而非職官〔註38〕。

該論斷是建立在日本學者西周社會「家產制統治」的學術假說之上，這一假說本身就已存在很多質疑〔註39〕。筆者較為贊成第一種觀點，南季當為司寇，其「左右俗父」中的「左右」當為輔佐的意思，即（司寇南季）輔佐俗父，可能亦為伯俗父的屬官。

另外一件重要的青銅器銘文為揚簋。揚簋銘文如下：

> 唯王九月既生霸庚寅，王在周康宮。旦，格大室，即位。司徒單伯內祐揚。王呼內史，史先冊命揚。王若曰：「揚，作司工。官司量田佃，眔司居、眔司芻、眔司寇、眔司工司。賜汝赤市、鑾旂，訊訟，取徵五孚。」揚拜手，稽首。敢對揚天子丕顯休，余用作朕烈考憲伯寶簋。子子孫孫其萬年永寶用〔註40〕。

這篇銘文主要內容是周王「作司空」，任命揚為司空，「司量田佃，眔司居、眔司芻、眔司寇、眔司工司」，同時對對揚擔任司空時的屬官進行了介紹〔註41〕，這裡的「眔」當做管理來講〔註42〕，即司寇在這一時期是司空的屬官。

〔註36〕〔日〕松井嘉德：《周的國制——以封建制與官制為中心》，載於〔日〕佐竹靖彥主編：《殷周秦漢史學的基本問題》，北京：中華書局，2008 年，第 85 頁。

〔註37〕陳絜、李晶：《（矢廾）季鼎、揚簋與西周法制、官制研究中的相關問題》，《南開學報》2007 年第 2 期，第 104 頁。

〔註38〕陳絜、李晶：《（矢廾）季鼎、揚簋與西周法制、官制研究中的相關問題》，《南開學報》2007 年第 2 期，第 105 頁。

〔註39〕〔日〕松井嘉德：《周的國制——以封建制與官制為中心》，載於〔日〕佐竹靖彥主編：《殷周秦漢史學的基本問題》，北京：中華書局，2008 年，第 86 頁。

〔註40〕中國社會科學院考古研究所編：《殷周金文集成釋文》第三卷，香港：香港中文大學中國文化研究所，2001 年，第 415 頁。

〔註41〕王貽梁：《周禮「司寇」考辨》，《考古與文物》1993 年第 4 期，第 97 頁。

〔註42〕陳絜考證了西周出土青銅器金文中所有「司某史」的例證，從而認為揚簋中的「司寇」應該被解釋為是司空揚的具體職事，其論證錯誤之處，已在上文中有所涉及。

　　通過分析這些出土的青銅器銘文，我們可以看到司寇在西周中期是伯俗父、司空的屬官，王貽梁《周禮「司寇」考辨》〔註43〕再考證這一時期司寇的地位時亦指出「司寇的爵位是大夫而非卿」，那麼司寇的具體負責的職事是什麼呢？

　　「司」，《說文解字》：「司，臣司事於外者」〔註44〕，當理解為治理之意。「寇」，《尚書・舜典》：「蠻夷猾夏，寇賊姦宄」，「孔穎達傳曰：「群行攻劫曰寇」，「鄭玄注曰：「強取為寇」〔註45〕。《說文解字》「寇，暴」也〔註46〕，《左傳・昭公十七年》記載少皞氏時期，「爽鳩氏，司寇也」，「杜注：「爽鳩，鷹也。鷙，故為司寇，主盜賊」。「孔穎達疏曰：「鷹，鷙擊之鳥。司寇，主擊盜賊，故為司寇」〔註47〕。可見西周時期司寇的主要職掌是治理盜賊，維持社會治安，當為治安官〔註48〕。

　　上文所引《左傳》中國關於周初司寇的記載亦證明了司寇為治安官，並且其爵位不高。周武王時期太史蘇忿生兼職司寇，文獻並未記載其職掌。但周成王時期衛侯康叔兼職司寇，從中我們知道司寇的職掌。康叔封於衛國，衛國所在地方是殷的舊土，當時管叔、蔡叔與殷遺民叛亂，康叔封於衛國即以殷遺民及流寇作為管理對象，其職掌當為治理盜賊，維持社會治安。後期隨著周王朝統治的穩定，不太需要周王重臣如康叔等兼職司寇，司寇成為專職的治安官，先後隸屬於朝廷重臣伯俗父、司空。

　　出土的春秋中期青銅器有魯少司寇封孫宅盤〔註49〕，可見春秋時期的魯國仿周制也設置司寇這一職官，但其中關於司寇的職責並沒有記載。這一時期的傳世文獻向我們說明了此時期司寇的職責，《左傳・襄公二十一年》：

　　　　於是魯多盜。季孫謂臧武仲曰：「子盍詰盜？」武仲曰：「不可詰也，紇又不能。」季孫曰：「我有四封，而詰其盜，何故不可？

〔註43〕王貽梁：《周禮「司寇」考辨》，《考古與文物》1993年第4期，第96～97頁。
〔註44〕（漢）許慎：《說文解字》卷9，北京：中華書局，1963年，第186頁下。
〔註45〕（漢）孔安國傳、（唐）孔穎達疏：《尚書正義》卷3《舜典》，（清）阮元校刻：《十三經注疏（清嘉慶刊本）》，北京：中華書局，2009年，第274頁。
〔註46〕（漢）許慎：《說文解字》卷3，北京：中華書局，1963年，第68頁下。
〔註47〕楊伯峻編著：《春秋左傳注》，北京：中華書局，2009年，第1388頁。
〔註48〕王貽梁：《周禮「司寇」考辨》，《考古與文物》1993年第4期，第98頁。
〔註49〕劉海年、楊一凡主編：《中國珍稀法律典籍集成》甲編第一冊《甲骨文金文簡牘法律文獻》，北京：科學出版社，1994年，第311～312頁。

子為司寇，將盜是務去，若之何不能？」武仲曰：「子召外盜而大
禮焉，何以止吾盜？子為正卿，而來外盜；使紇去之，將何以
能？……〔註50〕

「子為司寇，將盜是務去」正好體現了這一時期司寇職責仍為治理盜賊，維
持社會治安〔註51〕。

我們就需要思考西周時期與春秋初期負責司法訴訟的職官是誰呢？前賢
學者已經對這一問題提出了精闢的見解。張亞初〔註52〕在分析揚簋和毛公鼎
的銘文之後認為「（西周時期）其他大大小小的職官都可以受理訟罰之事」。
李力亦認為「西周的刑訊訴訟諸事，並無專官管理」〔註53〕。王貽梁〔註54〕
將西周、春秋初期出土青銅器銘文中關於刑訴的 20 多件器物分為兩大類，
第一種是記載周天子命令某職官處理刑訴案件，如毛公鼎、揚簋等等，第二
種是記載具體訴訟案件的銘文，如五祀衛鼎、師旂鼎等等。而在分析這些青
銅器銘文的基礎上，處理獄訟的人主要是王、太子和各類王官，沒有見到司
寇的記載。尤其是師旂鼎中，負責處理獄訟的是貴族伯懋父，同時伯懋父亦
擔任軍職。

師旂鼎銘文如下：

唯三月丁卯，師旂眾僕不從王征於方。雷使厥友引以告於伯懋
父。在，伯懋父迺罰得、顯、古三百鋝。今弗克厥罰，懋父令曰：
「宜播，厥不從厥右征，今毋播，其有納於師旂。」引以告中史書，
旂對厥賚於尊彝〔註55〕。

師旂鼎為西周中期器，此銘文中記載師旂的僕從不遵從周王命令，引向伯懋
父告訴，伯懋父判處師旂罰金三百鋝。從中我們可以看出伯懋父是主持師旂
案件的訴訟司法官，同時龔軍在考證召尊、召卣中出現的伯懋父銘文，認為
此人是西周中期成康時期的軍事統帥〔註56〕。出土青銅器金文中「賚」字，

〔註50〕楊伯峻編著：《春秋左傳注》，北京：中華書局，2009 年，第 1056～1057 頁。
〔註51〕徐祥民：《春秋時期的司寇是法官嗎？》，《鄭州大學學報》2002 年第 1 期，
第 132～137 頁。
〔註52〕張亞初、劉雨：《西周金文官制研究》，北京：中華書局，1986 年，第 25 頁。
〔註53〕李力：《〈九刑〉、「司寇」考辨》，《法學研究》1999 年第 2 期，第 130 頁。
〔註54〕王貽梁：《周禮「司寇」考辨》，《考古與文物》1993 年第 4 期，第 96～99 頁。
〔註55〕中國社會科學院考古研究所編：《殷周金文集成釋文》第三卷，香港：香港中
文大學中國文化研究所，2001 年，第 376 頁。
〔註56〕龔軍：《〈師旂鼎〉所反映西周的軍法制度》，《華夏考古》2008 年第 1 期。

李學勤先生在《岐山董家村訓匜考釋》〔註57〕認為此字應訓釋為「讞」，釋義為「議罪」。可見西周時期軍事將領亦是具有處理司法審判的權力。

西周時期、春秋初期的負責司法訴訟的職官並無專員，那麼什麼時候開始，司寇成為專門的司法職官呢？竊以為當屬春秋中後期。

春秋時期，各諸侯國亦設置了司寇職官，宋國設「大司寇、小司寇」，《左傳・成公十五年》：「（向為人）大司寇，（麟朱）少司寇。是年二司寇出奔楚。樂裔為司寇」〔註58〕。晉國亦設司寇，《左傳・襄公三年》：「襄三年，魏絳曰：『請歸死於司寇』」〔註59〕。齊國亦設有司寇，《左傳・成公十八年》：「慶佐為司寇」〔註60〕。鄭國亦設有司寇，《左傳・昭公二年》鄭公孫黑將作亂「子產曰：『……不速死，司寇將至』」〔註61〕。但各國之司寇司寇職掌並不明確。

司寇具有司法審判權力的文獻是關於孔子任魯司寇的記載。《史記・孔子世家》：「其後定公以孔子為中都宰，一年，四方皆則之。由中都宰為司空，由司空為大司寇」〔註62〕。孔子作為司寇參與司法審判案件，從而得出「聽訟，吾猶人也，必也使無訟乎！」〔註63〕的審判智慧。

孔子任職魯國大司寇期間，行使其司法訴訟權力。我們大概可以這樣推論，司寇由治理盜賊，維持社會治安職能逐漸擴大，介入司法領域，逐漸成為專職的中央司法職官，當在公元前552年（上文《左傳・襄公二十一年》關於司寇的記載）到公元前479年（孔子任司寇）期間，即在春秋中晚期。

春秋中晚期，各諸侯國紛紛變法圖強，逐漸頒布成文法律刑法。西周時期，司法訴訟並無專官，隨著春秋時期法律條文的公布，原來西周請求受周王冊命過有司法權的官吏斷案形式逐漸得不能滿足社會的現實訴訟需要，於是這種專業的司法職官應運而生。春秋中後期的司寇就是將這種司法的職權專業化的體現。《周禮》成書於漢初〔註64〕，或許孔子任司寇，職掌司法，成

〔註57〕 李學勤：《岐山董家村訓匜考釋》，載於中國古文字研究會、吉林大學古文字研究室編：《古文字研究》第一輯，北京：中華書局，1979年，第150～151頁。
〔註58〕 楊伯峻編著：《春秋左傳注》，北京：中華書局，2009年，第875～876頁。
〔註59〕 楊伯峻編著：《春秋左傳注》，北京：中華書局，2009年，第930頁。
〔註60〕 楊伯峻編著：《春秋左傳注》，北京：中華書局，2009年，第908頁。
〔註61〕 楊伯峻編著：《春秋左傳注》，北京：中華書局，2009年，第1230頁。
〔註62〕 《史記・孔子世家》，第1915頁。
〔註63〕 楊伯峻譯注：《論語譯注》，北京：中華書局，2015年，第185頁。
〔註64〕 有關《周禮》成書年代問題，現階段有六種觀點：一、周公時期製作，二、

為《周禮》以司寇為中央專職司法職官的歷史事實依據〔註65〕。

第二節　楚廷理與秦廷尉

一、楚國司敗與廷理

　　學界認為春秋戰國時期楚國「中央司法職官是司敗」〔註66〕，《左傳》中有相關的記載。

　　《左傳・文公十年》記載：「楚王使子西為商公，子西辭曰：臣免於死，又有讒言，謂臣將逃，臣歸死於司敗也」。「杜注：「陳、楚名司寇為司敗。」

　　《左傳・宣公四年》記載：「楚箴尹克黃曰：『棄君之命，獨誰受之。君，天也，天可逃也。』遂歸，覆命，而自拘於司敗。」

　　《國語・楚語》：「臣何有於死，死在司敗矣」。「韋昭注：『楚國謂司寇為司敗』」〔註67〕。

　　楚制在一定程度上繼承周制，「司敗」與周「司寇」極為相似，「敗」與「寇」皆可釋為賊寇之意。上引史料中的「歸死於司敗」、「自拘於司敗」、「死在司敗」，可看出這一時期楚國司敗的職掌是司法訴訟，可能春秋中後期，楚制已與周制中的司寇職掌非常的相似。同時陳國、唐國亦有如此設置。楊伯峻先生在《左傳・文公十年》注云：「《論語・述而》有『陳司敗』，定三年傳述『唐人自拘於司敗』」〔註68〕，此與《左傳・宣公四年》「自拘於司敗」相同，足見陳、唐兩國中央司法官當亦為司敗。

　　到了戰國時期，楚國的中央司法官可能為「廷理」，雖然學界現階段一般認為春秋時期楚國的中央司法官當為廷理〔註69〕，其依據《韓非子》、《韓

成書於西周中晚期，三、成書於春秋時期，四、成書於戰國時期，五、成書於漢初之際，六、漢代劉歆造偽。其中第五種成於漢初時期最為學界認可。參見彭林：《〈周禮〉主體思想與成書年代研究（增訂版）》，北京：中國人民大學出版社，2009年，第180～186頁。

〔註65〕朱騰：《也論先秦時代的司寇》，《法學家》2015年第2期，第162頁。

〔註66〕譚黎明：《春秋戰國時期楚國官制研究》，吉林大學2006年博士論文，第55頁。

〔註67〕徐元浩撰：《國語集釋》卷18《楚語下》，王樹民、沈長雲點校，北京：中華書局，2002年，第524頁。

〔註68〕楊伯峻編著：《春秋左傳注》，北京：中華書局，2009年，第576頁。

〔註69〕陳紹輝：《楚國法律制度研究》，武漢：湖北教育出版社，2012年，第297～299頁。

詩外傳》以及《說苑》中的相關記載，具體史料如下：

《韓非子·外儲說》：「（楚莊王時期（公元 613 年～公元前 591）荊莊王有茅門之法：『群臣大夫諸公子入朝，馬蹄踐溜者，廷理斬其輈，戮其御』。於是太子入朝，馬蹄踐溜，廷理斬其輈，戮其御。太子怒，入為王泣曰：『為我誅戮廷理』。王曰『法者，所以敬宗廟，尊社稷。故能立法從令，尊敬社稷者，社稷之臣也，焉可誅也……』」〔註70〕。

《韓詩外傳》：「楚昭王（公元前 523 年—前 489 年）有士曰石奢，其為人也，公而好直，王使之（廷）理」〔註71〕。

《說苑·至公》：「（楚成王時期）楚令尹子文之族有干法者，廷理拘之，聞其令尹之族也，而釋之。子文召廷理而責之曰：『凡立廷理者，將以司犯王令，而察觸國法也……』，廷理懼，遂刑其族人。成王聞之，不及履而至於子文之室，曰：『寡人幼少，置理失其人，以違夫子之意。』於是黜廷理而尊子文，使及內政。國人聞之，曰：『若令尹之公也，吾黨何憂乎？』乃相與作歌曰：『子文之族，犯國法程，廷理釋之，子文不聽，恤顧怨萌，方正公平』」〔註72〕。

這一觀點需要我們重新思考。《韓非子》成書於戰國末期，《韓詩外傳》、《說苑》皆為漢代作品，其主要內容應該來源於《韓非子》，更為關鍵地是，記載春秋史事的《左傳》並沒有記載楚國廷理。《韓非子》一書中的內容多是寓言式的故事，周勳初將這些故事分為動物故事、民間故事、歷史故事三類，同時認為「第三類故事則是過去曾經發生過的某一具體事實，屬歷史的範疇」〔註73〕。公木〔註74〕統計了《韓非子》一書中語言的來源，其中包括《左氏春秋傳》、《戰國策》、《國語》、《呂氏春秋》等史籍。其中三十九則來源於《左氏春秋傳》，並對這些故事進行了改變，例如「晉獻公假道於虞」、「齊桓公用豎刁」等等。引自《戰國策》的為四十則。其中絕大多數是摘錄，韓非對其中的故事稍加修改，如「不死之藥」、「溫人之周」等。對於這些真

〔註70〕（清）王先謙撰、鍾哲點校：《韓非子集解》卷 13，北京：中華書局，1998年，第 351 頁。

〔註71〕「中華文化復興運動推行委員會」、「國立編譯館中華叢書編審委員會」主編：《韓詩外傳》卷 2，賴炎元注釋，臺北：商務印書館，1972 年，第 58 頁。

〔註72〕（漢）劉向撰、向宗魯校證：《說苑校證》卷 14《至公》，北京：中華書局，2000 年，第 359～360 頁。

〔註73〕周勳初：《韓非子箚記》，南京：江蘇人民出版社，1980 年，第 143 頁。

〔註74〕公木：《先秦寓言概論》，濟南：齊魯書社，1984 年，第 141 頁。

實的史料，韓非或改寫或潤色，甚至全部引用。故其中的人物可能「託古」人之名，但其具體的歷史事件與職官制度很有可能是真實的事件。所以我們猜測，戰國時期楚國的司法官可能為廷理，其與秦國的廷尉極為相似。

　　戰國時期楚國職掌軍事的左尹亦擁有相關的司法審判官，掌握一定的司法行政權力。戰國傳世文獻並不見關於左尹的記載，但出土包山楚簡《簡220》〔註75〕記載了相關信息，如下：

　　　　東周之客響（无）經歸作（胙）於萩郢之歲（歲），顕（頁）栾之月，乙丑之日，苛嘉以長慁（惻）為左尹旆貞（貞）：出入侍（侍）王，自顕（夏）栾之月以庚寅（集）歲（歲）之顕（夏）栾之月，盡（盡）寅（集）歲（歲），躬身尚毋又（有）咎。占之亟（恒）貞（貞）吉，少又（有）慁（憂）於窮身，虞（且）外又（有）不愁（訓）。以其古（故）敚（說）之，擧（舉）禱先老僮，祝韻（融）婐禽各一牂，甶（鬼）攻解於不殆嘉貞（貞）之曰吉。《簡220》：……為左尹邵（昭）旆貞……。

　　此簡的主要內容是苛嘉為左尹昭旆貞問「出入待王」有無災禍問題。足見戰國時期楚國的中央司法職官為左尹。同時王捷在利用包山楚簡簡15～17中的舍慶殺人案，復原戰國時期楚國的上訴案件審理程序，認為地方所不能裁決的案件，向左尹報告；左尹所不能裁決的，直接向楚王報告〔註76〕。通過上述史料的分析，我們可以看到戰國時期楚國的中央司法官為左尹，職掌司法審判，直接對楚王負責，同時這一時期的上訴案件審理程序與漢初的廷尉審理流程極為相似。

　　楚國在春秋戰國之際的官制變革潮流下，其司法職官的專職化並不是很徹底，相對於下面我們要分析的秦國，楚國在官制專職化的方向上還是走的慢一些。

二、秦廷尉

　　接下來我們需要討論分析秦制中中央司法職官的設置問題。

〔註75〕譚黎明：《春秋戰國時期楚國官制研究》，吉林大學2006年博士論文，第56頁。

〔註76〕王捷：《包山楚司法簡考論》，上海：上海人民出版社，2015年，第164～167頁。

秦國中央司法職官為「廷尉」，《漢書・百官公卿表》：「廷尉，秦官」〔註77〕，但秦設置廷尉職官的時間不詳，現只知李斯在秦統一六國之前，已「官至廷尉」〔註78〕，之後秦統一六國，秦國之中央司法職官便成為秦朝之中央司法職官，管理全國司法事務。那麼我們就需要思考為何秦國設置廷尉？

竊以為秦國設置廷尉之職官，其原因有三，三者的結合使得秦國設置廷尉，職掌司法。

一、秦國商鞅變法的「軍國主義傳統」〔註79〕。商鞅於秦孝公六年（公元前356年）、秦孝公十二年（公元前350年）得到秦孝公的支持，在秦國實行變法，倡導「治世不一道，便國不法古」。商鞅變法的主要內容：一是承認土地私有，允許土地自由買賣。二是獎勵耕戰，包括獎勵農耕和獎勵軍功兩方面的內容。三是推行縣制，由國君直接派官治理。導師喬健認為商鞅變法的核心思想是「一元化」思想，首先表現為其政治目標是絕對單一的富國強兵；其次實現目標的手段是具有很強單一特性的刑賞，即內涵單一的「賞」和與「賞」相比居於唯一重要地位的「刑」；最後為實現單一的目標，為使單一的手段具有現實可操作性，必須實現「人」的絕對單一化，即使所有的人都成為農民和戰士〔註80〕，從而使得「人」成為統治者富國強兵的工具。在這樣「軍國主義」改革的驅動下，「工具化」的人需要這種職官管理。廷尉這樣一個主管司法審判的職官便應運而生。

二、自春秋戰國以來職官設置的專職化趨勢。前文述及，自西周到春秋戰國，司法職官的設置由「並不專職處理」到「司法職權的專職化」，司寇職掌的演化過程反映了司法職官專職化的發展歷程。以司法職官設置方面的專職化為例，于豪亮利用睡虎地秦簡中的相關司法職官材料論證了秦地方上司法職官的專職化趨勢，認為秦國地方基層司法職官有害盜、求盜、校長、亭長、吏徒、憲盜、亭嗇夫、部佐，在縣以上有縣尉、縣丞、令史、司空、太守、御史、廷尉，他們中雖也有非專職司法者，如令史、司空、太守、

〔註77〕（漢）班固：《漢書・百官公卿表》，北京：中華書局，1962年，第730頁。
〔註78〕（漢）司馬遷：《史記・李斯列傳》，北京：中華書局，1959年，第2546頁。
〔註79〕關於秦「軍國主義傳統」的經典論述，參見閻步克：《士大夫政治演生史稿》，北京：北京大學出版社，2015年，第200～217頁。
〔註80〕喬健：《論商鞅的一元化思想》，《蘭州大學學報》1996年第3期，第113頁；又載喬健：《中國古代思想研究》，北京：民族出版社，2008年，第139頁。

但有相當一部分是專司司法職能的〔註81〕。相對於上文提及的楚國，秦自商鞅變法以來，在職官專職化方向上走得更遠一些。

三、上古「軍政合一」，「兵刑合一」「兵刑同源」政治傳統在戰國時期秦國的延續。《漢書・刑法志》：「故聖人因天秩而制五禮，因天討而作五刑。大刑用甲兵，其次用斧鉞；中刑用刀鋸，其次用鑽鑿；薄刑用鞭扑。大者陳諸原野，小者致之市朝，其所由來者，上矣」〔註82〕。因古人兵刑同源之觀念，故司法之官，名之曰尉。

秦漢官制中，凡統兵之將領，皆以「尉」命名。如國家之軍隊統帥，為太尉。其他有衛尉、中尉、司隸校尉、城門校尉、步兵校尉等等。且地方郡縣之軍職，郡曰郡尉，縣曰縣尉，不一而足。上述以「尉」命名的職官皆掌軍事，同時亦擁有一定的抓捕、審判的職責，如中尉、都尉、司隸校尉等等。故廷尉為中央朝廷之司法職官，故《漢書・百官公卿表》應劭注曰「聽獄必質諸朝廷，與眾共之，兵獄同制，故稱廷尉」〔註83〕。三國人韋昭曾言「廷尉、郡尉、縣尉，皆古官也，以尉尉人心也。凡掌賊及司察之官，皆曰尉。尉，罰也。言以罪罰姦非也」〔註84〕。《漢書・朱博傳》載朱博任職廷尉，召見廷尉屬官曰「廷尉本起武吏，不通法律」〔註85〕。章太炎先生在其《官制索隱》中直接指出：「法吏未置以前，已有戰爭矣。軍容、國容即不理析，則以將校分部其民。其遺跡存於周世者，《傳》曰官之師旅……及軍事既解，將校各歸其部，而法吏獨不廢。及秦之國家司法之吏亦曰廷尉，亦因軍尉而移之國中者也」〔註86〕。日本學者大庭脩亦指出「廷尉比較特殊，它是『掌刑辟』的司法官，屬文官系統卻帶有『尉』字。此如東漢應劭『兵獄同制』的解釋，應是兵刑一致的思想影響所致。」〔註87〕此正反映了秦設置「廷

〔註81〕 于豪亮：《雲夢秦簡所見職官述略》，載《文史》第8輯，北京：中華書局，1980年；又載于豪亮：《于豪亮學術論集》，上海：上海古籍出版社，2015年，第3～21頁。

〔註82〕 《漢書・刑法志》，第1079～1080頁。

〔註83〕 《漢書・百官公卿表》，第730頁。

〔註84〕 （三國吳）韋昭：《辨釋名》，見（宋）李昉：《太平御覽》卷231《職官部・大理卿》，北京：中華書局，1960年，第1095頁上。

〔註85〕 《漢書・朱博傳》，第3404頁。

〔註86〕 章太炎：《官制索隱》，見劉琅主編：《精讀章太炎》，廈門：鷺江出版社，2007年，第212頁。

〔註87〕 〔日〕大庭脩：《秦漢法制史研究》，徐世虹等譯，上海：中西書局，2017年，第20頁。

尉」職官的由來。范忠信認為中國專職法司職官的特徵為「軍事職司轉而司法，專職法司來自軍事職司，司法官兼有軍事功能」〔註88〕，即「軍政合一」，「兵刑合一」「兵刑同源」。秦制中廷尉職官的設置都是對「軍政合一」，「兵刑合一」「兵刑同源」政治傳統的再詮釋。之後歷代軍事機構審理民人案件、以軍人轉任司法官、司法官著裝軍官化、司法程序軍事威懾化、司法機構軍事管理化、司法行動戰役化等等，似乎都來自中國最悠久的「兵刑同源」的傳統〔註89〕。

三、小　結

　　本節在分析了周制、楚制、秦制中央司法職官的設置概況，同時對於學界的相關通說提出質疑。

　　利用新出土青銅器金文否定了「廷尉起源於周司寇」的觀點，認為西周到春秋初期，廷尉的職掌主要為治理盜賊，維持社會治安，而這一時期的司法獄訟，並無專官管理。隨著春秋時期法律條文的公布，原來西周請求受周王冊命過有司法權的官吏斷案形式逐漸不能滿足社會的現實訴訟需要，於是這種專業的司法職官應運而生。春秋中後期的司寇開始轉化為專職的司法職官，體現這一歷史時期司法職權專業化的演變趨勢。

　　利用包山楚簡對於春秋戰國時期楚國的中央司法職官進行考證，認為春秋時期的中央司法職官是「司敗」。利用《韓非子》寓言故事的歷史真實性，從而猜想，戰國時期楚國的司法官可能為與秦國廷尉極為相似的廷理，但這一時期，楚國的司法官同時亦有職掌軍事的左尹，從而認為楚國在春秋戰國之際的官制變革潮流下，其司法職官的專職化並不是很徹底，相對於秦國，楚國在官制專職化的方向上還是走的慢一些。

　　對於秦國設置廷尉的原因，筆者認為原因有三，三者的有機結合使得秦國設置廷尉，職掌司法。一者，秦國商鞅變法的「軍國主義傳統」。二者，自春秋戰國以來職官設置的專職化趨勢。三者，上古「軍政合一」，「兵刑合一」「兵刑同源」政治傳統在戰國時期秦國的延續。

　　本文通過考證周制、楚制、秦制中中央刑官的設置與職掌變遷，所反映

〔註88〕范忠信：《專職法司的起源與中國司法傳統的特徵》，《中國法學》2009 年第 5 期，第 124 頁。

〔註89〕范忠信：《專職法司的起源與中國司法傳統的特徵》，《中國法學》2009 年第 5 期，第 124 頁。

的是整個先秦時期中國國家形態及治理模式之變遷，刑官專職化的趨勢正是中央集權制國家形成過程中在司法職官設置上的體現，正所謂「一葉知秋」，透過先秦中央專職刑官的設置問題，以此窺見中國古代中央集權制國家形成的過程。

筆者認為對於先秦刑官之演變軌跡的考證可以引申出與中國法律史研究有密切關係的兩個重要問題。

一、職官研究與法律史的結合。職官之研究，歷代為歷史學界所重，著名史學家鄧廣銘先生將職官與目錄、年代、地理作為史學研究的四把鑰匙。在帝制中國時期，職官與律令似應處於同等重要的地位〔註 90〕，職官的流變會對古代法的制定或運行產生重要影響，我們對於歷代職官的「活的制度史」的考察，其職官之設置與流變，背後所反映正是帝制中國法律權力的運行邏輯。所以說，以職官制度為連接點，考察職官的動態運行歷程，在「活的制度史」的角度來考察帝制中國法律秩序的運行邏輯，這或許將成為中國法律史研究的新增長點。

二、突破斷代法律史研究。由於學科的精細化，學界習慣於按照朝代將中國古代歷史劃分為不同的階段，分別研究。但是，中國歷史的發展是環環相扣的因果鏈，雖說各個朝代的統治政策、法律制度因時制宜、因時而異，但是變革是在繼承的基礎上進行的，我們學術研究首先要釐清繼承的內容，這樣才能把握變革與社會發展的關係，才能分析其合理性。這就需要我們擴大視野，突破斷代限制，做跨時代歷史考察〔註 91〕。這一點，對於法律史研究來說，尤為重要。法律史是專門之史，中華法系源遠流長，自秦漢一統，遂創建帝制中國之固有法系，延洎李唐，《唐律疏議》集為大成，宋元明清，世代相承。中華法系的優秀傳統與帝制中國相存續兩千餘年，其間雖有變革損益，然其背後理念、思想、制度框架，大多為後世延續，法律史學研究的核心應該就是這種「古今之通理」。以秦朝法律史研究為例，秦朝是中國歷史上第一個統一的中央集權制國家，秦朝的統一，是秦國的發展，秦國的建立、發展和先秦其他諸侯國家處在同樣的歷史環境之中，其發展、壯大過程所實行的一系列制度，並不為秦人所獨創，而是繼承西周制度與東方各國的經驗教訓，秦人只不過是將其與自身實踐相結合而已。所以說，研究秦朝法律史，

〔註 90〕 朱騰：《也論先秦時代的司寇》，第 179 頁。
〔註 91〕 參考臧知非：《秦漢土地賦役制度研究》，中央編譯出版社 2017 年版，第 2 頁。

首先要著眼先秦。其次，研究秦朝法律史，當關注於兩漢法律史。兩漢是在秦朝的基礎上發展起來的，秦朝確立的法律制度在兩漢得到了充分的實踐與發展，正所謂「漢承秦制」。法律史作為專門之史，學術研究當突破斷代研究的限制，考其源，察其流，發掘中國傳統優秀法律文化的「古今之通理」，此當為我們這一代法律史學人的使命。

第二章　廷尉選任考

第一節　秦漢廷尉繫年錄

　　《秦漢廷尉繫年錄》以《漢書・百官公卿表》為基礎，參考熊方《補後漢書年表》、錢大昭《後漢書補表》、練恕《後漢公卿表》、萬斯同《東漢九卿年表》，參引《史記》、《漢書》、《東觀漢記》、《後漢書》、《資治通鑒》、《八家後漢書輯注》、《金石錄》、《漢書補注》、《全漢文》、《漢官六種》等秦漢基本史料，亦參考其他傳世文獻及出土文獻資料，補綴完成。

　　為力求內容完整，同時又便於查考信息，《秦漢廷尉繫年錄》盡可能網羅有關史籍並摘錄原文。凡有關廷尉之出身、籍貫、作為、履歷遷轉的重要典型史實，採用擇要摘錄。至於作者關於對秦漢廷尉的一些基本認識及看法，則在表後略加陳述。

（任職廷尉）時間	姓名	籍貫	出身	學識	任職廷尉作為	履歷遷轉	史料出處
秦王嬴政十年～秦始皇二十六年（前237～前221年）	李斯	楚國上蔡	（楚國）郡小吏	從荀卿學帝王之術（法家之學）		（秦）呂不韋舍人—郎—長史—客卿—廷尉（二十餘年）—丞相	《史記·李斯列傳》，2539～2546頁。
秦始皇二十六年～秦二世二年（前221～前208年）	毅				今杜瀘女子甲夫公士丁疾死，喪棺在堂上，未葬，與丁母素夜喪環棺而哭，甲與男子丙偕之棺後內中和姦。明旦，素告甲吏，捕得甲，疑得甲罪。廷尉穀、正始監弘、廷史武等卅人議當之……		張家山漢簡《奏讞書》（簡196）《張家山漢墓竹簡（二四七號墓）》，227頁。
漢高祖五年～九年（前202～前198年）	義渠〔註1〕						《漢書·百官公卿表》，747～748頁。
漢高祖十年～十一年（前197～前196年）	宣義					……中地太守—廷尉……	《漢書·百官公卿表》，748～749頁。
漢高祖十一年～十二年（前196～前195年）	王恬開〔註2〕	山都侯			……於是呂后乃令其舍人告彭越復謀反，廷尉王恬開奏請夷越宗族，遂夷越宗族，國除。〔註3〕	……郎中令—衛將軍—廷尉—梁相	《史記·彭越列傳》，2594頁。

〔註1〕 《史記·衛將軍驃騎列傳》：「（公孫）賀，義渠人，其先胡種。」「將軍公孫敖，義渠人。以郎事武帝。」廷尉義，當亦為胡人也，可見漢初時期的義渠勢力在漢朝廷中佔有重要地位。

〔註2〕 《集解》引徐廣釋「王恬開」之「開」云：「《漢書》作『啟』者，景帝諱也，故或為『開』者，避漢景帝諱」。

〔註3〕 《漢書·彭越傳》：「（彭越）至洛陽，呂后言上曰：『彭越壯士也，今徙之蜀，此自遺患，不如遂誅之。』於是……

時間	姓名	封爵/籍貫	事蹟	資料來源
漢高祖十二年～漢惠帝二年（前195～前193年）	（？）育	土軍侯		《漢書·百官公卿表》，749～750頁。
漢惠帝三年～漢惠帝五年（前192～前190年）	杜恬〔註4〕	長修平侯		《漢書·百官公卿表》，750頁。
漢惠帝六年～漢高后六年（前189～前182年）	宣義	土軍侯		《漢書·百官公卿表》，751～754頁。
漢高后七年～漢高后八年（前181～前180年）	圍			《漢書·百官公卿表》，754頁。
漢文帝元年～漢文帝二年（前179～前178年）	吳公	楚國上蔡	治平為天下第一，故與李斯同邑而常學事焉……廷尉乃言賈生年少，頗通諸子百家之書。	《史記·賈誼列傳》，2491頁。

呂后令其舍人告越復謀反。廷尉奏請，遂夷越宗族，「遂夷越宗族」。《漢書》卷34《彭越傳》，第1881頁。亦可參見唐子恬：「廷尉王恬開」小考》，《文史哲》2002年第3期，「彭越之誅在漢十一年（前196年），而首正是該年起任廷尉起年，他的前任為宣義」。此說與史實明顯不符，詳細考證參見李炳泉：《南都學壇》2017年第5期。

（註4）（清）王先謙：《漢書補注》云：「《功臣表》：『廷尉王恬開』，恬以廷尉死事，侯，高帝十一年正月封。是侯時已為廷尉。又云四年薨。孝惠三年，子中嗣。是侯歿在惠帝二年，亦不應三年為廷尉也。此入字當在高帝十一年下，誤移於此」。（清）王先謙：《漢書補注》，北京：書目文獻出版社1995年，第290頁。李開元統一王先謙的說法，也認為高帝十一年任廷尉者為杜恬。李開元：《漢帝國的建立與劉邦集團：軍功受益集團研究》附錄《高帝期三公九卿表》，北京：生活·讀書·新知三聯書店，2000年，第267頁。施之勉批評王先謙的說法：「王說高帝十一年正月封，是侯時已為廷尉。云高帝十一年，中地守宣義為廷尉。其說非也。又云十二年廷尉育，則高帝十一年，恬安得為廷尉耶」。施之勉：《漢書集釋（三）》，臺北：三民書局股份有限公司，2003年，第1280～1281頁。

時間	姓名	籍貫	備註	事蹟	遷轉	出處
漢文帝三年～漢文帝九年（前177～前171年）（漢景帝初期亦曾暫任職廷尉）	張釋之	南陽堵陽	以眥為騎郎	處理（漢文帝時）中渭橋民驚駕案、民盜高廟坐前玉環案，張釋之秉公執法，以律處置，不因文帝干涉而短。	謁者－謁者僕射－公車令－中大夫－中郎將－廷尉－淮南相	《史記·張釋之列傳》，2751～2756頁。
漢文帝六年（前174年）	（？）賈			丞相張倉、典客馮敬、行御史大夫事宗正（？）逸、廷尉（？）賀，備盜賊中尉（？）福奏議淮南王劉長謀反事，當棄市，文帝赦長死罪。		《史記·淮南[山]列傳》，3076～3079頁。
漢文帝十年（前170年）	（？）昌					《漢書·百官公卿表》，758頁。
漢文帝十年～漢文帝十四年（前170～前166年）	（？）嘉					《漢書·百官公卿表》，758頁。
漢文帝十五年～漢文帝十六年(前165～前164年)	宣昌					《漢書·百官公卿表》，758～759頁。
漢文帝後元年～漢文帝後七年（前163～前157年）	（？）信			廷尉與丞相更議著令。廷尉信謹與丞相議曰：「吏及諸有秩受其官屬所監、所治、所行、所將，其與飲食計償費，勿論。它物，若買故賤，賣故貴，皆坐臧為盜，沒入臧縣官。吏遷徙免罷，受其故官屬所將監治送財物，奪爵為士伍，免之。	「信，史不著其姓。文帝後元年為廷尉，景帝初遷奉常。」（註5）	《漢書·百官公卿表》，759～760頁。《漢書·景帝紀》第140～141頁。

〔註 5〕（清）嚴可均輯，任雪芳審訂：《全漢文》卷 19，北京：商務印書館，1999 年，第 191 頁。

廷尉	任期			廷尉－御史大夫（漢武帝時）	出處
張歐（註6）	漢景帝元年～漢景帝二年（前156～前155年）	安丘侯（張）說之庶子	治刑名家，孝文時以治刑名言事太子。	廷尉－御史大夫（漢武帝時）	《漢書·百官公卿表》，760～761頁；《史記·萬石張叔列傳》，2773頁。
（？）勝	漢景帝三年～漢景帝七年（前154～前150年）				《漢書·百官公卿表》，762～763頁。
（？）福	漢景帝中元年～漢景帝中五年（前149～前145年）				《漢書·百官公卿表》，763～765頁。
（？）叚	漢景帝中六年～漢武帝建元元年（前144～前140年）			廷尉更名為大理	《漢書·百官公卿表》，765～767頁。
（？）信	漢武帝建元二年～建元三年（前139～前138年）			大理	《漢書·百官公卿表》，767～768頁。
（？）遷	漢武帝建元四年（前137年）			廷尉	《漢書·百官公卿表》，768頁。
（？）建	年漢武帝建元四年（前137年）			廷尉	《漢書·百官公卿表》，768頁。

〔註6〕《史記·萬石張叔列傳》（第2773頁）：「御史大夫張叔者，名歐，安丘侯說之庶子也。孝文時以治刑名言事太子。」然歐雖治刑名家，其人長者。景帝時尊重，常為九卿。《漢書·百官公卿表》（第760～761頁）記載漢景帝元年～漢景帝二年（前156～前155年）歐為廷尉，考之此廷尉當為張歐。

年代	姓名	籍貫			官職	出處
漢武帝建元五年（前136年）	（？）武				廷尉	《漢書·百官公卿表》，768頁。
漢武帝建元六年～元光四年（前135～前131年）	（？）殷 [註7]				廷尉	《漢書·百官公卿表》，768～770頁。
漢武帝元光五年～元朔二年（前130～前127年）	翟公	下邽（下邽）		「公，史不著其名，下邽人，一云下邽人。初為廷尉，免。元光五年復為廷尉。」[註8]	廷尉 [註9]	《史記·汲鄭列傳》3114頁。
漢武帝元朔三年～元狩二年（前126～前121年）	張湯	杜陵	其父為長安丞，張湯治鼠盜肉案，文辭如老獄吏。張湯方以更定律令為廷尉。	任職御史，治陳皇后巫蠱案，深竟黨與。任職太中大夫，與趙禹共定諸律令，務在深文。是時上方鄉文學，湯決大獄，欲傅古義，乃請博士弟子治尚書、春秋補廷尉史，亭疑法。奏讞疑事，必豫先為上分別其原，上所是，受而著讞決法廷尉絜令，治淮南、衡山、江都反獄，皆窮根本。	長安吏—茂陵尉—丞相史—御史—太中大夫—廷尉—御史大夫	《史記·酷吏列傳》，3137頁。
漢武帝元狩三年（前120年）	李文				廷尉	《漢書·百官公卿表》，774頁。

－34－

（註7）可能是「左馮翊殷周」。《史記·酷吏列傳》，第3154頁。「馮翊殷周瘦鷙」。
（註8）（清）嚴可均輯：《全漢文》卷22，北京：商務印書館，1999年，第465頁。
（註9）「翟公有言，始翟公為廷尉，賓客闐門；及廢，門外可設雀羅。翟公復欲任，賓客欲往，翟公乃大署其門曰：『一死一生，乃知交情，一貧一富，乃知交態，一貴一賤，交情乃見』」見《史記·汲鄭列傳》，第3114頁。

時間	姓名	籍貫	起家	事蹟	經歷	遷轉	資料出處
漢武帝元狩三年（前120年）	（？）安						《漢書·百官公卿表》，774頁。
漢武帝元狩三年～元狩四年前（120～前119年）	禹						《漢書·百官公卿表》，775～776頁。
漢武帝元狩五年（前118～前117年）	司馬安						《漢書·百官公卿表》，776～777頁。
漢武帝元鼎二年（前116～前115年）	霸						《漢書·百官公卿表》，776～777頁。
漢武帝元鼎三年（前114年）	王溫舒	陽陵	縣亭長	為吏，以治獄至廷尉史。		亭長－廷尉史－御史－廣平都尉－河內太守－中尉－少府－右內史	《漢書·酷吏傳》，3649～3650頁。
漢武帝元封元年～元封元年（前113～前110年）	趙禹	扶風斄縣	佐史	與張湯論定律令	武帝時，（趙）禹以刀筆吏積勞，遷為御史。上以為能，至中大夫。與張湯論定律令，作見知，吏傳得相監司以法，盡自此始。	中都官－丞相史－御史－太中大夫－少府－廷尉－燕相	《史記·酷吏列傳》，3136頁；《漢書·酷吏傳》，3651～3652頁。
漢武帝元封二年～天漢二年（前109～前99年）	杜周	南陽杜衍	義縱為南陽守，以為爪牙，舉為廷尉史。		上所欲擠者，因而陷之；上所欲釋者，久繫待問而微見其冤狀。……詔獄亦益多矣。二千石繫者新故相因，不減百餘人。郡吏大府舉之廷尉，一歲至千餘章。章大者連逮證案數百，小者數十人；遠……	廷尉史－御史－御史中丞－廷尉－執金吾－御史大夫	《史記·酷吏列傳》，3152～3154頁；《漢書·杜周傳》，2659～2661頁。

時間	姓名		籍貫	事跡	遷轉	出處
漢武帝天漢三年～天漢四年（前98〜前97年）	吳尊			者數千，近者數百里。會獄，吏因責如章告劾，不服，以笞掠定之。於是聞有逮皆亡匿。獄久者至更數赦十有餘歲而相告言，大抵盡詆以不道及廷尉及中都官詔獄逮至六七萬人，吏所增加十萬餘人。		《漢書·百官公卿表》，786頁。
漢武帝泰始元年～泰始四年（前96〜前93年）	郭巨					《漢書·百官公卿表》，787〜788頁。
漢武帝征和元年（前92年）	（？）常					《漢書·百官公卿表》，788頁。
漢武帝征和二年（前91年）	（？）信					《漢書·百官公卿表》，788〜789頁。
漢武帝征和三年～後元二年（前90〜前87年）	（？）意					《漢書·百官公卿表》，789〜791頁。
漢昭帝始元元年～始元四年（前86〜前83年）	李種（字季主）〔註10〕		洛陽	坐故縱死罪棄市	司隸校尉—廷尉	《漢書·昭帝紀》，第222頁。

〔註10〕《漢書·昭帝紀》：「始元四年（前83年）冬，廷尉李種坐故縱死罪棄市」。

時間	姓名	籍貫	本官	事蹟	遷轉	資料來源
漢昭帝始元五年～元鳳二年（前82～前79年）	王平（字子心）	齊	軍正	廷尉王平與少府徐仁雜治燕王謀反。	漢昭帝元鳳三年坐縱反，下獄，腰斬棄市。	《漢書·百官公卿表》，794～796頁；《漢書·杜周傳》，2662～2664頁。
漢昭帝元鳳三年～元鳳四年（前78～前77年）	夏國					《漢書·百官公卿表》，796～797頁。
漢昭帝元鳳五年（前76年）	朱壽（字少樂）	淮陽			鉅鹿太守－廷尉	《漢書·百官公卿表》，797～798頁。
漢昭帝元鳳六年～漢宣帝本始二年（前75～前72年）	李光					《漢書·百官公卿表》，798～801頁。
漢宣帝本始三年～本始四年（前71～前70年）	李義					《漢書·百官公卿表》，801～802頁。
漢宣帝地節元年～甘露元年（前69～前53年）	于定國	東海郯人	獄史	其父於公為縣獄史、郡決曹、決獄平，羅文法者皆於公所決皆不恨……定國少學法於父……	獄史－郡決曹－廷尉史－侍御史－御史中丞－水衡都尉－光祿大夫－御史大夫－丞相	《漢書·于定國傳》，3041～3043、3046頁。
漢宣帝甘露二年～甘露三年（前52～前51年）	田聽天				執金吾－廷尉	《漢書·百官公卿表》，811～812頁。

時間	姓名	籍貫	事蹟	中山國相—守廷尉	資料來源
漢宣帝甘露四年（前50年）	（？）加			中山國相—守廷尉	《漢書‧百官公卿表》，812頁。
漢宣帝黃龍元年～漢元帝初元年（前49～48年）	解延年				《漢書‧百官公卿表》，812～814頁。
漢宣帝時	范延壽		「范延壽，宣帝時為廷尉。時燕趙之間有三男共娶一妻，生四子，長，各求離別，爭財分子，至閭於縣。縣不能決決。讞之於廷尉，比之禽獸，之以為悖逆人倫，生子並付母，屍三男於市，以子並付母，屍三男於市。免郡太守，令、丞等，無師化之道。天子遂可其言。」《意林》卷五男共娶一女，生四子，後爭訟。廷尉延壽奏作「昔燕趙之間有三男共娶云：廷尉延壽奏云：屍三男生子遂母，宜以還母子於市。」		《太平御覽》卷231引謝承《後漢書》。
漢元帝初元二年～初元三年（前47～前46年）	陳遂（註11）	杜陵		……京兆史—鬱夷令—校尉—京兆尹—廷尉……	《漢書‧百官公卿表》，814～815頁；《漢書‧游俠傳》，3709頁。

（註11）當為陳遂。《漢書‧游俠傳》：「陳遂字孟公，杜陵人也……元帝時，徵遂為京兆尹，至廷尉。」

年代	姓名	籍貫	薦舉／治學	備註	仕履	資料來源
漢元帝初元三年～漢成帝建始元年（前45～前32年）	尹忠（字子賓）	魏郡		為孝武皇帝改正朔，易服色，攘四夷，宜為世宗之廟。	廷尉－十四年為諸吏光祿大夫	《漢書·百官公卿表》，815～823頁；《漢書·韋賢傳》，3119頁。
漢成帝建始二年～漢成帝河平元年（前31～前28年）	何壽				蜀郡太守－廷尉	《漢書·百官公卿表》，823～826頁。
漢成帝河平二年～漢成帝鴻嘉元年（前27～前20年）	范延壽（字）子路	安成			北海太守－廷尉	《漢書·百官公卿表》，827～832頁。
漢成帝鴻嘉二年～漢成帝永始一年（前19～前15年）	趙增壽				左馮翊－廷尉－常山郡尉	《漢書·百官公卿表》，832～835頁。
漢成帝永始三年（前14年）	陳慶（字）君卿				琅邪太守－廷尉－長信少府	《漢書·百官公卿表》，836頁。
漢成帝永始四年～漢成帝元延元年（前13～12年）	彭宣	淮陽陽夏	治《易》，事張禹，舉為博士。		東平太傅－右扶風－廷尉－（以王國人）太原太守－大司農－右將軍－左將軍－光祿大夫－御史大夫－大司空	《漢書·彭宣傳》，3051頁。

時間	姓名	籍貫	出身	經歷	事蹟	官職遷轉	資料來源
漢成帝元延二年（前11年）	朱博	杜陵	法吏	少時給事縣為亭長。	遷廷尉，職典決疑，當讞平天下獄。博恐為官屬所誣，視事，召見正監典法掾史，謂曰：「廷尉本起於武吏，不通法律，幸有眾賢！亦何憂！然廷尉治郡斷獄以來且二十年，亦獨耳目久，三尺律令，人事出其中，移史試與正監共撰前世決事吏議難知者數十事，持以問廷尉，得為（為）諸君覆意之。正監以能然，即共條白焉，博皆召掾史，並坐而問，為平處其輕重十中八九。官屬咸服博之疏略，材過人也。	功曹－冀州刺史－琅邪太守－左馮翊－大司農－廷尉－光祿大夫－京兆尹－後將軍－大司空－御史大夫。	《漢書‧朱博傳》，3399～3404頁。
漢成帝元延三年～元延四年（前10～前9年）	何武	蜀郡郫縣	儒生	博士受業，治《易》。以射策甲科為郎。		鄠令－諫大夫－揚州刺史－丞相司直－清河太守－諫大夫－兗州刺史－司隸校尉－楚內史－沛郡太守－（復）廷尉－御史大夫（大司空）	《漢書‧何武傳》，3484～3485頁。
漢成帝綏和元年（前8年）	孔光	魯國	儒生	經學尤明，年未二十，舉為議郎。	久典尚書，練法令，號稱詳平。時定陵侯淳于長坐大逆誅，長小妻迺始等六人皆以長事未發覺時棄去，或更嫁。及長事發，丞相方進、大司空武議，以為「令，犯法者各以法時律令論之。明有所犯大逆時，迺始等見…	諫大夫－虹長－教授－博士－尚書－尚書僕射－尚書令－光祿大夫－御史大夫－（貶）廷尉－左將軍－丞相	《漢書‧孔光傳》，3355～3356頁。

時間	姓名	籍貫	備註	事跡	遷轉	出處
漢成帝綏和元年～漢成帝綏和二年(前8～前7年)	龐真			為長妻、已有當坐之罪、與身犯法無異。後乃棄去，於法無以解。請以為「大逆無道，父母妻子同產無少長皆棄市，欲懲後犯法者也。師夫婦之道，有義則合，無義則離。長未自知當坐之法，而棄去，而欲棄長妻論殺之、義已絕，或更嫁、義已絕，名不正，不當坐。」有詔議義是。光議是。	少府－廷尉－長信少府	《漢書·百官公卿表》，841～844頁。
漢哀帝建平元年～漢哀帝建平二年(前6～前5年)	梁相				……大司農－廷尉（眨）（貶）東海都尉……	《漢書·百官公卿表》，844～846頁；《漢書·雋疏于薛平彭傳》，3079頁。
漢哀帝建平三年～漢哀帝元壽元年(前4～前2年)	方賞			與大鴻臚由持節即訊梁王劉立復殺人罪。《漢書·文三王傳》，第2218頁。	……左馮翊－廷尉……	《漢書·百官公卿表》，846～851頁。
漢哀帝元壽二年～漢平帝元始二年前(1～2年)	梁相				大理（二年，坐除吏不賜，免。）	《漢書·百官公卿表》，852～855頁。
漢平帝元始三年～五年(3～5年)	鍾元(字)靈君	潁川	為尚書令、領廷尉，用事有權	弟威為郡掾、臟千金，並為太守，（故）(過)鍾廷尉，廷尉免冠為弟請一等，（如淳曰：『減死罪一等。』）願置就髡鉗	……尚書令－大理……	《漢書·鍾元傳》，3267～3268頁。

年代	姓名	籍貫	職位	事蹟		出處
漢淮陽王更始元年（23年）	王常	潁川舞陽人	大將軍、知命侯	並曰：「罪在弟弟身與君律，不在於太守。」元權，馳遣人呼弟。陽糴輕俠趙季、李款多畜賓客，以氣力漁食閭里，至奸人婦女，持吏長短，從橫郡中，聞並至，皆亡去。並下車求勇猛曉文法吏且十人，使文吏治三人獄，武吏往捕之，各有所部。歛曰：「三人非負王法，不得不治。趙、李桀惡，雖遠去，當伏其頭。」以謝百姓，當得其頭。止洛陽，持頭縣頭及其具獄於市，郡中清靜，表善好士。見紀潁川，名次黃霸。		《後漢書·王常傳》，579頁。
漢光武帝建武二年～三年（25～26年）	岑彭（字君然）		歸德侯		……廷尉一征南大將軍……	
漢光武帝建武十八年（42年）	鄧晨	南陽新野	豫章都尉、鄧宏之子，光武帝姊劉元之夫。			《後漢書·鄧晨傳》，584頁。

時間	姓名	辟召	事蹟	遷任	出處
漢明帝永平七年（64年）	張禹		《漢官儀》「光武時有以疑獄見廷尉曹史張禹，所問輒對，處當詳理。於是冊免廷尉，以禹代之。雖越次而授，亦足以歷其臣節。」	……廷尉曹史廷尉……	《通典·職官》、《太平御覽·職官部》（註12）
漢章帝元和三年～漢和帝永元六年（86～94年）	郭躬	潁川陽翟 辟公府	父（郭）弘，習小杜律。太守寇恂以弘為決曹掾，斷獄至三十年，用法平。諸為弘所決者，退無怨情，郡內比之東海於公。躬少傳父業……明法律。決錄斷刑，多依矜恕，條諸重文可從輕者四十一，奏之，事皆施行……奏讞法科，多所生全	郡吏—廷尉正（卒於官）廷尉	《後漢書·郭躬傳》，1543～1545頁。
漢和帝永元六年（94年）	陳寵	沛國浚 州郡吏、辟司徒鮑昱府。	祖（陳）咸，哀帝成間以律令為尚書……明習家業……雖傳法律，而兼通經書……及為理官，數議疑獄，常親自為奏、每附經典、務從寬恕、帝輒從之、濟活者甚眾。其深文刻敝，於此少衰。寵又鉤校律令條法，溢於《甫刑》者除之。	州郡吏山太守—尚書廣漢太守（註13）—大司農—廷尉—尚書—遷大鴻臚—司空廷尉	《資治通鑑》卷48，1543頁。
漢安帝元初六年～永寧元年（119～120年）	綦母參			廷尉	《後漢書·班勇傳》，1588頁。

（註12）（漢）應劭撰、（清）孫星衍校集：《漢官儀》，見（清）孫星衍等輯：《漢官六種》，周天游點校，北京：中華書局，1990年，第134頁。

（註13）萬斯同、錢大昭認為陳寵由大司農遷廷尉，見萬斯同《後漢公卿表》，而綫恕《後漢公卿表》認為陳寵以大僕陳寵為廷尉。

時間	姓名	籍貫	家世關係	律學背景		官職遷轉	出處
漢安帝永寧元年～漢順帝永建元年（120～126年）	張晧	犍為武陽人	歸仕州郡，辟大將軍鄧騭府。	雖非法家，而留心刑斷，數與尚書辯正疑獄，多以詳當見從。		尚書僕射－彭城相－廷尉－司空－廷尉	《後漢書·張晧傳》，1815～1816頁。
漢順帝永建三～四年（128～129年）	郭鎮	潁川陽翟	郭躬侄子，辟太尉府	少修家業（小杜律）		尚書－遷尚書令－拜河南尹－轉廷尉	《後漢書·張晧傳》，1816頁。
漢順帝陽嘉元年（132年）	張晧						
漢順帝時	郭賀	潁川陽翟	郭鎮長子，嗣定潁侯。	習家業（小杜律），能法律。		累遷、復至廷尉。	《後漢書·郭躬傳》，1545頁。
漢順帝時	郭禎	潁川陽翟	郭賀弟	亦以能法律		至廷尉	《後漢書·郭躬傳》，1545頁。
漢桓帝漢安元年～二年（142～143年）	吳雄	河南	孤臣	明法律，斷獄平		……廷尉－司徒	《後漢書·郭躬傳》，1546頁。
（當為漢靈帝時）	吳訢	河南	吳雄子	法名家		廷尉	《後漢書·郭躬傳》，1546頁。
（當為漢靈帝時）	吳恭	河南	吳雄孫	法名家		廷尉	《後漢書·郭躬傳》，1546頁。
漢桓帝延熹元年（158年）	馮緄（字鴻卿）	巴郡宕渠人	幽州君之元子也	少耽學問，習父業，治《春秋》嚴、《韓詩》倉氏、兼律大杜，弱冠詔除郎。		司隸校尉－廷尉	《後漢書·馮緄傳》（註14）

（註14）具體參見何如月：〈漢車騎將軍馮緄碑綴銘考釋〉，〈考古與文物〉2006 年第 1 期。

時間	姓名	出身	經歷	廷尉任職狀況	資料來源
漢桓帝延熹二年（159年）	邯鄲義（註15）				《後漢書·梁統傳》，1183～1184頁。
漢桓帝延熹三年～五年（160～162年）	馮緄	諸生		復為廷尉	
162～163年	霍諝 魏郡鄴人	明經		孝廉－遷金城太守－遷北海相－尚書－遷僕射－河南尹－遷司隸校尉－轉少府－廷尉	《後漢書·霍諝傳》，1615～1617頁。
漢桓帝延熹六年（163年）	馮緄			河南尹馮緄復為廷尉，尋免。	
漢桓帝延熹八年（165年）	馮緄			復為廷尉	
漢桓帝延熹年間	潁川陽翟 郭禧（註16）	郭鎮侄子 小明習家業（小杜律），兼好儒學。	尚書左丞－郎中－彭城呂長	廷尉－太尉	《後漢書·郭躬傳》，1545～1546頁。
漢桓帝延熹年間	咸陽 仲定（註17）	孝廉	尚書左丞－豫州刺史－將軍從事－符節從事－符節令		《金石錄·漢廷尉仲定碑》276

—45—

（註15）《後漢書·梁統傳》「……諸梁及孫氏中外宗親送詔獄，無長少皆棄市，不疑、蒙先卒。其他所連及公卿列校刺史二千石死者數十人，故吏賓客免黜者三百餘人，朝廷為空。唯尹勳、袁盱及廷尉邯鄲義在焉……。」第1183～1184頁。

（註16）郭禧延熹中為廷尉。郭禧於漢靈帝建寧二年由大僕拜大尉，家於咸陽。故其任職約在延熹八年馮緄之後。

（註17）《金石錄·漢廷尉仲定碑》有「君諱定。聖漢龍興，家於咸陽。父張掖、廣漢太守。南陽陰府君蔡孝不行；南郡胡公除清陰，復舉孝廉，除郎中，遷尚書左丞，拜大尚書，飲讞郎，拜大尚書，飲讞郎，拜大僕，遷試博士，太傅下邳趙公（峻）舉君高行，遷豫。復徵拜將軍長史，遷城門校尉，執金吾，拜金吾，拜中大夫，……

時間	姓名	籍貫	察舉	事蹟	仕歷	仕歷	出處
							頁。
漢靈帝建寧四年（171年）	陳球	下邳淮浦人	孝廉	少涉儒學，善律令。（橋玄而薦球為廷尉）	一豫章太守－議郎－大尚書－將軍長史史－城門校尉－執金吾－大中大夫－廷尉	繁陽令－侍御史－零陵太守－將作大匠－南陽太守－廷尉－司空（註18）－廷尉－太尉－廷尉－拜大常－太尉－拜光祿大夫－永樂少府	《後漢書·橋玄傳》，1696頁；《後漢書·陳球傳》，1831～1834頁。
漢靈帝熹平六年（177年）	陳球						
漢靈帝熹平六年～漢靈帝光和元年(177～178年)	郭喜（見前）						《後漢書·蔡邕傳》
漢靈帝光和元年～漢靈帝中平二年(178～185年)	崔烈	涿郡安平人		有重名於北州，歷位郡守、九卿。靈帝時，開鴻都門榜賣官爵，公卿州郡下至黃綬各有差，烈時因傅母入錢五百萬，得為司徒。		歷位州郡－廷尉－司徒－太尉－城門校尉	《後漢書·崔駰傳》，1731頁。

邊廷尉卿。詫病乞歸，修兔靈臺黃屋三十餘，上聽，拜大中大夫。臺成事訖，上以君先帝舊臣，策令州郡以禮特遣。熹平元年孟秋上句，君遘疾不瘳。於是門生、養徒、故吏，樹碑勒銘，鄉黨刊石勒銘，樹碑表道焉」。見（宋）趙明誠：《金石錄校證》，金文明校證，桂林：廣西師範大學出版社，2005年，第276頁。考仲定被舉孝廉趙岐薦舉，其歷官當在漢桓帝、漢靈帝時，其卒於漢靈帝熹平元年，而「上以君先帝舊臣」，可看出仲定當在漢桓帝時為廷尉，但與馮緄光和後，郭喜執光和後，姜不能詳。

[註18] 漢靈帝熹平六年七月拜司空（據《後漢公卿表》認為熹平六年六月以衛尉陳球為司空，十一月免。當陳球由廷尉為衛尉為廷尉？光和元年熹平二年？第755頁。陳球，字伯真。熊方《補後漢書年表》作陳琳，有誤）。

時間	姓名	籍貫	選任方式	經歷	資料來源
漢靈帝中平二年（185年）	吳整（註19）				《水經注·瞤水》545頁。
漢桓帝、漢靈帝時	趙世（註20）				
漢獻帝興平二年（195年）	宣播（註21）			……司隸校尉一廷尉一光祿勳	《後漢書·楊彪傳》，1787頁。
漢獻帝建安元年～十三年（196～208年）	徐璆	廣陵海西人	辟公府、舉西海第高弟。博學	……荊州刺史一汝南太守一東海相一廷尉一太常	《後漢書·徐璆傳》，1620～1621頁。

〔註19〕《水經注·瞤水》：「（橋玄）系列數碑，一是漢朝群儒，英才哲士，感橋氏德行之美，乃共刊石立碑，以示後世。一碑是故吏司徒博陵崔烈、廷尉河南吳整等，以為至德在己，揚之由人，苟不刊勒，夫何考焉？乃共勒嘉石，昭明芳烈。」見（北魏）酈道元：《水經注校證》卷24《瞤水》，陳橋驛校證，北京：中華書局，2013年，第545頁。考崔烈於是年由廷尉拜司徒，繼任者當是吳整。玄卒於光和六年，碑蓋立於光和二年也。

〔註20〕蔡質《漢儀》曰：「正月旦，石官朝賀，光祿勳劉嘉、廷尉趙世各辭不能朝，高賜案奏：『皆以被病篤固，空文武之位，闕上卿之費；既無忠信斷金之用，而有敗禮傷化之愆，不達不敬！請廷尉治嘉罪，河南尹治世罪。』議以世祖父劉嘉任職廷尉他官。」見《後漢書·百官志》，第3582頁。考劉嘉孫為劉廙，漢靈帝中平元年（184年）任甘陵相，故劉嘉任職廷尉當在漢桓帝、漢靈帝時。

〔註21〕（宋）熊方：《補後漢書年表》卷9《百官》，劉祜仁點校，北京：中華書局，1984年，第79～147頁；（清）錢大昭：《後漢書補表》卷7、8《公卿》，見（宋）熊方等撰，劉祜仁點校：《後漢書三國志補表三十種》，北京：中華書局，1984年，第359～440頁；（清）萬斯同：《東漢九卿年表》，見（宋）熊方等撰：《後漢書三國志補表三十種》，北京：中華書局，1984年，第643～684頁；（清）黃恩：《後漢公卿表》，見（宋）熊方等撰：《後漢書三國志補表三十種》，北京：中華書局，1984年，第687～774頁。

第二節　廷尉選任所見秦漢法律學術演變

　　本文考證求得秦漢時期任職廷尉的人數為 97 人，以此為基礎，論述兩漢廷尉的選任狀況。

　　廷尉乃秦官，《漢書‧百官公卿表》：「廷尉，秦官，掌刑辟，有正、左右監，秩皆千石。景帝中六年更名大理，武帝建元四年復為廷尉。宣帝地節三年初置左右平，秩皆六百石。哀帝元壽二年復為大理。王莽改曰作士。」〔註 22〕但考諸史籍，僅有李斯曾為秦廷尉。李斯以楚國上蔡小吏，後從荀子學帝王之術，入秦為官，任職秦國廷尉二十餘年，秦統一六國後而任丞相，秦帝國之制度、法律建設，李斯功不可沒。李斯從荀子受學，當為法家之學，以法律學家任廷尉。

一、「軍功」者與「法家之士」

　　西漢、東漢初年之廷尉選任，多是軍功者充當。漢高祖五年以義渠為廷尉，義渠此人雖不可考，但兩漢史籍記載的義渠人多為將軍，《史記‧衛將軍驃騎列傳》：「（公孫）賀，義渠人，其先胡種」。「將軍公孫敖，義渠人。以郎事武帝」。〔註 23〕義渠當亦為將軍，從高祖而征伐天下。高祖十年，以中地太守士軍侯宣義為廷尉，十二年以（？）育為廷尉，漢惠帝三年以長修平侯杜恬為廷尉，六年復以宣義為廷尉，高后七年以（？）圍為廷尉。《史記‧任敖傳》：「漢興二十餘年，天下初定，公卿皆軍吏」。〔註 24〕宣義、杜恬皆以軍功封侯，任職廷尉。李開元對漢初軍功受益階層的研究顯示，軍功受益階層在三公九卿、王國相及郡太守三者之中的佔有率均在 50%以上，即高帝期的 97%，惠呂期的 81%、文帝期的 50%〔註 25〕，可見軍功者任職公卿是普遍的現象。西漢初廷尉皆以軍功者任之。

　　東漢初之情況與西漢初大致相同。《後漢書‧王常傳》：「及更始立，以（王）常為廷尉、大將軍，封知命侯……」。〔註 26〕《後漢書‧光武帝紀》：

〔註 22〕《漢書‧百官公卿表》，第 730 頁。

〔註 23〕《史記‧衛將軍驃騎列傳》，第 2941 頁。

〔註 24〕《史記‧任敖傳》，第 2098 頁。

〔註 25〕李開元：《漢帝國的建立與劉邦集團：軍功受益階層研究》，北京：生活‧讀書‧新知三聯書店，2000 年，第 67 頁。

〔註 26〕（南朝宋）劉曄：《後漢書‧王常傳》，北京：中華書局，1965 年，第 579 頁。

「使吳漢率朱祜及廷尉岑彭、執金吾賈復、圍朱鮪於洛陽」。〔註27〕《後漢書・岑彭傳》:「光武即位,拜(岑)彭廷尉,歸德侯如故,行大將軍事」。〔註28〕王常、岑彭皆為軍人,王常以西漢末起兵造反,後歸附光武帝,岑彭後為征南大將軍,幫助光武帝平息叛亂,征伐天下。從上可知東漢初期與西漢相同,在戰爭期間,廷尉雖為司法長官,但以軍功之軍人任之。

　　自漢文帝元年,以河南太守吳公為廷尉。吳公「與李斯同邑而常學事焉」,「治平為天下第一」。〔註29〕故吳公可謂法家正統,習法家之學,而又有豐富的地方從政經驗。漢文帝三年,以中郎將張釋之為廷尉。漢景帝元年,以張歐為廷尉,張歐「治刑名家,孝文時以治刑名言事太子」。〔註30〕此漢文帝、漢景帝時期的廷尉選任情況。文景時期是漢帝國建立的穩固階段,漢承秦制,這一時期的廷尉多出身法家之學,與秦帝國的李斯相同。

二、「法吏之士」

　　自漢武帝時期起,隨著察舉制度的逐漸完善,對廷尉所應具有的法律素養要求逐漸凸顯,因此之後絕大多數的廷尉皆出身於具有法律素養的基層法吏,習律令為出身之正途,此時之學術風氣當為法吏之學。漢武帝元朔三年以張湯為廷尉,湯父為長安丞,張湯治鼠盜肉案,文辭如老獄吏。之後張湯歷任長安吏、寧成掾、茂陵尉、丞相史、御史、太中大夫,屬從基層法吏而升遷的廷尉,之後又任御史大夫。〔註31〕漢武帝元鼎三年以王溫舒為廷尉,王溫舒出身為漢朝廷尉最差者,少年時代椎埋為姦,從而數補縣亭長,「為吏,以治獄至廷尉史」〔註32〕,事張湯,遷為御史,後遷廣平都尉、河南太守、中尉,張湯敗後,遷為廷尉。武帝時,杜周亦為廷尉,義縱為南陽守,以杜周為爪牙,當為基層管理,後舉為廷尉史,升職御史、御史中丞,轉而為廷尉,「上所欲擠者,因而陷之;上所欲釋者,久繫待問而微見其冤狀」。漢宣帝時廷尉于定國,其父於公為縣獄史,郡決曹,決獄平,羅文法者於公所決皆不恨,定國少學法於其父,後任基層司法官吏,由獄史、郡決曹至廷尉史,後升

〔註27〕《後漢書・光武帝紀》,第23～24頁。
〔註28〕《後漢書・岑彭傳》,第654頁。
〔註29〕《史記・賈誼傳》,第2491頁。
〔註30〕《史記・萬石張叔列傳》,第2773頁。
〔註31〕《史記・酷吏列傳》,第3137頁。
〔註32〕《漢書・酷吏傳》,第3649～3650頁。

侍御史、御史中丞、水衡都尉、光祿大夫，轉而升為廷尉。

　　後之廷尉履歷細考之，廷尉皆以地方官吏任職廷尉，在中國古代行政、司法合一的地方行政職權中，地方官吏選任本身就需要其法律素養，這一時期的廷尉選任以具有司法經驗的司法官吏為主。

三、「律學之士」

　　曾資生曾認為「自秦以至西漢武帝以前，廷尉為法律刑名之府，是為純粹的法家制度。武帝時儒家學說與制度逐漸抬頭，如董仲舒之流，有春秋決獄之說。其時武帝心向文學，於是廷尉內部亦頗有儒家學說之影響」〔註33〕然後世於「董仲舒春秋決獄」頗有討論，於「法律儒家化」之起始亦有所分歧，從廷尉之選任來看，漢武帝時期雖有幾位廷尉屬官以儒學而任之，但為武帝個人心向文學之因，不可看做這一時期的廷尉選任特點，「法律儒家化」在武帝時期雖可作為薰陶時期，但不可作為其起始。漢成帝時期，彭宣任職廷尉，宣治《易》，事張禹，舉為博士，為正宗儒學之士。後何武亦任職廷尉，武博士受業，治《易》，以射策甲科為郎，亦為儒學之士。後大儒孔光任職廷尉，光經學尤明，年未二十，舉為議郎，任職廷尉期間，「定陵侯淳于長坐大逆誅，長小妻始等六人皆以長事未發覺時棄去，或更嫁。及長事發，丞相方進、大司空武議，以為「令，犯法者各以法時律令論之，明有所訖也。長犯大逆時，乃始等見為長妻，已有當坐之罪，與身犯法無異。後乃棄去，於法無以解。請論」。光議以為「大逆無道，父母妻子同產無少長皆棄市，欲懲後犯法者也。師夫婦之道，有義則合，無義則離。長未自知當坐大逆之法，而棄去乃始等，或更嫁，義已絕，而欲以為長妻論殺之，名不正，不當」坐。有詔光議是，以儒家之道德評判標準從事司法審判，頗具「法律儒家化」之風氣。

　　漢成帝之後，廷尉之選任多以儒學之士為主。延洎東漢，愈演愈烈。東漢初期廷尉之選任，以軍士為主。自漢章帝以後，東漢之廷尉集中於郭躬、吳雄等「律學」世家。郭躬父郭弘習小杜律，太守寇恂以弘為決曹掾，斷獄至三十年，用法平。諸為弘所決者，退無怨情，郡內比之東海於公。郭躬少傳父業，明法律，後嗣有郭鎮、郭賀、郭禎、郭僖，至廷尉者七人，侍御史、正、監、平者甚眾。漢順帝時期，河南吳雄以明法律，斷獄平為廷尉，其子吳訢、

〔註33〕曾資生：《中國政治制度史》（第 2 冊），重慶：南方印書館，1943 年。參見《民國叢書》第四編第 20 冊，上海：上海書店，1989 年，第 110～112 頁。

孫吳恭，三世而為廷尉。陳寵亦為廷尉，其祖（陳）咸成哀閒以律令為尚書，雖傳法律而兼通經書，三子陳欽、陳豐、陳參，陳欽之子陳躬為廷尉左監，陳躬之子陳寵，明習家業，永元六年而為廷尉。郭躬、吳雄、陳寵等，在東漢皆有家學，累代法家，為律學世家，郭躬講授生徒常百餘人，並且有傳授之學術系統，為東漢之一大特色。

東漢可考之其他廷尉，亦為「律學之士」，漢桓帝時期廷尉馮緄，少耽學問，習父業，治《春秋》嚴、《韓詩》倉式、兼津大杜、弱冠詔除郎。大杜即指大杜律。漢靈帝時期廷尉陳球，少涉儒學，善律令，亦為「律學之士」。

四、兩漢法律學術之演變

《漢書·藝文志》〔註34〕著錄法律類文獻以「諸子略·法家」為主，而不錄律令，這一問題早已被人提及，宋儒王應麟《漢書藝文志考證》〔註35〕、今人張忠煒《讀〈漢書·藝文志〉三劄》〔註36〕，筆者覺得這一問題值得重新思考，筆者利用秦漢「法吏」中最特殊的群體「廷尉」進行研究，藉此分析秦漢時期的法律學術的演變。

《漢書·藝文志》以六分法著錄秦漢文獻，分「學、術」之大類，即秦漢時期法律學術分為兩支，一是法家之學，起於商鞅，申不害、李悝繼之，韓非而集大成，這是戰國、秦漢（漢初）立法的指導思想，立法皆處於法家。一是以刑名之學在具體法律事務的反映——即法吏之學。

後諸子時代，廷尉的選任以法家之學為主，李斯、吳公，隨著帝國統治的穩定，官僚系統選撥逐漸的正規化，廷尉的選任逐漸以「法吏」之士為主，其習「法吏之學」。漢武帝時期，廷尉的屬官中有一些儒學之士，但直到漢成帝時期，「儒學之士」逐漸選任為廷尉，這一時期就是「法律儒家化」的起始，

〔註34〕目錄學在中國古代學術中的意義與價值，章學誠《校讎通義》「辨章學術、考鏡源流」的闡釋已經為世人所知。古典圖書目錄作為古代知識體系與認識形態的集中體現，其分類雖非近代嚴格意義上的學科分類，但其作為類聚文獻的方法，無論其以書籍或知識的相似性標準還是相異姓標準對書籍進行分類，其都體現的是古代所具有的知識觀念及學術體系。《漢書·藝文志》作為中國現存最早的古典目錄學著作，其承劉向劉歆父子《別錄》、《七略》的學術思想，它所反映秦漢時期的古典學術體系是我們值得深思的問題。

〔註35〕（宋）王應麟：《漢制考：漢藝文志考證》，張三夕、楊毅點校，北京：中華書局，2011年。

〔註36〕張忠煒：《讀〈漢書·藝文志〉簡記》，《南都學刊》2014年第6期。

即所謂的經義法典化，法律學術逐漸在經學的制約之下，這是漢成帝時期建構儒家天下在法律層面上的體現。所以這一時期諸子之學中的法家消亡，而法吏之學也逐漸模糊，「律學」開始形成，可以說，律學的產生就是「法吏之學」與「儒學」在構建帝制中國文化形態過程中在法律學術層面的體現。通過對廷尉這一群體選任的分析，我們開題看到秦漢時期法律學術體系的演變過程，即從法家之學到法吏之學，再到律學，而律學正是法吏之學與儒學的結合。

第三章　廷尉屬員考

第一節　廷尉屬官考

漢代廷尉的屬官，《漢書‧百官公卿表》「有正、左右監，秩皆千石……宣帝地節三年初置左右平，秩皆六百石。」〔註1〕是廷尉正、廷尉監、廷尉平為廷尉三官。其選任皆以御史高第或明律令者，《漢官舊儀》「廷尉正、監、平物故，以御史高第補之。御史少史行事如御史，少史有所為，即少史屬得守御史，行事如少史。少史秩比六百石。御史少史物故，以功次徵丞相史守御史少史。所代到官視事，得留罷中二千石詹事、水衡都尉。」《漢官舊儀》「丞相、刺史常以秋分行部，御史為駕四封乘傳。到所部，郡國各遣吏一人迎界上，得載別駕自言受命移郡國，與刺史從事盡界罷。行載從者一人，得從吏所察六條。刺史舉民有茂材，移名丞相，丞相考召，取明經一科，明律令一科，能治劇一科，各一人。詔選諫大夫、議郎、博士、諸侯王傅、僕射、郎中令，取明經。選廷尉正、監、平，案章取明律令」。〔註2〕

本節在前賢研究的基礎上，進一步考證廷尉屬官的情況。

一、廷尉正考

廷尉正是廷尉副手，相當於其他諸卿之丞，秩祿一千石。《漢書‧百官

〔註1〕 《漢書‧百官公卿表》，第 730 頁。
〔註2〕 （漢）衛宏撰、（清）紀昀等輯：《漢官舊儀》，見（清）孫星衍等輯：《漢官六種》，周天游點校，北京：中華書局，1990 年，第 36～37 頁。

公卿表》「有正、左右監，秩皆千石……宣帝地節三年初置左右平，秩皆六百石」。〔註3〕

（一）兩漢任職廷尉正事例

漢武帝時期，何比干為廷尉正，《後漢書・何敞傳》記載「六世祖（何）比干，學《尚書》於晁錯，武帝時為廷尉正，與張湯同時。湯持法深而比干務仁恕，數與湯爭，雖不能盡得，然所濟活者以千數。後遷丹陽都尉，因徙居平陵」。〔註4〕漢武帝時期，杜周為廷尉正，「杜周治之，獄少反者。乃分遣御史廷尉正監分曹往，即治郡國婚錢，得民財物以億計，奴婢以千萬數，田大縣數百頃，小縣百餘頃，宅亦如之」。〔註5〕

漢宣帝時黃霸為廷尉正，「數決疑獄，庭中稱平」，〔註6〕漢宣帝本始三年，「天子遣大鴻臚、丞相長史、御史丞，廷尉正雜治鉅鹿詔獄，奏請逮捕去及後昭信」。〔註7〕

東漢安帝時，陳忠永始中辟司徒府，三遷廷尉正，以才能有聲稱。司徒劉愷舉忠明習法律，宜備機密，於是擢拜尚書，使居三公曹。忠自以世典刑法，用心務在寬詳。〔註8〕

永平中，奉車都尉竇固出擊匈奴，騎都尉秦彭為副。彭在別屯而輒以法斬人，固奏彭專擅，請誅之。顯宗乃引公卿朝臣平其罪科。躬以明法律，召入議。議者皆然固奏，躬獨曰：「於法，彭得斬之」。帝曰「軍徵，校尉一統於督。彭既無斧鉞，可得專殺人乎」？躬對曰「一統於督者，謂在部曲也。今彭專軍別將，有異於此。兵事呼吸，不容先關督帥。且漢制棨戟即為斧鉞，於法不合罪。」帝從躬議。又有兄弟共殺人者，而罪未有所歸。帝以兄不訓弟，故報兄重而減弟死。中常侍孫章宣詔，誤言兩報重，《尚書》奏章矯制，罪當腰斬。帝復召躬問之，躬對「章應罰金」。帝曰「章矯詔殺人，何謂罰金？」躬曰「法令有故、誤，章傳命之謬，於事為誤，誤者其文則輕。」帝曰：「章與囚同縣，疑其故也」。躬曰：「『周道如砥，其直如矢』。『君子不逆詐。』君王法天，刑不可以委曲生意」。帝曰「善」。遷（郭）躬廷尉正，坐法免。後三

〔註3〕《漢書・百官公卿表》，第730頁。
〔註4〕《後漢書・何敞傳》，第1480頁。
〔註5〕《漢書・食貨志》，第1170頁。
〔註6〕《漢書・循吏傳》第3629頁。
〔註7〕《漢書・景十三王傳》，第2432頁。
〔註8〕《後漢書・陳寵傳》，第1555頁。

遷，元和三年，拜為廷尉。躬家世掌法，務在寬平，及典理官，決獄斷刑，多依矜恕，乃條諸重文可從輕者四十一事奏之，事皆施行，著於令」。〔註9〕郭躬因在朝廷論議騎都尉秦彭罪名時，表現出眾，遷為廷尉正。

漢桓帝時期，鍾皓「世善刑律，前後九辟公府，徵為廷尉正、博士、林慮長，皆不就」。〔註10〕

從上引關於廷尉正的史料中，我們可以看出，廷尉正是廷尉的副手，協助廷尉審理獄案。漢武帝時期何比干為廷尉正，數與廷尉張湯爭論，救人千數。漢宣帝時期黃霸為廷尉正，「數決疑獄，庭中稱平」，證明廷尉正協助廷尉審理獄案的同時，亦有一定獨立審理獄案的職權。廷尉正亦參與廷尉詔獄的審理，漢宣帝本始三年，「天子遣大鴻臚、丞相長史、御史丞，廷尉正雜治鉅鹿詔獄，奏請逮捕去及後昭信」。〔註11〕

在分析上述幾位廷尉正的出身，我們可以看出，任職廷尉正皆需相關的法律知識。如郭躬以明法律，在朝廷論議騎都尉秦彭罪名時，表現出眾，遷為廷尉正。後又遷升為廷尉，可見漢代時期廷尉正的選任具有一定的職業化傾向。

（二）廷尉正設置時間考

關於廷尉正的設置時間問題，學界有一定的分歧。李學勤先生在判斷張家山漢簡《奏讞書》所載「杜瀘女子甲和姦」案的年代問題時，認為此案件當為漢初的獄訟案件，其判斷依據即為廷尉正的設置時間，李學勤認為「杜瀘女子甲和姦」案中參與審判獄訟案件的官員中有廷尉正，廷尉正在秦朝的時候並沒有設置，廷尉正應該為漢朝所新設的官職。同時李學勤進一步說明廷尉正的「正」字沒有避諱秦始皇嬴政的姓名，尤不合秦朝時期的避諱制度〔註12〕，此點為廷尉正未設置在秦朝的觀點提供進一步證明。但徐世虹在論述秦朝中央司法機構的時候，利用《漢書‧百官公卿表》中應邵、顏師古的注解，認為廷尉下設廷尉正和左右監等屬官，但並未細緻地論述這一觀點〔註13〕。

〔註9〕《後漢書‧郭躬傳》，第 1543～1544 頁。
〔註10〕《後漢書‧鍾皓傳》，第 2064 頁。
〔註11〕《漢書‧景十三王傳》，第 2432 頁。
〔註12〕李學勤：《〈奏讞書〉解說（下）》，《文物》1995 年第 3 期，第 40 頁。
〔註13〕徐世虹主編：《中國法制通史‧戰國秦漢》，北京：法律出版社，1999 年，第 172 頁。

本節在評析上述觀點的基礎之上，對廷尉正的設置時間問題給出明確的回答。筆者認為廷尉正應是秦官，原因有二：

一、漢承秦制，漢初的職官基本上延續秦制，《漢書·百官公卿表》記載「自周衰，官失而百職亂，戰國並爭，各變異。秦兼天下，建皇帝之號，立百官之職。漢因循而不革，明簡易，隨時宜也」。漢代對官制的改革當在漢景帝時期，漢景帝中六年（公元前 144 年），「更命廷尉為大理，將作少府為將作大匠，主爵中尉為都尉，長信詹事為長信少府，將行為大長秋，大行為行人，奉常為太常，典客為大行，治粟內史為大農。以大內為二千石，置左右內官，屬大內」〔註14〕。並沒有確切的證據證明漢初有新設職官的事件發生。

二、關於廷尉正「正」字的避諱問題。秦朝確有避諱制度，但是並沒有嚴格實行〔註15〕。陳垣先生在《史諱舉例》中早有說明，「或謂秦始皇名政，兼避正字。故《史記·秦楚之際月表》，稱正月為端月，此避嫌名之始也。不知政與正本通，始皇以正月生，故名政。《集解》引徐廣曰：『一作正』。宋忠云『以正月旦生，故名正』。避正非避嫌名也」。〔註16〕同時秦朝時期設置有掌管皇族宗室事務的宗正〔註17〕，《漢書·百官公卿表》載「宗正，秦官，掌親屬，有丞」。〔註18〕宗正並未避諱始皇之名。《史記·李斯列傳》記載趙高偽作始皇帝給公子扶蘇與蒙恬的詔書中，有「蒙恬與扶蘇居外不匡正」之語，可見亦不避諱始皇帝之名。同時出土睡虎地秦簡《編年記》記載（秦王嬴政）「七年，正月甲寅，鄢令史」〔註19〕，「十八年，攻趙。正月，恢生」〔註20〕，此均未避諱秦始皇嬴政的姓名，可見秦朝時期避諱制度並沒有嚴格地實行，李學勤先生避諱說的觀點難為成立。

（三）廷尉正與漢代王國的司法權限

西漢初期實行郡國並行制度，漢初高祖劉邦在剷除異姓諸侯王之後，分封宗室子弟為同姓諸侯王，王國「誇州兼郡，連城數十，宮室百官，同制京

〔註14〕 《史記·孝景本紀》，第 446 頁。

〔註15〕 王新華：《避諱研究》，濟南：齊魯書社，2007 年，第 253 頁。

〔註16〕 陳垣：《史諱舉例》，北京：中華書局，2012 年，第 112～113 頁。

〔註17〕 沈剛：《漢代宗正考述》，《社會科學戰線》2002 年第 1 期，第 146 頁。

〔註18〕 《漢書·百官公卿表》，第 730 頁。

〔註19〕 睡虎地秦墓竹簡整理小組編：《睡虎地秦墓竹簡》，北京：文物出版社，1978 年，第 6 頁。

〔註20〕 《睡虎地秦墓竹簡》，第 7 頁。

師」。〔註 21〕可以想見王國的官制應該是中央官制的翻版。但具體王國的官職設置如何，史料記載並不是很清楚，《漢書》的作者班固覺得王國官制只是中央官制的縮影，不值得重複書寫。自清代以來一直都有學者根據傳世史料及出土文物，如印章、封泥、器物銘刻等復原漢代王國的官制。清代學者周壽昌《漢書校注補》〔註 22〕輯錄散見於《漢書》的王國官職 51 種，羅振玉的《齊魯封泥集存》〔註 23〕、陳直的《漢書新證》〔註 24〕、吳榮曾《西漢王國官制考實》〔註 25〕皆為研究漢代諸侯王官制提供了基礎的資料整理。但是在漢代王國的官職中，廷尉的考證因為現存資料不見王國廷尉及其署官之印，所以並未有所論及。

而陳蘇鎮〔註 26〕、李開元〔註 27〕、周振鶴〔註 28〕在分析西漢初年王國制度的基礎上，認為諸侯王在封國內享有極大的權力，屬半獨立狀態。漢廷僅為王國派遣丞相和太傅，其餘大小官吏一律由國王自己任命。國王還握有本國的司法、賦稅、軍事大權，並獨立紀年。雖然漢天子在名分上高於諸侯王，但在勢力劃分上，諸侯國與漢廷基本平行。進一步認為西漢初年王國有獨立的司法權力對其本國事務及吏民進行管理，從而肯定王國的最高司法官員應該是「廷尉」。張朝陽《〈史記‧倉公列傳〉探微：廢除肉刑與齊文王之死》〔註 29〕在詳細考證漢文帝時「廢除肉刑」與「齊文王之死」兩件事之間的關聯，認為這兩個事件統一於漢文帝消弱諸侯王權力的大戰略〔註 30〕。這一認識為我們認識漢代王國的司法行政運作提供了有益的借鑒。

〔註 21〕《漢書‧諸侯王表》，第 394 頁。

〔註 22〕（清）周壽昌：《漢書校注補》，上海：商務印書館，1936 年。

〔註 23〕羅振玉：《羅雪堂先生全集（一）》，臺北：臺灣大通書局，1968 年，第 21～128 頁。

〔註 24〕陳直：《漢書新證》，天津：天津人民出版社，1959 年。

〔註 25〕吳榮曾：《西漢王國官制考實》，《北京大學學報》1990 年第 3 期，第 109～122 頁。

〔註 26〕陳蘇鎮：《漢初王國制度考述》，《中國史研究》2004 年第 3 期，第 27～40 頁。

〔註 27〕李開元：《漢帝國的建立與劉邦集團：軍功受益階層研究》，北京：生活‧讀書‧新知三聯書店，2000 年，第 74～118 頁。

〔註 28〕周振鶴：《西漢政區地理》，北京：人民出版社，1987 年，第 6～13 頁。

〔註 29〕張朝陽：《〈史記‧倉公列傳〉探微：廢除肉刑與齊文王之死》，中國秦漢史研究會主編：《「中國秦漢史研究會第十五屆年會暨海昏歷史文化」國際學術研討會論文集》，第 1123～1139 頁。

〔註 30〕張朝陽：《緹縈如何救父：漢天子的軟實力》，《文史知識》2017 年第 8 期。

　　《史記》中的一條史料的記載為這一問題的認識重新提供了可能，全文摘錄如下：

> 太史公曰：高祖時諸侯皆賦，得自除內史以下，漢獨為置丞相，黃金印。諸侯自除御史、廷尉正、博士，擬於天子。自吳楚反後，五宗王世，漢為置二千石，去「丞相」曰「相」，銀印。諸侯獨得食租稅，奪之權。其後諸侯貧者或乘牛車也。〔註31〕

分析上述史料，我們可以看出，司馬遷在評論漢初諸侯王勢力消減過程的時候，詳細地說明了王國職官的設置問題。漢高祖時期，諸侯國其職官設置擬於中央，《漢書·百官公卿表》記載「有太傅輔王，內史治國民，中尉掌武職，丞相統眾官，群卿大夫都官如漢朝」，〔註32〕《續漢書·百官志》記載「漢初立諸王……其官職傅為太傅，相為丞相，又有御史大夫及諸卿，皆秩二千石，百官皆如朝廷」〔註33〕，從中可知漢初諸侯國是設置廷尉這一官職的，同時諸侯王是可以自行設置內史以下的職官，如御史、廷尉正、博士等官員，可見諸侯王可自行設置廷尉屬官廷尉正。

　　到了漢景帝時期，七國之亂，漢景帝為了進一步削弱諸侯王的權勢，「至景帝時，吳、楚七國恃其國大，遂以作亂，幾危漢室。及其誅滅，景帝懲之，遂令諸王不得治民，令內史主治民，改丞相曰相，省御史大夫、廷尉、少府、宗正、博士官。武帝改漢內史、中尉、郎中令之名，而王國如故，員職皆朝廷為署，不得自置」。〔註34〕漢景帝裁撤諸侯國中廷尉職官的名稱，「員職皆朝廷為署」，可見諸侯國中負責司法事務的職官為中央朝廷所派遣，不得自置。我們再與《史記》中漢高祖時期「諸侯自除御史、廷尉正、博士，擬於天子」相對照，王利器認為王國的官低於朝廷一級〔註35〕，可見漢景帝以後諸侯國

〔註31〕　《史記·五宗世家》，第 2104 頁。筆者之前一直以為本條材料有誤，但查閱《史記》各個版本及相關研究成果，並無誤，可見筆者的論證在史料方面是站得住腳的。參考王利器主編：《史記注譯（二）》卷 59《五宗世家》，西安：三秦出版社，1988 年，第 1582 頁；韓兆琦編著：《史記箋證》，南昌：江西人民出版社，2004 年，第 3665 頁；（漢）司馬遷：《史記》（修訂版），北京：中華書局，2013 年，第 2545 頁；（漢）司馬遷撰、〔日〕瀧川資言考證、楊海峻整理：《史記會注考證》，上海：上海古籍出版社，2015 年，第 2698 頁。

〔註32〕　《漢書·百官公卿表》，第 741 頁。

〔註33〕　《續漢書·百官志》，第 3627 頁。

〔註34〕　《後漢書·百官志》，第 3627 頁。

〔註35〕　王利器主編：《史記注譯（二）》卷 59《五宗世家》，西安：三秦出版社，1988 年，第 1582 頁；韓兆琦編著：《史記箋證》，南昌：江西人民出版社，2004 年，

中負責司法事務的職官很可能就是廷尉的屬官廷尉正。同時《後漢書‧百官志》所言「凡郡國讞疑罪，皆處當以報。」〔註36〕亦可作為諸侯國的廷尉正為中央廷尉的屬官，其諸侯國的司法職權歸統中央所有。

　　大概文景時期，漢廷有一個消弱諸侯王權力的大戰略。自漢景帝七國之亂平定以後，隨著漢朝中央政府對於地方諸侯王權力的制約，相應的王國（侯國）的司法權力逐漸收歸中央廷尉所有，而諸侯王一級的行政官職中的司法官員應該是「廷尉正」，「廷尉正」本屬中央廷尉的署官，但在漢代之後的發展中，逐漸成為王國（侯國）一級的司法官員。而諸侯國設置「廷尉正」是大戰略在司法層面的體現。

　　隨著 2015 年江西南昌海昏侯墓的考古發掘〔註37〕，其中出土的大量簡牘法律文獻或許可以為研究西漢中後期地方王國（侯國）司法行政運作提供新的完備的研究資料。

二、廷尉監考

　　廷尉監是廷尉副手，秩祿千石，《漢書‧百官公卿表》「有正、左右監，秩皆千石，宣帝地節三年初置左右平，秩皆六百石」〔註38〕。其分為廷尉右監和廷尉左監，籠統稱之為廷尉監。西漢武帝時期，「丙吉字少卿，魯國人也。治律令，為魯獄史。積功勞，稍遷至廷尉右監。坐法失官，歸為州從事」。〔註39〕東漢時期，「世祖省右而猶曰左」，〔註40〕只設置有應為左監。漢光武帝時期，陳欽之子躬為廷尉左監，早卒」〔註41〕。

　　廷尉監的職能為協助廷尉治理詔獄，漢武帝後元二年（前 87 年）「巫蠱事起，（丙）吉以故廷尉監徵詔治巫蠱郡邸獄」〔註42〕。

　　廷尉監與廷尉正秩祿相同，但其地位略低於廷尉正。漢武帝元朔六年，淮南王劉安之孫劉建告發淮南王太子劉遷謀反，「上遣廷尉監與淮南中尉逮

　　　　第 3665 頁。
〔註36〕《後漢書‧百官志》，第 3582 頁。
〔註37〕關於江西南昌海昏侯墓的考古發掘情況，參見楊軍、徐長青：《南昌市西漢海昏侯墓》，《考古》2016 年第 7 期。
〔註38〕《漢書‧百官公卿表》，第 730 頁。
〔註39〕《漢書‧丙吉傳》，第 3142 頁。
〔註40〕《後漢書‧百官志》，第 3582 頁。
〔註41〕《後漢書‧陳寵傳》，第 1548 頁。
〔註42〕《漢書‧丙吉傳》，第 3142 頁。

捕太子」〔註43〕。漢哀帝建平元年（前 6 年），「人有上書言（息夫）躬懷怨恨，非笑朝廷所進，侯星宿，視天子吉凶，與巫同祝詛。上遣侍御史、廷尉監逮躬，繫洛陽詔獄」〔註44〕。

上文論述廷尉正職能時，「天子遣大鴻臚、丞相長史、御史丞，廷尉正雜治鉅鹿詔獄，奏請逮捕去及後昭信」〔註45〕。廷尉正與大鴻臚、丞相長史、御史丞雜治鉅鹿詔獄。此處廷尉監是與淮南中尉、侍御史共同被派遣，侍御史是御史丞的下屬，「御史大夫有兩丞，秩千石。一曰中丞，在殿中蘭臺，掌圖籍祕書，外督部刺史，內領侍御史員十五人，受公卿奏事，舉劾按章」〔註46〕。顯然廷尉監的地位不如廷尉正。

同時，上述兩件廷尉監參與的詔獄中，廷尉監的職責具體為逮捕人犯，並沒有參與具體的審判獄案事務，可見廷尉正與廷尉監是有分工上的不同〔註47〕，廷尉正負責「雜治詔獄」、「決疑獄」，而廷尉監負責「逮捕」罪犯。

三、廷尉平考

廷尉平，廷尉之屬官，漢宣帝地節三年（前 67 年）「十二月，初置廷尉平四人，秩六百石」〔註48〕。西漢時，有「左右平」之設，東漢時期，設「左平一人，六百石」〔註49〕。關於廷尉平的設置，似乎與漢宣帝初期廷尉史路溫舒上書建議「尚德緩刑」有直接的關係。

《漢書・刑法志》記載「宣帝自在閭閻而知其若此，及即尊位，廷史路

〔註43〕《漢書・淮南王傳》，第 2153 頁。本條文獻，《史記・淮南衡山列傳》（第 3093 頁）記載為：「上遣廷尉監因拜淮南中尉，逮捕太子。」由此條材料可見，廷尉監有時會因為特殊詔獄事件，下派地方，擔任地方官職，如此處廷尉監擔任淮南中尉。漢初淮南國與中央官制頗為類似，《漢書・百官公卿表》（732～733 頁）記載中尉「掌徼循京師」，如淳曰：「所謂游徼，徼循禁備盜賊。」可見淮南中尉當亦負責淮南國國都地區的治安與重大案件處理事務，廷尉監由皇帝派遣，擔任此職，具體負責淮南王謀反事，逮捕淮南王太子，與上文所述廷尉監負責逮捕事務，並無衝突。但關於這一條材料的細緻研究，還是值得我們繼續深入探討，尤其是對於觀察漢代諸侯國與漢中央之間的關係問題，這條材料為我們提供了思考依據。
〔註44〕《漢書・息夫躬傳》，第 2187 頁。
〔註45〕《漢書・景十三王傳》，第 2432 頁。
〔註46〕《漢書・百官公卿表》，第 725 頁。
〔註47〕安作璋、熊鐵基：《秦漢官制史稿》，濟南：齊魯書社，1984 年，第 155 頁。
〔註48〕《漢書・宣帝紀》，第 250 頁。
〔註49〕《後漢書・百官志》，第 3582 頁。

溫舒上疏，言秦有十失，其一尚存，治獄之吏是也。語在《溫舒傳》。上深愍焉，乃下詔曰：『間者吏用法，巧文寖深，是朕之不德也。夫決獄不當，使有罪興邪，不辜蒙戮，（晉灼曰「當重而輕，使有罪者起邪惡之心也。」師古曰「有罪者更興邪惡，無辜者反陷重刑，是決獄不平故。」）父子悲恨，朕甚傷之。今遣廷史與郡鞫獄，任輕祿薄，其為置廷平，秩六百石，員四人。其務平之，以稱朕意。』於是選于定國為廷尉，求明察寬恕黃霸等以為廷平，季秋後請讞。時上常幸宣室，齋居而決事，獄刑號為平矣」〔註50〕。

《漢書·路溫舒傳》記載「會昭帝崩，昌邑王賀廢，宣帝初即位，溫舒上書，言宜尚德緩刑。其辭曰……臣聞秦有十失，其一尚存，治獄之吏是也。秦之時，羞文學，好武勇，賤仁義之士，貴治獄之吏；正言者謂之誹謗，遏過者謂之妖言。譽諛之聲日滿於耳；虛美薰心，實禍蔽塞。此乃秦之所以亡天下也……夫獄者，天下之大命也，死者不可復生，？者不可復屬。書曰：『與其殺不辜，寧失不經。』唯陛下除誹謗以招切言，開天下之口，廣箴諫之路，掃亡秦之失，尊文武之德，省法制，寬刑罰，以廢治獄，則太平之風可興於世，永履和樂，與天亡極，天下幸甚。』上善其言，遷廣陽私府長」〔註51〕。

可見，廷尉平之設置，是漢宣帝自幼生活民間，熟悉百姓疾苦。廷尉史路溫舒上書所言，雖為秦弊，實則是對漢武帝以來嚴酷刑法之批判，故司馬光在編撰《資治通鑑》時，在記述路溫舒上書內容之前有這樣的記載：

> 初，孝武之世，徵發煩數，百姓貧耗，窮民犯法，姦軌不勝，於是使張湯、趙禹之屬，條定法令，作見知故縱、監臨部主之法，緩深、故之罪，急縱、出之誅。其後姦猾巧法轉相比況，禁罔寖密，律令煩苛，文書盈於几閣，典者不能偏睹。是以郡國承用者駁，或罪同而論異，奸吏因緣為市，所欲活則傅生議，所欲陷則予死比，議者咸冤傷之。廷尉史鉅鹿路溫舒上書曰，上善其言。十二月，詔曰：「間者吏用法巧文寖深，是朕之不德也。夫決獄不當，使有罪興邪，不辜蒙戮，父子悲恨，朕甚傷之！今遣廷史與郡鞫獄，任輕祿薄，其為置廷尉平，秩六百石，員四人。其務平之，以稱朕意！」於是每季秋後請讞時，上常幸宣室，齋居而決事，獄刑號為平矣。涿郡太守鄭昌上疏言：「今明主躬垂明聽，雖不置廷平，獄將自正；

〔註50〕《漢書·刑法志》，第 1102 頁。
〔註51〕《漢書·路溫舒傳》，第 2368～2371 頁。

若開後嗣，不若刪定律令。律令一定，愚民知所避，奸吏無所弄矣。
今不正其本，而置廷平以理其末，政衰聽怠，則廷平將召權而為亂
首矣。〔註52〕

宋超認為「廷尉平的設置，是西漢法制史上一重要事件，對於修正自武帝以
來、沿襲至昭帝時期『用法深』、『俗吏上嚴酷以為能』的遺風，起到了一定
的遏制作用」〔註53〕。這一觀點是非常中肯的。同時考察漢宣帝時期的政
治法律情況，廷尉平的設置，是漢代法律政策從「嚴酷刑法」到「尚德緩刑」
的轉折。在漢宣帝地節三年設置廷尉平之後，漢宣帝所頒布的詔令中，「尚
德緩刑」的內容逐漸增多，並且在一些法律條文上，做出了從輕處罰的修
正。

地節四年（前66年），「夏五月，詔曰：『父子之親，夫婦之道，天性也。
雖有患禍，猶蒙死而存之。誠愛結於心，仁厚之至也，豈能違之哉！自今子
首匿父母，妻匿夫，孫匿大父母，皆勿坐。其父母匿子，夫匿妻，大父母匿
孫，罪殊死，皆上請廷尉以聞。』」〔註54〕

同年九月，「令甲，死者不可生，刑者不可息。此先帝之所重，而吏未
稱。今繫者或以掠辜若飢寒瘐死獄中，何用心逆人道也！朕甚痛之。其令
郡國歲上繫囚以掠笞若瘐死者所坐名、縣、爵、里，丞相御史課殿最以聞」
〔註55〕。

元康二年（前64年），「夏五月，詔曰：『獄者萬民之命，所以禁暴止邪，
養育群生也。能使生者不怨，死者不恨，則可謂文吏矣。今則不然。用法或持
巧心，析律貳端，深淺不平，增辭飾非，以成其罪。奏不如實，上亦亡繇知。
此朕之不明，吏之不稱，四方黎民將何仰哉！二千石各察官屬，勿用此人。
吏務平法。或擅興繇役，飾廚傳，稱過使客，越職踰法，以取名譽，譬猶踐薄
冰以待白日，豈不殆哉！今天下頗被疾疫之災，朕甚愍之。其令郡國被災甚
者，毋出今年租賦。』又曰：『聞古天子之名，難知而易諱也。今百姓多上書
觸諱以犯罪者，朕甚憐之。其更諱詢。諸觸諱在令前者，赦之。』」〔註56〕

元康四年（前62年），「春正月，詔曰：『朕惟耆老之人，髮齒墮落，血

〔註52〕《資治通鑒》卷25，第812～815頁。
〔註53〕宋超：《昭宣時代》，西安：陝西人民出版社，2008年，第113頁。
〔註54〕《漢書・宣帝紀》，第251頁。
〔註55〕《漢書・宣帝紀》，第252～253頁。
〔註56〕《漢書・宣帝紀》，第255～256頁。

氣衰微，亦亡暴虐之心，今或罹文法，拘執囹圄，不終天命，朕甚憐之。自今以來，諸年八十以上，非誣告殺傷人，佗皆勿坐。』」〔註57〕

五鳳四年（前54年），「夏四月辛丑晦，日有蝕之。詔曰：『皇天見異，以戒朕躬，是朕之不逮，吏之不稱也。以前使使者問民所疾苦，復遣丞相、御史掾二十四人循行天下，舉冤獄，察擅為苛禁深刻不改者』」〔註58〕。

從上述漢宣帝地節三年之後頒布有關法律的詔書中，我們可以看出，地節三年之後漢朝的法律政策逐漸地朝著「尚德緩刑」轉變。而路溫舒的上書、廷尉平的設置，為宣帝時期「獄平天下」的形勢創造了條件，廷尉平的設置正好是漢朝法律政策轉變的標誌。

廷尉平之職能主要為「掌平決詔獄」〔註59〕及修訂律令，如陳寵上言「……宜令三公、廷尉平定律令……」〔註60〕。兩漢史料所見擔任廷尉平者，只有黃霸、馬宮二人。漢宣帝地節三年，「於是選于定國為廷尉，求明察寬恕黃霸等以為廷平，季秋後請讞。」〔註61〕漢哀帝時期，「馬宮為丞相史司直。師丹薦宮行能高絜，遷廷尉平，青州刺史，汝南、九江太守，所在見稱。」〔註62〕由於關於廷尉平的史料記載較少，只能通過零散的資料，大致勾勒廷尉平職官的概況，同時我們期待「地不愛寶」，期待會有更多的出土文獻的出現，為解決這一問題，提供新的史料。

第二節　廷尉屬吏考

廷尉屬官中，除去廷尉正、廷尉監、廷尉平等高級屬官——廷尉三官以外，當還有各種掾史〔註63〕，「廷尉員吏百四十人，其十一人四科，十六人二百石廷吏，文學十六人百石，十三人獄史，二十七人佐，二十六人騎吏，三十人假佐，一人官醫。太僕、廷尉、大鴻臚。右三官，司徒所部」〔註64〕。這

〔註57〕《漢書·宣帝紀》，第258頁。
〔註58〕《漢書·宣帝紀》，第268頁。
〔註59〕《後漢書·百官志》，第3582頁。
〔註60〕《後漢書·陳寵傳》，第1554頁。
〔註61〕《漢書·刑法志》，第1102頁。
〔註62〕《漢書·馬宮傳》，第3365頁。
〔註63〕安作璋、熊鐵基：《秦漢官制史稿》，濟南：齊魯書社，1984年，第156頁。
〔註64〕佚名撰、（清）孫星衍輯：《漢官》，見（清）孫星衍等輯：《漢官六種》，周天游點校，北京：中華書局，1990年，第5頁。

些掾史職位頗低，秩祿低於二百石，當為廷尉屬吏，但在廷尉府的行政運作中發揮重要作用。這些屬吏大致可以分為如下幾類。

一、廷尉史

漢武帝時期，杜周為廷尉史，「杜周，南陽杜衍人也。義縱為南陽太守，以周為爪牙，薦之張湯，為廷尉史。使案邊失亡，所論殺甚多。奏事中意，任用，與減宣更為中丞者十餘歲」〔註65〕。「是時上方鄉文學，湯決大獄，欲傅古義，乃請博士弟子治尚書、春秋補廷尉史，亭疑法。奏讞疑事，必豫先為上分別其原」〔註66〕。「倪寬既通《尚書》，以文學應郡舉，詣博士受業，受業孔安國。倪寬貧無資用，常為弟子都養，及時時間行傭賃，以給衣食。行常帶經，止息則誦習之。以試第次，補廷尉史。是時張湯方鄉學，以為奏讞掾，以古法議決疑大獄」〔註67〕。是時，王溫舒亦為廷尉史，「數為吏，以治獄至廷尉史。事張湯，遷為御史，督盜賊，殺傷甚多。稍遷至廣平都尉」〔註68〕。

漢昭帝時，以于定國為廷尉史，「後定國亦為獄史，郡決曹，補廷尉史，以選與御史中丞從事治反者獄，以材高舉侍御史，遷御史中丞，數年，遷水衡都尉，超為廷尉。定國乃迎師學《春秋》，身執經，北面備弟子禮。為人謙恭，尤重經術士，雖卑賤徒步往過，定國皆與鈞禮，恩敬甚備，學士咸稱焉。其決疑平法，務在哀鰥寡，罪疑從輕，加審慎之心。朝廷稱之曰『張釋之為廷尉，天下無冤民；于定國為廷尉，民自以不冤』。定國食酒至數石不亂，冬月請治讞，飲酒益精明。為廷尉十八歲，遷御史大夫」〔註69〕。漢昭帝「元鳳中，廷尉光以治詔獄，請溫舒署奏曹掾，守廷尉史」〔註70〕。

漢宣帝「（王）翁孺生禁，字稚君，少學法律長安，為廷尉史」〔註71〕。漢宣帝地節三年（前67年）十二月，詔曰「今遣廷史與郡鞫獄，任輕祿薄，（如淳曰：廷史，廷尉史也。以囚辭決獄事為鞫，謂疑獄也。李奇曰：鞫，窮也。獄事窮竟也。師古曰：李說是也。）」〔註72〕。

〔註65〕《漢書·杜周傳》，第 2659 頁。
〔註66〕《史記·酷吏列傳》，第 3139 頁。
〔註67〕《史記·儒林列傳》，第 3125 頁。
〔註68〕《漢書·酷吏傳》，第 3655 頁。
〔註69〕《漢書·于定國傳》，第 3041～3043、3046 頁。
〔註70〕《漢書·路溫舒傳》，第 2368 頁。
〔註71〕《漢書·元后傳》，第 4014 頁。
〔註72〕《資治通鑑》卷 25，第 812～815 頁。

東漢時期，漢光武帝以曹禹為「廷尉曹史」，亦當為廷尉史，「光武時有以疑獄見廷尉曹史張禹，所問輒對，處當詳理。於是冊免廷尉，以禹代之，雖越次而授，亦足以歷其臣節」〔註73〕。漢明帝時，「（周紆）為人刻削少恩，好韓非之術，少為廷尉史」〔註74〕。

關於廷尉史的選任，多以地方郡縣基層司法官吏為主，如杜周，為南陽太守義縱屬吏（爪牙），又義縱推薦給廷尉張湯，擔任廷尉史。于定國為獄史，郡決曹，補廷尉史。同時擔任廷尉史，需要精通法律，或者具有豐富的治獄經驗。如王禁少學法律，為廷尉史；周紆好韓非之術，為廷尉史。王溫舒以治獄經驗豐富為廷尉史。同時在特殊時期，廷尉史的選任與專制君主的喜好相關，如漢武帝時期，武帝好文學儒術，張湯任職廷尉，延請博士弟子治《尚書》、《春秋》者補廷尉史，在廷尉史任命上以儒學修養之儒生為提拔對象。

廷尉史的升遷履歷，一般情況下，廷尉史升任御史，成為高級別的司法官吏，再下放地方，升任地方司法高級官吏，若是政績凸顯，完全有可能升任廷尉。如王溫舒以廷尉史升任御史，後下派地方，升任廣平都尉，負責地方司法、治安事務，最後升任至廷尉。再如于定國以廷尉史升任侍御史，遷御史中丞，後遷水衡都尉，再為廷尉。廷尉史直接成為廷尉者，兩漢僅有曹禹一例，這是特殊情況下曹禹深受漢光武帝寵信，越級超遷為廷尉，非常態也。可見廷尉史的遷轉，一般情況下仍任職相關法律職業官吏，以此可知兩漢時期法律官員選任具有一定的專業化傾向。

廷尉史的職責，首先應該是協助廷尉處理相關獄案，評判法律的可疑之處，廷尉每次上報給皇帝的奏讞疑獄，廷尉史需要預先為皇帝分析事情的原委，準備好相關的材料，即「亭疑法。奏讞疑事，必豫先為上分別其原」。廷尉史參與詔獄的審理，如于定國補廷尉史，「以選與御史中丞從事治反者獄」，廷尉士與御史中丞治理謀反詔獄。亦有時，廷尉史需要代表廷尉，下派地方，參與郡守審理的相關奏疑獄案，如漢宣帝地節三年（前67年）十二月，詔曰：「今遣廷史與郡鞠獄，任輕祿薄，如淳曰：廷史，廷尉史也。以囚辭決獄事為鞫，謂疑獄也」〔註75〕。

〔註73〕（漢）應劭撰、（清）孫星衍校集：《漢官儀》，見（清）孫星衍等輯：《漢官六種》，周天游點校，北京：中華書局，1990年，第134頁。
〔註74〕《後漢書・酷吏列傳》，第2493頁。
〔註75〕《資治通鑑》卷25，第812～815頁。

二、奏讞掾考

在廷尉府屬官中有專門負責審理疑獄的基層官員——奏讞掾,「(張)湯由是鄉學,以(倪)寬為奏讞掾,以古法義決疑獄,甚重之」〔註76〕。奏讞掾同時參加廷尉決疑獄的過程,在其中扮演重要的角色,具體事務為對疑獄案件審理結果的「吏當」,張家山漢簡中有相關記載,述例如下:

> 吏當:毋憂當腰斬,或曰不當論。‧廷報:當腰斬」〔註77〕。

> 吏議:符有數明所,明嫁為解妻,解不知其亡,不當論。或曰:符雖已詐書名數,實亡人也。解雖不知其情,當以娶亡人為妻論,斬左止為城旦。廷報曰:取娶亡人為妻論之,律白,不當讞」〔註78〕。

> 吏當:黥武為城旦,除視。‧廷以聞,武當黥為城旦,除視」〔註79〕。

日本學者宮宅潔認為判決意見的推敲擬定,恐怕正是經由這些掾吏之手〔註80〕,擬定的判決意見上報廷尉,以等待裁斷,而廷尉的回答為「廷報」,從而下放給地方郡縣長官。

三、其他屬吏

由於兩漢史料中關於這些低級別屬吏的記載頗為有限,本文只能根據零散的記載,大體勾勒廷尉低級屬吏的情況,其中當包含奏曹掾、文學卒史、書佐、從史、獄史等。

奏曹掾,漢昭帝「元鳳中,廷尉光以治詔獄,請溫舒署奏曹掾,守廷尉史」。〔註81〕可見,奏曹掾相當於廷尉史,但其具體情況,史料缺載,不可得知。

廷尉文學卒史,漢武帝時,倪寬「以射策為掌故,功次,補廷尉文學卒史。蘇林曰『秩六百石,舊郡亦有也。』臣瓚曰『漢注卒史秩百石。』師古

〔註76〕《漢書‧倪寬傳》,第 2629 頁。
〔註77〕張家山二四七號漢墓竹簡整理小組編:《張家山漢墓竹簡(二四七號墓)》,北京:文物出版社,2001 年,第 213 頁。
〔註78〕《張家山漢墓竹簡(二四七號墓)》,第 215 頁。
〔註79〕《張家山漢墓竹簡(二四七號墓)》,第 216 頁。
〔註80〕〔日〕宮宅潔:《秦漢時期的審判制度——張家山漢簡〈奏讞書〉所見》,徐世虹譯,載於楊一凡、〔日〕寺田浩明主編:《日本學者中國法制史論著選(先秦秦漢卷)》,北京:中華書局,2016 年,第 292 頁。
〔註81〕《漢書‧路溫舒傳》,第 2368 頁。

曰：『贊說是也』」〔註82〕。從中可知，廷尉文學卒史當為廷尉屬吏，秩祿為百石，根據文學之名稱，可能就是中國古代官府的文書，即類似於現在辦公室職員或者法庭書記員之類的人員，負責具體的文書處理工作。

廷尉書佐，漢成帝時，「薛宣字贛君，東海郯人也。少為廷尉書佐都船獄史」。〔註83〕此書佐當與文學卒史一樣，為廷尉府文書小吏。東漢司隸校尉亦有假佐二十五人。「本注曰主簿錄部下事，省文書。門亭長主州正。門功曹書佐主選用。《孝經》師主監試經。《月令》師主時節祠祀。律令師主平法律。簿曹書佐主簿書。其餘都官書佐及每郡國，各有典郡書佐一人，各主一郡文書，以郡吏補，歲滿一更。司隸所部郡七」〔註84〕。可見此職責當與廷尉文學卒史相似。

廷尉從史，漢武帝時，「張湯為廷尉，廷尉府盡用文史法律之吏，而寬以儒生在其間，見謂不習事，不署曹，除為從史，之北地視畜數年。師古曰「之，往也。畜謂廷尉之畜在北地者，若今諸司公廨牛羊。」還至府，上畜簿，會廷尉時有疑奏，已再見卻矣，掾史莫知所為。寬為言其意，掾史因使寬為奏。奏成，讀之皆服，以白廷尉湯。湯大驚，召寬與語，乃奇其材，以為掾」〔註85〕。從中可知，廷尉從史為低於掾史的小吏，有可能只是廷尉府的低級辦事人員，是時廷尉有直屬機構遠在外郡〔註86〕，如此則材料中廷尉在北地有公廨，畜養牛羊，從史派遣至此視察工作，可見此之為從史職能也，亦可知漢代廷尉在外郡亦有相關外派機構。

獄史，當為管理廷尉獄的小吏，如漢明帝永平時期，「隴西太守鄧融備禮謁范為功曹，會融為州所舉案，（廉）范知事譴難解，欲以權相濟，乃託病求去，融不達其意，大恨之。范於是東至洛陽，變名姓，求代廷尉獄卒」〔註87〕。其詳細情況參見下文廷尉獄的考證（參見第四節《廷尉獄考》）。

廷尉騎吏，當為廷尉的軍事屬吏。史籍中不見廷尉騎吏的相關記載，但可見其他機構的騎吏記載，如漢宣帝時期，丞相丙吉「嘗出，逢人逐牛，牛喘

〔註82〕《漢書‧倪寬傳》，第 2628 頁。
〔註83〕《漢書‧薛宣傳》，第 3385 頁。
〔註84〕《後漢書‧百官志》，第 3614 頁。
〔註85〕《漢書‧倪寬傳》，第 2628 頁。
〔註86〕于豪亮：《雲夢秦簡所見職官述略》，載《文史》8，北京：中華書局，1980 年；見氏著：《于豪亮學術論集》，上海：上海古籍出版社，2015 年，第 21 頁。
〔註87〕《後漢書‧廉范傳》，第 1102 頁。

吐舌。吉止駐，使騎吏問：「逐牛行幾里矣？」〔註88〕漢元帝時，王尊為美陽令，美陽女子告假子不孝，「尊於是出坐廷上，取不孝子縣磔著樹，使騎吏五人張弓射殺之，吏民驚駭」〔註89〕。可見騎吏為主官之隨從，聽命主官差遣。

官醫，光祿勳、衛尉、太僕、廷尉均設官醫一名，當此機構外出辦公，涉及軍事、法律事務，官吏受傷的可能性較大，設置專門的官醫，便於及時醫治。

第三節　廷尉府廷議

漢代廷尉治獄過程中，廷尉下屬官吏在其中發揮著重要的作用，集中體現在「廷議」與「廷報」兩個階段〔註90〕。本節以《張家山漢簡〈奏讞書〉》杜瀘女子甲和姦案為例，著重分析廷尉屬吏在廷尉治獄中的作用。

《張家山漢簡〈奏讞書〉》杜瀘女子甲和姦案原文如下：

> 今廷史申徭使而後來，非廷尉當。議曰：當非是。律曰：不孝棄市。有生父而弗食三日，吏且何以論子？廷尉觳等曰：當棄市。又曰：有死父，不祠其家三日，子當何論？廷尉觳等曰：不當論。有子不聽生父教，誰與不聽死父教罪重，觳等曰：不聽死父教毋罪。又曰：夫生而自嫁，罪誰與夫死而自嫁罪重？廷尉觳等曰：夫生而自嫁，及娶者，皆黥為城旦舂。夫死而妻自嫁、娶者毋罪。又曰：欺生夫，誰與欺死夫罪重？觳等曰：欺死夫毋論。又曰：夫為吏居官，妻居家，日與它男子姦，吏捕之弗得，□之，何論？觳等曰：不當論。曰：廷尉、史議皆以欺死父罪輕於侵欺生父，侵生夫罪〔輕〕於侵欺死夫，□□□□□□□與男子姦棺喪旁，捕者弗案校上，獨完為舂，不亦重乎？觳等曰：誠失之。〔註91〕

此案為漢初時期案件〔註92〕，杜瀘縣官吏對此案疑不能決，奏報朝廷，由廷

〔註88〕《漢書·丙吉傳》，第3147頁。

〔註89〕《漢書·王尊傳》，第3227頁。

〔註90〕蔡萬進：《張家山漢簡〈奏讞書〉研究》，桂林：廣西師範大學出版社，2006年，第149頁。

〔註91〕張家山二四七號漢墓竹簡整理小組編：《張家山漢墓竹簡（二四七號墓）》，北京：文物出版社，2001年，第227頁。

〔註92〕彭浩：《談〈奏讞書〉中秦代和東周時期的案例》，《文物》1995年第3期；陳治國：《張家山漢簡〈奏讞書〉「杜瀘女子甲和姦」案年代探析》，《中國歷

尉處理。考之,參與此案件的官員有廷尉毅、廷尉正始、廷尉監弘、廷尉史武等 30 人,共同討論女子甲的定罪量刑問題。此案中廷尉初次「廷議」,參照法律關於「置後」順序的規定,認為「甲當完為舂」,但廷尉史申徙因公外出後回來,並不同意廷尉初次「廷議」的論斷,詳細論述相關具體法律條文,認為此判決太重,經過廷尉史申徙與廷尉毅的多番討論,結果廷尉等人認為之前的判決不當,修改了之前的判決。

此當為漢代廷尉治獄時,廷尉府官吏集體「廷議」獄訟案件,當為漢代廷尉治獄的慣例,廷尉史申徙與廷尉毅的多番討論,修改廷尉判決結果,足見廷尉屬吏在廷尉治獄中發揮重要作用。

廷尉、廷尉正、廷尉監、廷尉史等「廷議」獄案,亦可見於《漢書・朱博傳》。

> (朱博)遷廷尉,職典決疑,當讞平天下獄。博恐為官屬所誣,視事,召見正監典法掾史,謂曰:「廷尉本起於武吏,不通法律,幸有眾賢,亦何憂!然廷尉治郡斷獄以來且二十年,亦獨耳剽日久,三尺律令,人事出其中。掾史試與正監共撰前世決事吏議難知者數十事,持以問廷尉,得(為)諸君覆意之。」正監以為博苟強,意未必能然,即共條白焉。博皆召掾史,並坐而問,為平處其輕重,十中八九。官屬咸服博之疏略,材過人也。〔註93〕

朱博新任職廷尉,不熟悉廷尉事務,恐被廷尉屬吏誣陷,於是召見廷尉正、廷尉監、廷尉典法掾史等屬吏。廷尉掾史與廷尉正、廷尉監「共撰前世決事吏議難知者數十事,持以問廷尉」,「共條白焉」,可能是將之前廷尉府「廷議」的部分,即審判結果隱去,讓廷尉朱博重新審理,以此考驗廷尉朱博的業務水平,朱博「為平處其輕重,十中八九」,即朱博的審理結果與之前廷尉府廷議決事的結果大多相合。可見漢成帝時期,廷尉府「廷議」的處理獄案模式,當繼承漢初的慣例。

從上述關於廷尉屬吏的考證中,我們可以看出,秦漢時期的廷尉審判的運作程序遵循「下僚起案,上官裁決」〔註94〕的原則。即在廷尉治獄的過程中,前期的診問、聽取供述,援引律令提出草案之例以及整理相關治獄材

史文物》2009 年第 5 期。

〔註93〕 《漢書・朱博傳》,第 3404 頁。

〔註94〕 〔日〕滋賀秀三:《清代中國の法と裁判》,東京:創文社,1984 年,第 132 頁。

料，均由廷尉屬吏完成，只有當獄案事實關係明確之後，廷尉長吏才開始出面〔註95〕。廷尉及相關長吏、屬吏將之前已經作好的供述記錄匯總起來，進行廷尉府「廷議」，由廷尉主導，進行最終的裁決，上文《張家山漢簡〈奏讞書〉》杜瀘女子甲和姦案已經完整地展現廷尉府「廷議」的過程。漢成帝時朱博任職廷尉，「博皆召掾史，並坐而問，為平處其輕重，十中八九」〔註96〕，此亦是明證。

皇帝在聽取廷尉上奏的疑獄案件時，亦是廷尉屬吏廷尉史「奏讞疑事，必豫先為上分別其原」〔註97〕，日本學者宮宅潔認為從聽取供述到詰問由「下僚」承擔，詰問以後的程序則由「上官」負責，這種分工在各級審判中應當具有一定程度的共性〔註98〕，廷尉治獄亦當如然。

籾山明在進一步分析出土簡牘中所見獄訟案件的基礎上，認為在漢代的審判制度可以稱之為「獄吏主導型」或「小吏主導型」的審判，這種審判模式處於從上級二千石到中央廷尉、再到皇帝這一金字塔式官僚制度的末端〔註99〕，這一觀點是非常具有啟發意義。漢代廷尉治獄的過程中，廷尉屬官在其中發揮的作用極為重要。漢文帝時期，丞相周勃下廷尉詔獄並且接受廷尉屬吏的訊問，之後以冤枉而被釋放，出獄後他感慨所言「吾嘗將百萬軍，安知獄吏之貴也！」〔註100〕這亦證明漢代廷尉治獄中廷尉屬吏的作用。

第四節　廷尉獄考

兩漢史料中多次見到「廷尉詔獄」的記載，現需要對此進行釋證。「詔」為皇帝專用，為皇帝命令也。《史記・秦始皇本紀》記載：「臣下建言：『天

〔註95〕〔日〕宮宅潔：《秦漢時期的審判制度——張家山漢簡〈奏讞書〉所見》，徐世虹譯，載於楊一凡、〔日〕寺田浩明主編：《日本學者中國法制史論著選（先秦秦漢卷）》，北京：中華書局，2016年，第294頁。

〔註96〕《漢書・朱博傳》，第3404頁。

〔註97〕《史記・酷吏列傳》，第3139頁。

〔註98〕〔日〕宮宅潔：《秦漢時期的審判制度——張家山漢簡〈奏讞書〉所見》，徐世虹譯，載於楊一凡、〔日〕寺田浩明主編：《日本學者中國法制史論著選（先秦秦漢卷）》，北京：中華書局，2016年，第295頁。

〔註99〕〔日〕籾山明：《中國古代訴訟制度研究》，李力譯，上海：上海古籍出版社，2009年，第101頁。

〔註100〕《漢書・周勃傳》，第2056頁。

子自稱為『朕』，命為制，令為詔」〔註101〕。在古代文獻中，「獄」當有兩層含義，一者，「獄」為獄訟、案件。《國語・周語》言「夫君臣無獄，注曰：『獄，訟也』」〔註102〕。又《淮南子・氾論訓》言：「有獄訟者搖鞀，注曰：獄亦訟」〔註103〕。以上諸說，謂獄即訟也。二者，「獄」為監獄。《說文解字》「獄，确也，從狀從言，二犬所以守也」〔註104〕。清代大儒段玉裁注解曰：「獄字從狀者，取相爭之意，許云所以守者，謂狴牢拘罪之處」〔註105〕，即獄指監獄。故「詔獄」之釋名，當亦為兩意，一、以皇帝名義下詔要求查辦的訴訟案件；二、是奉詔囚禁人犯的監獄〔註106〕。「廷尉詔獄」亦當有兩方面，一者為以皇帝名義下詔要求廷尉審理的獄訟案件，二者為廷尉府的下屬監獄。關於前者，本文第五章《廷尉職能考》有詳細考證，此不贅述。本節重點分析第二種情況，即廷尉下屬的監獄。

一、廷尉獄與中都官獄

　　秦漢時期，為了鞏固專制帝國的社會秩序，秦漢中央政府設立了遍及各地的監獄設施，對犯罪者實行囚禁〔註107〕。漢朝中央各級官署均設有監獄，是為「中都官獄」。《漢書・宣帝紀》：「望氣者言長安獄中有天子氣，上遣使者分條中都官獄繫者，輕重皆殺之。師古曰：中都官，凡京師諸官府也」〔註108〕。《後漢書・百官志》本注曰：「孝武帝以下，置中都官獄二十六所，各令長名，世祖中興皆省，唯廷尉及洛陽有詔獄。〔註109〕但「中都官獄」名目繁雜，宋人洪邁對武帝時期京師設置眾多監獄，就頗為迷惑，其言「漢以廷尉主刑獄，而中都他獄亦不一。宗正屬官有左右都司空，鴻臚

〔註101〕　《史記・秦始皇本紀》，第 236 頁。
〔註102〕　徐元浩撰、王樹民、沈長雲點校：《國語集釋》，北京：中華書局，2002 年，第 55 頁。
〔註103〕　劉文典撰、馮逸、喬華點校：《淮南鴻烈集解》卷 13《氾論訓》，北京：中華書局，1989 年，第 437 頁。
〔註104〕　（漢）許慎：《說文解字》卷 10，北京：中華書局，1963 年，第 204 頁下。
〔註105〕　（清）段玉裁：《說文解字注》，上海：上海古籍出版社，1988 年，第 478 頁。
〔註106〕　宋傑：《漢代的廷尉獄》，《史學月刊》2008 年第 1 期，第 36 頁；又見氏著：《漢代監獄制度研究》，北京：中華書局，2013 年，第 2～3 頁。
〔註107〕　宋傑：《西漢的中都官獄》，《中國史研究》2008 年第 2 期，第 77 頁；亦見氏著：《漢代監獄制度研究》，北京：中華書局，2013 年，第 60 頁。
〔註108〕　《漢書・宣帝紀》，第 236 頁。
〔註109〕　《後漢書・百官志》，第 3582 頁。

有別火令丞、郡邸獄，少府有若盧獄令、考工、共工獄，執金吾有寺互、都船獄，又有上林詔獄、水司空、掖庭秘獄，暴室、請室、居室、徒官之名。《張湯傳》蘇林曰『《漢儀注》獄二十六所。』《東漢志》云『孝武帝所置，世祖皆省之。』東漢泊唐，雖鞫囚非一處，然不至如是甚多」〔註110〕。

　　元朝馬端臨於《文獻通考・刑考》、清代紀曉嵐《欽定歷代職官表・刑部》、清末沈家本《歷代刑法考・獄考》，對中都官獄的問題皆有研究，但說法不一。尤其是中都官獄與廷尉獄的關係問題，學界認識頗為繁雜，本文在前賢研究的基礎之上，希望對這一問題提出自己的見解。

　　學界關於廷尉獄與中都官獄之間的關係，有兩種說法。

　　一、認為中都官獄為漢代中央機構的監獄，但廷尉獄不應該包含在其中。南宋大儒章若愚認為中都官獄為京城中央各個官署的監獄，但廷尉獄不包括在內，其《群書考索》記載「廷尉本掌獄也，而中都官獄又有二十六所。以史考之。灌夫係居室，復係都司空，是居室、都司空皆獄也。謁者詔王商詣若盧詔獄，張湯治他囚導官，是若盧、導官皆獄也」〔註111〕。清代法制史大家沈家本著《歷代刑法考》，其亦認為「廷尉有獄，漢時大臣多下廷尉，廷尉及中都官詔獄逮至六七萬人，是凡下廷尉者並謂之詔獄。而廷尉之獄又別於中都官諸獄之外，似不在二十六所之數」〔註112〕。

　　二、認為中都官獄是中央所有機構和京師地方所有監獄的總稱，廷尉獄包含在其中。徐世虹在全面參考前賢著述的基礎上，認為中都官獄為漢代中央機構的監獄，廷尉獄屬其中的一種類型〔註113〕，沈剛亦認為「中都官獄是指設置在京師中的各種監獄，他們直屬於中央諸官府」〔註114〕，但其中廷尉獄包含在其中〔註115〕。

〔註110〕（宋）洪邁：《容齋續筆》卷1《漢獄名》，孔凡禮點校，北京：中華書局，2005年，第231頁。

〔註111〕（南宋）章若愚：《群書考索・後集》卷22《官制門・漢官》，見（清）紀昀等撰：《四庫全書》第937冊，上海：上海古籍出版社，1997年，第299～300頁。

〔註112〕（清）沈家本：《歷代刑法考》，鄧經元、駢宇騫點校，北京：中華書局，1985年，第1167頁。

〔註113〕徐世虹主編：《中國法制通史・戰國秦漢》，北京：法律出版社，1999年，第631頁。

〔註114〕沈剛：《漢代監獄的設置與管理述略》，載於吉林大學古籍研究所編：《金景芳教授百年誕辰紀念文集》，長春：吉林大學出版社，2002年，第298頁。

〔註115〕沈剛：《漢代監獄的設置與管理述略》，載於吉林大學古籍研究所編：《金景

「廷尉詔獄」當有兩方面的認識，一、為以皇帝名義下詔要求廷尉審理的獄訟案件，二、為廷尉府的下屬監獄。以其意類推，「中都官獄」亦當有兩層意思，一、為由中都官（中央機構）審理的獄案〔註116〕，此當為審判機構；二、當為中都官（中央機構）下屬的監獄。

涉及中都官獄與廷尉獄關係的資料主要有兩條：

《後漢書‧百官志》本注曰「孝武帝以下，置中都官獄二十六所，各令長名，世祖中興皆省，唯廷尉及洛陽有詔獄〔註117〕」。

《史記‧酷吏列傳》記載杜周為廷尉「獄久者至更數赦十有餘歲而相告言，大都盡詆以不道以上。廷尉及中都官詔獄逮至六七萬人，吏所增加十萬餘人」〔註118〕。

分析材料一，我們可知東漢光武帝時，實行獄政改革，大量裁撤中都官獄，將漢武帝時期設置的二十六所中都官獄皆取消，只剩下廷尉及洛陽有詔獄，由此可知「中都官獄二十六所」當為詔獄。分析材料二，我們可知漢宣帝時期，杜周擔任廷尉，當時各地告劾重罪的文書分別送至廷尉詔獄和中都官詔獄，在這裡，中都官詔獄為司法審判機構，負責獄案的審理，其與廷尉詔獄（廷尉負責審理獄案）所不同。

從這一點對於「中都官獄」的解釋來看，中都官獄作為司法審判機構，其與廷尉獄是兩個不同的機構。但中都官獄泛指京師中央機構的監獄的時候，廷尉獄當自然包含在其中矣。所以宋傑認為「從一般意義上來說，『中都官獄』表示朝廷列卿屬下的各所監獄，廷尉獄應是其中之一」〔註119〕，這一觀點是值得肯定的。

二、廷尉獄吏

廷尉獄當有負責其具體事務的小吏，是為廷尉獄史。「廷尉員吏百四十人，十三人獄史」〔註120〕。漢明帝永平時期，「隴西太守鄧融備禮謁范為功

芳教授百年誕辰紀念文集》，長春：吉林大學出版社，2002年，第301頁。

〔註116〕 關於中都官獄作為審判機構，宋傑有頗為細緻的論述，參見宋傑：《西漢的中都官獄》，《中國史研究》2008年第2期。

〔註117〕 《後漢書‧百官志》，第3582頁。

〔註118〕 《史記‧酷吏列傳》，第3154頁。

〔註119〕 宋傑：《西漢的中都官獄》，《中國史研究》2008年第2期，第81頁；亦見氏著：《漢代監獄制度研究》，北京：中華書局，2013年，第66頁。

〔註120〕 佚名撰‧（清）孫星衍輯：《漢官》，見（清）孫星衍等輯：《漢官六種》，周

曹，會融為州所舉案，（廉）范知事譴難解，欲以權相濟，乃託病求去，融不達其意，大恨之。范於是東至洛陽，變名姓，求代廷尉獄卒」〔註121〕。此廷尉獄卒當為管理廷尉獄的小吏。同時《晉書·刑法志》還記載了兩例東漢時期廷尉獄吏范洪和獄吏劉象受賕枉法的事例，「決獄之吏如廷尉獄吏范洪受囚絹二丈，附輕法論之，獄吏劉象受屬偏考囚張茂物故，附重法論之。洪、象雖皆棄市，而輕枉者相繼」〔註122〕。此亦佐證廷尉獄史的存在。

三、廷尉獄關押罪犯類型

廷尉詔獄為以皇帝名義下詔要求廷尉審理的獄訟案件，故廷尉獄所關押的罪犯當為廷尉詔獄人犯。本文將廷尉詔獄的人犯分為五類，即諸侯王、公卿大臣、地方郡守、軍事將領、與「帝室」相關人員五類。

廷尉獄關押諸侯王及其下屬的事例，漢昭帝元平元年（前74），昌邑王劉賀被霍光廢黜皇位，「昌邑王群臣二百餘人皆送廷尉詔獄」〔註123〕。漢章帝建初年間，阜陵王劉延、劉魴（劉延子）造逆謀者，「有司奏請檻車徵詣廷尉詔獄」〔註124〕。漢和帝永元五年（93），梁節王劉暢不道，「有司請徵暢詣廷尉詔獄」〔註125〕。漢和帝永元八年（96），北海王劉威坐誹謗，「檻車徵詣廷尉」〔註126〕。其中檻車傳送廷尉獄為漢代廷尉詔獄審理、執行的過程，主要是對罪犯長途的押送〔註127〕。

廷尉獄關押公卿大臣的事例，漢高祖十二年（前195），丞相蕭何受賈人財物，「下相國廷尉，械繫之，使使持節赦出相國」〔註128〕。漢哀帝太初元將元年（前5），丞相朱博得罪，「假謁者節召丞相詣廷尉詔獄」〔註129〕。漢哀帝建平元年（前6），司隸校尉鮑宣「坐距閉使者，亡人臣禮，大不敬，不道，

　　　　天游點校，北京：中華書局，1990年，第5頁。
〔註121〕《後漢書·廉范傳》，第1102頁。
〔註122〕《晉書·刑法志》，第923頁。
〔註123〕《漢書·霍光傳》，第2939頁。
〔註124〕《後漢書·光武十王列傳》，第1444～1445頁。
〔註125〕《後漢書·孝明八王列傳》，第1676頁。
〔註126〕《後漢書·宗室四王三侯傳》，第558頁。
〔註127〕宋傑：《漢代的檻車押解制度》，《首都師範大學學報》2012年第2期，第1～7頁；見氏著：《漢代監獄制度研究》，北京：中華書局，2013年，第389～402頁。
〔註128〕《史記·蕭相國世家》，第2020頁。
〔註129〕《漢書·朱博傳》，第3407-3408頁。

下廷尉獄，抵宣罪減死一等，髡鉗」〔註130〕。漢安帝延光四年（125 年），衛尉閻景得罪權臣閻顯，「送廷尉獄」〔註131〕。漢成帝時，御史中丞陳咸坐漏泄省中語，「下廷尉獄」〔註132〕。漢桓帝延熹二年（159），弘農五官掾杜眾「傷（李）雲以忠諫獲罪，上書願與雲同日死。帝愈怒，下廷尉，死獄中」〔註133〕。

廷尉獄關押地方郡守的事例，漢宣帝地節三年（前 67），京兆尹趙廣漢「坐賊殺不辜，鞫獄故不以實，擅斥除騎士乏軍興數罪，下廷尉獄」〔註134〕。漢昭帝時，河南太守魏相用武庫令事得罪，「遂下相廷尉獄」〔註135〕。漢靈帝建寧二年（168），太山太守苑康遭侯覽誣陷與兗州刺史第五種及都尉壺嘉詐上賊降，「徵詣廷尉獄」〔註136〕。

廷尉獄關押軍事將領的事例，漢安帝永初四年（110），騎都尉任仁與羌戰累敗，而兵士放縱，「檻車徵詣廷尉」〔註137〕。漢桓帝延熹八年（165），中郎將度尚因偽上言蒼梧賊入荊州界，「詔書徵到廷尉」〔註138〕。漢靈帝光和二年（179），護匈奴中郎將張修坐不先請而擅誅殺單于呼徵，「檻車徵詣廷尉」〔註139〕。

廷尉獄關押與「帝室」相關人員的事例，漢安帝建光元年（121），長樂太僕蔡倫因受竇后諷旨誣陷宋貴人，「帝敕使自致廷尉」〔註140〕。

〔註130〕《漢書・鮑宣傳》，第 3093-3094 頁。

〔註131〕《資治通鑑》卷 51，第 1638 頁。

〔註132〕《漢書・朱博傳》，第 3398 頁。

〔註133〕《後漢書・李雲傳》，第 1851～1852 頁。

〔註134〕《漢書・趙廣漢傳》，第 3204 頁。

〔註135〕《漢書・魏相丙吉傳》，第 3134 頁。

〔註136〕《後漢書・黨錮列傳》，第 2214 頁。

〔註137〕《後漢書・西羌傳》，第 2889 頁。

〔註138〕《後漢書・度尚傳》，第 1286～1287 頁。

〔註139〕《後漢書・南匈奴列傳》，第 2964 頁。

〔註140〕《後漢書・宦者列傳》，第 2514 頁。

附錄　廷尉屬員表

名　稱	職掌	秩祿	事　例
廷尉正	主決疑獄	千石	「六世祖（何）比干，學《尚書》於晁錯，武帝時為廷尉正，與張湯同時。湯持法深而比干務仁恕，數與湯爭，雖不能盡得，然所濟活者以千數。後遷丹陽都尉，因徙居平陵」。（《後漢書・何敞傳》，1480 頁。） 「杜周治之，獄少反者。乃分遣御史廷尉正監分曹往，即治郡國婚錢，得民財物以億計，奴婢以千萬數，田大縣數百頃，小縣百餘頃，宅亦如之」。（《漢書・食貨志》，1170 頁。） 黃霸為廷尉正，「數決疑獄，庭中稱平」。（《漢書・循吏傳》3629 頁。） 「天子遣大鴻臚、丞相長史、御史丞，廷尉正雜治鉅鹿詔獄，奏請逮捕去及後昭信」。（《漢書・景十三王傳》，2432 頁。） 陳忠」永始中辟司徒府，三遷廷尉正，（正，廷尉屬官也，秩千石也。）以才能有聲稱。司徒劉愷舉忠明習法律，宜備機密，於是擢拜尚書，使居三公曹。（成帝置五尚書，三公曹尚書主知斷獄也。）忠自以世典刑法，用心務在寬詳」。（《後漢書・陳寵傳》，1555 頁。）
廷尉左右監（西漢）	主逮捕事	千石	「丙吉字少卿，魯國人也。治律令，為魯獄史。積功勞，稍遷至廷尉右監。坐法失官，歸為州從事」。（《漢書・丙吉傳》，3142 頁。） 「巫蠱事起，（丙）吉以故廷尉監徵詔治巫蠱郡邸獄」。（《漢書・丙吉傳》，3142 頁。） 漢武帝元朔六年，淮南王劉安之孫劉建告發淮南王太子劉遷謀反，「上遣廷尉監與淮南中尉逮捕太子」。（《漢書・淮南王傳》，2153 頁。） 漢哀帝建平元年，「人有上書言（息夫）躬懷怨恨，非笑朝廷所進，候星宿，視天子吉凶，與巫同祝詛。上遣侍御史、廷尉監逮躬，繫洛陽詔獄」。（《漢書・息夫躬傳》，2187 頁。）
廷尉左監（東漢）	主逮捕事	千石	光武帝時期，「建武初，欽子（陳）躬為廷尉左監，早卒。」（《後漢書・陳寵傳》，1548 頁。）
廷尉左右平（西漢）	平決詔獄	六百石	漢宣帝地節三年「十二月，初置廷尉平四人，秩六百石」。（《漢書・宣帝紀》，250 頁。）
廷尉左平（東漢）	平決詔獄	六百石	漢宣帝地節三年，「於是選于定國為廷尉，求明察寬恕黃霸等以為廷平，季秋後請讞」。（《漢書・刑法志》，1102 頁。） 漢哀帝時期，「馬宮為丞相史司直。師丹薦宮行能高絜，遷廷尉平，青州刺史，汝南、九江太守，所在見稱」。（《漢書・馬宮傳》，3365 頁。）

廷尉史	協助廷尉決獄案	二百石	「杜周，南陽杜衍人也。義縱為南陽太守，以周為爪牙，薦之張湯，為廷尉史。使案邊失亡，所論殺甚多。奏事中意，任用，與減宣更為中丞者十餘歲」。（《漢書·杜周傳》，2659頁。）
			「是時上方鄉文學，湯決大獄，欲傅古義，乃請博士弟子治尚書、春秋補廷尉史，亭疑法。奏讞疑事，必豫先為上分別其原」。（《史記·酷吏列傳》，3139頁。）
			「倪寬既通《尚書》，以文學應郡舉，詣博士受業，受業孔安國。倪寬貧無資用，常為弟子都養，及時時間行傭賃，以給衣食。行常帶經，止息則誦習之。以試第次，補廷尉史。是時張湯方鄉學，以為奏讞掾，以古法議決疑大獄」。（《史記·儒林列傳》，3125頁。）
			王溫舒為廷尉史，「數為吏，以治獄至廷尉史。事張湯，遷為御史，督盜賊，殺傷甚多。稍遷至廣平都尉」。（《漢書·酷吏傳》，3655頁。）
			「後定國亦為獄史，郡決曹，補廷尉史，以選與御史中丞從事治反者獄，以材高舉侍御史，遷御史中丞」。（《漢書·于定國傳》，3041頁。）
			「元鳳中，廷尉光以治詔獄，請溫舒署奏曹掾，守廷尉史」。（《漢書·路溫舒傳》，2368頁。）
			「（王）翁孺生禁，字稚君，少學法律長安，為廷尉史」。（《漢書·元后傳》，4014頁。）
			漢宣帝地節三年十二月，詔曰：「今遣廷史與郡鞫獄，任輕祿薄，（如淳曰：廷史，廷尉史也。以囚辭決獄事為鞫，謂疑獄也。李奇曰：鞫，窮也。獄事窮竟也。師古曰：李說是也。）」。（《資治通鑒》卷25，812～815頁。）
			漢明帝時，「（周紆）為人刻削少恩，好韓非之術，少為廷尉史」。（《後漢書·酷吏列傳》，2493頁。）
奏讞掾	協助廷尉決疑獄	百石	「（張）湯由是鄉學，以（倪）寬為奏讞掾，以古法義決疑獄，甚重之」。（《漢書·倪寬傳》，2629頁。）
奏曹掾		百石	「元鳳中，廷尉光以治詔獄，請溫舒署奏曹掾，守廷尉史」。（《漢書·路溫舒傳》，2368頁。）
文學卒史	負責廷尉府文書處理工作	百石	倪寬「以射策為掌故，功次，補廷尉文學卒史」。（《漢書·倪寬傳》，2628頁。）
書佐			「薛宣字贛君，東海郯人也。少為廷尉書佐都船獄史」。（《漢書·薛宣傳》，3385頁。）

從史			「張湯為廷尉，廷尉府盡用文史法律之吏，而寬以儒生在其間，見謂不習事，不署曹，除為從史，之北地視畜數年。還至府，上畜簿，會廷尉時有疑奏，已再見卻矣，掾史莫知所為。寬為言其意，掾史因使寬為奏。奏成，讀之皆服，以白廷尉湯。湯大驚，召寬與語，乃奇其材，以為掾」。（《漢書・倪寬傳》，第 2628 頁。）
獄史			「隴西太守鄧融備禮謁范為功曹，會融為州所舉案，（廉）范知事譴難解，欲以權相濟，乃託病求去，融不達其意，大恨之。范於是東至洛陽，變名姓，求代廷尉獄卒」。（《後漢書・廉范傳》，第 1102 頁。）
騎史			
官醫			

第四章　廷尉職能考

第一節　參與朝廷論議

一、刑獄之「論議」

「國家之統治，主國事者與參與決策及輔助決策之官員必須經常開會集議，研究討論處理國事之最佳而可行之辦法，制定政策與命令，然後頒下行政機關執行。秦漢時期政治運作亦是如此」[註1]。三公九卿是中央政府各分職機關之長官，負責政務的具體施行。公卿熟識政務，行政經驗比較豐富，又明習故事[註2]法令，當是參與朝廷「議論」[註3]主要人員。而廷尉為九卿之一，在漢帝國行政中佔有重要地位。本文在此即分析廷尉參與朝廷「議論」之具體情況。

〔註1〕 廖伯源：《秦漢朝廷之論議制度》，《中國文化研究所學報》1995 年第 4 期；氏著：《秦漢史論叢》（增訂本），北京：中華書局，2008 年，第 130 頁。

〔註2〕 關於秦漢「故事」的內容及運行，參見邢義田：《漢代「故事考論」》，載許倬雲等著：《中國歷史論文集》，臺北：臺灣商務印書館，1986 年，第 371～423頁；閆曉君：《兩漢「故事」論考》，《中國史研究》2001 年第 1 期；氏著：《秦漢法律研究》，北京：法律出版社，2012 年，第 20～33 頁。

〔註3〕 秦漢朝廷之論議，或稱朝議，或稱廷議，或稱朝廷議，三者之區別，今已難於考證。故此一併稱為「論議」。參見廖伯源：《秦漢朝廷之論議制度》，《中國文化研究所學報》1995 年第 4 期；參見氏著：《秦漢史論叢》（增訂本），北京：中華書局，2008 年，第 130～132 頁下注。

　　《漢書・百官公卿表》記載「掌刑辟」〔註4〕，《後漢書・百官志》記載「掌平獄，奏當所應」〔註5〕。故廷尉參與朝廷之「議論」，討論政事，多為「判折獄訟」之有關法律之事，其主要分為論議刑獄案件、論議國家法律制度、彈劾官員等三類。

（一）廷尉論議刑獄案件，當為廷尉參與論議之主要活動

　　漢高祖十二年（前196年），高祖、呂后因恐異姓諸侯王威勢，假造梁王彭越謀反罪狀，時「廷尉奏請，遂夷滅宗族」〔註6〕。漢高祖誅殺梁王彭越，以造反為名，此事雖屬誣陷，但實行正常司法審判程序，廷尉王恬開奏定罪名，以「反形已具」的罪名誅滅彭越三族，梟首示眾。

　　漢文帝六年（前174年）淮南王劉長謀反事覺，使使召淮南王至長安。「『丞相臣張倉、典客臣馮敬、行御史大夫事宗正臣逸、廷尉臣賀、備盜賊中尉臣福昧死言……（劉）長當棄市，臣請論如法。』……制曰『朕不忍致法於王，其赦長死罪，廢勿王』」〔註7〕。淮南王劉長謀反，事被發覺，而下群臣議，與議大臣四十三人，其中廷尉因職掌法律之事，治理「詔獄」，量刑議法，「議論如法」，同意依法懲罰淮南王劉長，在此論議中發揮重要作用。只是漢文帝不忍懲罰劉長，赦免劉長死罪，廢除王爵。

　　漢成帝時，寵臣淳于長因犯大逆不道罪名被誅殺，其父母妻子亦受牽連而一同棄市，淳于長的小妻乃始等6人在此事之前已經離棄淳于長。在關於此案的量刑論議之時，「丞相方進、大司空武議，以為『今，犯法者各以法時律令論之，明有所訖也。長犯大逆時，乃始等見為長妻，已有當坐之罪，與身犯法無異。後乃棄去，於法無以解。請論』」〔註8〕。丞相翟方進與大司空何武認為淳于長小妻等6人應該收連坐之法，不得免除刑罰。但此時廷尉孔光提出異議，「光議以為『大逆無道，父母妻子同產無少長皆棄市，欲懲後犯法者也。夫婦之道，有義則合，無義則離。長未自知當坐大逆之法，而棄去乃始等，或更嫁，義已絕，而欲以為長妻論殺之，名不正，不當坐。』有詔光議是」〔註9〕。廷尉孔光認為淳于長小妻等6人在案發之前已經離棄淳于長，乃

〔註4〕《漢書・百官公卿表》，第730頁。
〔註5〕《續漢書・百官志》，第3582頁。
〔註6〕《漢書・彭越傳》，第1881頁。
〔註7〕《史記・淮南衡山列傳》，第3077頁。
〔註8〕《漢書・孔光傳》，第3355頁。
〔註9〕《漢書・孔光傳》，第3355頁。

始等小妻 6 人已經不是淳于長的妻子，不應該受到連坐的刑罰。經過朝廷論議淳于長罪名，漢安帝同意廷尉孔光的定罪意見。

漢哀帝初繼位，右曹侍郎薛況因博士申咸毀傷其父薛宣，派楊明毆打博士申咸，事下有司審理，群臣論議薛況罪名，皆認為此事薛況大不敬，應該將薛況、楊明棄市。時「廷尉直以為『律曰『鬥以刃傷人，完為城旦，其賊加罪一等，與謀者同罪。』詔書無以詆欺成罪。傳曰『遇人不以義而見疵者，與痏人之罪鈞，惡不直也。』咸厚善修，而數稱宣惡，流聞不誼，不可謂直。況以故傷咸，計謀已定，後聞置司隸，因前謀而趣明，非以恐咸為司隸故造謀也。本爭私變，雖於掖門外傷咸道中，與凡民爭鬥無異。殺人者死，傷人者刑，古今之通道，三代所不易也。孔子曰：『必也正名。』名不正，則至於刑罰不中；刑罰不中，而民無所錯手足。今以況為首惡，明手傷為大不敬，公私無差。春秋之義，原心定罪。原況以父見謗發忿怒，無它大惡。加詆欺，輯小過成大辟，陷死刑，違明詔，恐非法意，不可施行。聖王不以怒增刑。明當以賊傷人不直，況與謀者皆爵減完為城旦」〔註 10〕。此時廷尉對此定罪發表不同意見，根據禮法故事，定罪為城旦罪名。時「上以問公卿議臣。丞相孔光、大司空師丹以中丞議是，自將軍以下至博士議郎皆是廷尉」。可見廷尉在論議薛況罪名的論議中有重要的影響。

漢哀帝時，陳湯與權臣王商不善，遭王商陷害，下獄治罪，時群臣論議陳湯罪名，「丞相御史奏『湯惑眾不道，妄稱詐歸異於上，非所宜言，大不敬。』廷尉增壽議，以為『不道無正法，以所犯劇易為罪，臣下承用失其中，故移獄廷尉，無比者先以聞，所以正刑罰，重人命也。明主哀憫百姓，下制書罷昌陵勿徙吏民，已申布。湯妄以意相謂且復發徙，雖頗驚動，所流行者少，百姓不為變，不可謂惑眾。湯稱詐，虛設不然之事，非所宜言，大不敬也。』制曰『廷尉增壽當是』」〔註 11〕。廷尉增壽論議陳湯大不敬罪名。

東漢「安帝初，清河相叔孫光坐臧抵罪，遂增錮二世，釁及其子。是時居延都尉范邠復犯臧罪，詔下三公、廷尉議。司徒楊震、司空陳褒、廷尉張皓議依光比」。漢安帝時期，居延都尉范邠復犯臧罪，漢安帝詔下三公、廷尉論議，廷尉等皆以清河相叔孫光坐臧抵罪判罰「決事比」為判處范邠參照。此足見廷尉議定刑獄案件之職權。

〔註 10〕《漢書·薛宣傳》，第 3395～3396 頁。
〔註 11〕《漢書·陳湯傳》，第 3026 頁。

（二）廷尉參與朝廷論議，亦主要是對國家法律制度相關問題提出建議

漢景帝元年（公元前 156 年）「秋七月，詔曰『吏受所監臨，以飲食免，重；受財物，賤買貴賣，論輕。廷尉與丞相更議著令。』廷尉信謹與丞相議曰『吏及諸有秩受其官屬所監、所治、所行、所將，其與飲食計償費，勿論。它物，若買故賤，賣故貴，皆坐贓為盜，沒入贓縣官。吏遷徙免罷，受其故官屬所將監治送財物，奪爵為士伍，免之。無爵，罰金二斤，令沒入所受。有能捕告，畀其所受贓』」〔註12〕。漢景帝以律罰官吏受贓輕重失其平，使廷尉與丞相商議修改之事，此當為廷尉職掌司法，故廷尉參與朝廷之官員籌議政事之事。

漢光武帝建武十二年（36 年），太中大夫梁統「以為法令既輕，下姦不勝，宜重刑罰，以遵舊典，乃上疏」〔註13〕，言朝廷應重刑治國，漢光武帝遂「事下三公、廷尉，議者以為隆刑峻法，非明王急務，施行日久，豈一朝所釐。統今所定，不宜開可」〔註14〕。太中大夫梁統上書認為治理國家應該施行「重刑治國」的政策，但當時的廷尉參與朝廷之論議，對這一奏議進行否決。

（三）廷尉參與朝廷論議，亦負責彈劾官員的犯罪行為

漢景帝三年（前 154 年），御史大夫晁錯提議削藩，上疏《削藩策》，後景帝下達削藩令，十多天後，吳楚等七國以誅晁錯為名聯兵反叛，一時朝野政局動盪，漢景帝遂決定犧牲晁錯以換取諸侯退兵，「後十餘日，丞相青翟、中尉嘉、廷尉歐劾奏錯曰『錯不稱陛下德信，欲疏群臣百姓，又欲以城邑予吳，亡臣子禮，大逆無道。錯當要斬，父母妻子同產無少長皆棄市。臣請論如法。』制曰『可』」。廷尉張歐彈劾御史大夫晁錯「大逆無道」罪名，晁錯終被腰斬於東市。

漢元帝時期，丞相匡衡利用郡圖之誤，非法擴大食封土地四萬多畝，漢成帝建始三年（公元前 29 年）「（匡）衡遣從史之僮，收取所還田租穀千餘石入衡家。司隸校尉駿、少府忠行廷尉事劾奏『衡監臨盜所主守直十金以上。春秋之義，諸侯不得專地，所以壹統尊法制也。衡位三公，輔國政，領計簿，

〔註12〕 《漢書‧景帝紀》，第 140 頁。
〔註13〕 《後漢書‧梁統傳》，第 1166 頁。
〔註14〕 《後漢書‧梁統傳》，第 1168 頁。

知郡實，正國界，計簿已定而背法制，專地盜土以自益，及賜、明阿承衡意，猥舉郡計，亂減縣界，附下罔上，擅以地附益大臣，皆不道。」於是上可其奏，勿治，丞相免為庶人，終於家」〔註15〕。丞相匡衡利用職務之便，大肆擴占土地四萬多畝，後因貪污醜事敗露，被司隸校尉駿、少府忠行廷尉事彈劾，這時司隸校尉、少府行廷尉彈劾官員犯罪之職權，後丞相匡衡被免為庶人，終老於家。

漢順帝永和六年（141年），朝廷派遣侍中周舉、侍中杜喬、代理光祿大夫周栩、前青州刺史馮羨、尚書欒巴、侍御史張綱、兗州刺史郭遵、太尉長史劉班並守光祿大夫，巡行天下。對於刺史、二千石贓罪顯著的，可由驛馬上詔；縣令以下，可以即行逮捕。對於那些清廉正直有政績，百姓擁護，應該表揚的，都上報朝廷。是時「周舉等八使案察天下，多所劾奏，其中並是宦者親屬，輒為請乞，詔遂令勿考。又舊任三府選令史，光祿試尚書郎，時皆特拜，不復選試」〔註16〕。廷尉吳雄與大司農李固乃上疏言「以為八使所糾，宜急誅罰，選舉署置，可歸有司。帝感其言，乃更下免八使所舉刺史、二千石，自是稀復特拜，切責三公，明加考察，朝廷稱善」〔註17〕。廷尉吳雄與大司農李固共彈劾八使案察之刺史、兩千石犯罪官員。

二、國政之「論議」

上述廷尉參與朝廷「論議」法律之事，當為秦漢帝國日常行政的常態，但伴隨著廷尉權勢的消長，廷尉有時亦參與國家之重大政事的論議，並時常有所發覆，對國家政局產生重大影響。

（一）秦李斯

《史記·秦始皇本紀》記載「丞相綰、御史大夫劫、廷尉斯等皆曰：『昔者五帝地方千里，其外侯服夷服，諸侯或朝或否，天子不能制。今陛下興義兵，誅殘賊，平定天下，海內為郡縣，法令由一統，自上古以來未嘗有，五帝所不及。臣等謹與博士議曰：『古有天皇，有地皇，有泰皇，泰皇最貴。』臣等昧死上尊號，王為『泰皇』。命為『制』，令為『詔』，天子自稱曰『朕』。』王曰：『去『泰』，著『皇』，採上古『帝』位號，號曰『皇帝』。他如議。』制

〔註15〕《漢書·匡衡傳》，第3346頁。
〔註16〕《後漢書·李固傳》，第2082頁。
〔註17〕《後漢書·李固傳》，第2082頁。

曰：『可』」〔註18〕。

《史記·秦始皇本紀》又載「丞相綰等言：『諸侯初破，燕、齊、荊地遠，不為置王，毋以填之。請立諸子，唯上幸許。』始皇下其議於群臣，群臣皆以為便。廷尉李斯議曰：『周文武所封子弟同姓甚眾，然後屬疏遠，相攻擊如仇讎，諸侯更相誅伐，周天子弗能禁止。今海內賴陛下神靈一統，皆為郡縣，諸子功臣以公賦稅重賞賜之，甚足易制。天下無異意，則安寧之術也。置諸侯不便。』始皇曰：『天下共苦戰鬥不休，以有侯王。賴宗廟，天下初定，又復立國，是樹兵也，而求其寧息，豈不難哉！廷尉議是』」〔註19〕。「分天下以為三十六郡」〔註20〕。

秦王政二十六年（公元前221年），秦滅六國，統一天下，丞相王綰、御史大夫馮劫、廷尉李斯共論議秦之皇帝稱號，後為始皇帝接納，確立「皇帝」稱號及相關制度。同時行郡縣或分封制為秦初重大建國方略，群臣皆同意分封制，獨廷尉李斯發大論以立郡縣制，供秦始皇抉擇，「廷尉議是」，秦果行郡縣制，此為中國兩千年地方行政制度之濫觴。

（二）西漢李光

漢昭帝元平元年（公元前74年），漢昭帝駕崩，無子嗣，權臣霍光擁立昌邑王劉賀為皇帝，後劉賀與霍光發生政治衝突〔註21〕，在位僅27天，霍光即以「昌邑王行昏亂，恐危社稷」〔註22〕為由，欲廢黜，是時「（霍）光與群臣連名奏王，尚書令讀奏曰：丞相臣敞、大司馬大將軍臣光、車騎將軍臣安世、度遼將軍臣明友、前將軍臣增、後將軍臣充國、御史大夫臣誼、宜春侯臣譚、當塗侯臣聖、隨桃侯臣昌樂、杜侯臣屠耆堂、太僕臣延年、太常臣昌、大司農臣延年、宗正臣德、少府臣樂成、廷尉臣光、執金吾臣延壽、大鴻臚臣賢、左馮翊臣廣明、右扶風臣德、長信少府臣嘉、典屬國臣武、京輔都尉臣廣漢、司隸校尉臣辟兵、諸吏文學光祿大夫臣遷、臣畸、臣吉、臣賜、臣管、臣勝、臣梁、臣長幸、臣夏侯勝、太中大夫臣德昧死言皇太后陛

〔註18〕 《史記·秦始皇本紀》，第236頁。

〔註19〕 《史記·秦始皇本紀》，第238～239頁。

〔註20〕 《史記·秦始皇本紀》，第239頁。

〔註21〕 廖伯源：《昌邑王廢黜考》，《錢穆先生紀念館館刊（錢賓四先生逝世十週年紀念特刊）》第8期，《秦漢史論叢》（增訂本），北京：中華書局，2008年，第24～36頁；徐衛民：《漢廢帝劉賀新論》，《史學月刊》2016年第9期。

〔註22〕 《漢書·霍光傳》，第2937頁。

下，請徙王賀漢中房陵縣。」具陳昌邑王不可以承宗廟狀……太后詔歸賀昌邑，賜湯沐邑二千戶。昌邑群臣坐亡輔導之誼，陷王於惡，光悉誅殺二百餘人」〔註23〕。霍光廢黜昌邑王劉賀，此當為漢昭帝末最為重要的國家政事，此時廷尉李光附和霍光及群臣論議，聯名廢黜昌邑王劉賀，後因此功績，而爵「關內侯」。廢黜昌邑王事影響西漢之後的政治發展。

（三）西漢陳忠

漢元帝永光四年（公元前 40 年），下詔論議罷郡國廟，「將軍、列侯、中二千石、二千石、諸大夫、博士、議郎議」〔註24〕。「廷尉忠以為孝武皇帝改正朔，易服色，攘四夷，宜為世宗之廟」〔註25〕。漢元帝時期，為節省國家財政支出，漢元帝欲推行罷郡國廟措施，下諸卿論議，廷尉忠陳述漢武帝改正朔故事，建議立武帝廟為世宗之廟，後果得施行。

（四）東漢陳球

漢靈帝熹平元年（172 年），竇太后駕崩，宦官積怨竇太后久矣，欲別葬太后，而以馮貴人陪祔。「詔公卿大會朝堂，令中常侍趙忠監議。太尉李咸時病，乃扶輿而起，搗椒自隨，謂妻子曰『若皇太后不得配食桓帝，吾不生還矣。』既議，坐者數百人，各瞻望中官，良久莫肯先言。趙忠曰『議當時定。』怪公卿以下各相顧望。球曰『皇太后以盛德良家，母臨天下，宜配先帝，是無所疑。』忠笑而言曰『陳廷尉宜便操筆。』球即下議曰『皇太后自在椒房，有聰明母儀之德。遭時不造，援立聖明，承繼宗廟，功烈至重。先帝晏駕，因遇大獄，遷居空宮，不幸早世，家雖獲罪，事非太后。今若別葬，誠失天下之望。且馮貴人冢墓被發，骸骨暴露，與賊並屍，魂靈污染，且無功於國，何宜上配至尊？』忠省球議，作色俯仰，蚩球曰『陳廷尉建此議甚健！』球曰『陳、竇既冤，皇太后無故幽閉，臣常痛心，天下憤歎。今日言之，退而受罪，宿昔之願。』公卿以下，皆從球議」〔註26〕。漢靈帝時期，太后父竇武欲去宦官之勢力，而反為宦官所誅殺，及太后崩，更欲毀壞制度，別葬太后。時宦官權勢隆盛，故在權臣大議中，隨便言笑作色，而廷尉陳球不畏宦官，長篇大論，言竇太后功德，得群臣附議，終使竇太后陪祔漢桓帝。

〔註23〕 《漢書‧霍光傳》，第 2939～2940 頁。
〔註24〕 《漢書‧韋賢傳》，第 3118 頁。
〔註25〕 《漢書‧韋賢傳》，第 3119 頁。
〔註26〕 《後漢書‧陳球傳》，1832～1833 頁。

（五）東漢張皓

漢安帝永寧元年（120年），宦官大長秋江京及中常侍樊豐「妄造虛無，構讒太子及東宮官屬，帝怒，召公卿以下會議廢立。耿寶等承旨，皆以為太子當廢。（來）歷與太常桓焉、廷尉張皓議曰「經說，年未滿十五，過惡不在其身。且男、吉之謀，皇太子容有不知，宜選忠良保傅，輔以禮義。廢置事重，此誠聖恩所宜宿留。帝不從，是日遂廢太子為濟陰王」〔註27〕。漢安帝時期，宦官大長秋江京及中常侍樊豐誣陷皇太子及東宮屬官，漢安帝下公卿論議廢皇太子事，權臣耿寶等皆以為皇太子當廢除，獨廷尉張皓與太常桓焉、太僕來歷承說經義，反對廢除皇太子，但漢安帝堅持，遂廢皇太子為濟陰王。廷尉張皓雖未成功阻止漢安帝廢皇太子，但在東漢宦官、外戚把握朝政的政治氛圍下，堅持己見，陳述善言，難能可貴。

有時廷尉亦要受到皇帝指派，代表皇權出使，巡行郡國，《漢書·昭帝紀》記載「遣故廷尉王平等五人持節行郡國，舉賢良，問民所疾苦、冤失職者」〔註28〕。

有時廷尉亦為國家推薦才能之士。如漢文帝前元年（前179年），「聞河南守吳公治平為天下第一，故與李斯同邑，而嘗學事焉，徵以為廷尉」〔註29〕，以吳公為廷尉，吳公之前「聞其（賈誼）秀材，召置門下，甚幸愛」〔註30〕，後「廷尉乃言誼年少，頗通諸家之書。文帝召以為博士」〔註31〕。廷尉吳公向漢文帝舉薦才士賈誼，後漢文帝以賈誼為博士。

第二節　審理疑獄

廷尉為秦漢帝國最高司法長官，其司法審判職權除審理詔獄以外，亦審理地方郡國報請的上訴疑難案件，即《後漢書·百官志》所言「凡郡國讞疑罪，皆處當以報」〔註32〕。《漢官解詁》所言「廷尉當理疑獄」〔註33〕。《漢

〔註27〕　《後漢書·來歷傳》，第591頁。
〔註28〕　（宋）司馬光編著：《資治通鑒》卷23，北京：中華書局，1956年，第752頁。
〔註29〕　《漢書·賈誼傳》，第2221頁。
〔註30〕　《漢書·賈誼傳》，第2221頁。
〔註31〕　《漢書·賈誼傳》，第2221頁。
〔註32〕　《後漢書·百官志》，第3582頁。
〔註33〕　（漢）王隆撰、（漢）胡廣注，（清）孫星衍輯：《漢官解詁》，見（清）孫星衍等輯：《漢官六種》，周天游點校，北京：中華書局，1990年，第15頁。

書‧景帝紀》載「獄疑者讞有司。有司所不能決，移廷尉」〔註34〕。

一、廷尉審理疑獄案件

　　兩漢四百多年，廷尉一直審理地方報送的疑獄案件。而這一制度的起源很早，孫銘認為「刑訊和訴訟的程序，在西周時期早已存在。到戰國中期之後，法制才成為相對完整的體系，也才得以真正實行〔註35〕。秦朝時期，即法律形式有「廷行事」，乃法廷成例〔註36〕，《雲夢秦簡‧法律答問》中有以「廷行事」論斷之例。

　　　　告人盜百一十，問盜百，告者可（何）論？當貲二甲。盜百，
　　即端盜駕（加）十錢，問告者可（何）論？當貲一盾。貲一盾應律，
　　雖然，廷行事以不審論，貲二甲。〔註37〕

「廷行事」之「廷」，當指廷尉而言，于豪亮認為「辭者辭廷。今郡守為廷不為？為也」。指出郡守也是廷。不過郡守的判決，不通過廷尉，不能作為判例為全國所遵循。所以，此廷字應當是廷尉〔註38〕。行事即往事、故事，「廷行事」意為廷尉故事或判例，此可證秦時期，廷尉已經處理相關疑難案件，並這些疑難案件被編撰成判例集。

　　漢高祖時期，廷尉審理地方奏讞疑獄案件的審判慣例逐漸地法定化，以詔書的形式確認制度的正常施行。《漢書‧刑法志》載「高皇帝七年，制詔御史，『獄之疑者，吏或敢決，有罪者久而不論，無罪者久繫不決。自今以來，縣道官獄疑者，各讞所屬二千石官，二千石官以其罪名當報之。廷尉所不能決，謹具為奏，傅所當比律令以聞』」〔註39〕。

　　漢初廷尉審理疑獄案件，出土簡牘文獻中記載有大量的相關信息，其中以張家山漢簡《奏讞書》為主，《奏讞書》正是這種議罪案例的彙集〔註40〕，

〔註34〕《漢書‧景帝紀》，第150頁。
〔註35〕孫銘編著：《簡牘秦律分類輯析》，西安：西北大學出版社，2014年，第1～2頁。
〔註36〕睡虎地秦墓竹簡整理小組：《睡虎地秦墓竹簡》，北京：文物出版社，2001年，第102頁。
〔註37〕《睡虎地秦墓竹簡》，第102頁。
〔註38〕于豪亮：《秦律叢考》，載《文物集刊》2，北京：文物出版社，1980年；見氏著：《于豪亮學術論集》，上海：上海古籍出版社，2015年，第22頁。
〔註39〕《漢書‧刑法志》，第1106頁。
〔註40〕張家山漢墓竹簡整理小組：《江陵張家山漢簡概述》，《文物》1985年第1期；蔡萬進：《張家山漢簡〈奏讞書〉研究》，桂林：廣西師範大學出版社，2006

《奏讞書》記載有漢初 12 件廷尉審理地方郡縣報送疑獄案件，茲列述如下：

1. 十一年八月甲申朔己丑，夷道介丞嘉敢讞之。……吏當：毌憂當腰斬，或曰不當論。・廷報：當腰斬。〔註41〕

2. 十年七月辛卯朔癸巳，胡狀、丞憙敢讞之。……十年八月庚申朔癸亥，太僕不害行廷尉事，謂胡嗇夫讞獄史闌，讞固有審，廷以聞，闌當黥為城旦，它如律令。〔註42〕

3. 胡丞憙敢讞之，十二月壬申，大夫祈詣女子符，告亡。……吏議：符有數明所，明嫁為解妻，解不知其亡，不當論。或曰：符雖已詐書名數，實亡人也。解雖不知其情，當以娶亡人為妻論，斬左止為城旦。廷報曰：取娶亡人為妻論之，律白，不當讞。〔註43〕

4. 十年七月辛卯朔甲寅，江陵余、丞驁敢讞之。……吏當：黥武為城旦，除視。・廷以聞，武當黥為城旦，除視。〔註44〕

5. 廷尉穀、正始、監弘、廷史武等卅人議當之，皆曰：律，死置後之次；妻次父母……非廷尉當。議曰：當非是。律曰：不孝棄市。有生父而弗食三日，吏且何以論子？廷尉穀等曰：當棄市。又曰：有死父，不祠其家三日，子當何論？廷尉穀等曰：不當論。有子不聽生父教，誰與不聽死父教罪重，穀等曰：不聽死父教毌罪。又曰：夫生而自嫁，罪誰與夫死而自嫁罪重？廷尉穀等曰：夫生而自嫁，及娶者，皆黥為城旦舂。夫死而妻自嫁、娶者毌罪。又曰：欺生夫，誰與欺死夫罪重？穀等曰：欺死夫毌論。又曰：夫為吏居官，妻居家，日與它男子姦，吏捕之弗得，□之，何論？穀等曰：不當論。曰：廷尉、史議皆以欺死父罪輕於侵欺生父，侵生夫罪〔輕〕於侵欺死夫，□□□□□□□與男子姦棺喪旁，捕者弗案校上，獨完為舂，不亦重乎？穀等曰：誠失之。〔註45〕

5. 漢中守讞：公大夫昌笞奴相如，以辜死，先自告。相如故民，當免作少府，昌與相如約，弗免，已獄治不當為昌錯告不孝，疑罪。・

　　　　　　年，第 2 頁。
〔註41〕《張家山漢墓竹簡（二四七號墓）》，第 213 頁。
〔註42〕《張家山漢墓竹簡（二四七號墓）》，第 214～215 頁。
〔註43〕《張家山漢墓竹簡（二四七號墓）》，第 215 頁。
〔註44〕《張家山漢墓竹簡（二四七號墓）》，第 216 頁。
〔註45〕《張家山漢墓竹簡（二四七號墓）》，第 227 頁。

廷報：錯告，當治。〔註46〕

6. 北地守讞：女子甑、奴順等亡，自處□陽，甑告丞相自行書順等自贖。甑所贓過六百六十，不發告書，順等以其故不論，疑罪。・廷報：甑、順等受、行賕枉法也。〔註47〕

7. 北地守讞：奴宜亡，越塞道。戍卒官大夫有署出，弗得，疑罪。・廷報：有當贖耐。〔註48〕

8. 蜀守讞：佐啟、主徒令史冰私使城旦環為家作，告啟，啟詐簿曰治官府，疑罪。・廷報：啟為偽書也。〔註49〕

9. 蜀守讞：採鐵長山私使城旦田，舂女為饋，令內作，解書廷，佐□等詐簿為徒養，疑罪。・廷報：□為偽書也。〔註50〕

10. 蜀守讞：大夫犬乘私馬一匹，毋傳，謀令大夫武審舍上造熊馬傳，著其馬識物，弗身更，疑罪。・廷報：犬與武共為偽書也。〔註51〕

11. 河東守讞：郵人官大夫內留書八日，詐更其檄書辟留，疑罪。・廷報：內當以為偽書論。〔註52〕

12. 河東守讞：士吏賢主大夫虓，虓盜書系隧亡。獄史令賢求，弗得。系母燅亭中，受豚、酒贓九十，出燅，疑罪。・廷報：賢當罰金四兩。〔註53〕

張家山漢簡《奏讞書》所屬案例當為漢初之實際情況。1～5案例屬縣道奏讞至郡的疑難案件，郡守不能審理，郡守需將這些疑難案件報送中央司法官廷尉審理，廷尉給出最後的判決結果。6～12案例屬郡守直接向廷尉奏讞疑難案件，即郡守司法管轄範圍之案件，由廷尉審判，給出最後的判決結果。

　　漢景帝後元年春下詔，「獄，重事也。人有智愚，官有上下。獄疑者讞有司。有司所不能決，移廷尉。有令讞而後不當，讞者不為失。欲令治獄者務為寬。」可見此時，漢景帝下詔重申廷尉審理地方有司報送的疑獄案件，同時

〔註46〕《張家山漢墓竹簡（二四七號墓）》，第216～217頁。
〔註47〕《張家山漢墓竹簡（二四七號墓）》，第217頁。
〔註48〕《張家山漢墓竹簡（二四七號墓）》，第217頁。
〔註49〕《張家山漢墓竹簡（二四七號墓）》，第217頁。
〔註50〕《張家山漢墓竹簡（二四七號墓）》，第217頁。
〔註51〕《張家山漢墓竹簡（二四七號墓）》，第218頁。
〔註52〕《張家山漢墓竹簡（二四七號墓）》，第218頁。
〔註53〕《張家山漢墓竹簡（二四七號墓）》，第218頁。

漢景帝提倡廷尉治獄尚寬。

到漢武帝時期，嚴刑峻法，廷尉審理疑案的範圍有所擴大，「至周為廷尉，郡吏大府舉之廷尉，一歲至千餘章。章大者連逮證案數百，小者數十人；遠者數千里，近者數百里。會獄，吏因責如章告劾，不服，以掠笞定之。於是聞有逮證，皆亡匿。獄久者至更數赦十餘歲而相告言，大氐盡詆以不道，以上廷尉及中都官，詔獄逮至六七萬人，」顏師古注曰：「舉，皆也。言郡吏大府獄事皆歸廷尉也。大府，丞相、御史之府也」〔註54〕。這一時期，廷尉不僅審理地方報送的疑獄，同時審理地方郡及丞相、御史府所管轄的獄案。同時，在廷尉府屬官中有專門負責審理疑案的基層官員——奏讞掾，「（張）湯由是鄉學，以（兒）寬為奏讞掾，以古法義決疑獄，甚重之」〔註55〕。

到了漢宣帝時期，設置專門審理地方郡縣疑案的專職屬官——廷尉平，「遣廷史與郡鞫獄，任輕祿薄，其為置廷平，秩六百石，員四人。其務平之」〔註56〕，其秩六百石，較奏讞掾職位更高，廷尉平可以下郡縣直接處理郡縣地方的疑獄。第一任廷尉平為循吏黃霸，「於是選于定國為廷尉，求明察寬恕黃霸等以為廷平，季秋後請讞。時上常幸宣室，齋居而決事」〔註57〕，有時漢宣帝親臨宣室，齋戒之後而亦參加疑獄的審理。

西漢成帝、哀帝之際，廷尉仍負責郡縣疑獄的審理，如朱博「復徵為光祿大夫，遷廷尉，職典決疑，當讞平天下獄。」〔註58〕武威出土漢簡載有當時廷尉審理地方疑獄的案例。茲列舉如下，以作分析。

> 河平元年，汝南西陵縣昌里，先年七十受王杖，部游徼吳賞使從者毆擊先，用訴，地太守上讞，廷尉報：罪名明白，賞當棄市。
> 〔註59〕

> 汝南太守讞廷尉，吏有毆受王杖主者，罪名明白。制約讞何？應論棄市。〔註60〕

〔註54〕《史記·酷吏列傳》，第 3151 頁。
〔註55〕《漢書·倪寬傳》，第 2629 頁。
〔註56〕《漢書·刑法志》，第 1102 頁。
〔註57〕《漢書·刑法志》，第 1102 頁。
〔註58〕《漢書·朱博傳》，第 3403 頁。
〔註59〕中國科學院考古研究所、甘肅省博物館編：《武威漢簡》，北京：文物出版社，1964 年，第 140 頁。
〔註60〕武威縣博物館：《武威新出土王杖詔令冊》，載甘肅省文物工作隊、甘肅省

此案件記載汝南郡西陵縣小吏吳賞指使人毆打持有王杖的七十歲高齡老人，汝南太守報送廷尉，廷尉審判吳賞判處棄市死刑，足見廷尉審理地方郡縣報送疑獄案件。

漢成帝鴻嘉元年（公元前 20 年），「定令，『年未滿七歲，賊鬥殺人及犯殊死者，上請廷尉以聞，得減死』。合於三赦幼弱老眊之人。此皆法令稍定，近古而便民者也〔註61〕」。漢成帝時，儒學正式地成為漢帝國的政治意識形態指導思想，法律逐漸地儒家化，相關法律條文吸收儒家思想，如此條漢令規定，年逾八十歲之刑犯減刑，未滿七歲的刑犯上請廷尉審理，此亦可謂廷尉審理疑獄案件之特定法律案件。

王莽時期，漢代的法律制度雖遭到一定的破壞，但廷尉（王莽稱「作士」）仍負責地方郡縣報送的疑獄案，出土簡牘有所證明，茲列舉如下。

> 爵，疑者，讞作士，督贓者考察，毋令有姦。聖恩宜以時布縣。
> 廄置驛騎行詔書，臣稽首以聞〔註62〕。

東漢時期，廷尉仍負責地方報送疑案審理，這時其屬官治書侍御史具體負責該項事宜。「治書侍御史二人，六百石。本注曰：掌選明法律者為之。凡天下諸讞疑事，掌以法律當其是非。侍御史十五人，六百石。本注曰：掌察舉非法，受公卿群吏奏事，有違失舉劾之」〔註63〕。

二、廷尉決獄之程序

廷尉接到地方郡縣報送的疑難案件，廷尉組織其屬官，如廷尉正、廷尉監、廷尉史等，進行廷議，論議此奏讞疑案，是為「吏議」。

張家山漢簡《奏讞書》「杜瀘女子甲與男子丙和姦」案詳細記錄了廷尉府「吏議」奏讞疑案的過程，錄文如下：

> 今廷史申徭使而後來，非廷尉當。議曰：當非是。律曰：不孝棄市。有生父而弗食三日，吏且何以論子？廷尉穀等曰：當棄

博物館編：《漢簡研究文集》，蘭州：甘肅人民出版社，1984 年，第 35～36頁。
〔註61〕《漢書‧刑法志》，第 1106 頁。
〔註62〕甘肅省文物考古研究所編，薛英群、何雙全、李永良注：《居延新簡釋粹》，蘭州：蘭州大學出版社，1988 年，第 97 頁；又見饒宗頤、李均民：《新莽簡輯證》，臺北：新文豐出版公司，1995 年，第 126 頁。
〔註63〕《後漢書‧百官志》，第 3599 頁。

市。又曰：有死父，不祠其家三日，子當何論？廷尉穀等曰：不
當論。有子不聽生父教，誰與不聽死父教罪重，穀等曰：不聽死
父教毋罪。又曰：夫生而自嫁，罪誰與夫死而自嫁罪重？廷尉穀
等曰：夫生而自嫁，及娶者，皆黥為城旦舂。夫死而妻自嫁、娶
者毋罪。又曰：欺生夫，誰與欺死夫罪重？穀等曰：欺死夫毋論。
又曰：夫為吏居官，妻居家，日與它男子姦，吏捕之弗得，□之，
何論？穀等曰：不當論。曰：廷尉、史議皆以欺死父罪輕於侵欺
生父，侵生夫罪〔輕〕於侵欺死夫，□□□□□□□與男子姦棺
喪旁，捕者弗案校上，獨完為舂，不亦重乎？穀等曰：誠失之。

〔註64〕

參與「杜瀘女子甲與男子丙和姦」案「吏議」的官員主要有廷尉穀、廷尉正
始、廷尉監弘、廷尉史武、等其他廷尉府官員三十餘人。

廷尉初次「廷議」，參照法律關於「置後」順序的規定，認為「甲當完為
舂」，但廷尉史申徭因公外出後回來，並不同意廷尉初次「廷議」的論斷，詳
細論述相關具體法律條文，認為此判決太重，經過廷尉史申徭與廷尉穀的多
番討論，結果廷尉等人認為之前的判決不當，修改了之前的判決。

但有時廷尉府內「吏議」意見不能統一，廷尉及其屬官遇到自己所不能
判決的奏讞疑案，當報送給皇帝，「廷尉所不能決，謹具為奏，傅所當比律令
以聞，」廷尉及其屬官將尉府內「吏議」的結果，包括判決意見、分歧意見以
及相關法律條文等整理，報送皇帝裁決。皇帝之後根據廷尉報送具體內容，
做出最終的裁決。之後皇帝的判決意見多以「制」的形式下傳到廷尉手中，
如上文列述的武威王杖十簡「王杖詔書令」所云。

　　　汝南太守讞廷尉：吏有毆受王杖主者，罪名明白。制曰：讞何？
應論棄市〔註65〕。

在汝南太守奏讞廷尉的疑難案件中，皇帝給出最終的判決意見「應論棄市」，
其以「制」文的形式下發廷尉，《史記·秦始皇本紀》曰「命曰制，令曰詔」，
制即為皇帝的命令的成文化體現，在廷尉奏讞皇帝的疑難案件審判中，皇

〔註64〕張家山二四七號漢墓竹簡整理小組編：《張家山漢墓竹簡（二四七號墓）》，北
　　　京：文物出版社，2001年，第227頁。
〔註65〕武威縣博物館：《武威新出土王杖詔令冊》，載甘肅省文物工作隊、甘肅省
　　　博物館編：《漢簡研究文集》，蘭州：甘肅人民出版社，1984年，第35～36
　　　頁。

帝以「制」文對奏讞疑案進行判決回覆。

　　在廷尉判決地方郡縣奏讞案件之後，或廷尉收到皇帝以「制」文對奏讞疑案進行判決的回覆之後，廷尉將相關判決結果回覆給所奏讞之地方郡縣官員，是為「廷尉報」，即「廷報」。如張家山漢簡《奏讞書》所載廷尉審理的地方郡縣奏讞案例，廷尉以「廷報」、「廷以聞」等形式將相關判決結果回覆給所奏讞之地方郡縣官員，舉例如下：

> 廷報：當腰斬。〔註66〕
>
> 廷以聞，闌當黥為城旦，它如律令。〔註67〕
>
> 廷報曰：取娶亡人為妻論之，律白，不當讞。〔註68〕
>
> 廷以聞，武當黥為城旦，除視。〔註69〕
>
> 廷報：錯告，當治。〔註70〕
>
> 廷報：甌、順等受、行賕枉法也。〔註71〕
>
> 廷報：有當贖耐。〔註72〕
>
> 廷報：啟為偽書也。〔註73〕
>
> 廷報：□為偽書也。〔註74〕
>
> 廷報：犬與武共為偽書也。〔註75〕
>
> 廷報：內當以為偽書論。〔註76〕
>
> 廷報：賢當罰金四兩。〔註77〕

三、廷尉審理疑獄的「判例化」

　　漢代法律形式有四，曰律、令、科、比，顏師古曰：「比，以例相比況

〔註66〕張家山二四七號漢墓竹簡整理小組編：《張家山漢墓竹簡（二四七號墓）》，北京：文物出版社，2001年，第213頁。
〔註67〕《張家山漢墓竹簡（二四七號墓）》，第214～215頁。
〔註68〕《張家山漢墓竹簡（二四七號墓）》，第215頁。
〔註69〕《張家山漢墓竹簡（二四七號墓）》，第216頁。
〔註70〕《張家山漢墓竹簡（二四七號墓）》，第216～217頁。
〔註71〕《張家山漢墓竹簡（二四七號墓）》，第217頁。
〔註72〕《張家山漢墓竹簡（二四七號墓）》，第217頁。
〔註73〕《張家山漢墓竹簡（二四七號墓）》，第217頁。
〔註74〕《張家山漢墓竹簡（二四七號墓）》，第217頁。
〔註75〕《張家山漢墓竹簡（二四七號墓）》，第218頁。
〔註76〕《張家山漢墓竹簡（二四七號墓）》，第218頁。
〔註77〕《張家山漢墓竹簡（二四七號墓）》，第218頁。

也」〔註78〕，比是在司法實踐中法無明文規定時，法司決斷所參考類似判例，並形成「類集為篇，結事為章」的判例編纂體例，即以法律調整對象的不同領域為依據，分門別類編纂判例〔註79〕。

本節以張家山漢簡《奏讞書》所涉案例為例，分析廷尉審理奏讞疑獄的「判例化」問題。

張家山漢簡《奏讞書》案例：

> 十年七月辛卯朔癸巳，胡狀、丞憙敢讞之。劾曰：臨淄獄史闌令女子南冠繳冠，佯病臥車中，襲大夫虞傳，以闌出關。・今闌曰：南齊國族田氏，徙處長安，闌送行，娶為妻，與偕歸臨淄，未出關得，它如劾。・南言如劾及闌。・詰闌：闌非當得娶南為妻也，而娶以為妻，與偕歸臨淄，是闌來誘及姦，南亡之諸侯，闌匿之也，何解？闌曰：來送南而娶為妻，非來誘也。吏以為姦及匿南，罪，無解。・詰闌：律所以禁從諸侯來誘者，令它國無得娶它國人也。闌雖不故來，而實誘漢民之齊國，即從諸侯來誘也，何解？闌曰：罪，無解。・問，如辭。・鞫：闌送南，娶以為妻，與偕歸臨淄，未出關，得，審。疑闌罪，繫，它縣論，敢讞之。・人婢清助趙邯鄲城，已即亡，從兄趙地，以亡之諸侯論。今闌來送徙者，即誘南。・吏議：闌與清同類，當以從諸侯來誘論。・或曰：當以姦及匿黥舂罪論。十年八月庚申朔癸亥，大僕不害行廷尉事，清胡齧夫讞獄史闌，讞固有審，廷以聞，闌當黥為城旦，它如律令〔註80〕。

此案中，大僕不害行廷尉事審理臨淄獄史闌娶亡女子南案件，此案引「人婢清助趙邯鄲城」案例，進行判決。考「人婢清助趙邯鄲城」案當發生在漢高祖六年，此案件的發生時間為漢高祖十年七月，判決「廷報」時間為漢高祖十年八月，大僕不害行廷尉事審理臨淄獄史闌引用「人婢清助趙邯鄲城」舊案成例作為判決依據，證明此「比」與漢代律令具有同樣的法律效力。以此類推，「張家山漢簡《奏讞書》有可能是奏讞制度確立伊始西漢政府首次所從事的大規模整理奏讞案例的司法活動，為這些案例進入漢代法律體系奠

〔註78〕 《漢書・刑法志》，第1101頁。

〔註79〕 汪世榮：《中國古代的判例研究：一個學術史的考察》，《中國法學》2006年第1期，第83頁。

〔註80〕 張家山二四七號漢墓竹簡整理小組編：《張家山漢墓竹簡（二四七號墓）》，北京：文物出版社，2001年，第218頁。

定了基礎」〔註81〕。這一觀點是非常中肯的，即在漢代的司法實踐過程中，廷尉審理的奏讞疑案，被引用作舊案成例，法律術語即稱為「比」。張家山漢簡《奏讞書》中諸案例在經過因案生例（即由普通案件上升為典型案件）、定期修例（由典型案例整理規範為判例）環節之後在漢代司法過程中成為法律意義上的判例，成為漢代法律形式之一的「比」〔註82〕。

　　漢代亦編撰大量「比」、「決事比」等司法判例集，供司法官員審理案件使用。如漢武帝時，張湯任職廷尉，「（漢武帝）於是招進張湯、趙禹之屬，條定法令……律令凡三百五十九章，大辟四百九條，千八百八十二事，死罪決事比萬三千四百七十二事」〔註83〕。漢宣帝時，「于定國為廷尉，集諸法律，凡九百九十六卷，大辟四百九十條，千八百八十二事，死罪決比，凡三千四百七十二條，諸斷罪當用者，合二萬六千二百七十二條」〔註84〕。東漢順帝時，司隸校尉應奉曾言「臣累世受恩，榮祚豐衍，竊不自揆，貪少雲補，輒撰具《律本章句》、《尚書舊事》、《廷尉板令》、《決事比例》、《司徒都目》、《五曹詔書》及《春秋斷獄》，凡二百五十篇」〔註85〕。此足見兩漢時期，對奏讞疑案進行整理編撰，在漢代司法過程中成為法律意義上的判例，成為漢代法律形式之一的「比」、「決事比」。

第三節　審理「詔獄」

　　兩漢史料中多次見到「廷尉詔獄」的記載，現需要對此進行釋證。「詔」為皇帝專用，為皇帝命令也。《史記·秦始皇本紀》記載：「臣下建言：『天子自稱為『朕』，命為制，令為詔』」〔註86〕。在古代文獻中，「獄」當有兩層含義，一者，「獄」為獄訟、案件。《國語·周語》言「夫君臣無獄，注曰：『獄，訟也』」〔註87〕。《淮南子·氾論訓》言：「有獄訟者搖鞀，注曰：獄

〔註81〕蔡萬進：《張家山漢簡〈奏讞書〉研究》，桂林：廣西師範大學出版社，2006年，第69頁。

〔註82〕蔡萬進：《張家山漢簡〈奏讞書〉研究》，桂林：廣西師範大學出版社，2006年，第69頁。

〔註83〕《漢書·刑法志》，第1101頁。

〔註84〕（北齊）：魏收：《魏書·刑法志》，北京：中華書局，1974年，第2872頁。

〔註85〕《後漢書·應劭傳》，第1613頁。

〔註86〕《史記·秦始皇本紀》，第236頁。

〔註87〕徐元浩撰、王樹民、沈長雲點校：《國語集釋》，北京：中華書局，2002年，

亦訟」〔註88〕。以上諸說，謂獄即訟也。二者，「獄」為監獄。《說文解字》「獄，確也，從狀從言，二犬所以守也」〔註89〕。清代大儒段玉裁注解曰：「獄字從狀者，取相爭之意，許云所以守者，謂狴牢拘罪之處」〔註90〕，即獄指監獄。故「詔獄」〔註91〕之釋名，當亦為兩意，一者以皇帝名義下詔要求查辦的訴訟案件；二者是奉詔囚禁人犯的監獄〔註92〕。「廷尉詔獄」亦當有兩方面。一者為以皇帝名義下詔要求廷尉審理的獄訟案件，沈家本即指出「是凡下廷尉者並謂之詔獄」。二者為廷尉府的下屬監獄。關於後者，本文第四章《廷尉屬官考》有詳細考證，此不贅述。本節重點分析第一種情況，即皇帝下詔要求廷尉審理的獄訟案件。

一、廷尉詔獄之類型

廷尉詔獄為以皇帝名義下詔要求廷尉審理的獄訟案件，在這裡需要分析這些特別獄訟案件的類別。

（一）涉及諸侯王的「詔獄」

以皇帝名義下詔要求廷尉審理的第一類獄訟案件的犯罪主體為諸侯王及其親屬、下屬。漢代時期，分封諸侯王，諸侯王的權勢、地位頗高，若是諸侯王犯罪，只能採取下「廷尉詔獄」的形式進行審判。

漢武帝元朔六年（前123），衡山王劉賜謀反事發，「廷尉治驗……王聞，即自剄殺……諸與衡山王謀反者皆族，國除為衡山郡」〔註93〕。元狩二年（前121），江都王劉建謀反事發，「有詔宗正、廷尉即問（劉）建」〔註94〕。

第55頁。

〔註88〕劉文典撰、馮逸、喬華點校：《淮南鴻烈集解》卷13《氾論訓》，北京：中華書局，1989年，第437頁。

〔註89〕（漢）許慎：《說文解字》卷10，北京：中華書局，1963年，第204頁下。

〔註90〕（清）段玉裁：《說文解字注》，上海：上海古籍出版社，1988年，第478頁。

〔註91〕關於詔獄的相關研究，參考余行邁：《西漢詔獄探析》，《雲南師範大學學報》1986年第3期；張忠煒：《漢代「詔獄」考論》，中國人民大學2004碩士論文，主體內容內容見於孫家洲主編：《秦漢法律文化研究》，北京：中國人民出版社，2007年，第46～63頁；弓家旺：《西漢詔獄研究》，青島大學2010年碩士論文。

〔註92〕宋傑：《漢代的廷尉獄》，《史學月刊》2008年第1期，第36頁；又見氏著：《漢代監獄制度研究》，北京：中華書局，2013年，第2～3頁。

〔註93〕《史記·淮南衡山列傳》，3097頁。

〔註94〕《漢書·景十三王傳》，第2417頁。

漢昭帝元鳳元年（前 80），燕王劉旦謀反事發，「下廷尉」〔註 95〕。漢宣帝
五鳳四年（前 54），廣陵王劉胥詛咒漢宣帝，「天子遣廷尉、大鴻臚即訊……
以綬自絞死」〔註 96〕。甘露年間，河間王劉元「取故廣陵厲王、厲王太子
及中山懷王故姬廉等以為姬……事下廷尉」〔註 97〕。漢哀帝建平年間，梁
王劉立復殺人，「廷尉賞、大鴻臚由持節即訊」〔註 98〕。建平三年（前 4）
東平王劉雲遭息夫躬、孫寵誣陷，「廷尉梁相與丞相長史、御史中丞及五二
千石雜治東平王雲獄」〔註 99〕。漢章帝建初年間，阜陵王劉延、劉魴（劉
延子）造逆謀者，「有司奏請檻車徵詣廷尉詔獄」〔註 100〕。漢和帝永元五年
（93），梁節王劉暢不道，「有司請徵暢詣廷尉詔獄」〔註 101〕。漢和帝永元
八年（96），北海王劉威坐誹謗，「檻車徵詣廷尉」〔註 102〕。

　　涉及諸侯王親屬的詔獄，漢武帝時期，江都王太子劉建使人殺梁蚡，劉
建「下廷尉考……會赦，不治」〔註 103〕。

　　涉及諸侯王下屬的詔獄，以諸侯王國相、太傅為主。漢昭帝元平元年
（前 74），昌邑王劉賀被霍光廢黜皇位，「昌邑王群臣二百餘人皆送廷尉詔
獄」〔註 104〕。漢光武帝建武年間，北海相董宣因「使門下書佐水丘岑盡殺
五官掾公孫丹宗族親黨三十餘人……坐徵詣廷尉」〔註 105〕。漢安帝元初三
年（116），彭城王國相趙牧誣奏（彭城王劉）恭祠祀惡言，大逆不道，「下
廷尉……會赦不誅」〔註 106〕。漢順帝陽嘉二年（133），常山王傅楊倫得罪，
「遂徵詣廷尉」〔註 107〕。漢安二年（143），濟北相崔瑗犯贓罪，「徵詣廷尉」
〔註 108〕。漢桓帝延熹三年（160），濟北相滕延坐多殺無辜，「徵詣廷尉」

〔註 95〕 《漢書‧杜周傳》，第 2662〜2664 頁。
〔註 96〕 《漢書‧武五子傳》，第 2761〜2762 頁。
〔註 97〕 《漢書‧景十三王傳》，第 2411〜2412 頁。
〔註 98〕 《漢書‧文三王傳》，第 2218〜2219 頁。
〔註 99〕 《漢書‧何武王嘉師丹傳》，第 3499 頁。
〔註 100〕 《後漢書‧光武十王列傳》，第 1444〜1445 頁。
〔註 101〕 《後漢書‧孝明八王列傳》，第 1676 頁。
〔註 102〕 《後漢書‧宗室四王三侯傳》，第 558 頁。
〔註 103〕 《漢書‧景十三王傳》，第 2414 頁。
〔註 104〕 《漢書‧霍光傳》，第 2939 頁。
〔註 105〕 《後漢書‧酷吏列傳》，第 2489 頁。
〔註 106〕 《後漢書‧孝明八王列傳》，第 1671 頁。
〔註 107〕 《後漢書‧儒林列傳》，第 2565 頁。
〔註 108〕 《後漢書‧崔駰傳》，第 1724 頁。

〔註109〕。延熹八年（165），沛相具恭犯贓罪，「徵詣廷尉」〔註110〕。漢靈帝建熙平六年（177），平原相陽球坐嚴酷，「徵詣廷尉」〔註111〕。

（二）涉及公卿大臣的「詔獄」

以皇帝名義下詔要求廷尉審理的第二類獄訟案件的犯罪主體為公卿大臣，舉凡三公諸卿，中央各級官署官員，無所不包，述例如下。

廷尉審理涉及丞相的詔獄，漢高祖十二年（前195），丞相蕭何受賈人財物，「下相國廷尉，械繫之……使使持節赦出相國」〔註112〕。漢哀帝太初元將元年（前5），丞相朱博得罪，「假謁者節召丞相詣廷尉詔獄」〔註113〕。

廷尉審理涉及太尉的詔獄，如漢章帝元和三年（86），太尉鄭弘因漏洩密事罪，「自詣廷尉」〔註114〕。漢靈帝光和二年（179），太尉段熲「會日食自劾，有司舉奏，詔收印綬……詣廷尉……時司隸校尉陽球奏誅王甫，並及熲，就獄中詰責之，遂飲鴆死，家屬徙邊」〔註115〕。

廷尉審理涉及御史大夫的詔獄，如漢武帝元鼎二年（前115），御史大夫張湯與魯謁居為大姦，「事下廷尉」〔註116〕。

廷尉審理涉及諸卿的詔獄，如漢宣帝時，太僕戴長樂「非所宜言……事下廷尉」〔註117〕。漢宣帝本始二年（前72），大司農田延年貪污受賄，「使者召延年詣廷尉」〔註118〕。漢元帝初元四年（前47），光祿勳楊惲得罪，大逆不道，「章下廷尉案驗」〔註119〕。漢哀帝建平元年（前6），司隸校尉鮑宣「坐距閉使者，亡人臣禮，大不敬，不道……下廷尉獄……抵宣罪減死一等，髡鉗」〔註120〕。漢安帝建光元年（121），大司農朱寵上書言切得罪，「自致廷

〔註109〕《後漢書・宦者列傳》，第2522～2523頁。

〔註110〕《後漢書・宦者列傳》，第2522頁。

〔註111〕《後漢書・酷吏列傳》，第2498頁。

〔註112〕《史記・蕭相國世家》，第2020頁。

〔註113〕《漢書・朱博傳》，第3407～3408頁。

〔註114〕《後漢書・鄭弘傳》，第1156頁。

〔註115〕《後漢書・段熲傳》，第2154頁。

〔註116〕《史記・酷吏列傳》，第3142頁。

〔註117〕《漢書・公孫劉田王楊蔡陳鄭傳》，第2891頁。

〔註118〕《漢書・田延年傳》，第3656頁。

〔註119〕《漢書・公孫劉田王楊蔡陳鄭傳》，第2898頁。

〔註120〕《漢書・鮑宣傳》，第3093～3094頁。

尉……詔免官歸田里」〔註 121〕。延光四年（125 年），衛尉閻景得罪權臣閻
顯，「送廷尉獄」〔註 122〕。漢順帝永建元年（126），司隸校尉虞詡得罪，「自
繫廷尉」〔註 123〕。是時，將作大匠翟酺「前與河南張楷等謀反……逮詣廷尉」
〔註 124〕。漢靈帝建寧二年（169），太常張奐「又與尚書劉猛等共薦王暢、李
膺可參三公之選，曹節等彌疾其言，遂下詔切責之……自囚廷尉……以三月
俸贖罪」〔註 125〕。

　　廷尉審理涉及中央各級官署官員的詔獄，漢宣帝地節二年（前 68），天
官張赦、石夏得罪，「事下廷尉」〔註 126〕。本始二年（前 72），長信少府夏
侯勝、丞相長史黃霸「非議詔書大不敬、阿從不舉劾……皆下廷尉，繫獄當
死……積三歲乃出」〔註 127〕。漢成帝時，御史中丞陳咸坐漏泄省中語，「下
廷尉獄」〔註 128〕。漢元帝時，「（馮）野王部督郵掾殺禆趙都案驗，格殺並
……事下廷尉」〔註 129〕。漢哀帝太初元將元年（前 5），黃門待詔夏賀良「執
左道，亂朝政，傾覆國家，誣罔主上，不道……光祿勳平當、光祿大夫毛莫
如與御史中丞、廷尉雜治」〔註 130〕。漢光武帝時，侍中戴憑「為前太尉西曹
掾蔣遵伸冤，帝怒……自繫廷尉，有詔敕出」〔註 131〕。漢明帝永平八年（65），
給事中鄭眾數上書與漢明帝爭論，「繫廷尉」〔註 132〕。漢安帝元初四年
（117），尚書郎張俊私書與（袁）敞子「下（廷尉）獄……當死。俊自獄中
占獄吏上書自訟，書奏而俊獄已報。廷尉將出谷門，臨行刑，鄧太后詔馳騎
以減死論」〔註 133〕。漢桓帝延熹二年（159），弘農五官掾杜眾「傷（李）
雲以忠諫獲罪，上書願與雲同日死。帝愈怒……下廷尉……死獄中」〔註 134〕。

〔註 121〕《後漢書‧鄧禹傳》第 617 頁。
〔註 122〕《資治通鑒》卷 51，第 1638 頁。
〔註 123〕《後漢書‧虞詡傳》，第 1870～1871 頁。
〔註 124〕《後漢書‧翟酺傳》，第 1605 頁。
〔註 125〕《後漢書‧張奐傳》，第 2141 頁。
〔註 126〕《漢書‧霍光傳》，第 2955 頁。
〔註 127〕《漢書‧循吏傳》，第 3627～3631 頁。
〔註 128〕《漢書‧朱博傳》，第 3398 頁。
〔註 129〕《漢書‧馮奉世傳》，第 3302 頁。
〔註 130〕《漢書‧眭兩夏侯京翼李傳》，第 3193～3194 頁。
〔註 131〕《後漢‧儒林列傳》，第 2553 頁。
〔註 132〕《後漢書‧鄭眾傳》，第 1225 頁。
〔註 133〕《後漢書‧袁敞傳》，第 1524 頁。
〔註 134〕《後漢書‧李雲傳》，第 1851～1852 頁。

延熹五年（162），議郎皇甫規因邊郡餘寇不絕，「坐繫廷尉……論輸左校」〔註135〕。

廷尉亦審理涉及顯貴人員的詔獄，漢景帝後元年（前143），條侯周亞夫遭人陷害謀反，「召詣廷尉。廷尉責曰：『君侯欲反邪？』亞夫曰：『臣所買器，乃葬器也，何謂反邪？』吏曰：『君侯縱不反地上，即欲反地下耳。』吏侵之益急……居無何，條侯子為父買工官尚方甲楯五百被可以葬者。取庸苦之，不予錢。庸知其盜買縣官器，怒而上變告子，事連污條侯。書既聞上，上下吏。吏簿責條侯，條侯不對。景帝罵之曰：『吾不用也。』……嘔血而死，國除」〔註136〕。漢哀帝建平元年（前6），宜鄉侯馮參坐中山太后大逆大罪，「謁者承制召（馮）參詣廷尉」〔註137〕。同年，關內侯師丹罪大不敬，「事下廷尉」〔註138〕。

（三）涉及地方郡守的「詔獄」

以皇帝名義下詔要求廷尉審理的第三類獄訟案件的犯罪主體為地方郡守。其中，西漢時期都城在長安，屬京兆尹管轄，京兆尹犯罪，當由廷尉審理。漢宣帝地節三年（前67），京兆尹趙廣漢「坐賊殺不辜，鞫獄故不以實，擅斥除騎士乏軍興數罪……下廷尉獄」〔註139〕。漢成帝河平四年（前25），京兆尹王章以為「比上夷狄，欲絕繼嗣之端；背畔天子，私為定陶王……致大逆罪……遂下章（廷尉）吏」〔註140〕。

廷尉審理涉及地方郡守的詔獄，漢昭帝時，河南太守魏相用武庫令事得罪，「遂下相廷尉獄」〔註141〕。漢明帝永平五年（62），會稽太守第五倫坐法，「徵詣廷尉……帝幸廷尉錄囚徒，得免歸田里」〔註142〕。永平十四年（71），吳郡太守尹興因與楚王英有繫，「詣廷尉獄」〔註143〕。漢和帝永元年間，桂陽太守許荊「嘗行春到耒陽縣，人有蔣均者，兄弟爭財，互相言訟。荊對之

〔註135〕《後漢書・皇甫規傳》，第2135頁。
〔註136〕《史記・絳侯周勃世家》，第2079頁。
〔註137〕《漢書・馮奉世傳》，第3307頁。
〔註138〕《漢書・師丹傳》，第3506～3507頁。
〔註139〕《漢書・趙廣漢傳》，第3204頁。
〔註140〕《漢書・元后傳》，第4023頁。
〔註141〕《漢書・魏相丙吉傳》，第3134頁。
〔註142〕《後漢書・第五倫傳》，第1397頁。
〔註143〕《後漢書・獨行列傳》，第2682～2683頁。

歎曰：『吾荷國重任，而教化不行，咎在太守』……上書陳狀，乞詣廷尉」〔註144〕。是時，丹陽太守馬棱坐盜賊事，「當詣廷尉」〔註145〕。漢順帝永建元年（126），武威太守任嘉贓罪千萬，「徵考廷尉」〔註146〕。是時，豫章太守王永、吳郡太守徐參因奏事中官、在職貪穢，「並徵詣廷尉」〔註147〕。漢桓帝延熹二年（159），濟陰太守單匡犯贓罪，「下廷尉」〔註148〕。延熹八年（165），山陽太守單遷以罪繫獄，「廷尉馮緄考致其死」〔註149〕。延熹九年（166），太原太守劉瓆「到官收其（豪強，中官親戚）魁帥殺之，所贓匿主人悉坐伏誅……徵詣廷尉……以瓆宗室，不忍致之於刑，使自殺」〔註150〕。同年，南陽太守成瑨笞殺桓帝美人外親張子禁，「詣廷尉……下獄死」〔註151〕。是時，河東太守史弼遭誣陷為誹謗罪名，「下廷尉詔獄」〔註152〕。漢靈帝建寧元年（168），永昌太守樂巴「以功自劾，辭病不行，上書極諫，理陳、自殺竇之冤。帝怒，下詔切責……收付廷尉」〔註153〕。建寧二年（168），太山太守苑康遭侯覽誣陷與兗州刺史第五種及都尉壺嘉詐上賊降，「徵詣廷尉獄」〔註154〕。是時，南陽太守陳球以糾舉豪右，為執家所謗，「徵詣廷尉抵罪」〔註155〕。中平二年（185），樂安太守陸康被「諂援引亡國，以譬聖明，大不敬……檻車徵詣廷尉」〔註156〕。漢獻帝初平三年（192），李傕等欲即殺（王）允，懼二郡為患，遂俱就徵左馮翊宋翼、右扶風王宏，下廷尉〔註157〕。

漢武帝時期，設刺史，察行郡國，若刺史犯罪，廷尉亦當審理涉及刺史的詔獄。漢桓帝永興元年（153），冀州刺史朱穆因發墓為罪，「徵詣廷尉」

〔註144〕《後漢書・循吏列傳》，第 2472 頁。
〔註145〕《後漢書・方術列傳》，第 2716～2717 頁。
〔註146〕《後漢書・儒林列傳》，第 2564 頁。
〔註147〕《後漢書・黨錮列傳》，第 2213 頁。
〔註148〕《後漢書・陳蕃傳》，第 2171 頁。
〔註149〕《資治通鑒》卷 54，1764 頁。
〔註150〕《後漢書・襄楷傳》，第 1077 頁。
〔註151〕《後漢書・襄楷傳》，第 1077 頁。
〔註152〕《後漢書・史弼傳》，第 2111 頁。
〔註153〕《後漢書・樂巴傳》，第 1842 頁。
〔註154〕《後漢書・黨錮列傳》，第 2214 頁。
〔註155〕《後漢書・陳球傳》，第 1832 頁。
〔註156〕《後漢書・陸康傳》，第 1113 頁。
〔註157〕《後漢書・王允傳》，第 2177 頁。

〔註 158〕。延熹八年（165），益州刺史侯參累有贓罪，暴虐一州，「檻車徵詣廷尉」〔註 159〕。同年，交趾刺史張盤因中郎將度尚偽上言蒼梧賊入荊州界，「下廷尉」〔註 160〕。漢靈帝中平二年（185），豫州刺史王允因它罪被捕，「檻車徵至廷尉……以減死論」〔註 161〕。

　　縣令犯罪自應由所在郡守審理，但沈剛認為事涉京畿地區的縣令也歸屬廷尉掌管〔註 162〕，此觀點不盡完善。漢章帝建初八年（83），洛陽令周紆因整治貴戚竇篤等親屬得罪，「送廷尉詔獄」〔註 163〕。東漢洛陽地區為京畿地區。漢桓帝建和元年（147 年），「（裴）優遂行霧作賊，事覺被考，引（張）楷言從學術，」長陵令張楷「坐繫廷尉詔獄」〔註 164〕。漢桓帝延熹二年（159），白馬令李雲上書惹怒皇帝，「中常侍管霸與御史、廷尉雜考之」〔註 165〕。可見廷尉審理事涉京畿地區的縣令的詔獄以及與皇帝有涉的縣令犯罪獄案。

（四）涉及軍事將領的「詔獄」

　　以皇帝名義下詔要求廷尉審理的第四類獄訟案件的犯罪主體為軍事將領。漢代軍隊中設有專職司法官——軍正〔註 166〕，處理軍隊中的犯罪行為。若是遇到特別重大軍事將領犯罪案件，皇帝會下廷尉詔獄，以皇帝名義下詔要求廷尉審理。如軍事將領作戰不利，對戰局影響較大，一般會由廷尉審理。漢武帝元光二年（前 133），將屯將軍王恢因在對匈奴的戰爭中得行軍逗留罪，「下（王）恢廷尉……廷尉當恢逗橈，當斬」〔註 167〕。元光六年（前 129），騎將軍公孫敖、驍騎將軍李廣在對匈奴的戰爭中，失師而還，「下廷尉」〔註 168〕。漢安帝永初四年（110），騎都尉任仁與羌戰累敗，而兵士放

〔註 158〕　《後漢書・朱暉傳》，第 1470 頁。
〔註 159〕　《後漢書・楊秉傳》，第 1773～1774 頁；《後漢書・宦者列傳》，第 2523 頁。
〔註 160〕　《後漢書・度尚傳》，第 1286～1287 頁。
〔註 161〕　《後漢書・王允傳》，第 2172～2173 頁。
〔註 162〕　沈剛：《漢代廷尉考述》，《史學集刊》2004 年第 1 期，第 16 頁。
〔註 163〕　《資治通鑒》卷 46，第 1494 頁。
〔註 164〕　《後漢書・張楷傳》，第 1243 頁。
〔註 165〕　《後漢書・李雲傳》，第 1852 頁。
〔註 166〕　關於軍正的研究，參考黃今言：《秦漢軍制史論》，南昌：江西人民出版社，1993 年，第 372～375 頁；郭利：《漢代軍正初探》，《江西師範大學學報》2005 年第 4 期，第 72～76 頁；魏希楠：《試論漢代軍正執法制度——兼論對軍事司法的現實借鑒》，《寧夏大學學報》2010 年第 2 期，第 100～103 頁。
〔註 167〕　《漢書・竇田灌韓傳》，第 2404～2405 頁。
〔註 168〕　《漢書・武帝紀》，第 165～166 頁。

縱，「檻車徵詣廷尉」〔註169〕。漢桓帝延熹八年（165），中郎將度尚因偽上言蒼梧賊入荊州界，「詔書徵到廷尉」〔註170〕。漢靈帝光和二年（179），護匈奴中郎將張修坐不先請而擅誅殺單于呼徵，「檻車徵詣廷尉」〔註171〕。

廷尉亦審理軍事將領的貪污罪以及地方軍事長官的獄訟案件。漢安帝元初五年（118）十二月，中郎將任尚坐斷盜軍糧，「檻車徵詣廷尉」〔註172〕。漢安帝建光元年（121），居延都尉范邠犯贓罪，「詔下三公、廷尉議……司徒楊震、司空陳褒、廷尉張皓議依光比。太尉劉愷獨以為「《春秋》之義……太尉議是」〔註173〕。

（五）涉及「帝室」相關的「詔獄」

以皇帝名義下詔要求廷尉審理的第五類獄訟案件的犯罪主體並不確定，但其都與「帝室」有所相涉，如皇親國戚、宮廷宦官以及平民百姓。皇親國戚者，如漢武帝建元三年（前138），隆慮公主子、帝女夷安公主之夫昭平君因醉殺主傅，獄繫內官，「以公主子，廷尉上請請論」〔註174〕。宮廷宦官者，如漢安帝建光元年（121），長樂太僕蔡倫因受竇后諷旨誣陷宋貴人，「帝敕使自致廷尉」〔註175〕。亦有民人者，其犯罪多涉及皇帝事宜，如漢文帝前三年（前177），民人渭橋驚文帝乘輿馬〔註176〕，民人盜竊高廟座前玉環，「屬廷尉治問」〔註177〕。漢昭帝始元五年（前82），平民成方遂等誣罔不道，「廷尉驗治、廷尉逮召鄉里識知者張宗祿等」〔註178〕。

二、廷尉審理詔獄之慣例

慣例者，中國古代司法活動中客觀存在卻不見於律典明確規定，為官方和民眾普遍認同的各類習慣性規則〔註179〕。有漢一代，廷尉在審理詔獄的過

〔註169〕　《後漢書‧西羌傳》，第2889頁。
〔註170〕　《後漢書‧度尚傳》，第1286～1287頁。
〔註171〕　《後漢書‧南匈奴列傳》，第2964頁。
〔註172〕　《後漢書‧鄧禹傳》，第616頁。
〔註173〕　《後漢書‧劉般傳》，第1308～1309。
〔註174〕　《漢書‧東方朔傳》，第2851～2852頁。
〔註175〕　《後漢書‧宦者列傳》，第2514頁。
〔註176〕　《漢書‧張馮汲鄭傳》，第2310～2311頁。
〔註177〕　《漢書‧張馮汲鄭傳》，第2310～2311頁。
〔註178〕　《漢書‧雋疏於薛平彭傳》，第3038頁。
〔註179〕　陳璽：《詣臺訴事慣例對唐御史臺司法權限的影響》，《湘潭大學學報》2011

程中，由於詔獄案件的特殊性，多涉及王公貴族及公卿官吏，故廷尉的審理方式多遵循不成文之慣例，試論析如下。

（一）廷尉「雜治」詔獄

廷尉在審理詔獄的過程中，有時皇帝任命其他公卿官員與廷尉一起，組成聯合法庭，共同審理相關獄訟。關於雜治研究，虞雲國全面的分析了漢代時期「雜治」的事例，認為雜治是皇帝對謀反不道或犯有其他不赦重罪的王侯後主、公卿大臣及罪涉不道的吏民要犯，指派公卿大臣或其副貳和重要屬官以及相關鄰近的州郡長吏進行會審的司法制度〔註180〕。

考諸漢代史料所見廷尉雜治詔獄 9 例（參見《兩漢廷尉雜治「詔獄」案例表》），與廷尉參與雜治詔獄的官員主要有宗正、大鴻臚、少府、太傅、諫大夫、光祿勳、光祿大夫、御史中丞、丞相長史、郡太守、中常侍、御史，主持雜治人員身份並不確定。但其中宗正、大鴻臚出現參與雜治詔獄較多，因詔獄多涉及諸侯王及皇親國戚，國主管皇族事務的宗正、大鴻臚參與較多。同時雜治的慣例與漢代政治發展密切相關，如東漢時期，宦官專權，雜治詔獄，宦官有亦得參與，如漢桓帝延熹二年，中常侍與廷尉、御史雜治白馬令李雲詔獄案。主持雜治之人員並無定員，有兩人、三人、五人、七人等不同情況。

關於雜治審判的地方，有時在中央，又有移繫地方的情況，如廷尉雜治趙王太子劉丹詔獄，移繫魏郡，即雜治是在地方進行的審判。若是移繫地方審判，地方郡守亦參與雜治詔獄的審判工作，劉丹詔獄案即是明證。

廷尉雜治詔獄參與人員無定員、不確定，審判地方亦不確定，並無相關制度性規定，可見廷尉雜治詔獄只是審判慣例，並不是有定制的司法制度，陳璽認為「雜治」即以訴訟慣例樣態長期存續，多應君主臨時差遣進行，其運行模式並無定制可循〔註181〕，是觀點當為準。

年第 1 期；見氏著：《唐代刑事訴訟慣例研究》，北京：科學出版社，2017 年，第 20～21 頁。

〔註180〕 虞雲國：《漢代雜治考》，《史學集刊》1987 年第 3 期，第 71 頁。

〔註181〕 陳璽：《唐代雜治考論》，《法律科學》2017 年第 2 期，第 193 頁；見氏著：《唐代刑事訴訟慣例研究》，北京：科學出版社，2017 年，第 191 頁。

兩漢廷尉雜治「詔獄」案例表

時　間	被告人	罪　狀	雜治人員	史料出處
漢武帝元狩二年（前121）	江都王劉建	謀反	有詔宗正、廷尉即問（劉）建。	《漢書・景十三王傳》，2417頁。
漢武帝泰始三年（前94）	趙王太子劉丹	同產姊及王後宮姦亂，交通郡國豪猾，攻剽為姦，吏不能禁。	移繫魏郡詔獄，與廷尉雜治。	《漢書・蒯伍江息夫傳》，2175頁。
漢昭帝元鳳元年（前80）	桑弘羊子桑遷	逃亡，過父故吏侯史吳。	廷尉王平、少府徐仁雜治反事。	《漢書・杜周傳》，2664頁。
漢宣帝五鳳四年（前54）	廣陵王劉胥	詛咒漢宣帝	天子遣廷尉、大鴻臚即訊	《漢書・武五子傳》，2761～2762頁。
漢元帝初元二年（前47）	劉向	涉嫌上書訴事	太傅韋玄成、諫大夫貢禹與廷尉雜劾	漢書36
漢哀帝太初元將元年（前5）	黃門待詔夏賀良	執左道，亂朝政，傾覆國家，誣罔主上，不道。	光祿勳平當、光祿大夫毛莫如與御史中丞、廷尉雜治	《漢書・眭兩夏侯京翼李傳》，第3193～3194頁。
漢哀帝建平年間（前6～前3）	梁王劉立	殺人	廷尉賞、大鴻臚由持節即訊	《漢書・文三王傳》，第2218～2219頁。
漢哀帝建平三年（前4）	東平王劉雲	遭息夫躬、孫寵誣陷。	廷尉梁相與丞相長史、御史中丞及五二千石雜治東平王雲獄。	《漢書・何武王嘉師丹傳》，第3499頁。
漢桓帝延熹二年（159）	白馬令李雲	上書使帝怒	中常侍管霸與御史、廷尉雜考之〔註182〕	《後漢書》卷57《李雲傳》，1851～1852頁。

（二）謁者詔詣廷尉

　　廷尉詔獄是皇帝下詔要求廷尉審理的獄訟案件，對於犯罪的官員或者王公貴族，皇帝遣謁者逮捕犯罪人員，「召詣廷尉」，是為「謁者詔詣廷尉」之慣例。

〔註182〕《後漢書・李雲傳》，第1852頁。「詔尚書都護劍戟送黃門北寺獄，使中常侍管霸與御史廷尉雜考之，」點校有誤，應為「詔尚書都護劍戟送黃門北寺獄，使中常侍管霸與御史、廷尉雜考之。」

（宦官弘恭、石顯僭誣大臣蕭望之、周堪、劉更生等，請謁者
召致廷尉。）時上初即位，不省『謁者召致廷尉』為下獄也，可其
奏。後上召堪、更生，曰：繫獄。上大驚曰：『非但廷尉問邪！』
〔註183〕

西漢晚期，宦官弘恭、石顯誣陷蕭望之等人，「請謁者召致廷尉，」即下蕭
望之等人廷尉詔獄。謁者召致廷尉，即下廷尉詔獄之意，可見，在漢宣帝時
期或以前，此當為慣例存在。漢元帝初即為，不知此慣例之情況，驚問群
臣。後弘恭、石顯等後又僭望之，請下獄。上乃可其奏。」顯等封以付謁者，
敕令召望之手付，因令太常急發執金吾車騎馳圍其第。使者至，召望之。」
〔註184〕此刺下蕭望之詔獄事件，封以付謁者令付望之者，當為下蕭望之廷
尉詔獄之詔書，可見，此奏章亦是遣謁者召某人至廷尉受審。

漢代此類使者詔詣廷尉史例還有如下：

光祿大夫都成侯金欽得罪，「謁者召欽詣詔獄」〔註185〕。

數日，使者召延年詣廷尉。聞鼓聲，自刎死〔註186〕。

請謁者召嘉詣廷尉詔獄……有詔假謁者節，召丞相詣廷尉詔
獄。使者既到府……嘉遂裝出，見使者再拜受詔……隨使者詣廷尉
〔註187〕。

參以同產相坐，謁者承制召參詣廷尉，參自殺〔註188〕。

左將軍彭宣等劾奏丞相朱博、御史大夫趙玄及傅晏曰『……臣
請詔謁者召博、玄、晏詣廷尉詔獄』……假謁者節召丞相詣廷尉詔
獄〔註189〕。

謁者為光祿勳的屬官，《漢書·百官公卿表》：「謁者掌賓讚受事，員七十人，
秩比六百石，有僕射」〔註190〕。《後漢書·百官志》：「常侍謁者五人，比六
百石。本注曰：主殿上時節威儀。謁者三十人……本注曰：掌賓贊受事，及

〔註183〕《漢書·蕭望之傳》，第3286頁。
〔註184〕《漢書·蕭望之傳》，第3288頁。
〔註185〕《漢書·金日磾傳》，第2965頁。
〔註186〕《漢書·酷吏傳》，第3666頁。
〔註187〕《漢書·王嘉傳》，第3501～3502頁。
〔註188〕《漢書·馮奉世傳》，第3307頁。
〔註189〕《漢書·朱博傳》，第3407～3408頁。
〔註190〕《漢書·百官公卿表》，第727頁。

上章報問。將、大夫以下之喪，掌使弔」〔註191〕。謁者為主掌殿中禮儀秩序之官，負責迎接賓客以及呼喚來賓之官爵與姓名，往來送達。

召詣犯罪官員至廷尉，本非謁者之職責，可能初期只是為臨時的差遣，後期變為慣例〔註192〕，為謁者所遵習。可見，有漢一代，謁者詔詣廷尉，當為漢代之慣例。

（三）地方郡守謁辭廷尉

兩漢時期，朝廷官員在外派之前要「謁辭」相關機構和相關人員。

> 先是時，衛司馬在部，見衛尉拜謁，常為衛官縣使市買。寬饒視事，案舊令，遂揖官屬以下行衛者。衛尉私使寬饒出，寬饒以令詣官府門上謁辭。尚書責問衛尉，由是衛官不復私使候、司馬。候、司馬不拜，出先置衛，輒上奏辭，自此正焉〔註193〕。

> 竇憲兄弟各擅威權，鴻上封事曰：『……大將軍雖欲敕身自約，不敢僭差，然而天下遠近皆惶怖承旨。刺史二千石初除謁辭，求通待報，雖奉符璽，受臺敕，不敢便去，久者至數十日〔註194〕。

> 冀愛監奴秦宮，官至太倉令，威權大震，刺史二千石皆謁辭也〔註195〕。

漢代「謁辭」有「公辭」與「私謁」之區分，蓋寬饒任職左司馬，衛尉派遣蓋寬饒外出做事，蓋寬饒依據制度謁辭相關部門「官府門上」，此為「公辭」之例證。東漢時期，竇憲、梁冀先後為權臣，威權利勢，刺史二千石官員任職，一般都要謁辭二者，此為「私謁」之例證也。

有漢一代，有關於地方郡守「謁辭」廷尉的相關食史料記載，或當為地方郡守「謁辭」廷尉的慣例。述列如下：

> 徵拜東海太守，謁辭廷尉于定國〔註196〕。

> 徙為潁川太守……是時潁川鍾元為尚書令，領廷尉，用事有權。

〔註191〕《後漢書·百官志》，第 3578 頁。
〔註192〕廖伯源：《使者與官制演變：秦漢皇帝使者考論》，臺北：文津出版有限公司，2006 年，第 237 頁。
〔註193〕《漢書·蓋寬饒傳》，第 3243～3244 頁。
〔註194〕《後漢書·丁鴻傳》，第 1265～1266 頁。
〔註195〕《後漢書·梁冀傳》，第 1181 頁。
〔註196〕《漢書·尹翁歸傳》，第 3207 頁。

> 弟威為郡掾，贓千金。並為太守，謁辭鍾廷尉，廷尉免冠為弟請減死罪一等，願蚤就髡鉗。並曰：「罪在弟身與君，律不在太守。」元懼，馳道遣人呼弟〔註197〕。

上述尹翁歸、何並新任職地方郡守，謁辭廷尉，如果是「公辭」的話，當理解為地方郡守的犯罪案件一般歸廷尉審理，朝廷一般要求郡守新任職地方之前拜訪廷尉，起到一種自律廉潔的警示作用，頗類似於現在參觀廉政建設展覽的意味。若是為「私謁」，當與地方郡守與廷尉之間有著司法監督審查方面的關係。有漢一代，廷尉頗為用權勢，漢武帝時期，「先是下邽翟公為廷尉，賓客亦填門，及廢，門外可設爵羅。後復為廷尉，客欲往，翟公大署其門曰：『一死一生，乃知交情；一貧一富，乃知交態；一貴一賤，交情乃見』」〔註198〕。可謂明證，廷尉權勢威大，可推論，郡守謁辭廷尉，當為有漢一代不成為之慣例〔註199〕。

（四）審判廷尉在京兆尹（河南尹）

在這裡還有一個重要的問題需要討論，廷尉是九卿之一，漢代中央政府的最高司法官員，它若是犯罪，應該由什麼機構審判呢？荷蘭著名學者何四維給出的答案是廷尉犯罪由廷尉府自己審判〔註200〕，這一觀點應該是錯誤的。

漢代關於廷尉被審判的事例有四，述列如下：

> 李種坐誣罔下獄棄市〔註201〕。
>
> 劉平坐縱道匿謀反者下獄棄市〔註202〕。
>
> 坐侍中邢元下獄風吏殺元棄市〔註203〕。

〔註197〕 《漢書・何並傳》，第 3267～3268 頁。

〔註198〕 《漢書・鄭當傳》，第 2325 頁。

〔註199〕 宋傑：《漢代的廷尉獄》，《史學月刊》2008 年第 1 期，第 40 頁；又見氏著：《漢代監獄制度研究》，北京：中華書局，2013 年，第 6 頁。

〔註200〕 It is perhaps fitting to terminate this survey with a few cases, where the Commandant of Justice was not the judge, but where he was himself judged. A. F. P. Hulsewé. *The functions of the Commandant of Justice during the Han* Period, Charles Le Blanc and Susan Blader: *Chinese Ideas about Nature and Society: Studies in Honour of Derk Bodde,* Hong Kong University Press, 1987, pp.249-264.

〔註201〕 《漢書・百官公卿表》，第 792 頁。

〔註202〕 《漢書・百官公卿表》，第 794～795 頁。

〔註203〕 《漢書・百官公卿表》，第 797～798 頁。

　　　　正月旦，百官朝賀，光祿勳劉嘉、廷尉趙世各辭不能朝，高賜
　　舉奏：『皆以被病篤困，空文武之位，闕上卿之贊，既無忠信斷金
　　之用，而有敗禮傷化之尤，不謹不敬！請廷尉治嘉罪，河南尹治世
　　罪。』議以世掌廷尉，故轉屬他官〔註204〕。

前三則材料中，廷尉犯罪，並沒有說明審判機構是哪裏。後一則材料，見諸
《後漢書・百官志》下注，劉昭引蔡質《漢儀》。考劉嘉孫為劉虞，漢靈帝中
平元年（184年）任甘陵相，故其祖父劉嘉任職廷尉當在漢桓帝、漢靈帝時，
故趙世亦當為漢桓帝、漢靈帝時期任職廷尉。時廷尉趙世違背上朝禮儀，被
彈劾，其「河南尹治世罪」，即趙世被河南尹審理，蔡質「以世掌廷尉，故轉
屬他官」，可見東漢時，廷尉犯罪，又河南尹審理。由此情理推之，在西漢時，
廷尉犯罪，當由京兆尹審理，此亦當為兩漢之慣例矣。

第四節　制定與修改法律條文

一、制定與修改律令

　　廷尉為秦漢時期之專職司法官員，秦漢帝國在制定與修改法律方面，大
多由廷尉負責。秦帝國創制初期，李斯任職廷尉，「分天下為三十六郡，郡置
守、尉、監。更名民曰『黔首』。大酺。收天下兵，聚之咸陽，銷以為鍾，鑄
金人十二，重各千石，置宮廷中。一法度衡石丈尺，車同軌，書同文字，徙天
下豪富於咸陽十二萬戶，諸廟及章臺上林，皆在渭南。」〔註205〕分析其所包
括項目，可分為行政法、度量衡法、文字統一法、移民法、宗廟法、林苑法等
〔註206〕，均由廷尉李斯制作。

　　　　漢承秦制，蕭何定律，除參夷連坐之罪，增部主見知之條，益
　　事律《興》、《廄》、《戶》三篇，合為九篇。叔孫通益律所不及，傍
　　章十八篇，張湯《越宮律》二十七篇，趙禹《朝律》六篇，合六十
　　篇。又漢時決事，集為《令甲》以下三百餘篇，及司徒鮑公撰嫁娶
　　辭訟決為《法比都目》，凡九百六卷。世有增損，率皆集類為篇，結
　　事為章。一章之中或事過數十，事類雖同，輕重乖異。而通條連句，

〔註204〕《後漢書・百官志》，第3582頁
〔註205〕《史記・秦始皇本紀》，第239頁。
〔註206〕劉令興：《秦漢之廷尉制度》，（臺灣）《華岡法粹》1977年第9期，第85頁。

上下相蒙，雖大體異篇，實相採入〔註207〕。

漢初之法律繼承秦制，在秦律的基礎上，蕭何制定《九章律》，增《法經》《興》、《廄》、《戶》三篇，叔孫通再增擴之，成《傍章》十八篇。使得漢初的法律體系逐漸完備。但隨著社會的發展，法律逐漸出現不合時宜的內容，不能有效地應對社會存在的問題，於是漢帝國後期不斷地制定、修改法律條文。

漢帝國之法律體系為「律、令、科、比」，以「律令」為主，關於秦漢律令之關係，漢武帝時期，杜周任職廷尉，有明確的說明，「客有謂周曰：『君為天下決平，不循三尺法，專以人主意為獄，獄者固是乎？』周曰：『三尺安出哉，前主所是著為律，後主所是疏為令；當時為是，何古之法乎？』」，即律是之前法律體系中已經存在的部分，令是之後逐漸被修訂的部分。廷尉因其為專職司法官員，在制定、修改法律條文時，主要是制定、修訂後者——令，在修訂的過程中發揮了重要的作用。

漢景帝中元年（年），「秋七月，吏所受監臨，以飲食免，重；收財務，賤買貴賣，論輕。廷尉與丞相更議著令。廷尉信謹與丞相議曰：『吏及諸有秩受其官屬所監、所治、所行、所將，其與飲食計償費，勿論。它物，若買故賤，賣故貴，皆坐贓為盜，沒入贓縣官。吏遷徙免罷，受其故官屬所將監治送財物，奪爵為士伍，免之。無爵，罰金二斤，令沒入所受。有能捕告，畀其所受贓』」〔註208〕。漢景帝以律罰官吏受贓輕重失其平，使廷尉與丞相商議修改法律條文之事，廷尉與丞相有所論議，後修改此法律條文，以應對社會上官吏受贓輕重失其平的現象。

漢武帝時，張湯任職廷尉，「（漢武帝）於是招進張湯、趙禹之屬，條定法令，作見知故縱、監臨部主之法，緩深故之罪，急縱出之誅。其後姦猾巧法，轉相比況，禁罔寖密。律令凡三百五十九章，大辟四百九條，千八百八十二事，死罪決事比萬三千四百七十二事」〔註209〕。漢武帝嚴刑峻法，廷尉張湯與趙禹制定了官員之間互相揭發、監視的告姦法，對後世貽害無窮，使得漢武帝時期法令嚴峻，法令眾多，「文書盈於几閣，典者不能遍睹」。

〔註207〕（唐）房玄齡等撰：《晉書·刑法志》，北京：中華書局，1974年，第922～923頁。

〔註208〕《漢書·景帝紀》，第140頁。

〔註209〕《漢書·刑法志》，第1101頁。

　　東漢時，郭躬任職廷尉時，「決獄斷刑，多依矜恕，及條諸重文可從輕者四十一事奏之，事皆施行，著於令」。郭躬儒學大家，以寬恕斷獄，改輕刑法，修改相關法律條文四十一條，皆以令的形式公布，足見廷尉修改、制定法律條文之職責。

二、制定廷尉決事比

　　漢代法律形式中「決事比」在廷尉決獄中佔有重要的地位，前文廷尉審理疑獄專章論述此情形，頗為詳審，此不贅述。但廷尉審理疑獄「判例化」，使得形成漢代法律形式的重要內容「決事比」，廷尉在後期制定、修改法律條文的過程中，亦制定、編撰相關審理疑問獄之「決事比」的法律內容。

　　漢武帝時，張湯任職廷尉，「（漢武帝）於是招進張湯、趙禹之屬，條定法令，作見知故縱、監臨部主之法，……死罪決事比萬三千四百七十二事」〔註210〕。此死罪決事比當為廷尉張湯根據廷尉審理死罪疑案編撰、制定的「決事比」法律內容。

　　《新唐書·藝文志》載有《廷尉決事》二十卷，《魏書·刑罰志》「于定國為廷尉，集諸法律，凡九百九十六卷，大辟四百九十條，千八百八十二事，死罪決比，凡三千四百七十二條，諸斷罪當用者，合二萬六千二百七十二條」〔註211〕。即說明漢宣帝時期，于定國出任廷尉，《廷尉決事》是審理死罪疑案編撰、制定的「決事比」法律內容。

　　東漢順帝時，司隸校尉應奉曾言：「臣累世受恩，榮祚豐衍，竊不自揆，貪少雲補，輒撰具《律本章句》、《尚書舊事》、《廷尉板令》、《決事比例》、《司徒都目》、《五曹詔書》及《春秋斷獄》，凡二百五十篇」〔註212〕。沈家本在《廷尉板令》、《決事比例》條目下參引《漢書·張湯傳》「上所是，受而著讞法廷尉挈令。韋昭注：『在板挈也』。師古曰：『著謂明書之也。挈，獄訟之要也。書於讞法挈令以為後式也』」〔註213〕。可見《廷尉板令》、《決事比例》均為廷尉審理獄案編撰、制定的「決事比」法律內容。

　　上文所述出土文獻之睡虎地秦簡「廷行事」，張家山漢簡《奏讞書》，是

〔註210〕《漢書·刑法志》，第 1101 頁。
〔註211〕《魏書·刑法志》，第 2872 頁。
〔註212〕《後漢書·應劭傳》，第 1613 頁。
〔註213〕（清）沈家本：《歷代刑法考》，鄧經元、駢宇騫點校，北京：中華書局，1985 年，第 865 頁。

廷尉府編撰的廷尉決事傳到全國各地後，地方附加自郡的案例記錄做的書〔註214〕。此均為為廷尉審理獄案編撰、制定的「決事比」法律內容。

三、掌　度

廷尉亦職掌「尺度分寸」，管理國家度量衡中的「長度」事宜，《漢書·律曆志》：「度者，分、寸、尺、丈、引也！所以度長短也，職在內官，廷尉掌之。」師古曰：「法度所起，故屬廷尉也」〔註215〕。

內官者，「初，內官屬少府，中屬主爵，後屬宗正」〔註216〕，王偉在利用出土簡牘的中的相關內官史料證明內官負責皇室宗親、外戚的司法事務，其職能與廷尉基本相同，亦認為兩者共同職掌尺度分寸，是象徵性的說法，只是暗含兩者職能相似的意義，「執法如度量，分寸必究而量刑適當」〔註217〕。這只是一種說法，雖有一定的道理，但還是期待更多的出土文獻對這一問題提供更為精確的解答。

〔註214〕〔日〕廣賴薰雄：《出土文獻中的廷尉決事》，載黎明釗編：《漢帝國的制度與社會秩序》，牛津：牛津出版社，2012 年，第 416 頁。

〔註215〕《漢書·律曆志》，第 966 頁。

〔註216〕《漢書·百官公卿表》，第 730 頁。

〔註217〕王偉：《秦漢內官職能辨正》，《西安財經學院學報》2014 年第 5 期，第 103 頁。

附錄　漢代廷尉治獄表

本表以《史記》、《漢書》、《後漢書》等奉漢基本史料為基礎，亦參考其他傳世古籍及出土文獻資料，完成對兩漢時期廷尉司法實踐活動的梳理。

序號	時間	被告人	職位	形式	罪行	處理結果	史料出處
1	漢高祖九年（前198年）	貫高	趙相	廷尉以貫高事辭聞			《史記·張耳陳餘列傳》，2584頁。
2	漢高祖十一年（前196年）	彭越	梁王	（廷尉）奏請族之	謀反	夷越宗族、國除。	《漢書·彭越傳》，1881頁。〔註218〕
3	漢高祖十二年（前195年）	蕭何	丞相	下相國廷尉，械繫之。	上大怒曰：「相國多受賈人財物，乃為請吾苑！」	使使持節赦出相國。	《史記·蕭相國世家》，2020頁。
4	漢文帝前三年（前177年）	民人	無	屬廷尉治問	渭橋驚文帝乘輿馬	罰金	《漢書·張馮汲鄭傳》，2310～2311頁。

〔註218〕而根據《史記》卷90《魏豹彭越列傳》記載：「……於是呂后乃令其舍人告彭越復謀反，廷尉王恬開奏請族之。上乃可，遂夷越宗族、國除。」當時的廷尉為「廷尉王恬開」。（唐子恆：「廷尉王恬開」小考），（唐子恆：《文史哲》2002年第3期，第88頁。）認為「王恬開」，當是梁相山都員侯王恬啟，時為郎中令，關於誅殺彭越的事情中廷尉的名字弄錯了。應以《漢書》所載為準。彭越被誅殺在漢高祖十一年（前196年），《漢書·百官公卿表》這一年（？）首闕好任職廷尉，其前任為宣義，所以在任廷尉彭越這件事情上的廷尉當為「宣義」或者（？）首。不管誅殺彭越的廷尉是誰，我們可以看出廷尉在這時參與西漢初期梁王彭越的犯罪處理活動，奏請對彭越的犯罪處處方式。

序號	時間	人名	職位	下廷尉治	事由	結果	出處
5	漢文帝三年（前177年）	民人	無	下廷尉治	盜竊高廟座前玉環	棄市	《漢書‧張馮汲鄭傳》，2310～2311頁。
6	漢文帝（前177～前157年）	縣人	無（平民）	下廷尉治	渭橋驚驚，盜高廟玉環	奏當罰金，棄市。	《史記‧張釋之馮唐列傳》，2754～2756頁。
7	漢文帝前四年（前176年）	周勃	絳侯	下廷尉。廷尉下其事長安，逮捕勃治之。	其後人有上書告勃欲反。	於是使使持節赦絳侯，復爵邑。	《史記‧絳侯周勃世家》，2072～2073頁。
8	漢文帝六年（前174年）	劉長	淮南王	丞相張倉、典客馮敬、行御史大夫事宗正（？）逸、廷尉（？）賀、備盜賊中尉（？）福奏議淮南王劉長謀反事，當棄市。	謀反	文帝赦長死罪。	《史記‧淮南衡山列傳》，3076～3079頁。
9	漢景帝（前156～前141年）	晁錯	內史	請下廷尉誅	丞相奏事，因言錯擅鑿廟垣為門。	上曰：「此非廟垣，乃壖中垣，不致於法。」	《漢書‧爰盎晁錯傳》，2299～2300頁。
10	漢景帝三年（前154年）	晁錯	御史大夫	丞相青翟、廷尉歐劾奏錯當要斬，父母妻子同產無少長皆棄市。臣請論如法。		制曰「可」。	《漢書‧爰盎晁錯傳》，2302頁。
11	漢景帝後元年（前143年）	周亞夫	條侯	召詣廷尉。廷尉責曰：「君侯欲反邪？」亞夫曰：「臣所買器，乃葬器也，何謂反邪？」	居無何，條侯子為父買工官尚方甲楯五百被可以葬者。取庸苦之，不予錢。庸知其	嘔血而死，國除。	《史記‧絳侯周勃世家》，2079頁。

序號	時間	人名	身份	下廷尉	事由	結果	出處
12	漢武帝時（前140～前121年）	劉建	江都王太子	事下廷尉	盜買縣官器，怒而上變告子，事連汙條侯。書既聞上，上下吏。吏簿責條侯，條侯不對。景帝罵之曰：「吾不用也。」吏曰：「君侯縱不反地上，即欲反地下耳。吏侵之益急。」	廷尉治（荼）恬受人錢財為上書，論棄市。會赦，不治。	《漢書‧景十三王傳》，2414頁。
13	漢武帝建元三年（前138年）	昭平君	隆慮公主子，帝女夷安公主之夫	以公主子，廷尉上請請論。	醉殺主傅，獄繫內官		《漢書‧東方朔傳》，2851～2852頁。
14	漢武帝元光二年（前133年）	王恢	將屯將軍	下（王）恢廷尉，	廷尉當恢逗橈，當斬。	自殺	《漢書‧竇田灌韓傳》，2404～2405頁。
15	漢武帝元光六年（前129年）	公孫敖 李廣	騎將軍 驍騎將軍	下廷尉	失期而還	罰金贖刑	《漢書‧武帝紀》，165～166頁。
16	漢武帝元朔五年（前124年）	劉安	淮南王	上以其事下廷尉，廷尉下河南治。	謀反	淮南王安自剄殺。王后荼、太子遷諸所與謀反者皆族。	《史記‧淮南衡山列傳》，3083～3084頁。
17	漢武帝元朔六年（前123年）	劉賜	衡山王	廷尉治驗	謀反（告所與謀反者）	王聞，即自剄殺。孝先自告反，除其罪；坐與王御婢姦，棄市。	《史記‧淮南衡山列傳》，3097頁。

18	漢武帝元狩元年前（122年）	嚴助	會稽太守	廷尉張湯爭	以為助出入禁門，腹心之臣，而外與諸侯交私如此，不誅，後不可治。	棄市。	《漢書·嚴朱吾丘主父徐嚴終王賈傳》，2790～2791頁。
19	漢武帝元狩二年（前121年）	劉建	江都王	有詔宗正、廷尉即問（劉）建。	謀反。	自殺	《漢書·景十三王傳》，2417頁。
20	漢武帝元鼎二年（前115年）	張湯	御史大夫	事下廷尉	趙王上書告張湯與魯謁居為大奸。魯謁居弟使人上書告張湯與魯謁居謀，共變告李文。事下減宣。	上使御史案其事	《史記·酷吏列傳》，3142頁。
21	漢武帝太始三年（前94年）	劉丹	趙王太子	移繫魏郡詔獄，與廷尉雜治。	同產姊及王後宮姦亂，交通郡國豪猾，攻剽為姦，吏不能禁。	法至死	《漢書·蒯伍江息夫傳》，2175頁。
22	漢昭帝時（前87～前80年）	魏相	河南太守	遂下相廷尉獄。	用武庫令事	會赦出	《漢書·魏相丙吉傳》，3134頁。
23	漢昭帝始元五年（前82年）	成方遂等	平民	廷尉驗治、廷尉逮召鄉里識知者張宗祿等。	誣罔不道	要斬東市	《漢書·雋疏於薛平彭傳》，3038頁。

王后徐來亦坐蠱殺前王后乘舒，及太子爽坐王告不孝，皆棄市。諸與衡山王謀反者皆族。國除為衡山郡。

24	漢昭帝元鳳元年（前80年）	劉旦	燕王	下廷尉（註219）	謀反		《漢書·杜周傳》，2662~2664頁。
25	漢昭帝元鳳元年（前80年）	蘇武	典屬國	廷尉奏請逮捕武	及燕王等反誅，窮治黨與、武素與桑羊有舊、數為燕王所訟、子又在謀中。	霍光寢其奏，免武官	《漢書·蘇武傳》，2332頁。
26	漢昭帝元鳳元年（前80年）	桑遷	桑弘羊子	廷尉王平、少府徐仁雜治反事	逃亡，過父故吏侯史吳。	逃亡，過父故吏侯史吳。	《漢書·杜周傳》，2664頁。
27	漢昭帝元鳳三年（前78年）	眭弘	符節令	下其書廷尉	因「公孫病已立」事件、眭孟上書請求讓帝位、祆言惑眾，大逆不道。	伏誅	《漢書·睢兩夏侯京翼李傳》，3154頁。
28	漢昭帝元平元年（前74年）	昌邑王群臣二百餘人		皆送廷尉詔獄			《漢書·霍光金日磾傳》，2939頁。
29	漢宣帝時（前73~前49年）	戴長樂	太僕	事下廷尉	人有上書告告長樂非所宜言	免為庶人	《漢書·公孫劉田王楊蔡陳鄭傳》，2891頁。
30	漢宣帝本始二年（前72年）	田延年	大司農	使者召延年詣廷尉	貪污受賄	自刎死	《漢書·田延年傳》，3656頁。

（註219）「治燕王獄時，御史大夫桑弘羊子遷亡，過父故吏侯史吳。後遷捕得，俟法。會赦，侯史吳自出繫獄，廷尉王平與少府徐仁雜治反事，皆以為桑遷坐父謀反而侯史吳臧之，非匿反者，乃匿為隨者也。即以赦令除吳罪。後侍御史治實，以桑遷通經術，知父謀反而不諫爭，與反身無異；侯史吳故三百石吏，首匿遷，不與庶人匿隨從者等，吳不得赦。奏請覆治，劾廷尉、少府縱反者。少府弄法輕重，當棄市，而不以及丞相、廷尉以聞。……光卻不以及丞相，終與蔡相竟。延年論議持平，合和朝廷，皆此類也」。

31	漢宣帝本始二年（前72年）	夏侯勝、黃霸	長信少府丞相長史	皆下廷尉，繫獄當死	夏侯勝非議詔書大不敬，黃霸阿從不舉劾	積三歲乃出	《漢書·循吏傳》，3627~3631頁。
32	漢宣帝地節二年（前68年）	張敞、石夏	天官	事下廷尉。	長安男子張章告之。	執金吾捕敞、石夏等，詔止勿捕。	《漢書·霍光傳》，2955頁。
33	漢宣帝地節三年（前67年）	趙廣漢	京兆尹	下廷尉獄	坐賊殺不辜，鞠獄故不以實，擅斥除騎士乏軍興數罪。	腰斬	《漢書·趙尹韓張兩王傳》，3204頁。
34	漢宣帝地節四年（前66年）			「凡首匿者，言為謀首而匿罪人。」其父母匿子、夫匿妻、大父母匿孫，罪殊死，皆上請廷尉以聞。			《漢書·宣帝紀》，251頁。
35	漢宣帝五鳳四年（前54年）	劉胥	廣陵王	天子遣廷尉、大鴻臚即訊	詛咒漢宣帝	以綬自絞死	《漢書·武五子傳》，2761~2762頁。
36	漢宣帝甘露年間（前53~50年）	劉元	河間王	冀州刺史張敞奏，事下廷尉。	取故廣陵厲王、厲王太子及中山懷王故姬廉等以為姬	有司奏請誅元，有詔削二縣、萬一千戶。	《漢書·景十三王傳》，2411~2412頁。
37	漢元帝時（前49~前33年）	趙郜	督郵掾	並家上書陳冤廷尉	（馮）野王部督郵掾殺馮翊馮野王，設謝趙都案驗，格殺並。	此事牽扯左馮翊馮野王。	《漢書·馮奉世傳》，3302頁。
38	漢元帝初元二年（前45年）	劉向	散騎宗正給事中	太傅韋玄成、諫大夫貢禹與廷尉雜劾	涉嫌上書訴事		《漢書·楚元王傳》，1932頁。
39	漢元帝初元四年（前47年）	楊惲	庶人（曾任光祿勳）	章下廷尉案驗，得所予會宗書，宣帝見而惡之。	《報孫會宗書》大逆不道	腰斬	《漢書·公孫劉田王楊蔡陳鄭傳》，2898頁。

40	漢成帝時（前32～前8年）	陳咸	御史中丞	朱博開步至廷尉中，候問（陳）咸事。	坐漏泄省中語下獄		《漢書·薛宣朱博傳》，3398頁。
41	漢成帝建始四年（前29年）	陳湯	關內侯	丞相御史奏「湯惑眾不道」，妄稱詐歸異於上，非所宜言。大不敬。「廷尉增壽議，以為『不道無正法，以所犯劇易為罪，臣下（丞）用使廷尉，所以正刑罰，以所移獄廷尉，所以正刑罰，以重人命也。明主哀閔百姓，下制書罷昌陵，勿徙吏民，已申布。湯妄以意相謂目復發徒，雖頗驚動，所流行者少，百姓不為變，不可謂惑眾。湯稱詐，虛設不然之事，非所宜言，大不敬也。」」	制曰：「廷尉增壽當是。湯前有討郅支單于功，其免湯為庶人，徙邊。」	《漢書·陳湯傳》，3025～3026頁。
42	漢成帝建始五年（前28年）	匡衡	丞相	司隸校尉駿、少府忠行廷尉事劾奏衡監臨盜所主守直十金以上。春秋之義，諸侯不得專地，所以一統尊制也。衡位三公，輔國政，領計簿，知郡實，正國界，計簿已定而背法制，	上可其奏，勿治，丞相免為庶人。	《漢書·匡張孔馬傳》，3345～3346頁。

編號	年份	人名	官職	審理經過	罪名	結果	出處
43	漢成帝河平四年（前25年）	王章	京兆尹	遂下（王）章吏。廷尉。致其大逆罪。	專地盜土以自益，及賜、明阿承衡意，撰舉郡計，亂減縣界，擅下罔上，擅以地附益大臣，皆不道。	死獄中，妻子徙合浦。	《漢書‧元后傳》，4023頁。
44	漢成帝綏和元年（公元前8年）	許皇后	廢后	天子使廷尉孔光持節賜廢后藥	以為「此上夷狄，飲絕繼嗣之端；背畔天子，私畔定陶王。」	自殺	《漢書‧外戚傳》，3983頁。
45	漢成帝綏和二年（公元前7年）			廷尉駿斥丁御史中丞對於薛況的懲處，丞相孔光、大司空師丹以中丞議是、自將軍以下至博士議郎皆是廷尉，漢哀帝亦贊同	許皇后預謀復位		《漢書‧薛宣傳》，3395～3397頁。
46	漢哀帝建平元年（前6年）	馮參	宜鄉侯	謁者承制召（馮）參詣廷尉	（漢哀）帝祖母傅太后用事，追怨（馮）姊中山太后，陷以祝詛大逆大罪，以同產當相坐。	自殺	《漢書‧馮奉世傳》，3307頁。
47	漢哀帝建平元年（前6年）	鮑宣	司隸校尉	下廷尉獄	坐距閉使者，亡人臣禮，大不敬、不道。	抵皇罪減死一等，髡鉗。	《漢書‧王貢兩龔鮑傳》，3093～3094頁。

編號	時間	姓名	官職	廷尉處置	事由	結果	出處
48	漢哀帝建平元年（前6年）	師丹	關內侯	事下廷尉，廷尉劾丹大不敬。		免為庶人。	《漢書·何武王嘉師丹傳》，3506～3507頁。
49	漢哀帝太初元將元年（前5年）	夏賀良	黃門待詔	光祿勳平當、光祿大夫毛莫如與御史中丞、廷尉雜治	執左道、亂朝政、傾覆國家、誣罔主上、不道。	賀良等皆伏誅。	《漢書·眭兩夏侯京翼李傳》，3193～3194頁。
50	漢哀帝太初元將元年（前5年）	朱博	丞相	假謁者節召丞相詣廷尉詔獄。		自殺	《漢書·薛宣朱博傳》，3407～3408頁。
51	漢哀帝建平年間（前6～前3年）	劉立	梁王	廷尉賞、大鴻臚由持節即訊。	復殺人	廢立為庶人，徙漢中	《漢書·文王傳》，2218～2219頁。
52	漢哀帝建平三年（前4年）	劉雲	東平王	廷尉梁相與丞相長史、御史中丞及五二千石雜治東平王雲獄。	遣息夫躬、孫寵籠諂陷。	自殺。	《漢書·何武王嘉師丹傳》，3499頁。
53	漢光武帝建武年間（29～37年）	董宣	北海相	坐徵詣廷尉	使門下書佐水丘岑盡殺五官掾公孫丹宗族親黨三十餘人	有詔左轉宣懷令	《後漢書·酷吏列傳》，2489頁。
54	漢光武帝時（25～57年）	戴憑	侍中	自繫詣廷尉	為前大尉西曹掾蔣遵伸冤、帝怒。	有詔敕出	《後漢書·儒林列傳》，2553頁。
55	漢明帝永平五年（62年）	第五倫	會稽太守	徵詣廷尉	坐法	帝幸廷尉錄囚徒，得免歸田里	《後漢書·第五倫傳》，1397頁。
56	漢明帝永平八年（65年）	鄭眾	給事中	繫廷尉	數上書與漢明帝爭論	會赦，歸家。	《後漢書·鄭眾傳》，1225頁。

			詣召廷尉獄	與楚王英有繫	乃赦興等事，綜鋼終身。	《後漢書‧獨行列傳》，2682～2683頁。
57	漢明帝永平十四年（71年）	尹興	吳郡太守			
58	漢章帝建初間（76～84年）	劉延、劉魴（劉延子）	阜陵王	有司奏請檻車雙詣廷尉詔獄	造逆謀者	（劉延）貶爵為阜陵侯，食一縣。赦（劉）魴等罪勿驗。	《後漢書‧光武十王列傳》，1444～1445。
59	漢章帝建初間（76～84年）	周紆	勃海太守	坐徵詣廷尉	每赦令到郡，輒隱閉不出，先遣使屬縣盡決刑罪，乃出詔書。	免歸	《後漢書‧酷吏列傳》，2494頁。
61	漢章帝建初八年（83年）	周紆	洛陽令	詔召司隸校尉、河南尹詣尚書譴問，遣劍戟士收紆送廷尉詔獄。	皇后弟黃門郎竇篤從宮中歸，夜至止姦亭，亭長霍延止篤，篤蒼頭與爭，延遂拔劍擬篤，而肆罵怒口。篤以表聞。	數日貫出	《後漢書‧酷吏列傳》，2495頁；《資治通鑒》卷46，1494頁。
62	漢章帝元和三年（86年）	鄭弘	太尉	自詣廷尉	漏洩密事	詔救出之	《後漢書‧鄭弘傳》，1156頁。
63	漢和帝永元間（89～105年）	許荊	桂陽太守	上書陳狀，乞詣廷尉。	嘗行春到耒陽縣，人有蔣均者，兄弟爭財，互相言訟。荊對之歎曰：「吾荷國重任，而教化不行，咎在太守。」		《後漢書‧循吏列傳》，2472頁。
64	漢和帝永元間（89～105年）	馬棱	丹陽太守	當詣廷尉	坐盜賊殿事	詔書原停棱事	《後漢書‧方術列傳》，2716～2717頁。

編號	年代	姓名	官職	下廷尉方式	罪狀	結果	出處
65	漢和帝永元五年（93年）	劉暢	梁節王	有司請劾暢詔詔廷尉獄	豫州刺史梁相舉奏暢不道，考訊，辭不服。	和帝不許	《後漢書·孝明八王列傳》，1676頁。
66	漢和帝永元八年（96年）	劉威	北海王	檻車徵詣廷尉	（劉）威以非（劉）睦子，又坐誹謗。	道自殺	《後漢書·宗室四王三侯傳》，558頁。
67	漢安帝永初四年（110年）	任仁	騎都尉	檻車徵詣廷尉	與羌戰累敗，而兵士放縱。	死	《後漢書·西羌傳》，2889頁。
68	漢安帝元初三年（116年）	趙牧	彭城王國相	下廷尉	誣奏（彭城王劉）恭祠祀惡言，大逆不道。	會赦不誅	《後漢書·孝明八王列傳》，1671頁。
69	漢安帝元初四年（117年）	張俊	尚書郎	下（廷尉）獄	私書與（袁）敞子	當死。俊自獄中占獄吏自訟，書上書已報。俊獄將出合門，臨行刑，廷尉部大后詔馳騎以減死論。	《後漢書·袁敞傳》，1524頁。
70	漢安帝元初五年（118年）十二月	任尚	中郎將	檻車徵詣廷尉	坐斷盜軍糧	棄市	《後漢書·鄧寇列傳》，616頁；《資治通鑑》卷50，1600頁。
71	漢安帝建光元年（121年）	蔡倫	長樂太僕	帝敕使自致廷尉	受竇后諷旨誣陷宋貴人	飲藥死	《後漢書·宦者列傳》，2514頁。
72	漢安帝建光元年（121年）	朱寵	大司農	自致廷尉	上書言切	詔免官歸田里	《後漢書·鄧寇列傳》，617頁。

編號	年代	人名	官職	處置	事由	結果	出處
73	漢安帝建光元年（121年）	范邠	居延都尉	詔下三公、廷尉議。	犯贓罪	司徒楊震、司空陳褒、廷尉張晧皆議依張光坐比，大尉劉愷獨以為「《春秋》……大尉議是。	《後漢書·劉愷傳》，1308～1309。
74	漢安帝延光四年（125年）	閻景	衛尉	送廷尉獄	與閻顯有繫	即夜死	《資治通鑑》卷51，1638頁。
75	漢順帝永建元年（126年）	虞詡	司隸校尉	自繫廷尉	中常侍張防賣弄權勢，請託受取；（虞）詡案之，屢復不報。詡不勝其憤。	坐論輸左校	《後漢書·虞詡傳》，1870～1871頁。
76	漢順帝永建元年（126年）	任嘉	邵陵令～武威太守	徵考廷尉	贓罪千萬		《後漢書·儒林列傳》，2564頁。
77	漢順帝陽嘉二年（133年）	楊倫	常山王傅	遂徵詣廷尉	出補常山王傅，病不之官。詔書救司隸催促發遣，倫乃留河內朝歌，以疾自上：「有留死一尺，無北行一寸，刎頸不易。匹夫不可強於三軍。固敢有辭。」帝乃下詔曰：「倫出幽升高，寵以藩傅，稽留王命，擅止道路，託疾委徙，苟肆猖志。」	有詔原罪	《後漢書·儒林列傳》，2565頁。

編號	時間	姓名	官職	處置	罪名／事由	結果	出處
78	漢順帝（126～144年）	翟酺	將作大匠	逮詣廷尉	前與河南張楷等謀反	及杜真等上書訟之，事得明釋。	《後漢書·翟酺傳》，1605頁。
79	漢順帝～漢桓帝（141～159年）	王永	豫章太守	並徵詣廷尉	奏事中官		《後漢書·黨錮列傳》，2213頁。
80	漢順帝～漢桓帝（141～159年）	徐參	吳郡太守	並徵詣廷尉	任職貪穢		《後漢書·黨錮列傳》，2213頁。
81	漢順帝漢安二年（143年）	崔瑗	濟北相	徵詣廷尉	贓罪	上書自訟，得理出。	《後漢書·崔駰傳》，1724頁。
82	漢桓帝建和元年（147年）	張楷	故長陵令	楷坐繫廷尉詔獄	（裴）優遂行霧作賊，事覺被考，引（張）楷言從學術。	以事無驗，見原還家。	《後漢書·張楷傳》，1243頁。
83	漢桓帝元嘉元年（151年）	梁冀	大將軍	請廷尉論罪	元嘉中，歲首朝賀，大將軍梁冀帶劍入省，（陵）呵叱令出，敕羽林、虎賁奪冀劍。冀不應，陵遂握之，即劾奏冀，請廷尉論罪。	有詔以一歲俸贖。	《後漢書·張陵傳》，1243頁。
84	漢桓帝永興元年（153年）	朱穆	冀州刺史	徵詣廷尉	發墓為罪	輸作左校	《後漢書·朱暉傳》，1470頁。
85	漢桓帝延熹二年（159年）	李雲	白馬令	中常侍管霸與御史、廷尉雜考之（註220）	上書使帝怒	死獄中	《後漢書·李雲傳》。1851～1852頁。

〔註220〕《後漢書》卷57《李雲傳》，第1852頁「詔尚書都護劍戟送貴門北寺獄，使中常侍管霸與御史、廷尉雜考之。」點校有誤，

86	漢桓帝延熹二年（159年）	杜眾	弘農五官掾	下廷尉	傷（李）雲以忠諫獲罪，上書願與雲同日死。帝愈怒……	死獄中	《後漢書·李雲傳》，1851～1852頁。
87	漢桓帝延熹二年（159年）	單匡	濟陰太守	桓帝收匡下廷尉	贓罪		《後漢書·陳蕃傳》，2171頁。
88	漢桓帝延熹三年（160年）	滕延	濟北相	徵詣廷尉	中常侍侯覽、小黃門段珪，皆有田業近濟北界，僕從賓客，劫掠行旅。濟北相滕延一切收捕，殺數十人，陳屍路衢。覽、珪以事訴帝，坐多殺無辜。	免	《後漢書·宦者列傳》，2522～2523頁。
89	漢桓帝延熹五年（162年）	皇甫規	議郎	坐繫廷尉	餘寇不絕	論輸左校	《後漢書·皇甫規傳》，2135頁。
90	漢桓帝延熹八年（165年）	侯參	益州刺史	檻車徵詣廷尉	案有贓罪，暴虐一州。	自殺	《後漢書·楊秉傳》，1773～1774頁；《後漢書·宦者列傳》，2523頁。
91	漢桓帝延熹八年（165年）	具恭	沛相	徵詣廷尉	贓罪	不知	《後漢書·宦者列傳》，2522頁。
92	漢桓帝延熹八年（165年）	單遷	山陽太守	廷尉馮緄考致其死	以罪繫獄	死	《資治通鑑》卷54，1764頁。
93	漢桓帝延熹八年（165年）	張盤	交趾刺史	下廷尉	中郎將度尚偽上言舊蒼梧賊入荊州界	赦	《後漢書·度尚傳》，1286～1287頁。

應為「詔尚書都護劍戟送黃門北寺獄，使中常侍管霸與御史、廷尉雜考之」。

序號	時間	姓名	官職	下廷尉方式	緣由	受罪	出處
94	漢桓帝延熹八年（165年）	度尚	中郎將	詔書徵到廷尉	偽上言蒼梧賊人荊州界		《後漢書·度尚傳》，1286~1287頁。
95	漢桓帝延熹九年（166年）	劉瓆	太原太守	徵詣廷尉	到官收其（豪強、中官）親戚）魁帥殺之，所藏匿主人悉坐伏誅。	以項宗室，不忍致之於刑，使自殺。	《後漢書·襄楷傳》，1077頁。
96	漢桓帝延熹九年（166年）	成瑨	南陽太守	詔詣廷尉	時桓帝美人外親張子禁怙恃榮貴，不畏法網，瑨與功曹岑咥捕子禁付宛獄，咎殺之。	下獄死。	《後漢書·襄楷傳》，1077頁。
97	漢桓帝～漢靈帝（166~172年）	史弼	河東太守	下廷尉詔獄	侯覽大怨，遂誣作飛章下司隸，誣（史）弼誹謗，檻車徵。	弼遂受誣，事當棄市。劾與郡人賣鹽，行賂於侯覽，得減死罪一等，論輸左校。	《後漢書·史弼傳》，2111頁。
98	漢靈帝建寧元年（168年）	欒巴	永昌太守	收付廷尉	以功自劾，歸病不行，上書極諫，理陳、自殺冤，帝怒，下詔切責……	自殺	《後漢書·欒巴傳》。1842頁。
99	漢靈帝建寧二年（168年）	苑康	太山太守	徵詣廷尉詔獄	（侯覽）誣康與兗州刺史第五種及部尉壷嘉詐上賊降。	減死罪一等，徙日南。	《後漢書·黨錮列傳》，2214頁。
100	漢靈帝建寧年間（168~172）	陳球	南陽太守	徵詣廷尉抵罪	以糾舉豪右，為執家所謗。	會赦，歸家。	《後漢書·陳球傳》，1832頁。
101	漢靈帝建寧二年（169年）	張奐	太常	自囚廷尉	（張）奐又與尚書劉猛等共薦王暢、李膺，曹節可參三公之選，曹節等彌疾其言，遂下詔切責之。	以三月俸贖罪	《後漢書·張奐傳》，2141頁。

序號	時間	姓名	官職	經過	罪名	結果	出處
102	漢靈帝熹平元年（172年）	劉悝	渤海王	遂詔冀州刺史收悝考實，又譴大鴻臚持節與宗正、廷尉之勃海，迫責悝。	大逆不道	自殺。妃妾十一人、子女七十人、伎女二十四人，皆死獄中。	《後漢書·章帝八王傳》，1798頁。
103	漢靈帝建熙平六年（177年）	陽球	平原相	徵詣廷尉	坐嚴酷	特赦之	《後漢書·酷吏列傳》，2498頁。
104	漢靈帝光和二年（179年）	張修	護匈奴中郎將	檻車徵詣廷尉	坐不先請而擅誅殺單于呼徵	死	《後漢書·南匈奴列傳》，2964頁。
105	漢靈帝光和二年（179年）	段熲	太尉	詣廷尉。	會日食自劾，有司舉奏，詔收印綬。	時司隸校尉陽球奏誅王甫，並及段熲，中詰責之，遂飲鴆死，家屬徙邊。	《後漢書·段熲傳》，2154頁。
106	漢靈帝中平二年（185年）	陸康	樂安太守	檻車徵詣廷尉	內幸因此譖康援引亡國，以譬聖明，大不敬。	免歸田里	《後漢書·陸康傳》，1113頁。
107	漢靈帝中平二年（185年）	王允	豫州刺史	檻車徵至廷尉	它罪被捕	以減死論。是冬大赦，而允不在宥，三公咸復為言，乃得解釋。	《後漢書·王允傳》，2172~2173頁。
108	漢獻帝初平三年（192年）	蔡邕	左中郎將（高陽侯）	收付廷尉	「驚歎」董卓之死	死獄中	《後漢書·蔡邕傳》，2006頁。
109	漢獻帝初平三年（192年）	宋翼、王宏	左馮翊、右扶風	遂俱就徵，下廷尉。	李催等欲即殺（王）允、催二郡為患，乃先徵翼、宏。	（李）催乃收允及翼、宏，並殺之。	《後漢書·王允傳》，2177頁。

結　論

　　秦漢國家的統治，或是以法為治、以吏為師，或是黃老因循，或是內法外儒，律令在國家政治的運行和社會秩序的維繫方面，都起到了基礎性的作用。廷尉是秦漢時期的最高司法官員，是春秋以來司法刑官專職化趨勢在秦漢時期的定型形態。對這一職官的起源、職掌、選任、機構屬員等問題做一系統的探討，在一定程度上能夠深化對秦漢帝國的國家司法權力體系及其運行邏輯的認識和理解。

　　本文利用新出土青銅器金文否定了「廷尉起源於周司寇」的觀點，認為西周到春秋初期，廷尉的職掌主要為維持社會治安，而這一時期的司法獄訟，並無專官管理。隨著春秋時期法律條文的公布，原來西周請求受周王冊命過有司法權的官吏斷案形式逐漸得不能滿足社會的現實訴訟需要，於是這種專業的司法職官應運而生。春秋中後期的司寇開始轉化為專職的司法職官，體現這一歷史時期司法職權專業化的演變趨勢。利用包山楚簡對於春秋戰國時期楚國的中央司法職官進行考證，認為春秋時期的中央司法職官是「司敗」。利用《韓非子》寓言故事的歷史真實性，從而猜想，戰國時期楚國的司法官可能為與秦國廷尉極為相似的廷理，但這一時期，楚國的司法官同時亦有職掌軍事的左尹，從而認為楚國在春秋戰國之際的官制變革潮流下，其司法職官的專職化並不是很徹底，相對於下秦國，楚國在官制專職化的方向上還是走的慢一些。對於秦國設置廷尉的原因，筆者認為原因有三，三者的有機結合使得秦國設置廷尉，職掌司法。一、秦國商鞅變法的「軍國主義傳統」。二、自春秋戰國以來職官設置的專職化趨勢。三、上古「軍政合一」，「兵刑合一」「兵刑同源」政治傳統在戰國時期秦國的延續。

通過考證周制、楚制、秦制中中央刑官的設置與職掌變遷，所反映的是整個先秦時期中國國家形態及治理模式之變遷，刑官專職化的趨勢正是中央集權制國家形成過程中在司法職官設置上的體現，正所謂「一葉知秋」，透過先秦中央專職刑官的設置問題，以此窺見中國古代中央集權制國家形成的過程。

後諸子時代，廷尉的選任以法家之學為主，如李斯、吳公，西漢、東漢初期的軍功之士是帝國建立初期的特殊情況。隨著帝國統治的穩定，官僚系統選撥逐漸的正規化，廷尉的選任逐漸以「法吏」之士為主，其習「法吏之學」。漢武帝時期，廷尉的屬官中有一些儒學之士，但直到漢成帝時期，「儒學之士」逐漸選任為廷尉，這一時期就是「法律儒家化」的起始，即所謂的經義法典化，法律學術逐漸在經學的制約之下，這是漢成帝時期建構儒家天下在法律層面上的體現。所以這一時期諸子之學中的法家消亡，而法吏之學也逐漸模糊，「律學」開始形成，可以說，律學的產生就是「法吏之學」與「儒學」在構建帝制中國文化形態過程中在法律學術層面的體現。通過對廷尉這一群體選任的分析，我們開題看到秦漢時期法律學術體系的演變過程，即從法家之學到法吏之學，再到律學，而律學正是法吏之學與儒學的結合。

廷尉屬員中，廷尉正與廷尉平的設置尤為重要。文景時期，漢廷有一個消弱諸侯王權力的大戰略。自漢景帝七國之亂平定以後，隨著漢朝中央政府對於地方諸侯王權力的制約，相應的王國的司法權力逐漸收歸中央廷尉所有，而諸侯王一級的行政官職中的司法官員應該是「廷尉正」，「廷尉正」本屬中央廷尉的屬官，但在漢代之後的發展中，逐漸成為王國一級的司法官員。而諸侯國設置「廷尉正」是大戰略在司法層面的體現。而廷尉平的設置，正是有漢一代法律政策從「嚴酷刑法」到「尚德緩刑」的轉折。

秦漢時期的廷尉審判的運作程序遵循「下僚起案，上官裁決」的原則。即在廷尉治獄的過程中，前期的診問、聽取供述，援引律令提出草案之例以及整理相關治獄材料，均有廷尉屬吏完成，只有當獄案事實關係明確之後，廷尉長吏才開始出面。廷尉及相關長吏、屬吏將之前已經作好的供述記錄匯總起來，進行廷尉府「廷議」，由廷尉主導，進行最終的裁決。

漢代的審判制度可以稱之為「獄吏主導型」或「小吏主導型」的審判，這種審判模式處於從上級二千石到中央廷尉、再到皇帝這一金字塔式官僚制度的末端，漢代廷尉治獄的過程中，廷尉屬官在其中發揮的作用極為重要。

漢文帝時期，丞相周勃下廷尉詔獄並且接受廷尉屬吏的訊問，之後以冤枉而被釋放，出獄後他感慨所言「吾嘗將百萬軍，安知獄吏之貴也！」〔註1〕這亦證明漢代廷尉治獄中廷尉屬官（吏）的作用。

廷尉作為秦漢帝國最高司法長官，其職權包括制定、修改法律條文，審理詔獄，審理地方郡國報請的上訴疑難案件，廷尉審理的「詔獄」，其犯罪主體包括與諸侯王及其親屬、公卿大臣、地方郡守、軍事將領以及與皇帝相涉的相關人員，而廷尉審理的奏讞疑獄逐漸呈「判例化」趨勢。若是廷尉犯罪，在西漢時，當由京兆尹審理，東漢時，當由河南尹審理，此為兩漢之慣例矣。

同時廷尉作為九卿之一，在漢帝國行政中佔有重要地位。伴隨著廷尉權勢的消長，廷尉有時亦參與國家之重大政事的論議，並時常有所發覆，對國家政局產生重大影響。

中國古代職官制度研究與中國法律史研究有著密切的聯繫。著名史學家鄧廣銘先生將職官與目錄、年代、地理作為史學研究的四把鑰匙。在帝制中國時期，職官與律令似應處於同等重要的地位，職官之源流、選任、屬員、職掌，都會對中國古代法的制定與運行產生重要影響，我們對於歷代職官的「活的制度史」的考察，背後所反映正是帝制中國法律權力的運行邏輯。所以說，以職官制度為連接點，考察職官的動態運行歷程，在「活的制度史」的角度來考察帝制中國法律秩序的運行邏輯，這或許將成為中國法律史研究的新增長點。

〔註1〕　《漢書‧周勃傳》，第 2056 頁。

參考文獻

一、古籍類

1. （漢）班固：《漢書》，北京：中華書局，1962 年。
2. （漢）劉向撰、向宗魯校證：《說苑校證》，北京：中華書局，2000 年。
3. （漢）司馬遷：《史記》（修訂版），北京：中華書局，2013 年。
4. （漢）司馬遷撰、〔日〕瀧川資言考證、楊海崢整理：《史記會注考證》，上海：上海古籍出版社，2015 年。
5. （漢）衛宏撰、（清）紀昀等輯：《漢官舊儀》，見（清）孫星衍等輯：《漢官六種》，周天游點校，北京：中華書局，1990 年。
6. （漢）許慎：《說文解字》，北京：中華書局，1963 年。
7. （漢）荀悅、（晉）袁宏：《漢紀·後漢紀》，張烈點校，北京：中華書局，2002 年。
8. （漢）應劭撰、（清）孫星衍校集：《漢官儀》，見（清）孫星衍等輯：《漢官六種》，周天游點校，北京：中華書局，1990 年。
9. （東漢）劉珍等撰：《東觀漢記校注》，吳樹平校注，北京：中華書局，2008 年。
10. （三國吳）韋昭：《辨釋名》，見（宋）李昉：《太平御覽》，北京：中華書局，1960 年。
11. （晉）司馬彪：《續漢書》，見（劉宋）范曄：《後漢書》，北京：中華書局，1965 年。

12. （北魏）酈道元：《水經注校證》，陳橋驛校證，北京：中華書局，2013年。

13. （北齊）：魏收：《魏書》，北京：中華書局，1974年。

14. （南朝宋）劉曄：《後漢書》，北京：中華書局，1965年。

15. （唐）杜佑：《通典》，杭州：浙江古籍出版社，2000年。

16. （唐）房玄齡等撰：《晉書》，北京：中華書局，1974年。

17. （宋）洪邁：《容齋續筆》，孔凡禮點校，北京：中華書局，2005年。

18. （宋）馬端臨：《文獻通考》，上海師範大學古籍研究所、華東師範大學古籍研究所點校，北京：中華書局，2011年。

19. （宋）司馬光編著：《資治通鑑》，北京：中華書局，1956年。

20. （宋）孫逢吉：《職官分紀》，北京：中華書局，1988年。

21. （宋）王應麟：《漢制考：漢藝文志考證》，張三夕、楊毅點校，北京：中華書局，2011年。

22. （宋）魏了翁纂、（元）方回續：《古今考》，臺北：臺灣學生書書局，1971年。

23. （宋）熊方：《補後漢書年表》，劉祜仁點校，北京：中華書局，1984年。

24. （宋）徐天麟：《東漢會要》，上海：上海古籍出版社，2006年。

25. （宋）徐天麟：《西漢會要》，上海：上海人民出版社，1977年。

26. （宋）趙明誠：《金石錄校證》，金文明校證，桂林：廣西師範大學出版社，2005年。

27. （宋）鄭樵：《通志二十略》，王樹民點校，北京：中華書局，1995年。

28. （南宋）章若愚：《群書考索》，見（清）紀昀等撰：《四庫全書》，上海：上海古籍出版社，1997年。

29. （清）段玉裁：《說文解字注》，上海：上海古籍出版社，1988年。

30. （清）練恕：《後漢公卿表》，見（宋）熊方等撰：《後漢書三國志補表三十種》，劉祜仁點校，北京：中華書局，1984年。

31. （清）錢大昭：《後漢書補表》，見（宋）熊方等撰：《後漢書三國志補表三十種》，劉祜仁點校，北京：中華書局，1984年。

32. （清）阮元校刻：《十三經注疏（清嘉慶刊本）》，北京：中華書局，2009年。

33. （清）沈家本：《寄簃文存》，北京：商務印書館，2015 年。

34. （清）沈家本：《歷代刑法考》，鄧經元、駢宇騫點校，北京：中華書局，1985 年。

35. （清）孫楷：《秦會要》，楊善群校補，上海：上海古籍出版社，2004 年。

36. （清）萬斯同：《東漢九卿年表》，見（宋）熊方等撰：《後漢書三國志補表三十種》，劉祜仁點校，北京：中華書局，1984 年。

37. （清）王先謙：《漢書補注》，北京：書目文獻出版社，1995 年。

38. （清）王先謙撰、鍾哲點校：《韓非子集解》，北京：中華書局，1998 年。

39. （清）嚴可均輯、任雪芳審訂：《全漢文》，北京：商務印書館，1999 年。

40. （清）周壽昌：《漢書校注補》，上海：商務印書館，1936 年。

二、著作類

1. 「中華文化復興運動推行委員會」、國立編譯館中華叢書編審委員會主編：《韓詩外傳》卷 2，賴炎元注釋，臺北：商務印書館，1972 年。

2. 安作璋、熊鐵基：《秦漢官制史稿》，濟南：齊魯書社，1984 年。

3. 卜憲群：《秦漢官僚制度》，北京：社會科學文獻出版社，2002 年。

4. 蔡萬進：《張家山漢簡〈奏讞書〉研究》，桂林：廣西師範大學出版社，2006 年。

5. 曾憲義：《新編中國法制史》，濟南：山東人民出版社，1987 年。

6. 曾資生：《中國政治制度史》，重慶：南方印書館，1943 年。

7. 陳顧遠：《中國法制史》，上海：商務印書館，1934 年。

8. 陳顧遠：《中國法制史概要》，北京：商務印書館，2011 年。

9. 陳茂同：《中國歷代職官沿革史》，天津：百花文藝出版社，2005 年。

10. 陳夢家：《西周銅器斷代》，北京：中華書局，2003 年。

11. 陳紹輝：《楚國法律制度研究》，武漢：湖北教育出版社，2012 年。

12. 陳璽：《唐代刑事訴訟慣例研究》，北京：科學出版社，2017 年。

13. 陳垣：《史諱舉例》，北京：中華書局，2012 年。

14. 陳直：《漢書新證》，天津：天津人民出版社。

15. 戴炎輝：《中國法制史》，臺北：三民書局，1966 年。

16. 甘肅省文物考古研究所編，薛英群、何雙全、李永良注：《居延新簡釋

粹》，蘭州：蘭州大學出版社，1988 年。

17. 高恒：《秦漢法制論考》，廈門：廈門大學出版社，1994 年。

18. 公木：《先秦寓言概論》，濟南：齊魯書社，1984 年。

19. 郭川偉：《〈周禮〉制度淵源與成書年代新考》，北京：國家圖書館出版社，2016 年

20. 韓復智等編著：《秦漢史（修訂版）》，臺北：里仁書局，2007 年。

21. 韓兆琦編著：《史記箋證》，南昌：江西人民出版社，2004 年。

22. 胡留元、馮卓慧：《夏商西周法制史》，北京：商務印書館，2006 年。

23. 黃今言：《秦漢軍制史論》，南昌：江西人民出版社，1993 年。

24. 黃留珠：《秦漢歷史文化論稿》，西安：三秦出版社，2002 年。

25. 蔣波：《簡牘與秦漢民法研究》，北京：中國社會科學出版社，2015 年。

26. 孔慶明：《秦漢法律史》，西安：陝西人民出版社，1992 年。

27. 李開元：《漢帝國的建立與劉邦集團：軍功受益集團研究》，北京：生活·讀書·新知三聯書店，2000 年。

28. 李力：《出土文物與先秦法制》，鄭州：大象出版社，1997 年。

29. 廖伯源：《秦漢史論叢》（增訂本），北京：中華書局，2008 年，第 130 頁。

30. 廖伯源：《使者與官制演變：秦漢皇帝使者考論》，臺北：文津出版有限公司，2006 年。

31. 劉海年、楊一凡主編：《中國珍稀法律典籍集成》，北京：科學出版社，1994 年。

32. 劉海年：《戰國秦代法制管窺》，北京：中國社會科學出版社，2017 年。

33. 劉文典撰、馮逸、喬華點校：《淮南鴻烈集解》，北京：中華書局，1989 年

34. 劉長江等編著：《中國封建司法行政體制運作研究》，北京：中國社會科學出版社，2014 年。

35. 鹿諝慧、曲萬法、孔令紀主編：《中國歷代官制（增訂本）》，濟南：齊魯書社，2013 年。

36. 羅振玉：《羅雪堂先生全集》，臺北：臺灣大通書局，1968 年。

37. 呂思勉：《秦漢史》，上海：上海古籍出版社，1983 年。

38. 孟詳才：《中國政治制度通史（修訂本）》，北京：社科文獻出版社，2011年。

39. 那思陸：《中國審判制度史》，上海：上海三聯書店，2009年。

40. 彭林：《〈周禮〉主體思想與成書年代研究（增訂版）》，北京：中國人民大學出版社，2009年。

41. 蒲堅：《中國古代行政立法》，北京：北京大學出版社，1990年。

42. 蒲堅主編：《中國法制史》，北京：光明日報出版社，1987年。

43. 錢穆：《秦漢史》，北京：生活・讀書・新知三聯書店，2004年。

44. 喬健：《中國古代思想研究》，北京：民族出版社，2008年。

45. 饒宗頤、李均民：《新莽簡輯證》，臺北：新文豐出版公司，1995年。

46. 饒宗頤：《饒宗頤史學論著選》，上海：上海古籍出版社，1993年。

47. 施之勉：《漢書集釋》，臺北：三民書局股份有限公司，2003年。

48. 睡虎地秦墓竹簡整理小組：《睡虎地秦墓竹簡》，北京：文物出版社，1978年。

49. 睡虎地秦墓竹簡整理小組：《睡虎地秦墓竹簡》，北京：文物出版社，2001年。

50. 宋超：《昭宣時代》，西安：陝西人民出版社，2008年。

51. 宋傑：《漢代監獄制度研究》，北京：中華書局，2013年。

52. 蘇俊良：《漢朝典章制度》，長春：吉林文史出版社，2001年。

53. 孫家洲主編：《秦漢法律文化研究》，北京：中國人民出版社，2007年。

54. 孫銘編著：《簡牘秦律分類輯析》，西安：西北大學出版社，2014年。

55. 陶希聖、沈巨慶：《秦漢政治制度》，上海：商務印書館，1936年。

56. 王捷：《包山楚司法簡考論》，上海：上海人民出版社，2015年。

57. 王利器主編：《史記注譯》，西安：三秦出版社，1988年。

58. 王新華：《避諱研究》，濟南：齊魯書社，2007年。

59. 王育民：《秦漢政治制度》，西安：西北大學出版社，1996年。

60. 韋慶遠、柏樺編著：《中國官制史》，上海：東方出版社，2006年。

61. 熊鐵基：《秦漢文化史》，上海：東方出版中心，2007年。

62. 徐元浩撰、王樹民、沈長雲點校：《國語集釋》，北京：中華書局，2002年。

63. 徐元浩撰：《國語集釋》，王樹民、沈長雲點校，北京：中華書局，2002年。

64. 閆曉君：《秦漢法律研究》，北京：法律出版社，2012年。

65. 閻步克：《士大夫政治演生史稿》，北京：北京大學出版社，2015年。

66. 楊伯峻編著：《春秋左傳注》，北京：中華書局，2009年。

67. 楊伯峻譯注：《論語譯注》，北京：中華書局，2015年。

68. 楊鴻烈：《中國法律發達史》，北京：中國政法大學出版社，2003年。

69. 于豪亮：《于豪亮學術論集》，上海：上海古籍出版社，2015年。

70. 袁仲一：《秦始皇陵考古發現與研究》，西安：三秦出版社，2002年。

71. 臧知非：《秦漢土地賦役制度研究》，北京：中央編譯出版社，2017年。

72. 張家山二四七號漢墓竹簡整理小組編：《張家山漢墓竹簡（二四七號墓）》，北京：文物出版社，2001年。

73. 張晉藩：《中國古代政治制度》，北京：北京師範學院出版社，1988年。

74. 張晉藩主編、徐世虹編：《中國法制通史》，北京：法律出版社，1999年。

75. 張景賢：《漢代法制研究》，哈爾濱：黑龍江教育出版社，1997年。

76. 張亞初、劉雨：《西周金文官制研究》，北京：中華書局，1986年。

77. 中國科學院考古研究所、甘肅省博物館編：《武威漢簡》，北京：文物出版社，1964年。

78. 中國社會科學院考古研究所編：《殷周金文集成釋文》，香港：香港中文大學中國文化研究所，2001年。

79. 周勳初：《韓非子箚記》，南京：江蘇人民出版社，1980年。

80. 周振鶴：《西漢政區地理》，北京：人民出版社，1987年。

三、論文類

1. 陳絜、李晶：《（矢廾）季鼎、揚簋與西周法制、官制研究中的相關問題》，《南開學報》2007年第2期。

2. 陳蘇鎮：《漢初王國制度考述》，《中國史研究》2004年第3期。

3. 陳璽：《唐代雜治考論》，《法律科學》2017年第2期。

4. 陳璽：《詣臺訴事慣例對唐御史臺司法權限的影響》，《湘潭大學學報》2011年第1期

5. 陳治國、趙毅民：《秦始皇帝陵園 K0006 陪葬坑性質試探》,《文博》2014 年第 5 期。

6. 陳治國：《張家山漢簡〈奏讞書〉「杜瀘女子甲和姦」案年代探析》,《中國歷史文物》2009 年第 5 期。

7. 段清波：《秦始皇帝陵園 K0006 陪葬坑性質芻議》,《中國歷史文物》2002 年第 2 期。

8. 范忠信：《專職法司的起源與中國司法傳統的特徵》,《中國法學》2009 年第 5 期。

9. 馮卓慧、胡留元：《西周金文中的司寇及其官司機構》,《考古與文物》1988 年第 2 期。

10. 宮長為：《西周官制研究的回顧與展望》,《史學月刊》1995 年第 5 期。

11. 龔軍：《〈師旅鼎〉所反映西周的軍法制度》,《華夏考古》2008 年第 1 期。

12. 郭利：《漢代軍正初探》,《江西師範大學學報》2005 年第 4 期。

13. 郭沫若：《安陽新出土的牛胛骨及其刻辭》,《考古》1972 年第 2 期。

14. 韓連琪：《春秋戰國時代的中央官制及其演變》,《文史哲》1985 年第 1 期。

15. 何君：《論漢代廷尉制度》,《北京電力高等專科學校學報》2010 年第 10 期。

16. 何如月：《漢車騎將軍馮緄碑誌考釋》,《考古與文物》2006 年第 1 期。

17. 黑廣菊、李家釗：《論兩漢的廷尉制度》,《聊城師範學院學報》2001 年第 6 期。

18. 黃留珠：《略談秦的法官法吏制》,《西北大學學報》1981 年第 1 期。

19. 霍存福：《西漢揚雄〈廷尉箴〉的主旨與貢獻──法官箴言研究之二》,《當代法學》2017 年第 6 期。

20. 李炳泉：《「廷尉王恬開」其人小考》,《南都學壇》2017 年第 5 期。

21. 李力：《〈九刑〉、「司寇」考辨》,《法學研究》1999 年第 2 期。

22. 李學勤：《〈奏讞書〉解說（下）》,《文物》1995 年第 3 期。

23. 李學勤：《岐山董家村訓匜考釋》,載於中國古文字研究會、吉林大學古文字研究室編：《古文字研究》第一輯,北京：中華書局,1979 年。

24. 廖伯源：《昌邑王廢黜考》,《錢穆先生紀念館館刊（錢賓四先生逝世十週

年紀念特刊)》第 8 期。

25. 廖伯源:《秦漢朝廷之論議制度》,《中國文化研究所學報》1995 年第 4
    期。

26. 劉海年:《秦代法吏體系考略》,《學習與探索》1982 年第 2 期。

27. 劉令輿:《秦漢之廷尉制度》,(臺灣)《華岡法粹》1977 年第 9 期。

28. 劉占成:《秦陵「六號坑」性質商榷》,載於吳永琪主編:《秦文化論叢(第
    十一輯)》,西安:三秦出版社,2004 年。

29. 劉占成:《秦陵新發現陪葬坑性質芻議》,《文博》2001 年第 4 期。

30. 劉長江:《漢代法政體制述論》,《成都大學學報》2005 年第 5 期。

31. 劉長江:《中國封建法政體制的形成和演變述論》,《山東師範大學學報》
    2005 年第 2 期。

32. 樓勁:《漢——唐諸卿沿革發微》,《青海社會科學》1988 年第 3 期。

33. 彭浩:《談〈奏讞書〉中秦代和東周時期的案例》,《文物》1995 年第 3 期。

34. 喬健:《論商鞅的一元化思想》,《蘭州大學學報》1996 年第 3 期。

35. 饒宗頤:《新莽職官考》,《東方雜誌》1959 年第 1 期。

36. 沈剛:《漢代監獄的設置與管理述略》,載於吉林大學古籍研究所編:《金
    景芳教授百年誕辰紀念文集》,長春:吉林大學出版社,2002 年。

37. 沈剛:《漢代廷尉考述》,《史學集刊》2004 年第 1 期。

38. 沈剛:《漢代宗正考述》,《社會科學戰線》2002 年第 1 期。

39. 宋傑:《漢代的檻車押解制度》,《首都師範大學學報》2012 年第 2 期。

40. 宋傑:《漢代的廷尉獄》,《史學月刊》2008 年第 1 期。

41. 宋傑:《西漢的中都官獄》,《中國史研究》2008 年第 2 期。

42. 唐子恒:《「廷尉王恬開」小考》,《文史哲》2002 年第 3 期。

43. 汪世榮:《中國古代的判例研究:一個學術史的考察》,《中國法學》2006
    年第 1 期。

44. 王偉:《秦漢內官職能辨正》,《西安財經學院學報》2014 年第 5 期。

45. 王貽梁:《周禮「司寇」考辨》,《考古與文物》1993 年第 4 期。

46. 王勇、葉曄:《秦始皇陵 K0006 陪葬坑性質蠡測》,《文博》2010 年第 5 期。

47. 魏希楠:《試論漢代軍正執法制度——兼論對軍事司法的現實借鑒》,《寧
    夏大學學報》2010 年第 2 期。

48. 吳榮曾：《西漢王國官制考實》，《北京大學學報》1990 年第 3 期。

49. 武威縣博物館：《武威新出土王杖詔令冊》，載甘肅省文物工作隊、甘肅省博物館編：《漢簡研究文集》，蘭州：甘肅人民出版社，1984 年。

50. 邢義田：《漢代「故事考論」》，載許倬雲等著：《中國歷史論文集》，臺北：臺灣商務印書館，1986 年。

51. 徐衛民：《漢廢帝劉賀新論》，《史學月刊》2016 年第 9 期。

52. 徐祥民：《春秋時期的司寇是法官嗎？》，《鄭州大學學報》2002 年第 1 期。

53. 閆曉君：《兩漢「故事」論考》，《中國史研究》2001 年第 1 期。

54. 楊軍、徐長青：《南昌市西漢海昏侯墓》，《考古》2016 年第 7 期。

55. 于豪亮：《秦律叢考》，載《文物集刊》2，北京：文物出版社，1980 年。

56. 于豪亮：《雲夢秦簡所見職官述略》，載《文史》第 8 輯，北京：中華書局，1980 年。

57. 余行邁：《西漢詔獄探析》，《雲南師範大學學報》1986 年第 3 期。

58. 虞雲國：《漢代雜治考》，《史學集刊》1987 年第 3 期。

59. 袁剛：《秦漢廷尉寺》，《行政法制》2002 第 6 期。

60. 張朝陽：《〈史記·倉公列傳〉探微：廢除肉刑與齊文王之死》，《中華文史論叢》2018 年第 1 期。

61. 張朝陽：《緹縈如何救父：漢天子的軟實力》，《文史知識》2017 年第 8 期。

62. 張家山漢墓竹簡整理小組：《江陵張家山漢簡概述》，《文物》1985 年第 1 期。

63. 張忠煒：《讀〈漢書·藝文志〉箚記》，《南都學刊》2014 年第 6 期。

64. 章太炎：《官制索隱》，見劉琅主編：《精讀章太炎》，廈門：鷺江出版社，2007 年。

65. 朱騰：《也論先秦時代的司寇》，《法學家》2015 年第 2 期。

四、學位論文

1. 弓家旺：《西漢詔獄研究》，青島大學 2010 年碩士論文。

2. 譚黎明：《春秋戰國時期楚國官制研究》，吉林大學 2006 年博士論文。

3. 問永偉：《秦漢廷尉新探》，首都師範大學 2001 年碩士論文。

4. 張忠煒：《漢代「詔獄」考論》，中國人民大學 2004 碩士論文。

五、外文文獻

1. 〔日〕滋賀秀三：《清代中國の法と裁判》，東京：創文社，1984 年。

2. 〔日〕松井嘉德：《周的國制──以封建制與官制為中心》，載於〔日〕佐竹靖彥主編：《殷周秦漢史學的基本問題》，北京：中華書局，2008 年。

3. 〔日〕籾山明：《中國古代訴訟制度研究》，李力譯，上海：上海古籍出版社，2009 年。

4. 〔日〕廣賴薰雄：《出土文獻中的廷尉決事》，載黎明釗編：《漢帝國的制度與社會秩序》，牛津：牛津出版社，2012 年。

5. 〔日〕宮宅潔：《秦漢時期的審判制度──張家山漢簡〈奏讞書〉所見》，徐世虹譯，載於 195.〔日〕寺田浩明、楊一凡主編：《日本學者中國法制史論著選（先秦秦漢卷）》，北京：中華書局，2016 年。

6. 〔日〕大庭脩：《秦漢法制史研究》，徐世虹等譯，上海：中西書局，2017 年。

7. 〔日〕池田雄一：廷尉平と直指繡衣使者──漢代の司法行政一斑，Journal of the faculty of literature（124），p129-162，1987-03.

8. 〔日〕飯島和俊：「與廷尉雜治」と詔獄──漢代の訴訟 The trial with "Tingwei" the supreme court judge and "Zhaoyu" the royal command court: a study on the suit in Han-Dynasty, Journal of the Institute of Cultural Science，Chuo University（61），131-161, 2007.

9. 〔英〕崔瑞德、〔英〕魯惟一編：《劍橋中國秦漢史：公元前 221 年至公元 220 年》，楊品泉等譯，北京：中國社會科學出版社，1992 年。

10. Hans Bealunstine, *The Bureaucracy of Han Times,* Cambridge University Press, 1980.

11. A.F. P. Hulsewé. *The functions of the Commandant of Justice during the Han Period,* Charles Le Blanc and Susan Blader: *Chinese Ideas about Nature and Society: Studies in Honour of Derk Bodde,* Hong Kong University Press, 1987, pp.249-264.

附錄一：秦漢廷尉史料編年

前 237 年（秦王嬴政十年）秦王乃除逐客之令，復李斯官，卒用其計謀。官至廷尉……（《史記‧李斯列傳》，2546 頁。）

前 221 年（秦始皇二十六年）……廷尉斯曰：（班書百官表：廷尉，秦官。應劭曰：聽獄必質諸朝廷，與眾共之；兵獄同制，故稱廷尉。師古曰：廷，平也；治獄貴平，故以為號。）……（《資治通鑒》卷七，236 頁。）

前 206～前 87 年（漢高祖—漢武帝）太史公曰：高祖時諸侯皆賦，得自除內史以下，漢獨為置丞相，黃金印。諸侯自除御史、廷尉正、博士，擬於天子。自吳楚反後，五宗王世，漢為置二千石，去「丞相」曰「相」，銀印。諸侯獨得食租稅，奪之權。其後諸侯貧者或乘牛車也。（《史記‧五宗世家》，2104 頁。）

前 198 年（漢高祖九年）漢九年，貫高怨家知其謀，乃上變告之。於是上皆並逮捕趙王、貫高等。十餘人皆爭自剄，貫高獨怒罵曰：「誰令公為之？今王實無謀，而並捕王；公等皆死，誰白王不反者！」乃轞車膠致，與王詣長安。治張敖之罪。上乃詔趙群臣賓客有敢從王皆族。貫高與客孟舒等十餘人，皆自髡鉗，為王家奴，從來。貫高至，對獄，曰：「獨吾屬為之，王實不知。」吏治榜笞數千，刺剟，身無可擊者，終不復言。呂后數言張王以魯元公主故，不宜有此。上怒曰：「使張敖據天下，豈少而女乎！」不聽。廷尉以貫高事辭聞，上曰：「壯士！誰知者，以私問之。」中大夫泄公曰：「臣之邑子，素知之。此固趙國立名義不侵為然諾者也。」上使泄公持節問之箯輿前。仰視曰：「泄公邪？」泄公勞苦如生平歡，與語，問張王果有計謀不。高曰：「人情寧不各愛其父母妻子乎？今吾三族皆以論死，豈以王易吾親哉！

顧為王實不反，獨吾等為之。」具道本指所以為者王不知狀。於是泄公入，具以報，上乃赦趙王。(《史記‧張耳陳餘列傳》，2584頁。)

前198年（漢高祖九年）九年，貫高怨家知其謀，告之。於是上逮捕趙王諸反者。趙午等十餘人皆爭自剄，貫高獨怒罵曰：「誰令公等為之？今王實無謀，而並捕王；公等死，誰當白王不反者？」乃檻車與王詣長安。高對獄曰：「獨吾屬為之，王不知也。」吏榜笞數千，（師古曰：「榜謂捶擊之也，」）刺爇，身無完者，（應劭曰：「以鐵刺之，又燒灼之。」師古曰：「爇音而說反。」）終不復言。呂后數言張王以魯元故，不宜有此。上怒曰：「使長敖據天下，豈少乃女虜！」廷尉以貫高辭聞，上曰：「壯士！誰知者，以私問之。」……於是泄公具以報上，上乃赦趙王。上賢高能自立然諾，使泄公赦之，告曰：「張王已出，上多足下，故赦足下。」高曰：「所以不死，白張王不反耳。今王已出，吾責塞矣。且人臣有篡弒之名，豈有面目復事上哉」，乃仰絕亢而死。(《漢書‧張耳陳餘傳》，第1840～1842頁。)

前197年（漢高祖）十年秋……於是上使使掩梁王，梁王不覺，捕梁王，囚之洛陽。有司治反形已具，請論如法。上赦以為庶人，傳處蜀青衣。西至鄭，逢呂后從長安來，欲之洛陽，道見彭王。彭王為呂后泣涕，自言無罪，願處故昌邑。呂后許諾，與俱東至洛陽。呂后白上曰：「彭王壯士，今徙之蜀，此自遺患，不如遂誅之。妾謹與俱來。」於是呂后乃令其舍人彭越復謀反。廷尉王恬開奏請族之。上乃可，遂夷越宗族，國除。(《史記‧彭越列傳》，2594頁。)

前197年（漢高祖十年）……梁太僕有罪，亡走漢，告梁王與扈輒謀反。於是上使使掩捕梁王，囚之洛陽。有司治反形已具，（張晏曰：「扈輒勸越反，越不聽，而云反形已具，有司非也。」臣瓚曰：「扈輒勸越反，而越不誅輒，是反形已具也。」師古曰：「瓚說是也。」）請論如法。上赦以為庶人，徙蜀青衣。西至鄭，逢呂后從長安東，欲之洛陽，道見越。越為呂后泣涕，自言亡罪，願處故昌邑。呂后許諾，詔與俱東。至洛陽，呂后言上曰：「彭越壯士也，今徙之蜀，此自遺患，不如遂誅之。妾謹與俱來。」於是呂后令其舍人告越復謀反。廷尉奏請，遂夷越宗族。(《漢書‧彭越傳》，第1880～1881頁。)

前195年（漢高祖十二年）乃下相國廷尉，械繫之……後嗣以罪失侯者四世，絕，天子輒復求何後，封續酇侯，功臣莫得比焉。(《史記‧蕭相國世家》，2020頁。)

前 195 年（漢高祖十二年）……上大怒曰：「相國多受賈人財物，為請吾苑！」乃下何廷尉，械繫之……（《漢書·蕭何曹參傳》，第 2011 頁。）

前 179 年（漢文帝前元年）居頃之，孝文皇帝既益明習國家事，朝而問右丞相勃曰：「天下一歲決獄幾何？」勃謝曰：「不知。」問：「天下一歲錢穀出入幾何？」勃又謝不知，汗出沾背，愧不能對。於是上亦問左丞相平。平曰：「有主者。」上曰：「主者謂誰？」平曰：「陛下即問決獄，責廷尉；問錢穀，責治粟內史。」……（《史記·陳丞相世家》，2061 頁。）

前 179 年（漢文帝前元年）賈生名誼，洛陽人也。年十八，以能誦詩屬書聞於郡中。吳廷尉為河南守，聞其秀才，召置門下，甚幸愛。孝文皇帝初立，聞河南守吳公治平為天下第一，故與李斯同邑而常學事焉，乃徵為廷尉。廷尉乃言賈生年少，頗通諸子百家之書。文帝召以為博士。《索隱》按：吳，姓也。史失名，故稱公。（《史記·屈原賈生列傳》，2491～2492 頁。）

前 179 年（漢文帝前元年）帝益明習國家事。朝而問右丞相勃曰：「天下一歲決獄幾何？」勃謝不知；又問：「一歲錢穀入幾何？」勃又謝不知；惶愧，汗出沾背。上問左丞相平。平曰：「有主者。」上曰：「主者謂誰？」曰：「陛下即問決獄，責廷尉；（廷尉，掌刑辟；故決獄當問之。）問錢穀，責治粟內史。」……（《資治通鑒》卷十三，444 頁。）

前 179～前 157 年（漢文帝）御史大夫張叔者，名歐，安丘侯說之庶子也。孝文時以治刑名言事太子。然歐雖治刑名家，其人長者。景帝時尊重，常為九卿。至武帝元朔四年，韓安國免，詔拜歐為御史大夫。自歐為吏，未嘗言案人，專以誠長者處官。官屬以為長者，亦不敢大欺。上具獄事，有可卻，卻之；不可者，不得已，為涕泣面對而封之。其愛人如此。

《集解》：韋昭曰：「有刑名之書，欲令名實相副也。」《索隱》案：劉向別錄云「申子學號曰『刑名家』」者，循名以責實，其尊君卑臣，崇上抑下，合於六經也」。說者云刑名家即太史公所說六家之二也。《正義》：刑，刑家也。名，名家也。在太史公自傳，言治刑法及名實也。（《史記·萬石張叔列傳》，2773 頁。）

閆按：此《漢書·百官公卿表》中的廷尉「歐」，漢景帝元年～漢景帝二年（前 156～前 155 年）任職廷尉，與《史記》「景帝時尊重，常為九卿，」相對應。

前 177 年（漢文帝前三年）……且秦以任刀筆之吏，吏爭以亟疾苛察相

高，然其敝徒文具耳，無惻隱之實。以故不聞其過，陵遲而至於二世，天下土崩……其後拜釋之為廷尉。（《史記・張釋之馮唐列傳》，2752～2753 頁。）

　　前 177 年（漢文帝前三年）頃之，上行出中渭橋，有一人從橋下走出，乘輿馬驚。於是使騎捕，屬之廷尉。釋之治問。曰：「縣人來，聞蹕，匿橋下。久之，以為行已過，即出，見乘輿車騎，即走耳。」廷尉奏當，一人犯蹕，當罰金。文帝怒曰：「此人親驚吾馬，吾馬賴柔和，令他馬，固不敗傷我乎？而廷尉乃當之罰金！」釋之曰：「法者天子所與天下公共也。今法如此而更重之，是法不信於民也。且方其時，上使立誅之則已。今既下廷尉，廷尉，天下之平也，一傾而天下用法皆為輕重，民安所措其手足？唯陛下察之。」良久，上曰：「廷尉當是也。」其後有人盜高廟坐前玉環，捕得，文帝怒，下廷尉治。釋之案律盜宗廟服御物者為奏，奏當棄市。上大怒曰：「人之無道，乃盜先帝廟器，吾屬廷尉者，欲致之族，而君以法奏之，非吾所以共承宗廟意也。」釋之免冠頓首謝曰：「法如是足也。且罪等，然以逆順為差。今盜宗廟器而族之，有如萬分之一，假令愚民取長陵一抔土，陛下何以加其法乎？」久之，文帝與太后言之，乃許廷尉當。是時，中尉條侯周亞夫與梁相山都侯王恬開見釋之持議平，乃結為親友。張廷尉由此天下稱之。《索隱》案：法者，依律以斷也。《集解》如淳曰：「俱死罪也，盜玉環不若盜長陵土之逆也。」（《史記・張釋之馮唐列傳》，2754～2756 頁。）

　　前 177 年（漢文帝前三年）頃之，上行出中渭橋，有一人從橋下走，乘輿馬驚。於是使騎捕之，屬廷尉。釋之治問。曰：「縣人來，聞蹕，匿橋下。久，以為行過，既出，見車騎，即走耳。」釋之奏當：「此人犯蹕，（如淳曰：「乙令『蹕先至而犯者，罰金四兩』。」師古曰：「當謂處其罪也。」）當罰金。」上怒曰：「此人親驚吾馬，馬賴和柔，令它馬，固不敗傷我乎？而廷尉乃當之罰金！」釋之曰：「法者天子所與天子公共也。今法如是，更重之，是法不信於民也。且方其時，上使使誅之則已。今已下廷尉，廷尉，天下之平也，壹傾，天下用法皆為之輕重，民安所錯其手足？唯陛下察之。」上良久曰：「廷尉當是也。」其後人有盜高廟座前玉環，得，（師古曰：「得者，盜環之人為吏所捕得也。」）文帝怒，下廷尉治。案盜宗廟服御物者為奏，當棄市。上大怒曰：「人亡道，乃盜先帝器！吾屬廷尉者，欲致之族，而君以法奏之，（師古曰：「法謂常法。」）非吾所以共承宗廟意也。」釋之免冠頓首謝曰：「法如是足也。且罪等，（如淳曰：「俱死罪也，盜玉環不若盜長

陵土之逆。」）然以逆順為基。今盜宗廟器而族之，有如萬分一，假令愚民取長陵一杯土，陛下且何以加其法乎？」文帝與太后言之，乃許廷尉當。是時，中尉條侯周亞夫與梁相山都侯王恬（咸）（啟）見釋之持議平，乃結為親友。張廷尉繇此天下稱之。（《漢書・張馮汲鄭傳》，第2310～2311頁。）

　　前176年（漢文帝前四年）歲餘，每河東守尉行縣至絳，絳侯勃自畏恐誅，常被甲，令家人持兵以見之。其後人有上書告勃欲反，下廷尉。廷尉下其事長安，逮捕勃治之。勃恐，不知置辭。吏稍侵辱之。勃以千金與獄吏，獄吏乃書牘背示之，曰「以公主為證」。公主者，孝文帝女也，勃太子勝之尚之，故獄吏教引為證。勃之益封受賜，盡以予薄昭。及繫急，薄昭為言薄太后，太后亦以為無反事。文帝朝，太后以冒絮提文帝，曰：「絳侯綰皇帝璽，將兵於北軍，不以此時反，今居一小縣，顧欲反邪！」文帝既見絳侯獄辭，乃謝曰：「吏（事）方驗而出之。」於是使使持節赦絳侯，復爵邑。絳侯既出，曰：「吾嘗將百萬軍，然安知獄吏之貴乎！」（《史記・絳侯周勃世家》，2072～2073頁。）

　　前176年（漢文帝前四年）歲餘，每河東守尉行縣至絳，絳侯勃自畏恐誅，常被甲，令家人持兵以見。其後人有上書告勃欲反，下廷尉，逮捕勃治之。勃恐，不知置辭。（師古曰：「置，立也。辭，對獄之辭。」）吏稍侵辱之。勃以千金與獄吏，獄吏乃書牘背示之，（李奇曰：「吏所執簿也。」師古曰：「牘，木簡，以書辭也，音讀。」）曰「以公主為證」。公主者，孝文帝女也，勃太子勝之尚之，故獄吏教引為證。初，勃之益封，盡以予薄昭。及繫急，薄昭為言薄太后，太后亦以為無反事。文帝朝，太后以冒絮提文帝，曰：「絳侯綰皇帝璽，將兵於北軍，不以此時反，今居一小縣，顧欲反邪！」文帝既見勃獄辭，乃謝曰：「吏方驗而出之。」於是使使持節赦勃，復爵邑。勃既出，曰：「吾嘗將百萬軍，安知獄吏之貴也！」（《漢書・張陳王周傳》，第2056頁。）

　　前174年（漢文帝六年）當是時，薄太后及太子諸大臣皆憚厲王，厲王以此歸國益驕恣，不用漢法，出入稱警蹕，稱制，自為法令，擬於天子……「丞相臣張倉、典客臣馮敬、行御史大夫事宗正臣逸、廷尉臣賀、備盜賊中尉臣福昧死言：淮南王長廢先帝法，不聽天子詔，居處無度，為黃屋蓋乘輿，出入擬於天子，擅為法令，不用漢法。及所置吏，以其郎中春為丞相，聚收漢諸侯人及有罪亡者，匿與居，為治家室，賜其財物爵祿田宅，爵或至關內

侯，奉以二千石，所不當得，欲以有為。大夫但、士五開章等七十人與棘蒲侯太子奇謀反，欲以危宗廟社稷。使開章陰告長，與謀使閩越及匈奴發其兵。開章之淮南見長，長數與坐語飲食，為家室娶婦，以二千石俸奉之。開章使人告但，已言之王。春使使報但等。吏覺知，使長安尉奇等往捕開章。長匿不予，與故中尉蕳忌謀，殺以閉口。為棺槨衣衾，葬之肥陵邑，謾吏曰『不知安在』。又詳聚土，樹表其上，曰『開章死，埋此下』。及長身自賊殺無罪者一人；令吏論殺無罪者六人；為亡命棄市罪詐捕命者以除罪；擅罪人，罪人無告劾，繫治城旦舂以上十四人；赦免罪人，死罪十八人，城旦舂以下五十八人；賜人爵關內侯以下九十四人。前日長病，陛下憂苦之，使使者賜書、棗脯。長不欲受賜，不肯見拜使者。南海民處廬江界中者反，淮南吏卒擊之。陛下以淮南民貧苦，遣使者賜長帛五千匹，以賜吏卒勞苦者。長不欲受賜，謾言曰『無勞苦者』。南海民王織上書獻璧皇帝，忌擅燔其書，不以聞。吏請召治忌，長不遣，謾言曰『忌病』。春又請長，願入見，長怒曰『女欲離我自附漢』。長當棄市，臣請論如法。」制曰：「朕不忍致法於王，其與列侯二千石議。」「臣倉、臣敬、臣逸、臣福、臣賀昧死言：臣謹與列侯吏二千石臣嬰等四十三人議，皆曰『長不奉法度，不聽天子詔，乃陰聚徒黨及謀反者，厚養亡命，欲以有為』。臣等議論如法。」制曰：「朕不忍致法於王，其赦長死罪，廢勿王。」……（《史記‧淮南衡山列傳》，3076～3079 頁。）

前 174 年（漢文帝前六年）……王至長安，丞相張蒼，典客馮敬行御史大夫事，與宗正、廷尉雜奏：「長廢先帝法，不聽天子詔，居處無度，為黃屋蓋儗天子，擅為法令，不用漢法。及所置吏，以其郎中春為丞相，收聚漢諸侯人及有罪亡者，匿與居，為治家室，賜與財物爵祿田宅，爵或至關內侯，奉以二千石所當得。大夫但、士伍開章等七十人（如淳曰：「律，有罪失官爵，稱士伍也。開章，名。」）與棘蒲侯太子奇謀反，欲以危宗廟社稷，謀使閩越及匈奴發其兵。事覺，長安尉奇等往捕開章，長匿不予，與故中尉蕳忌謀，殺以閉口，為棺槨衣衾，葬之肥陵，謾吏曰『不知安在』。又陽聚土，樹表其上曰『開章死，葬此下』。及長身自賊殺無罪者一人；令吏論殺無罪者六人；為亡命棄市詐捕命者以除罪；（晉灼曰：「亡命者當棄市，而王藏之。詐捕不命者而言命，以脫命者之罪。」師古曰：「為音於偽反。」）擅罪人，無告劾繫治城旦以上十四人；赦免罪人死罪十八人，城旦舂以下五十八人；賜人爵關內侯以下九十四人。前日長病，陛下心憂之，使使者賜棗脯，長不肯見拜使者。南

海民處廬江界中者反，淮南吏卒擊之。陛下遣使者齎帛五十匹，以賜吏卒勞苦者。長不欲受賜，謾曰『無勞苦者』。南海王織上書獻璧帛皇帝，忌擅燔其書，不以聞。吏請召治忌，長不遣，謾曰『忌病』。長所犯不軌，當棄市，臣請論如法。」制曰：「朕不忍置法於王，其與列侯吏二千石議。」列侯吏二千石臣嬰等四十三人議，皆曰：「宜論如法。」制曰：「其赦長死罪，廢勿王。」有司奏：「請處蜀嚴道邛郵，遣其子、子母從居，縣為築蓋家室，皆日三食，給薪菜鹽炊食器席蓐。」制曰：「食長，給肉日五斤，酒二斗。令故美人材人得幸者十人從居。」於是盡誅所與謀者。乃遣長，載以輜車，令縣次傳。爰盎諫曰：「上素驕淮南王，不為置嚴相傳，以故至此。且淮南王為人剛，今暴摧折之，臣恐其逢霧露病死，陛下有殺弟之名，奈何！」上曰：「吾特苦之耳，令復之。」淮南王謂侍者曰：「誰謂乃公勇者？吾以驕不聞過，故至此。」乃不食而死。縣傳者不敢發車封。至雍，雍令發之，以死聞。上悲哭，謂爰盎曰：「吾不從公言，卒亡淮南王。」盎曰：「淮南王不可奈何，願陛下自寬。」上曰：「為之奈何？」曰：「獨斬丞相、御史以謝天下乃可。」上即令丞相、御史逮諸縣傳淮南王不發封餽侍者，皆棄市。乃以列侯葬淮南王於雍，置守冢三十家。（《漢書‧淮南衡山濟北王傳》，第2141～2143頁。）

前156年（漢景帝元年）……數上書孝文時，言削諸侯事，及法令可更定者……景帝即位，以錯為內史。錯常數請閒言事，輒聽，寵幸傾九卿，法令多所更定……丞相嘉聞，大怒，欲因此過為奏請誅錯。錯聞之，即夜請閒，具為上言之。丞相奏事，因言錯擅鑿廟垣為門，請下廷尉誅。上曰：「此非廟垣，乃壖中垣，不致於法。」丞相謝。罷朝，怒謂長史曰：「吾當先斬以聞，乃先請，為兒所賣，固誤。」丞相遂發病死。錯以此愈貴……錯所更令三十章，諸侯皆諠譁疾晁錯。（《史記‧晁錯列傳》，2746頁。）

前156年（漢景帝元年）秋七月，詔曰：「吏受所監臨，以飲食免，重；受財物，賤買貴賣，論輕。（師古曰：「帝以為當時律條吏受所監臨略遺飲食，即坐免官爵，於法太重，而受所監臨財物及賤買貴賣者，論決太輕，故令更議改之。」）廷尉與丞相更議著令。」廷尉信謹與丞相議曰：「吏及諸有秩受其官屬所監、所治、所行、所將，其與飲食計償費，勿論。（師古曰：「計其所費，而償其直，勿論罪也。」）它物，若買故賤，賣故貴，皆坐臧為盜，沒入臧縣官。吏遷徙免罷，受其故官屬所將監治送財物，奪爵為士伍，免之。（李奇曰：『有爵者奪之，使為士伍，有位者免官也。』師古曰：『此說非也。謂奪

其爵，令為士伍，又免其官職，即今律所謂除名也。謂之士伍者，言從士卒之伍也。』無爵，罰金二斤，令沒入所受。有能捕告，畀其所受臧。」（《漢書・景帝紀》，第140～141頁。）

前156年（漢景帝前元年）以太中大夫周仁為郎中令，張歐為廷尉……張歐亦事帝於太子宮，雖治刑名家，為人長者；帝由是重之，用為九卿。歐為吏未嘗言按人，專以誠長者處官；官屬以為長者，亦不敢大欺。（《資治通鑑》卷十五，511～512頁。）

前144年（漢景帝中六年）更命廷尉為大理，將作少府為將作大匠，主爵中尉為都尉，長信詹事為長信少府，將行為大長秋，大行為行人，奉常為太常，典客為大行，治粟內史為大農。以大內為二千石，置左右內官，屬大內。（《史記・孝景本紀》，446頁。）

前143年（漢景帝後元年）……居無何，條侯子為父買工官尚方甲楯五百被可以葬者。取庸苦之，不予錢。庸知其盜買縣官器，怒而上變告子，事連污條侯。書既聞上，上下吏。吏簿責條侯，條侯不對。景帝罵之曰：「吾不用也。」召詣廷尉。廷尉責曰：「君侯欲反邪？」亞夫曰：「臣所買器，乃葬器也，何謂反邪？」吏曰：「君侯縱不反地上，即欲反地下耳。」吏侵之益急。初，吏捕條侯，條侯欲自殺，夫人止之，以故不得死，遂入廷尉。因不食五日，嘔血而死。國除。（《史記・絳侯周勃世家》，2079頁。）

前143年（漢景帝後元年）……居無何，亞夫子為父買工官尚方甲楯五百被可以葬者。取庸苦之，不與錢。庸知其盜買縣官器，怨而上變告子，事連污亞夫。書既聞，上下吏。吏簿責亞夫，亞夫不對。上罵之曰：「吾不用也。」（孟康曰：「言不用汝對，欲殺之也。」如淳曰：「恐獄吏畏其復用事，不敢折辱也。」師古曰：「孟說是也。一云，帝責此吏云不勝其任，吾不用汝，故召亞夫令詣廷尉也。」）召詣廷尉。廷尉責問曰：「君侯欲反何？」亞夫曰：「臣所買器，乃葬器也，何謂反乎？」吏曰：「君縱不欲反地上，即欲反地下耳。」吏侵之益急。初，吏捕亞夫，亞夫欲自殺，其夫人止之，以故不得死，遂入廷尉，因不食五日，歐血而死。國絕。一歲，上乃更封絳侯勃它子堅為平曲侯，續絳侯後。傳子建德，為太子太傅，坐酎金免官。後有罪，國除。（《漢書・張陳王周傳》，第2056頁。）

前143年（漢景帝後元年）後元年春正月，詔曰：「獄，重事也。人有智愚，官有上下。獄疑者讞有司。有司所不能決，移廷尉。有令讞而後不當，讞

者不為失。（師古曰：『假令讞訖，其理不當，所讞之人不為罪失。』欲令治獄者務先寬。」……（《漢書・景帝紀》，第150頁。）

前141～前125年（漢武帝）……遷為長陵及長安令，直法行治，不避貴戚。以捕桉太后外孫修成子中，上以為能，遷為河內都尉。至則族滅其豪穰氏之屬，河內道不拾遺……杜衍、杜周為縱爪牙之吏，任用，遷為廷尉史……於是徙縱為定襄太守。縱至，掩定襄獄中重罪二百餘人，及賓客昆弟私入相視者亦二百餘人。縱壹切捕鞠，曰「為死罪解脫」。（孟康曰：「壹切皆捕之也。律，諸囚徒私解脫桎梏鉗赭，加罪一等；為人解脫，與同罪。縱鞠相賂餉者二百人以為解脫死罪，盡殺之。」師古曰：「鞠，窮也，謂窮治也。」）是日皆報殺四百餘人。郡中不寒而慄，猾民佐吏為治。是時趙禹、張湯為九卿矣，然其治尚寬，輔法而行，縱以鷹擊毛摯為治。後會更五銖錢白金起，民為姦，京師尤甚，乃以縱為右內史，王溫舒為中尉。溫舒至惡，所為弗先言縱，縱必以氣陵之，敗壞其功。其治，所誅殺甚多，然取為小治，姦益不勝，直指始出矣。吏之治以斬殺縛束為務，閻奉以惡用矣。縱廉，其治效郅都。上幸鼎湖，病久，已而卒起幸甘泉，道不治。上怒曰：「縱以我為不行此道乎？」銜之。至冬，楊可方受告緡，縱以為此亂民，部吏捕其為可使者。天子聞，使杜式治，以為廢格沮事，棄縱市。後一歲，張湯亦死。（《漢書・酷吏傳》，第3655頁。）

前141～前87（漢武帝）王溫舒，陽陵人也……數廢。數為吏，以治獄至廷尉史。事張湯，遷為御史，督盜賊，殺傷甚多。稍遷至廣平都尉，擇郡中豪敢往吏十餘人為爪牙，已而試縣亭長，皆把其陰重罪，而縱使督盜賊，師古曰：「縱，放也。督，察視也。」快其意所欲得。此人雖有百罪，弗法；即有避回，夷之，亦滅宗。」以故齊趙之郊盜不敢近廣平，廣平聲為道不拾遺。上聞，遷為河內太守。」素居廣平時，皆知河內豪姦之家。及往，以九月至，令郡具私馬五十匹，為驛自河內至長安，部吏如居廣平時方略，捕郡中豪猾，相連坐千餘家。上書請，大者至族，小者乃死，家盡沒入償臧。奏行不過二日，得可，事論報，至流血十餘里。河內皆怪其奏，以為神速。盡十二月，郡中無犬吠之盜。其頗不得，失之旁郡，追求，會春，溫舒頓足歎曰：「嗟乎，令冬月益展一月，卒吾事矣！」其好殺行威不愛人如此。上聞之，以為能，遷為中尉。其治復放河內，徙請召猾禍吏與從事，河內則楊皆、麻戊，關中揚贛、成信等。義縱為內史，憚之，未敢恣治。及縱死，張湯敗後，徙為延尉。

而尹齊為中尉坐法抵罪，溫舒復為中尉。為人少文，居它惛惛不辯，至於中尉則心開。素習關中俗，知豪惡吏，豪惡吏盡復為用。吏苛察淫惡少年，投缿購告言姦，置伯落長以收司姦。溫舒多諂，善事有勢者；即無勢，視之如奴。有勢家，雖有姦如山，弗犯；無勢，雖貴戚，必侵辱。舞文巧，請下戶之猾，以動大豪。其治中尉如此。姦猾窮治，大氐盡靡爛獄中，行論無出者。其爪牙吏虎而冠。於是中尉部中中猾以下皆伏，有勢者為遊聲譽，稱治。數歲，其吏多以權貴富。溫舒擊東越還，議有不中意，坐以法免。是時上方欲作通天台而未有人，溫舒請復中尉脫卒，得數萬人作。上說，拜為少府。徙右內史，治如其故，姦邪少禁。坐法失官，復為右輔，行中尉，如故操。歲餘，會宛軍發，詔徵豪吏。溫舒匿其吏華成，及人有變告溫舒受員騎錢，它姦利事，罪至族，自殺。其時兩弟及兩婚家亦各自坐它罪而族。光祿勳徐自為曰：「悲夫！夫古有三族，而王溫舒罪至同時而五族乎！」（師古曰：「溫舒與弟同三族，而兩妻家各一，故為五也。」）溫舒死，家累千金。（《漢書·酷吏傳》，第 3649～3650 頁。）

前 140～前 90 年（漢武帝）張湯者，杜人也。其父為長安丞，出，湯為兒守舍。還而鼠盜肉，其父怒，笞湯。湯掘窟得盜鼠及餘肉，劾鼠掠治，傳爰書，訊鞫論報，並取鼠與肉，具獄磔堂下。其父見之，視其文辭如老獄吏，大驚，遂使書獄。父死後，湯為長安吏，久之。《集解》如淳曰：「決獄之書，謂律令也。」……武安侯為丞相，徵湯為史，時薦言之天子，補御史，使案事。治陳皇后蠱獄，深竟黨與。於是上以為能，稍遷至太中大夫。與趙禹共定諸律令，務在深文，拘守職之吏。已而趙禹遷為中尉，徙為少府，而張湯為廷尉，兩人交歡，而兄事禹。禹為人廉倨。為吏以來，舍毋食客。公卿相造請禹，禹終不報謝，務在絕知友賓客之請，孤立行一意而已。見文法輒取，亦不覆案，求官屬陰罪。湯為人多詐，舞智以御人。始為小吏，乾沒，與長安富賈田甲、魚翁叔之屬交私。（《史記·酷吏列傳》，3136 頁。）

前 140～前 95 年（漢武帝）杜周，南陽杜衍人也。義縱為南陽太守，以周為爪牙，薦之張湯，為廷尉史。使案邊失亡，所論殺甚多。奏事中意，任用，與減宣更為中丞者十餘歲。周少言重遲，而內深次骨。（李奇曰：「其用法深刻至骨。」）宣為左內史，周為廷尉，其治大抵放張湯，而善候司。上所欲擠者，因而陷之；上所欲釋，久繫待問而微見其冤狀。客有謂周曰：「君為天下決平，不循三尺法，（孟康曰：「以三尺竹簡書法律也。」師古曰：「循，因

也，順也。」）專以人主意指為獄，獄者固如是乎？」周曰：「三尺安出哉？前主所是著為律，後主所是疏為令；（師古曰：「著謂明表也。疏謂分條也。」）當時為是，何古之法乎！」至周為廷尉，詔獄亦益多矣。二千石繫者新故相因，不減百餘人。郡吏大府舉之廷尉，（如淳曰：「郡吏，太守也。」文穎曰：「大府，公府也。」孟康曰：「舉之廷尉，以章劾付廷尉治之也。」師古曰：「孟說非也。舉，皆也。言郡吏大府獄事皆歸廷尉也。大府，丞相、御史之府也。」）一歲至千餘章。章大者連逮證案數百，小者數十人；遠者數千里，近者數百里。會獄，吏因責如章告劾，（師古曰：「皆令服罪如所告劾之本章。」）不服，以掠笞定之。於是聞有逮證，皆亡匿。獄久者至更數赦十餘歲而相告言，（師古曰：「更，歷也。其罪或非赦例，故不得除，而久逃亡不出至於十餘歲，猶相告言，由周用法深刻故也。更音工衡反。」）大氐盡詆以不道，以上廷尉及中都官，詔獄逮至六七萬人，（師古曰：「中都官，凡京師諸官府也。獄辭所及，追考問者六七萬人也。」）吏所增加十有餘萬。周中廢，後為執金吾，逐捕桑弘羊、衛皇后昆弟子刻深，上以為盡力無私，遷為御史大夫。始周為廷史，有一馬，（師古曰：「廷史，即廷尉史也。」）及久任事，列三公，而兩子夾河為郡守，家訾累鉅萬矣。治皆酷暴，唯少子延年行寬厚云。（《漢書·杜周傳》，第 2659～2661 頁。）

前 140～前 87 年（漢武帝）……自造白金五銖錢後五歲，而赦吏民之坐盜鑄金錢死者數十萬人。其不發覺相殺者，不可勝計。赦自出者百餘萬人。然不能半自出，天下大氐無慮皆鑄金錢矣。犯法者眾，吏不能盡誅，於是遣博士褚大、徐偃等分行郡國，舉并兼之徒守相為利者。而御史大夫張湯方貴用事，減宣、杜周等為中丞，義縱、尹齊、王溫舒等用急刻為九卿，直指夏蘭之屬始出。而大農顏異誅矣。初，異為濟南亭長，以廉直稍遷至九卿。上與湯既造白鹿皮幣，問異。異曰：「今王侯朝賀以倉璧，直數千，而其皮薦反四十萬，本末不相稱。」天子不說。湯又與異有隙，及人有告異以它議，事下湯治。異與客語，客語初令下有不便者，異不應，微反脣。湯奏當異九卿見令不便，不入言而腹非，（師古曰：「當謂處斷其罪。」）論死。自是後有腹非之法比，（師古曰：「比，則例也，」）而公卿大夫多諂諛取容。天（下）（子）既下緡錢令而尊卜式，百姓終莫分財佐縣官，於是告緡錢縱矣。楊可告緡遍天下，中家以上大氐皆遇告。杜周治之，獄少反者。（如淳曰：「治匿緡之罪，其獄少有反者。」）乃分遣御史廷尉正監分曹往，（服虔曰：「分曹

－153－

職案行也。」)（往）即治郡國婚錢，得民財物以億計，奴婢以千萬數，田大縣數百頃，小縣百餘頃，宅亦如之……乃征諸犯令，相自變量千人，名曰「株送徒」。入財者得補郎，郎選衰矣。（應劭曰：「株，根本也。送，致也。」如淳曰：「株，蔕也。諸坐博戲事決為徒者，能入錢，得補郎。」李奇曰：「先至者為魁株也。」師古曰：「言被牽引者為其根株所送當充徒役，而能入財者，即當補郎。」）……邊兵不足，乃發武庫工官兵器以澹之。車騎馬乏，縣官錢少，買馬難得，乃著令，令封君以下至三百石吏以上差出（牡）（牝）馬天下亭，亭有畜字馬，歲課息……弘羊又請令民得入粟補吏，及罪以贖。令民入粟甘泉各有差，以復終身，不復告婚……（《漢書‧食貨志》，第 1168～1173、1175 頁。）

前 140～前 121 年（漢武帝）……建使人殺蚡。蚡家上書，下廷尉考，會赦，不治。易王薨未葬，建居服舍，召易王所愛美人淖姬等凡十人與姦。建女弟徵臣為蓋侯子婦，以易王喪來歸，建復與姦。建異母弟定國為淮陽侯，易王最小子也，其母幸立之，具知建事，行錢使男子茶恬上書告建淫亂，不當為後。事下廷尉，廷尉治恬受人錢財為上書，論棄市。建罪不治……及淮南事發，治黨與，頗連及建，建使人多推金錢絕其獄。（師古曰：「行賄賂以滅其蹤緒也。」）（《漢書‧景十三王傳》，第 2414、2417 頁。）

前 138 年（漢武帝建元三年）……久之，隆慮公主子昭平君尚帝女夷安公主，隆慮主病困，以金千斤錢千萬為昭平君豫贖死罪，上許之。隆慮主卒，昭平君日驕，醉殺主傅，獄繫內官。以公主子，廷尉上請請論。（師古曰：「論決其罪也。」）左右人人為言：「前又入贖，陛下許之。」上曰：「吾弟老有是一子，死以屬我。」於是為之垂涕歎息，良久曰：「法令者，先帝所造也，用弟故而誣先帝之法，吾何面目入高廟乎！又下負萬民。」乃可其奏，哀不能自止，左右盡悲……皋陶為大理（師古曰：「以其作士，士亦理官。」）……久之，朔上書陳農戰彊國之計，因自訟獨不得大官，欲求試用。其言專商鞅、韓非之語也，指意放蕩，頗復詼諧，辭數萬言，終不見用。（《漢書‧東方朔傳》，第 2851～2852、2860、2863～2864 頁。）

前 135～前 90 年（漢武帝）伏生教濟南張生及歐陽生，歐陽生教千乘兒寬。兒寬既通《尚書》，以文學應郡舉，詣博士受業，受業孔安國。兒寬貧無資用，常為弟子都養，及時時間行傭賃，以給衣食。行常帶經，止息則誦習之。以試第次，補廷尉史。是時張湯方鄉學，以為奏讞掾，以古法議決疑大

獄，而愛幸寬……（呂步舒）舒至長史，持節使決淮南獄，於諸侯擅專斷，不報，以春秋之義正之，天子皆以為是。（《史記·儒林列傳》，3129頁。）

前133年（漢武帝元光二年）……於是下恢廷尉，廷尉當恢逗橈，當斬。（服虔曰：「逗音企。」應劭曰：「逗，曲行避敵也，橈，顧望也，軍法語也。」蘇林曰：「逗音豆。」如淳曰：「軍法，行而逗留畏愞者要斬。」師古曰：「服、應二說皆非也。逗謂留止也。橈，屈弱也。逗又音住。」）恢行千金丞相蚡。蚡不敢言上，而言於太后曰：「王恢首為馬邑事，今不成而誅恢，是為匈奴報仇也。」上朝太后，太后以蚡言告上。上曰：「首為馬邑事者恢，故發天下兵數十萬，從其言，為此。且縱單于不可得，恢所部擊，猶頗可得，以慰士大夫心。今不誅恢，無以謝天下。」於是恢聞，乃自殺。（《漢書·竇田灌韓傳》，第2404～2405頁。）

前130年（漢武帝元光五年）……是時，上方鄉文學，湯決大獄，欲傅古義，乃請博士弟子治《尚書》、《春秋》，補廷尉史，平亭疑法。奏讞疑，（李奇曰：「亭亦平也。」師古曰：「亭，均也，調也。言平均疑法及為讞疑奏之。」）必奏先為上分別其原，上所是，受而著讞法廷尉挈令，（韋昭曰：「在板挈也。」師古曰：「著謂明書之也。挈，獄訟之要也。書於讞法挈令以為後式也。挈音口計反。」）揚主之明。奏事即譴，湯摧謝，鄉上意所便，必引正監掾史賢者，曰：「固為臣議，如（此）上責臣，臣弗用，愚抵此。」罪常釋。間即奏事，上善之，曰：「臣非知為此奏，乃監、掾、史某所為。」其欲薦吏，揚人之善解人之過如此。所治即上意所欲罪，予監吏深刻者；即上意所欲釋，予監吏輕平者。所治即豪，必舞文巧詆；即下戶羸弱，時口言「雖文致法，上裁察。」於是往往釋湯所言。（李奇曰：「先見上口言之，欲與輕平，故皆見原釋也。」如淳曰：「雖文書按察致下戶之罪，湯以先口解之矣。上以湯言，輒裁察之，輕其罪也。」師古曰：「李、如二說皆非也。此言下戶羸弱，湯欲佐助，雖具文奏之，而又口奏，言雖律令之文合致此罪，聽上裁察，蓋為此人希恩宥也。於是上得湯言，往往釋其人罪，非未奏之前口豫言也。」）湯至於大吏，內行修，交通賓客飲食，於故人子弟為吏及貧昆弟，調護之尤厚。其造請諸公，不避寒暑。是以湯雖文深意忌不專平，然得此聲譽。而深刻吏多為爪牙用者，依於文學之士。丞相弘數稱其美。（《漢書·張湯傳》，第2639頁。）

前130年（漢武帝元光五年）……趙禹，斄人也。以佐史補中都官，用

廉為令史，事太尉周亞夫。亞夫為丞相，禹為丞相史，府中皆稱其廉平。然亞夫弗任，曰：「極知禹無害，然文深，（應劭曰：「禹持文法深刻。」）不可以居大府。」武帝時，禹以刀筆吏積勞，遷為御史。上以為能，至中大夫。與張湯論定律令，作見知，吏傳相監司以法，盡自此始……見法輒取，亦不覆案求官屬陰罪。嘗中廢，已為廷尉……（《漢書・酷吏傳》，第 3651～3652 頁。）

　　前 130～前 51 年（漢武帝、漢昭帝、漢宣帝）……黃霸字次公，淮陽陽夏人也，以豪傑役使徙雲陵。霸少學律令，喜為吏，武帝末以待詔入錢賞官，補侍郎謁者，坐同產有罪劾免。後復入穀沈黎郡，補左馮翊二百石卒史。馮翊以霸入財為官，不署右職，使領郡錢穀計。簿書正，以廉稱，察補河東均輸長，復察廉為河南太守丞。霸為人明察內敏，又習文法，然溫良有讓，足知，善御眾。為丞，處議當於法，合人心，太守甚任之，吏民愛敬焉。自武帝末，用法深。昭帝立，幼，大將軍霍光秉政，大臣爭權，上官桀等與燕王謀作亂，光既誅之，遂遵武帝法度，以刑罰痛繩群下，繇是俗吏上嚴酷以為能，而霸獨用寬和為名。會宣帝即位，在民間時知百姓苦吏急也，聞霸持法平，召以為廷尉正，數決疑獄，庭中稱平。（師古曰：「此廷中謂廷尉之中。」）守丞相長史，坐公卿大議廷中知長信少府夏侯勝非議詔書大不敬，霸阿從不舉劾，皆下廷尉，繫獄當死。霸因從勝受尚書獄中，再踰冬，積三歲乃出，語在勝傳。勝出，復為諫大夫，令左馮翊宋畸舉霸賢良。勝又口薦霸於上，上擢霸為揚州刺史。三歲，宣帝下詔曰：「制詔御史：其以賢良高第揚州刺史霸為潁川太守，秩比二千石，居官賜車蓋，特高一丈，別駕主簿車，緹油屏泥於軾前，以章有德。」時上垂意於治，數下恩澤詔書，吏不奉宣。太守霸為選擇良吏，分部宣布詔令，令民咸知上意。使郵亭鄉官皆畜雞豚，以贍鰥寡貧窮者，然後為條教，置父老師帥伍長，班行之於民間，勸以為善防姦之意，及務耕桑，節用殖財，種樹畜養，去食穀馬。米鹽靡密，初若煩碎，然霸精力能推行之。吏民見者，語次尋繹，問它陰伏，以相參考。嘗欲有所司察，擇長年廉吏遣行，屬令周密。吏出，不敢舍郵亭，食於道旁，烏攫其肉。民有欲詣府口言事者適見之，霸與語道此。後日吏還謁霸，霸見迎勞之，曰：「甚苦！食於道旁乃為烏所盜肉。」吏大驚，以霸具知其起居，所問豪氂不敢有所隱。鰥寡孤獨有死無以葬者，鄉部書言，霸具為區處，某所大木可以為棺，某亭豬子可以祭，吏往皆如言。其識事聰明如此，吏民不知所出，咸稱神明。姦人去入它郡，盜賊日少。霸力行教化而後誅罰，（師古曰：「力猶勤也。言先以德教化於下，若

有弗從，然後用刑罰也。」）務在成就全安長吏……獄或八年亡重罪囚……而長吏守丞畏丞相指，歸舍法令，各為私教……漢家承敝通變，造起律令，所以勸善禁姦，條貫詳備，不可復加……宜令貴臣明飭長吏守丞，歸告二千石，舉三老孝悌力田孝廉廉吏務得其人，郡事皆以義法令撿式，毋得擅為條教；敢挾詐偽以姦名譽者，必先受戮，以正明好惡。（《漢書·循吏傳》，第3627～3631、3633、3635頁。）

前126年（漢武帝元朔三年）張湯方以更定律令為廷尉，（汲）黯數質責湯於上前……黯時與湯論議，湯辯常在文深小苛，黯伉厲守高不能屈，忿發罵曰：「天下謂刀筆吏不可以為公卿，果然。必湯也，令天下重足而立，側目而視矣！」……上方向儒術，尊公孫弘。及事益多，吏民巧弄。上分別文法，湯等數奏決讞以幸。而黯常毀儒，面觸弘等徒懷詐飾智以阿人主取容，而刀筆吏專深文巧詆，陷人於罪，使不得反其真，以勝為功……後數月，黯坐小法，會赦免官。於是黯隱於田園……翟公有言，始翟公為廷尉，賓客闐門；及廢，門外可設雀羅。翟公復為廷尉，賓客欲往，翟公乃大署其門曰：「一死一生，乃知交情。一貧一富，乃知交態。一貴一賤，交情乃見。」……（《史記·汲鄭列傳》，3107～3108、3110、3114頁。）

前126年（漢武帝元朔三年）是歲，中大夫張湯為廷尉。湯為人多詐，舞智以御人。時上方鄉文學，湯陽浮慕，事董仲舒、公孫弘等；以千乘兒寬為奏讞掾，（兒，本郳姓，以國為氏，其後去「邑」。以為廷尉掾，專主奏讞也。）以古法義決疑獄。所治：即上意所欲罪，與監、史深禍者；（班表，廷尉有左、右監，秩千石。漢官曰：廷尉獄史二十七人。深禍，謂持文深刻，欲致人於禍者。）即上意所欲釋，與監、史輕平者；上由是悅之。湯於故人子弟調護之尤厚；其造請諸公，不避寒暑。是以湯雖文深、意忌、不專平，（文深，謂持文深；意忌，謂其意忌前也；不專平，謂不專於持平也。）然得此聲譽。汲黯數質責湯於上前曰：「公為正卿，上不能襃先帝之功業，下不能抑天下之邪心，安國富民，使囹圄空虛，何空取高皇帝約束紛更之為！而公以此無種矣。」黯時與湯論議，湯辯常在文深小苛；黯伉厲守高，不能屈，忿發，罵曰：「天下謂刀筆吏不可以為公卿，果然！必湯也，令天下重足而立，側目而視矣！」（《資治通鑒》卷十八，612～613頁。）

前124年（漢武帝元朔五年）……詔下其事廷尉、河南。河南治，逮淮南太子逮淮南太子，王、王後計欲無遣太子，遂發兵反，計猶豫，十餘日未

定。會有詔，即訊太子。當是時，淮南相怒壽春丞留太子逮不遣，劾不敬。王以請相，相弗聽。王使人上書告相，事下廷尉治。蹤跡連王，王使人候伺漢公卿，公卿請逮捕治王。王恐事發，太子遷謀曰：「漢使即逮王，王令人衣衛士衣，持戟居庭中，王旁有非是，則刺殺之，臣亦使人刺殺淮南中尉，乃舉兵，未晚。」是時上不許公卿請，而遣漢中尉宏即訊驗王。王聞漢使來，即如太子謀計。漢中尉至，王視其顏色和，訊王以斥雷被事耳，王自度無何，不發。中尉還，以聞。公卿治者曰：「淮南王安擁閼奮擊匈奴者雷被等，廢格明詔，當棄市。」詔弗許。公卿請廢勿王，詔弗許。公卿請削五縣，詔削二縣。使中尉宏赦淮南王罪，罰以削地。中尉入淮南界，宣言赦王。王初聞漢公卿請誅之，未知得削地，聞漢使來，恐其捕之，乃與太子謀刺之如前計。及中尉至，即賀王，王以故不發。其後自傷曰：「吾行仁義見削，甚恥之。」然淮南王削地之後，其為反謀益甚。諸使道從長安來，為妄妖言，言上無男，漢不治，即喜；即言漢廷治，有男，王怒，以為妄言，非也。（《史記‧淮南衡山列傳》，3083～3084頁。）

前124～前123年（漢武帝元朔五年～元朔六年）……元朔五年，被遂亡之長安，上書自明。事下廷尉、河南。河南治，（師古曰：「章下廷尉及河南令，於河南雜治其事。」）逮淮南太子。王、王後計欲毌遣太子，遂發兵。計未定，猶與十餘日。會有詔即訊太子，（師古曰：「即，就也。訊，問也。就淮南問之，不逮詣河南。」）淮南相怒壽春丞留太子逮不遣，劾不敬。王請相，相不聽。王使人上書告相，事下廷尉治。從跡連王，王使人候司。漢公卿請逮捕治王，王恐，欲發兵。太子遷謀曰：「漢使即逮王，令人衣衛士衣，持戟居王旁，有非是者，即刺殺之，臣亦使人刺殺淮南中尉，乃舉兵，未晚也。」是時上不許公卿，而遣漢中尉宏即訊驗王。王視漢中尉顏色和，問斥雷被事耳，自度無何，（師古曰：「自計度更無罪。度音徒各反。」）不發。中尉還，以聞。公卿治者曰：「淮南王安雍閼求奮擊匈奴者雷被等，格明詔，當棄市。」詔不許。請廢勿王，上不許。請削五縣，可二縣。使中尉宏赦其罪，罰以削地。中尉入淮南界，宣言赦王……書既聞，上以其事下廷尉、河南治。是歲元朔六年也。故辟陽侯孫審卿善丞相公孫弘，怨淮南厲王殺其大父，陰求淮南事而搆之於弘。弘乃疑淮南有畔逆計，深探其獄。張晏曰：「探窮其根原。」河南治建，辭引太子及黨與。（《漢書‧淮南衡山濟北王傳》，第2147～2148頁。）

　　前 124 年（漢武帝元朔五年）……書聞，上以其事下廷尉，廷尉下河南治。是時故辟陽侯孫審卿善丞相公孫弘，怨淮南厲王殺其大父，乃深購淮南事於弘，弘乃疑淮南有畔逆計謀，深窮治其獄……於是廷尉以王孫建辭連淮南王太子遷聞。上遣廷尉監因拜淮南中尉，逮捕太子……吏因捕太子、王后，圍王宮，盡求捕王所與謀反賓客在國中者，索得反具以聞。上下公卿治，所連引與淮南王謀反列侯二千石豪傑數千人，皆以罪輕重受誅。衡山王賜，淮南王弟也，當坐收，有司請逮捕衡山王。天子曰：「諸侯各以其國為本，不當相坐。與諸侯王列侯會肄丞相諸侯議。」趙王彭祖、列侯臣讓等四十三人議，皆曰：「淮南王安甚大逆無道，謀反明白，當伏誅。」膠西王臣端議曰：「淮南王安廢法行邪，懷詐偽心，以亂天下，熒惑百姓，倍畔宗廟，妄作妖言。春秋曰『臣無將，將而誅』。安罪重於將，謀反形已定。臣端所見其書節印圖及他逆無道事驗明白，甚大逆無道，當伏其法。而論國吏二百石以上及比者，宗室近幸臣不在法中者，不能相教，當皆免官削爵為士伍，毋得宦為吏。其非吏，他贖死金二斤八兩。以章臣安之罪，使天下明知臣子之道，毋敢復有邪僻倍畔之意。」丞相弘、廷尉湯等以聞，天子使宗正以符節治王。未至，淮南王安自剄殺。王后荼、太子遷諸所與謀反者皆族。天子以伍被雅辭多引漢之美，欲勿誅。廷尉湯曰：「被首為王畫反謀，被罪無赦。」遂誅被。國除為九江郡。（《史記・淮南衡山列傳》，3088、3093～3094 頁。）

　　前 124 年（漢武帝元朔五年）元朔五年秋，當朝，六年，過淮南。淮南王乃昆弟語，除前隙，約束反具。衡山王即上書謝病，上賜不朝。乃使人上書請廢太子爽，立孝為太子。爽聞，即使所善白嬴之長安上書，言衡山王與子謀逆，言孝作兵車鍛矢，與王御者姦。至長安未及上書，即吏捕嬴，以淮南事繫。（師古曰：「漢有司補繫之。」）王聞之，恐其言國陰事，即上書告太子，以為不道。事下沛郡治。元狩元年冬，有司求捕與淮南王謀反者，得陳喜於孝家。吏劾孝首匿喜。（師古曰：「為頭首而藏匿之。」）孝以為陳喜雅數與王計反，恐其發之，聞律先自告除其罪，又疑太子使白嬴上書發其事，即先自告所與謀反者枚赫、陳喜等。廷尉治，事驗，請逮捕衡山王治。上曰：「勿捕。」遣中尉安、大行息即問王，王具以情實對。吏皆圍王宮守之。中尉、大行還，以聞。公卿請遣宗正、大行與沛郡雜治王。王聞，即自殺。孝先自告反，告除其罪。（師古曰：「先告有反謀，又告人與己反，而自得除反罪。」）孝坐與王御婢姦，及后徐來坐蠱前後乘舒，及太子爽坐告王父不孝，

皆棄市。諸坐與王謀反者皆誅。國除為郡。(《漢書‧淮南衡山濟北王傳》，第2156頁。)

前123年（漢武帝）元朔六年中，衡山王使人上書請廢太子爽，立孝為太子。爽聞，即使所善白嬴之長安上書，言孝作輣車鏃矢，與王御者姦，欲以敗孝。白嬴至長安，未及上書，吏捕嬴，以淮南事繫。王聞爽使白嬴上書，恐言國陰事，即上書反告太子爽所為不道棄市罪事。事下沛郡治。元（朔七）（狩元）年冬，有司公卿下沛郡求捕所與淮南謀反者未得，得陳喜於衡山王子孝家。吏劾孝首匿喜。孝以為陳喜雅數與王計謀反，恐其發之，聞律先自告除其罪，又疑太子使白嬴上書發其事，即先自告，告所與謀反者救赫、陳喜等。廷尉治驗，公卿請逮捕衡山王治之。天子曰：「勿捕。」遣中尉安、大行息即問王，王具以情實對。吏皆圍王宮而守之。中尉大行還，以聞，公卿請遣宗正、大行與沛郡雜治王。王聞，即自剄殺。孝先自告反，除其罪；坐與王御婢姦，棄市。王后徐來亦坐蠱殺前王后乘舒，及太子爽坐王告不孝，皆棄市。諸與衡山王謀反者皆族。國除為衡山郡。(《史記‧淮南衡山列傳》，3097頁。)

前123年（漢武帝元朔六年）……廷尉以建辭連太子遷聞，上遣廷尉監與淮南中尉逮捕太子。至，淮南王聞，與太子謀召相、二千石，欲殺而發兵。召相，相至；內史以出為解。中尉曰：「臣受詔使，不得見王。」王念獨殺相而內史、中尉不來，無益也，即罷相。計猶與未決。太子念所坐者謀殺漢中尉，所與謀殺者已死，以為口絕，乃謂王曰：「群臣可用者皆前繫，今無足與舉事者。王以非時發，恐無功，臣願會逮。」王亦愈欲休，即許太子。太子自刑，不殊。(晉灼曰：「不殊，不死也。」師古曰：「殊，絕也，雖自刑殺，而身首不絕也。」)伍被自詣吏，具告與淮南王謀反。吏因捕太子、王后，圍王宮，盡捕王賓客在國中者，索得反具以聞。上下公卿治，所連引與淮南王謀反列侯、二千石、豪傑數千人，皆以罪輕重受誅。衡山王賜，淮南王弟，當坐收。有司請逮捕衡山王，上曰：「諸侯各以其國為本，不當相坐。與諸侯王列侯議。」趙王彭祖、列侯讓等四十三人皆曰：「淮南王安大逆無道，謀反明白，當伏誅。」膠西王端議曰：「安廢法度，行邪辟，有詐偽心，以亂天下，熒惑百姓，背畔宗廟，妄作妖言。春秋曰「臣毋將，將而誅。」安罪重於將，謀反形已定。臣端所見其書印圖及它逆亡道事驗明白，當伏法。論國吏二百石以上及比者，宗室近幸臣不在法中者，不能相教，皆當免，(師古曰：「若本有重

罪，自從其法，縱無反狀者，亦皆免。」）削爵為士伍，毋得官為吏。其非吏，它贖死金二斤八兩，以章安之罪，使天下明知臣子之道，毋敢復有邪僻背畔之意。」丞相弘、廷尉湯等以聞，上使宗正以符節治王。未至，安自刑殺。后、太子諸所與謀皆收夷。國除為九江郡。（師古曰：「夷謂誅滅之。」）（《漢書·淮南衡山濟北王傳》，第 2153 頁。）

前 121 年（漢武帝元狩二年）……後復謂近臣曰：「我為王，詔獄歲至，生又無歡怡日，壯士不坐死，欲為人所不能為耳。」建時佩其父所賜將軍印，載天子旗出。積數歲，事發覺，漢遣丞相長史與江都相雜案，索得兵器璽綬節反具，有司請捕誅建。制曰：「與列侯吏二千石博士議。」議皆曰：「建失臣子道，積久，輒蒙不忍，遂謀反逆。所行無道，雖桀紂惡不至於此。天誅所不赦，當以謀反法誅。」有詔宗正、廷尉即問建。建自殺，後成光等皆棄市。（《漢書·景十三王傳》，第 2417 頁。）

前 113 年（漢武帝元鼎四年）……以射策為掌故，功次，補廷尉文學卒史……為人溫良，有廉知自將，善屬文，然懦於武，口弗能發明也。時張湯為廷尉，廷尉府盡用文史法律之吏，而寬以儒生在其間，見謂不習事，不署曹，除為從史，之北地視畜數年。（師古曰：「之，往也。畜謂廷尉之畜在北地者，若今諸司公廨牛羊。」）還至府，上畜簿，會廷尉時有疑奏，已再見卻矣，掾史莫知所為。寬為言其意，掾史因使寬為奏。奏成，讀之皆服，以白廷尉湯。湯大驚，召寬與語，乃奇其材，以為掾。上寬所作奏，實時得可。異日，湯見上。問曰：「前奏非俗吏所及，誰為之者？湯言兒寬。上曰：「吾固聞之久矣。」湯由是鄉學，以寬為奏讞掾，以古法義決疑獄，甚重之。及湯為御史大夫，以寬為掾，舉侍御史。見上，語經學。上說之，從問尚書一篇。擢為中大夫，遷左內史。寬既治民，勸農業，緩刑罰，理獄訟，卑體下士，務在於得人心……定令則趙禹、張湯……（《漢書·公孫弘卜式兒寬》，第 2628～2630、2634 頁。）

前 109 年（漢武帝元封二年）是歲，以御史中丞南陽杜周為廷尉。周外寬，內深次骨，（李奇曰：其用法深刻至骨。）其治大放張湯。（言大抵依放張湯也。）時詔獄益多，二千石繫者，新故相因，不減百餘人；廷尉一歲至千餘章，（章者，諸獄告劾之書，上之廷尉者也。）章大者連逮證案數百，小者數十人，遠者數千、近者數百里會獄。廷尉及中都官詔獄逮至六七萬人，（師古曰：中都官，凡京師諸官府也；獄辭所及進考問者六七萬人也。）吏

所增加，十萬餘人。（師古曰：吏又於此外以文致之更增也。）（《資治通鑑》卷二十一，686～687頁。）

前94年（漢武帝泰始三年）……詣闕告太子丹與同產姊及王後宮姦亂，交通郡國豪猾，攻剿為姦，吏不能禁。書奏，天子怒，遣使者詔郡發吏卒圍趙王宮，收捕太子丹，移繫魏郡詔獄，與廷尉雜治，法至死……上以充為謁者，使匈奴還，拜為直指繡衣使者，督三輔盜賊，禁察踰侈。貴戚近臣多奢僭，充皆舉劾，奏請沒入車馬，令身待北軍擊匈奴。（文穎曰：「令貴戚身待於北軍也。」）奏可。充即移書光祿勳中黃門，逮名近臣侍中諸當詣北軍者，移劾門衛，禁止無令得出入宮殿。於是貴戚子弟惶恐，皆見上叩頭求哀，願得入錢贖罪。上許之，令各以秩次輸錢北軍，凡數千萬。上以充忠直，奉法不阿，所言中意。充出，逢館陶長公主行馳道中。充呵問之，公主曰：「有太后詔。」充曰：「獨公主得行，車騎皆不得。」盡劾沒入官。（如淳曰：「令乙，騎乘車馬行馳道中，已論者，沒入車馬被具。」）後充從上甘泉，逢太子家使乘車馬行馳道中，充以屬吏。太子聞之，使人謝充曰：「非愛車馬，誠不欲令上聞之，以教敕亡素者。（師古曰：「言素不教敕左右。」）唯江君寬之！」充不聽，遂白奏。上曰：「人臣當如是矣。」大見信用，威震京師。遷為水衡都尉，宗族知友多得其力者。久之，坐法免。會陽陵朱安世告丞相公孫賀子太僕敬聲為巫蠱事，連及陽石、諸邑公主，賀父子皆坐誅。語在賀傳。後上幸甘泉，疾病，充見上年老，恐晏駕後為太子所誅，因是為姦，奏言上疾祟在巫蠱。於是上以充為使者治巫蠱。充將胡巫掘地求偶人，捕蠱及夜祠，視鬼，染污令有處，輒收捕驗治，燒鐵鉗灼，強服之。民轉相誣以巫蠱，吏輒劾以大逆亡道，坐而死者前後數萬人。是時，上春秋高，疑左右皆為蠱祝詛，有與亡，莫敢訟其冤者。充既知上意，因言宮中有蠱氣，先治後宮希幸夫人，以次及皇后，遂掘蠱於太子宮，得桐木人。太子懼，不能自明，收充，自臨斬之。罵曰：「趙虜！亂乃國王父子不足邪！乃復亂吾父子也！」太子繇是遂敗。語在戾園傳。後武帝知充有詐，夷充三族。（《漢書・蒯伍江息夫傳》，第2175～2179頁。）

前87年（漢武帝後元二年）丙吉字少卿，魯國人也。治律令，為魯獄史。積功勞，稍遷至廷尉右監。坐法失官，歸為州從事。（《漢書・魏相丙吉傳》，第3142頁。）

前87年（漢武帝後元二年）……武帝末，巫蠱事起，吉以故廷尉監徵詔

治巫蠱郡邸獄。時宣帝生數月，以皇曾孫坐衛太子事繫，吉見而憐之。又心知太子無事實，重哀曾孫無辜，吉擇謹厚女徒，令保養曾孫，置閒燥處。吉治巫蠱事，連歲不決。後元二年，武帝疾，往來長楊、五柞宮，望氣者言長安獄中有天子氣，於是上遣使者分條中都官詔獄繫者，亡輕重一切皆殺之。內謁者令郭穰夜到郡邸獄，吉閉門拒使者不納，曰：「皇曾孫在。他人亡辜死者猶不可，況親曾孫乎！」相守至天明不得入，穰還以聞，因劾奏吉。武帝亦寤，曰：「天使之也。」因赦天下。郡邸獄繫者獨賴吉得生，恩及四海矣。（《漢書·丙吉傳》，第3142頁。）

前87～前80年（漢昭帝）……後人有告相賊殺不辜，事下有司。河南卒戍中都官者二三千人，遮大將軍，自言願復留作一年以贖太守罪。河南老弱萬餘人守關欲入上書，關吏以聞。大將軍用武庫令事，遂下相廷尉獄。（師古曰：「光心以武庫令事嫌之，而下其賊殺不辜之獄也。」）久繫踰冬，會赦出……（《漢書·魏相丙吉傳》，第3134頁。）

前87～前52年（漢昭帝—漢宣帝）延年字幼公，亦明法律……延年本大將軍霍光吏，首發大姦，有忠節，由是擢為太僕右曹給事中。光持刑罰嚴，延年輔之以寬。治燕王獄時，御史大夫桑弘羊子遷亡，過父故吏侯史吳。後遷捕得，伏法。會赦，侯史吳自出繫獄，廷尉王平與少府徐仁雜治反事，皆以為桑遷坐父謀反而侯史吳臧之，非匿反者，乃匿為隨者也。即以赦令除吳罪。後侍御史治實，以桑遷通經術，知父謀反而不諫爭，與反者身無異；侯史吳故三百石吏，首匿遷，不與庶人匿隨從者等，吳不得赦。奏請復治，劾廷尉、少府縱反者。少府徐仁即丞相車千秋女婿也，故千秋數為侯史吳言。恐光不聽，千秋即召中二千石、博士會公交車門，議問吳法。（師古曰：「（言）（於）法律之中吳當得何罪。」）議者知大將軍指，皆執吳為不道。明日，千秋封上眾議，光於是以千秋擅召中二千石以下，外內異言，遂下廷尉平、少府仁獄。朝廷皆恐丞相坐之。延年乃奏記光爭，以為「吏縱罪人，有常法，今更詆吳為不道，恐於法深。又丞相素無所守持，而為好言於下，盡其素行也。至擅召中二千石，甚無狀。延年愚，以為丞相久故，及先帝用事，非有大故，不可棄也。間者民頗言獄深，吏為峻詆，今丞相所議，又獄事也，如是以及丞相，恐不合眾心。群下讙譁，庶人私議，流言四布，延年竊重將軍失此名於天下也！」光以廷尉、少府弄法輕重，皆論棄市，而不以及丞相，終與相竟。延年論議持平，合和朝廷，皆此類也。見國家承武帝奢侈師旅之

後，數為大將軍光言：「年歲比不登，流民未盡還，宜修孝文時政，示以儉約寬和，順天心，說民意，年歲宜應。」光納其言，舉賢良，議罷酒榷鹽鐵，皆自延年發之。吏民上書言便宜，有異，輒下延年平處覆奏。言可官試者，至為縣令，或丞相、御史除用，滿歲以狀聞，或抵其罪法，（師古曰：「抵，至也。言事之人有姦妄者，則（特）致之於罪法。」）常與兩府及廷尉分章。（《漢書・杜周傳》，第 2662～2664 頁。）

前 86 年（漢昭帝始元元年）閏月，遣故廷尉王平等五人持節行郡國，舉賢良，問民所疾苦、冤、失職者。（《漢書・昭帝紀》，第 220 頁。）前 86 年（漢昭帝始元元年）閏月，遣故廷尉王平等五人持節行郡國，舉賢良，問民疾苦、冤、失職者。（《資治通鑒》卷二十三，752 頁。）

前 86～前 62 年（漢昭帝—漢宣帝）尹翁歸字子兄，河東平陽人也，徙杜陵。翁歸少孤，與季父居。為獄小吏，曉習文法……所舉應法，得其罪辜，屬縣長吏雖中傷，莫有怨者……徵拜東海太守，過辭廷尉于定國……翁歸治東海明察，郡中吏民賢不肖，及姦邪罪名盡知之。縣縣各有記籍。自聽其政，（師古曰：「言決斷諸縣姦邪之事，不委令長。」）有急名則少緩之；吏民小解，輒披籍。（服虔曰：「披有罪者籍也。」）縣縣收取黠吏豪民，案致其罪，高至於死。收取人必於秋冬課吏大會中，及出行縣，（師古曰：「於大會之中及行縣時則收取罪人，以警眾也。行音下更反。」）不以無事時。其有所取也，以一警百，吏民皆服，恐懼改行自新。東海大豪郯許仲孫為姦猾，亂吏治，郡中苦之。二千石欲捕者，輒以力勢變詐自解，終莫能制。翁歸至，論棄仲孫市，一郡怖栗，莫敢犯禁……翁歸為政雖任刑，其在公卿之間清絜自守，語不及私，然溫良嗛退，不以行能驕人，甚得名譽於朝廷……（《漢書・趙尹韓張兩王傳》，第 3206～3209 頁。）

前 83 年（漢昭帝始元四年）廷尉李種坐故縱死罪棄市。（《漢書・昭帝紀》，第 222 頁。）

前 82 年（漢昭帝始元五年）……後趙廣漢為京兆尹，言「我禁姦止邪，行於吏民，至於朝廷事，不及不疑遠甚。」廷尉驗治何人，竟得姦詐。本夏陽人，姓成名方遂，居湖，以卜筮為事。有故太子舍人嘗從方遂卜，謂曰：「子狀貌甚似衛太子。」方遂心利其言，幾得以富貴，即詐自稱詣闕。廷尉逮召鄉里識知者張宗祿等，方遂坐誣罔不道，要斬東市。（《漢書・雋疏於薛平彭傳》，第 3038 頁。）

前 78 年（漢昭帝元鳳三年）夏四月，少府徐仁、廷尉王平、左馮翊賈勝胡皆坐縱反者，仁自殺，平、勝胡皆要斬。（《漢書・昭帝紀》，第 229 頁。）

前 78 年（漢昭帝元鳳三年）……時，昭帝幼，大將軍霍光秉政，惡之，下其書廷尉。奏賜、孟妄設祅言惑眾，大逆不道，皆伏誅……（《漢書・眭兩夏侯京翼李傳》，第 3154 頁。）

前 73～前 49 年（漢宣帝）……先是，茂陵富人焦氏、賈氏以數千萬陰積貯炭葦諸下里物。昭帝大行時，方上事暴起，用度未辦，延年奏言「商賈或豫收方上不祥器物，冀其疾用，欲以求利，非民臣所當為。請沒入縣官。」奏可。富人亡財者皆怨，出錢求延年罪。初，大司農取民牛車三萬兩為僦，載沙便橋下，送致方上，車直千錢，延年上簿詐增僦直車二千，凡六千萬，盜取其半。焦、賈兩家告其事，下丞相府。丞相議奏延年「主守盜三千萬，不道」。霍將軍召問延年，欲為道地，延年抵曰：「本出將軍之門，蒙此爵位，無有是事。」光曰：「即無事，當窮竟。」御史大夫田廣明謂太僕杜延年：「春秋之義，以功覆過。當廢昌邑王時，非田子賓之言大事不成。今縣官出三千萬自乞之何哉？願以愚言白大將軍。」延年言之大將軍，大將軍曰：「誠然，實勇士也！當發大議時，震動朝廷。」光因舉手自撫心曰：「使我至今病悸！謝田大夫曉大司農，通往就獄，得公議之。」田大夫使人語延年，延年曰：「幸縣官寬我耳，何面目入牢獄，使眾人指笑我，卒徒唾吾背乎！」即閉閣獨居齊舍，偏袒持刀東西步。數日，使者召延年詣廷尉。聞鼓聲，自刎死，國除。（《漢書・酷吏傳》，第 3665～3666 頁。）

前 73～前 49 年（漢宣帝）……人有上書告長樂非所宜言，事下廷尉。長樂疑惲教人告之，亦上書告惲罪：「高昌侯車奔入北掖門，惲語富平侯張延壽曰：『聞前曾有奔車抵殿門，門關折，馬死，而昭帝崩。今復如此，天時，非人力也。』」左馮翊韓延壽有罪下獄，惲上書訟延壽……事下廷尉。廷尉定國考問，左驗明白，奏惲不服罪，而召戶將尊，欲令戒飭富平侯延壽，曰『太僕定有死罪數事，朝暮人也。惲幸與富平侯婚姻，今獨三人坐語，侯言『時不聞惲語』，自與太僕相觸也』。尊曰：『不可』。惲怒，持大刀，曰：『蒙富平侯力，得族罪！毋泄惲語，令太僕聞之亂餘事。』惲幸得列九卿諸吏，宿衛近臣，上所信任，與聞政事，不竭忠愛，盡臣子義，而妄怨望，稱引為妖惡言，大逆不道，請逮捕治。上不忍加誅，有詔皆免惲、長樂為庶人。（《漢書・公孫劉田王楊蔡陳鄭傳》，第 2891、2893 頁。）

前 71 年（漢宣帝本始三年）于定國字曼倩，東海郯人也。其父於公為縣獄史，郡決曹，決獄平，羅文法者於公所決皆不恨。郡中為之生立祠，號曰於公祠……定國少學法於父，父死，後定國亦為獄史，郡決曹，補廷尉史，以選與御史中丞從事治反者獄，以材高舉侍御史，遷御史中丞……數年，遷水衡都尉，超為廷尉。定國乃迎師學《春秋》，身執經，北面備弟子禮。為人謙恭，尤重經術士，雖卑賤徒步往過，定國皆與鈞禮，恩敬甚備，學士咸（聲）（稱）焉。其決疑平法，務在哀鰥寡，罪疑從輕，加審慎之心。朝廷稱之曰：「張釋之為廷尉，天下無冤民；于定國為廷尉，民自以不冤。」（師古曰：「言知其寬平，皆無冤枉之慮。」）定國食酒至數石不亂，冬月請治讞，飲酒益精明。為廷尉十八歲，遷御史大夫……定國父於公，其閭門壞，父老方共治之。於公謂曰：「少高大閭門，令容駟馬高蓋車。我治獄多陰德，未嘗有所冤，子孫必有興者。」至定國為丞相，永為御史大夫，封侯傳世云。（《漢書·雋疏於薛平彭傳》，第 3041～3043、3046 頁。）

前 71 年（漢宣帝本始三年）（王）翁孺生禁，字稚君，少學法律長安，為廷尉史。本始三年，生女政君，即元后也……（《漢書·元后傳》，第 4014 頁。）

前 68 年（漢宣帝地節二年）……廷尉李種、王平、左馮翊賈勝胡及車丞相女婿少府徐仁皆坐逆將軍（竟）（意）下獄死……（《漢書·霍光金日磾傳》，第 2953 頁。）

前 67 年（漢宣帝地節三年）十二月，初置廷尉平四人，秩六百石。（《漢書·宣帝紀》，第 250 頁。）

前 67 年（漢宣帝地節三年）……宣帝惡之，下廣漢廷尉獄，又坐賊殺不辜，鞠獄故不以實，擅斥除騎士乏軍興數罪。天子可其奏。吏民守闕號泣者數萬人，或言「臣生無益縣官，願代趙京兆死，使得牧養小民。」廣漢竟坐要斬。（《漢書·趙廣漢傳》，第 3204～3205 頁。）

前 67 年（漢宣帝地節三年）初，廣漢客私酤酒長安市，丞相（史）（吏）逐去（客）。客疑男子蘇賢言之，以語廣漢。廣漢使長安丞按賢，（師古曰：「按，致其罪也。」）尉史禹故劾賢為騎士屯霸上，不詣屯所，乏軍興。賢父上書訟罪，告廣漢，事下有司復治。禹坐要斬，請逮捕廣漢。有詔即訊，（師古曰：「令就問之，不追入獄也。」）辭服，會赦，貶秩一等。廣漢疑其邑子榮畜教令，後以它法論殺畜。人上書言之，事下丞相御史，案驗甚急。廣漢使所

親信長安人為丞相府門卒，令微司丞相門內不法事。地節三年七月中，丞相傅婢有過，自絞死。廣漢聞之，疑丞相夫人妒殺之府舍。而丞相奉齋酎入廟祠，廣漢得此，使中郎趙奉壽風曉丞相，欲以脅之，毋令窮正己事。丞相不聽，按驗愈急。廣漢欲告之，先問太史知星氣者，言今年當有戮死大臣，廣漢即上書告丞相罪。制曰：「下京兆尹治。」廣漢知事迫切，遂自將吏卒突入丞相府，召其夫人跪庭下受辭，收奴婢十餘人去，責以殺婢事。丞相魏相上書自陳：「妻實不殺婢。廣漢數犯罪法不伏辜，以詐巧迫脅臣相，幸臣相寬不奏。願下明使者治廣漢所驗臣相家事。」事下廷尉治（罪），實丞相自以過譴笞傅婢，出至外弟乃死，不如廣漢言。司直蕭望之劾奏：「廣漢摧辱大臣，欲以劫持奉公，逆節傷化，不道。」宣帝惡之，下廣漢廷尉獄，又坐賊殺不辜，鞠獄故不以實，擅斥除騎士乏軍興數罪。天子可其奏。吏民守闕號泣者數萬人，或言「臣生無益縣官，願代趙京兆死，使得牧養小民。」廣漢竟坐要斬。（《漢書‧趙尹韓張兩王傳》，第3204～3205頁。）

前66年（漢宣帝地節四年）……自今子匿父母，妻匿夫，孫匿大父母，皆勿坐。（師古曰：「凡首匿者，言為謀首而藏匿罪人。」其父母匿子，夫匿妻，大父母匿孫，罪殊死，皆上請廷尉以聞。（《漢書‧宣帝紀》，第251頁。）

前55年（漢宣帝五鳳三年）……廷尉于定國執憲詳平，天下自以不冤……以廷尉于定國代為御史大夫……（《漢書‧魏相丙吉傳》，第3148頁。）

前54年（漢宣帝五鳳四年）……後胥子南利侯寶坐殺人奪爵，還歸廣陵，與胥姬左修姦。事發覺，繫獄，棄市……公卿請誅胥，天子遣廷尉、大鴻臚即訊……（《漢書‧武五子傳》，第2761～2762頁。）

前49～前33年（漢元帝）……野王部督郵掾殺祤趙都案驗，得其主守盜十金罪，收捕。並不首吏，都格殺。並家上書陳冤，事下廷尉。都詣吏自殺以明野王，京師稱其威信，遷為大鴻臚……（《漢書‧馮奉世傳》，第3302頁。）

前48～前47年（漢元帝初元元年～二年）……未白而語泄，遂為許、史及恭、顯所譖愬，堪、更生下獄，及望之皆免官。語在《望之傳》……且往者高皇帝時，季布有罪，至於夷滅，後赦以為將軍，高后、孝文之間卒為名臣。孝武帝時兒寬有重罪繫，按道侯韓說諫曰：「前吾丘壽王死，陛下至今恨之；今殺寬，後將復大恨矣！」上感其言，遂貰寬，復用之，位至御史大夫，御史大夫未有及寬者也。又董仲舒坐私為災異書，主父偃取奏之，下

吏，罪至不道，幸蒙不誅，復為太中大夫，膠西相，以老病免歸。漢有所欲興，常有詔問仲舒為世儒宗，定議有益天下。孝宣皇帝時，夏侯勝坐誹謗繫獄，三年免為庶人。宣帝復用勝，至長信少府，太子太傅，名敢直言，天下美之。若乃群臣，多此比類，難一二記。有過之臣，無負國家，有益天下，此四臣者，足以觀矣。前弘恭奏望之等獄決，三月，地大震……書奏，恭、顯疑其更生所為，白請考姦詐。辭果服，遂逮更生繫獄，下太傅韋玄成、諫大夫貢禹，與廷尉雜考。劾更生前為九卿，坐與望之、堪謀排車騎將軍高、許、史氏侍中者，毀離親戚，欲退去之，而獨專權。為臣不忠，幸不伏誅，復蒙恩徵用，不悔前過，而教令人言變事，誣罔不道。更生坐免為庶人。而望之亦坐使子上書自冤前事，恭、顯白令詣獄置對。（師古曰：「置對者，立為對辭。」）望之自殺……（《漢書‧楚元王傳》，第 1930～1932 頁。）

前 48 年（漢元帝初元元年）……恭、顯奏「望之、堪、更生朋黨相稱舉，數譖訴大臣，毀離親戚，欲以專擅權勢，為臣不忠，誣上不道，請謁者召致廷尉。」時上初即位，不省「謁者召致廷尉」為下獄也，可其奏。後上召堪、更生，曰繫獄。上大驚曰：「非但廷尉問邪？」以責恭、顯，皆叩頭謝。上曰：「令出視事。」恭、顯因使高言：「上新即位，未以德化聞於天下，而先驗師傅，既下九卿大夫獄，宜因決免。」於是制詔丞相御史：「前將軍望之傅朕八年，亡它罪過，今事久遠，識忘難明。其赦望之罪，收前將軍光祿勳印綬，及堪、更生皆免為庶人。」（《漢書‧蕭望之傳》，第 3286～3287 頁。）

前 48～前 33 年（漢元帝）陳遵字孟公，杜陵人也……元帝時，徵遂為京兆尹，至廷尉。（《漢書‧游俠傳》，第 3709 頁。）

前 45 年（漢元帝初元四年）……章下廷尉案驗，得所予會宗書，宣帝見而惡之。廷尉當惲大逆無道，要斬。妻子徙酒泉郡。譚坐不諫正惲，與相應，有怨望語，免為庶人。召拜成為郎，諸在位與惲厚善者，未央衛尉韋玄成、京兆尹張敞及孫會宗等，皆免官。（《漢書‧公孫劉田王楊蔡陳鄭傳》，第 2898 頁。）

前 32 年（漢成帝建始元年）薛宣字贛君，東海郯人也。少為廷尉書佐都船獄史。後以大司農斗食屬察廉，補不其丞。琅邪太守趙貢行縣，見宣，甚說其能。從宣歷行屬縣，還至府，令妻子與相見，戒曰：「贛君至丞相，我兩子亦中丞相史。」察宣廉，遷樂浪都尉丞。幽州刺史舉茂材，為宛句令。大將軍王鳳聞其能，薦宣為長安令，治果有名，以明習文法詔補御史中丞……（《漢

書・薛宣傳》，第 3385 頁。）

前 32～前 8 年（漢成帝）彭宣字子佩，淮陽陽夏人也。治《易》，事張禹，舉為博士，遷東平太傅。禹以帝師見尊信，薦宣經明有威重，可任政事，繇是入為右扶風，遷廷尉，以王國人出為太原太守。（《漢書・彭宣傳》，第 3051 頁。）

前 32～前 8 年（漢成帝）……博本武吏，不更文法，及為刺史行部，吏民數百人遮道自言，官寺盡滿……博見謂曰：「如太守漢吏，奉三尺律令以從事耳，亡奈生所言聖人道何也！且持此道歸，堯舜君出，為陳說之。」其折逆人如此……博口占檄文曰：「府告姑幕令丞：言賊發不得，有書。檄到，令丞就職，游徼王卿力有餘，如律令！」（師古曰：「游徼職主捕盜賊，故云如律令。」）……遷為大司農。歲餘，坐小法，左遷犍為太守。先是南蠻若兒數為寇盜，博厚結其昆弟，使為反間，襲殺之，郡中清。徙為山陽太守，病免官。復徵為光祿大夫，遷廷尉，職典決疑，當讞平天下獄。博恐為官屬所誣，視事，召見正監典法掾史，謂曰：「廷尉本起於武吏，不通法律，幸有眾賢，亦何憂！然廷尉治郡斷獄以來且二十年，亦獨耳剽日久，三尺律令，人事出其中。掾史試與正監共撰前世決事吏議難知者數十事，持以問廷尉，得（為）諸君覆意之。」正監以為博苟強，意未必能然，即共條白焉。博皆召掾史，並坐而問，為平處其輕重，十中八九。官屬咸服博之疏略，材過人也。每遷徙易官，所到輒出奇譎如此，以明示下為不可欺者。久之，遷後將軍，與紅陽侯立相善。立有罪就國，有司奏立黨友，博坐免。（《漢書・朱博傳》，第 3399～3404 頁。）

前 32～前 8 年（漢成帝）……而陳咸為御史中丞，坐漏泄省中語下獄。博去吏，間步至廷尉中，候伺咸事。咸掠治困篤，博詐得為醫入獄，得見咸，具知其所坐罪。博出獄，又變姓名，為咸驗治數百，卒免咸死罪……（《漢書・薛宣朱博傳》，第 3398 頁。）

前 29 年（漢成帝建始四年）……時成都侯商新為大司馬衛將軍輔政，素不善湯。商聞此語，白湯惑眾，下獄治，按驗諸所犯。湯前為騎都尉王莽上書言：「父早死，（犯）（獨）不封，母明君共養皇太后，尤勞苦，宜封竟為新都侯。」後皇太后同母弟苟參為水衡都尉，死，子伋為侍中，參妻欲為伋求封，湯受其金五十斤，許為求比上奏。弘農太守張匡坐臧百萬以上，狡猾不道，有詔即訊，恐下獄，使人報湯。湯為訟罪，得踰冬月，許謝錢二百萬，皆此類

也。事在赦前。後東萊郡黑龍冬出，人以問湯，湯曰：「是所謂玄門開。微行數出，出入不時，故龍以非時出也。」又言當復發徒，傳相語者十餘人。丞相御史奏「湯惑眾不道，妄稱詐歸異於上，非所宜言，大不敬。」廷尉增壽議，以為「不道無正法，以所犯劇易為罪，臣下（丞）（承）用失其中，故移獄廷尉，無比者先以聞，所以正刑罰，重人命也。明主哀憫百姓，下制書罷昌陵勿徙吏民，已申布。湯妄以意相謂且復發徒，雖頗驚動，所流行者少，百姓不為變，不可謂惑眾。湯稱詐，虛設不然之事，非所宜言，大不敬也。」制曰：「廷尉增壽當是。湯前有討郅支單于功，其免湯為庶人，徙邊。」又曰：「故將作大匠萬年佞邪不忠，妄為巧詐，多賦斂，煩繇役，興卒暴之作，卒徒蒙辜，死者連屬，毒流眾庶，海內怨望。雖蒙赦令，不宜居京師。」於是湯與萬年俱徙敦煌。（《漢書‧傅常鄭甘陳段傳》，第3025～3026頁。）

　　前28年（漢成帝建始五年）……久之，衡子昌為越騎校尉，醉殺人，繫詔獄。越騎官屬與昌弟且謀篡昌。事發覺，衡免冠徒跣待罪，天子使謁者詔衡冠履。而有司奏衡專地盜土，衡竟坐免……司隸校尉駿、少府忠行廷尉事劾奏「衡監臨盜所主守直十金以上。（師古曰：「十金以上，當時律定罪之次，若今律條言一尺以上，一匹以上。」）春秋之義，諸侯不得專地，所以壹統尊法制也。衡位三公，輔國政，領計簿，知郡實，正國界，計簿已定而背法制，專地盜土以自益，及賜、明阿承衡意，猥舉郡計，亂減縣界，附下罔上，擅以地附益大臣，皆不道。」於是上可其奏，勿治，丞相免為庶人，終於家。（《漢書‧匡張孔馬傳》，第3345～3346頁。）

　　前28～前25年（漢成帝河平年間）……既至甘泉宮，會殿中，慶與廷尉范延壽語，時慶有章劾，自道：「行事以贖論，今尚書持我事來，當於此決。前我為尚書時，嘗有所奏事，忽忘之，留月餘。」方進於是舉劾慶曰：「案慶奉使刺舉大臣，故為尚書，知機事周密壹統，明主躬親不解。慶有罪未伏誅，無恐懼心，豫自設不坐之比。又暴揚尚書事，言遲疾無所在，虧損聖德之聰明，奉詔不謹，皆不敬，臣謹以劾。」慶坐免官。會北地浩商為義渠長所捕，亡，長取其母，與豭豬連繫都亭下。商兄弟會賓客，自稱司隸掾、長安縣尉，殺義渠長妻子六人，亡。丞相、御史請遣掾史與司隸校尉、部刺史並力逐捕，察無狀者，奏可。司隸校尉涓勳奏言：「《春秋》之義，王人微者序乎諸侯之上，尊王命也。臣幸得奉使，以督察公卿以下為職，今丞相宣請遣掾史，以宰士督察天子奉使命大夫，甚悖逆順之理。宣本不師受經術，

因事以立姦威。案浩商所犯，一家之禍耳，而宣欲專權作威，乃害於乃國，不可之大者。願下中朝特進列侯、將軍以下，正國法度。」議者以為丞相掾不宜移書督趣司隸。會浩商捕得伏誅，家屬徙合浦……上以方進所舉應科，不得用逆詐廢正法，遂貶勳為昌陵令……方進知能有餘，兼通文法吏事，以儒雅緣飾法律，號為通明相，天子甚器重之，奏事亡不當意，內求人主微指以固其位。（《漢書·翟方進傳》，第3412～3413、3415、3421頁。）

　　前25年（漢成帝河平四年）……遂下章吏。廷尉致其大逆罪，以為「比上夷狄，欲絕繼嗣之端；背畔天子，私為定陶王。」章死獄中，妻子徙合浦。（《漢書·元后傳》，第4023頁。）

　　前24年（漢成帝陽朔元年）……書遂上，果下廷尉獄，妻子皆收繫。章小女年可十二，夜起號哭曰：「平生獄上呼囚，（素）（數）常至九，今八而止。我君（數）（素）剛，先死者必君。」明日問之，章果死。妻子皆徙合浦。（《漢書·趙尹韓張兩王傳》，第3239頁。）

　　前16～前13年（漢成帝永始年間）……永始中，相禹奏立對外家怨望，有惡言。有司案驗，因發淫亂事，奏立禽獸行，請誅。太中大夫谷永上疏曰：「臣聞『禮，天子外屏，不欲見外』也。是故帝王之意，不窺人閨門之私，聽聞中冓之言。《春秋》為親者諱。《詩》云『戚戚兄弟，莫遠具爾』。今梁王年少，頗有狂病，始以惡言按驗，既亡事實，而發閨門之私，非本章所指。王辭又不服，猥強劾立，傅致難明之事，獨以偏辭成罪斷獄，亡益於治道。污蔑宗室，以內亂之惡披布宣揚於天下，非所以為公族隱諱，增朝廷之榮華，昭聖德之風化也。臣愚以為王少，而父同產長，年齒不倫；梁國之富，足以厚聘美女，招致妖麗；父同產亦有恥辱之心。（師古曰：「言其姑亦當自恥，必不與姦。」）案事者乃驗問惡言，何故猥自發抒？以三者揆之，殆非人情，疑有所迫切，過誤失言，文吏躡尋，不得轉移。萌牙之時，加恩勿治，上也。既已案驗舉憲，宜及王辭不服，詔廷尉選上德通理之吏，更審考清問，著不然之效，定失誤之法，而反命於下吏，以廣公族附疏之德，為宗室刷污亂之恥，甚得治親之誼。」天子由是寢而不治。（《漢書·文三王傳》，第2216～2217頁。）

　　前13年（漢成帝永始四年）梁王立驕恣無度，至一日十一犯法。相禹奏「立對外家怨望，有惡言。」有司按驗，因發其與姑園子姦事，奏「立禽獸行，請誅。」（漢法，內亂為禽獸行。）太中大夫谷永上書曰：「……宜及王辭不服，詔廷尉選上德通理之吏更審考清問，著不然之效，定失誤之法，（失誤，

謂誤入人罪為失。）而反命於下史，以廣公族附疏之德，為宗室刷污亂之恥，甚得治親之誼。」天子由是寢而不治。是歲，司隸校尉蜀郡何武為京兆尹。武為吏，守法盡公，進善退惡，所居無赫赫名，去後常見思。（《資治通鑒》卷三十二，第 1023～1025 頁。）

前 8 年（漢成帝綏和元年）……光以議不中意，左遷廷尉。光久典尚書，練法令，號稱詳平。時定陵侯淳于長坐大逆誅，長小妻乃始等六人皆以長事未發覺時棄去，或更嫁。及長事發，丞相方進、大司空武議，以為「令，犯法者各以法時律令論之，（師古曰：「此（其）（具）引令條之文也。法時謂始犯法之時也。」）明有所讫也。長犯大逆時，乃始等見為長妻，已有當坐之罪，與身犯法無異。後乃棄去，於法無以解。請論。」光議以為「大逆無道，父母妻子同產無少長皆棄市，欲懲後犯法者也。師夫婦之道，有義則合，無義則離。長未自知當坐大逆之法，而棄去乃始等，或更嫁，義已絕，而欲以為長妻論殺之，名不正，不當坐。」有詔光議是。（《漢書·孔光傳》，第 3355～3356 頁。）

前 8 年（漢成帝綏和元年）……數歲，坐郡中被災害什四以上免。久之，大司馬曲陽侯王根薦武，徵為諫大夫。遷兗州刺史，入為司隸校尉，徙京兆尹。二歲，坐舉方正所舉者召見榮辟雅拜，有司以為詭眾虛偽。武坐左遷楚內史，遷沛郡太守，復入為廷尉。綏和（三）（元）年，御史大夫孔光左遷廷尉，武為御史大夫……然疾朋黨，問文吏必於儒者，問儒者必於文吏，以相參檢。欲除吏，先為科例以防請託。其所居亦無赫赫名，去後常見思。及為御史大夫司空，與丞相方進共奏言：「往者諸侯王斷獄治政，內史典獄事，相總綱紀輔王，中尉備盜賊。今王不斷獄與政，中尉官罷，職並內史，郡國守相委任，所以壹統信，安百姓也……」（《漢書·何武傳》，第 3484～3485 頁。）

前 7 年（漢成帝綏和二年）……事下有司，御史中丞眾等奏：「況朝臣，父故宰相，再封列侯，不相敕丞化，而骨肉相疑，疑咸受修言以謗毀宣。咸所言皆宣行跡，眾人所共見，公家所宜聞。況知咸給事中，恐為司隸舉奏宣，而公令明等迫切宮闕，要遮創戮近臣於大道人眾中，欲以鬲塞聰明，杜絕論議之端。桀黠無所畏忌，萬眾讙嘩，流聞四方，不與凡民忿怒爭鬥者同。臣聞敬近臣，為近主也。禮，下公門，式路馬，君畜產且猶敬之。春秋之義，意惡功遂，不免於誅，上浸之源不可長也。況首為惡，明手傷，功意俱惡，皆大不敬。明當以重論，及況皆棄市。」廷尉直以為「律曰『鬥以刃傷人，完為城

旦，其賊加罪一等，與謀者同罪。』詔書無以詆欺成罪傳曰：『遇人不以義而見疻者，與痏人之罪鈞，惡不直也。』咸厚善修，而數稱宣惡，流聞不誼，不可謂直。況以故傷咸，計謀已定，後聞置司隸，因前謀而趣明，非以恐咸為司隸故造謀也。本爭私變，雖於掖門外傷咸道中，與凡民爭鬥無異。殺人者死，傷人者刑，古今之通道，三代所不易也。孔子曰：『必也正名。』名不正，則至於刑罰不中；刑罰不中，而民無所錯手足。今以況為首惡，明手傷為大不敬，公私無差。《春秋》之義，原心定罪。原況以父見謗發忿怒，無它大惡。加詆欺，輯小過成大辟，陷死刑，違明詔，恐非法意，不可施行。聖王不以怒增刑。明當以賊傷人不直，況與謀者皆爵減完為城旦。」（師古曰：「以其身有爵級，故得減罪而為完也。況身及同謀之人，皆從此科。」）上以問公卿議臣。丞相孔光、大司空師丹以中丞議是，自將軍以下至博士議郎皆是廷尉。況竟減罪一等，徙敦煌。宣坐免為庶人，歸故郡，卒於家……惠自知治縣不稱宣意，遣門下掾送宣至陳留，令掾進見，自從其所問宣不教戒惠吏職之意。宣笑曰：「吏道以法令為師，可問而知。及能與不能，自有資材，何可學也？」眾人傳稱，以宣言為然。（《漢書・薛宣朱博傳》，第3395～3397頁。）

前7年（漢成帝綏和二年）「……前平安剛侯夫人謁坐大逆罪，家屬幸蒙赦令，歸故郡……」廢后因孊私賂遺長，數通書記相報謝。長書有悖謾，發覺，天子使廷尉孔光持節賜廢后藥，自殺，葬延陵交道廄西。（《漢書・外戚傳》，第3983頁。）

前7年（漢成帝綏和二年）定陵侯淳于長大逆不道，下獄死。廷尉孔光使持節賜貴人許氏藥，飲藥死。（《漢書・成帝紀》，第329頁。）

前7年（漢成帝綏和二年）「……掖庭令輔等在後庭左右，侍燕迫近，雜與御史、丞相、廷尉治問皇帝起居發病狀。」趙昭儀自殺。（《漢書・外戚傳》，第3990頁。）

前7～前1年（漢哀帝）……時潁川鍾元為尚書令，領廷尉，用事有權。弟威為郡掾，臧千金。並為太守，（故）（過）辭鍾廷尉，廷尉免冠為弟請一等之罪，（如淳曰：「減死罪一等。」）願蚤就髡鉗。並曰：「罪在弟身與君律，不在於太守。」元懼，馳遣人呼弟。陽翟輕俠趙季、李款多畜賓客，以氣力漁食閭里，至姦人婦女，持吏長短，從橫郡中，聞並且至，皆亡去。並下車求勇猛曉文法吏且十人，使文吏治三人獄，武吏往捕之，各有所部。敕曰：「三人非負太守，乃負王法，不得不治。鍾威所犯多在赦前，驅使入函谷關，勿令污民

間；不入關，乃收之。趙、李桀惡，雖遠去，當得其頭，以謝百姓。」鍾威負其兄，止洛陽，吏格殺之。亦得趙、李它郡，持頭還，並皆縣頭及其具獄於市。郡中清靜，表善好士，見紀穎川，名次黃霸。(《漢書・蓋諸葛劉鄭孫毌將何傳》，第3267～3268頁。)

前7～前1年（漢哀帝）馬宮字遊卿，東海戚人也。治《春秋》嚴氏，以射策甲科為郎，遷楚長史，免官。後為丞相史司直。師丹薦宮行能高絜，遷廷尉平，青州刺史，汝南、九江太守，所在見稱。(《漢書・馬宮傳》，第3365頁。)

前6年（漢哀帝建平元年）……上惡之，下有司案驗，東平王雲、雲後謁及伍宏等皆坐誅……丞相王嘉內疑東平獄事，爭不欲侯賢等，語在嘉傳……上遣侍御史、廷尉監逮躬，繫洛陽詔獄。欲掠問，躬仰天大謼因僵仆。吏就問，雲咽已絕，血從鼻耳出。食頃，死。黨友謀議相連下獄百餘人。躬母聖，坐祠灶祝詛上，大逆不道。聖棄市，妻充漢與家屬徙合浦。躬同族親屬素所厚者，皆免廢錮。哀帝崩，有司奏：「方陽侯寵及右師譚等，皆造作姦謀，罪及王者骨肉，雖蒙赦令，不宜處爵位，在中土。」皆免寵等，徙合浦郡。(《漢書・蒯伍江息夫傳》，第2180、2187頁。)

前6年（漢哀帝建平元年）……頃之，哀帝即位，帝祖母傅太后用事，追怨參姊中山太后，陷以祝詛大逆大罪，語在《外戚傳》。參以同產當相坐，謁者承制召參詣廷尉，參自殺……(《漢書・馮奉世傳》，第3307頁。)

前6～前3年（漢哀帝建平年間）哀帝建平中，立復殺人。天子遣廷尉賞、大鴻臚由持節即訊。至，移書傅、相、中尉曰：「王背策戒，悖暴妄行，連犯大辟，毒流吏民。比比蒙恩，不伏重誅，不思改過，復賊殺人。幸得蒙恩，丞相長史、大鴻臚丞即問。王陽病抵讕，置辭驕嫚，不首主令，與背畔亡異。(師古曰：「不首謂不伏其罪也。主令者，於法令之條與背畔無異也。首音失救反。次下亦同。」)丞相、御史請收王璽綬，送陳留獄。明詔加恩，復遣廷尉、大鴻臚雜問。今王當受詔置辭，恐復不首實對。書曰：『至於再三，有不用，我降爾命。』(師古曰：「此《周書・多方》篇之辭也。言我教汝，至於再三，汝不能用，則我下罰黜汝命也。」)傅、相、中尉皆以輔正為職，『虎兕出於匣，龜玉毀於匱中，是誰之過也？』書到，明以誼曉王。敢復懷詐，罪過益深。傅、相以下，不能輔導，有正法。」……時冬月盡，其春大赦，不治。(《漢書・文三王傳》，第2218～2219頁。)

前6年（漢哀帝建平元年）……丞相孔光四時行園陵，官屬以令行馳道中，（如淳曰：「令諸使有制得行馳道中者，行旁道，無得行中央三丈也。」）宣出逢之，使吏鉤止丞相掾史，沒入其車馬，摧辱宰相。事下御史，中丞侍御史至司隸官，欲捕從事，閉門不肯內。宣坐距閉使者，亡人臣禮，大不敬，不道，下廷尉獄。博士弟子濟南王咸舉幡太學下，曰：「欲救鮑司隸者會此下。」諸生會者千餘人。朝日，遮丞相孔光自言，丞相車不得行，又守闕上書。上遂抵宣罪減死一等，髡鉗。宣既被刑，乃徙之上黨，以為其地宜田牧，又少豪俊，易長雄，遂家於長子……（《漢書‧王貢兩龔鮑傳》，第3093～3094頁。）

前5年（漢哀帝太初元將元年）……上以其言亡驗，遂下賀良等吏，而下詔曰：「朕獲保宗廟，為政不德，變異屢仍，恐懼戰慄，未知所緣。待詔賀良等建言改元易號，增益漏刻，可以永安國家。朕信道不篤，過聽其言，幾為百姓獲福。卒無嘉應，久旱為災。以問賀良等，對當復改制度，皆背經誼，違聖製，不合時宜。夫過而不改，是為過矣。六月甲子詔書，非赦令也，皆蠲除之。（師古曰：「唯赦令不改，餘皆除之。」）賀良等反道惑眾，姦態當窮竟。」皆下獄，光祿勳平當、光祿大夫毛莫如與御史中丞、廷尉雜治，當賀良等執左道，亂朝政，（師古曰：「當謂處正其罪名。」）傾覆國家，誣罔主上，不道。賀良等皆伏誅。尋及解光減死一等，徙敦煌郡……（《漢書‧眭兩夏侯京翼李傳》，第3193～3194頁。）

前2年（漢哀帝元壽元年）初，廷尉梁相與丞相長史、御史中丞及五二千石雜治東平王雲獄，時冬月未盡二旬，而相心疑雲冤，獄有飾辭，奏欲傳之長安，更下公卿覆治。尚書令鞠譚、僕射宗伯鳳以為可許。天子以相等皆見上體不平，外內顧望，操持兩心，幸雲踰冬，無討賊疾惡主仇之意，制詔免相等皆為庶人。後數月大赦，嘉奏封事薦相等明習治獄，「相計謀深沉，譚頗知雅文，鳳經明行修，聖王有計功除過，臣竊為朝廷惜此三人。」書奏，上不能平。後二十餘日，嘉封還益董賢戶事，上乃發怒，召嘉詣尚書，責問以「相等前坐在位不盡忠誠，外附諸侯，操持兩心，背人臣之義，今所稱相等材美，足以相計除罪。君以道德，位在三公，以總方略一統萬類分明善惡為職，知相等罪惡陳列，著聞天下，時輒以自劾，今又稱譽相等，雲為朝廷惜之。大臣舉錯，恣心自在，迷國罔上，近由君始，將謂遠者何！對狀。」嘉免冠謝罪。事下將軍中朝者。光祿大夫孔光、左將軍公孫祿、右將軍王安、光祿勳馬宮、

光祿大夫龔勝劾嘉迷國罔上不道，請與廷尉雜治。勝獨以為嘉備宰相，諸事並廢，咎由嘉生；嘉坐薦相等，微薄，以應迷國罔上不道，恐不可以示天下。遂可光等奏。光等請謁者召嘉詣廷尉詔獄，制曰：「票騎將軍、御史大夫、中二千石、二千石、諸大夫、博士、議郎議。」衛尉雲等五十人以為「如光等言可許」。議郎龔等以為「嘉言事前後相違，無所執守，不任宰相之職，宜奪爵土，免為庶人。」永信少府猛等十人以為「聖王斷獄，必先原心定罪，探意立情，故死者不抱恨而入地，生者不銜怨而受罪。明主躬聖德，重大臣刑辟，廣延有司議，欲使海內咸服。嘉罪名雖應法，聖王之於大臣，在輿為下，御坐則起，疾病視之無數，死則臨弔之，廢宗廟之祭，進之以禮，退之以義，誅之以行。案嘉本以相等為罪，罪惡雖著，大臣括發關械、裸躬就笞，非所以重國褒宗廟也。今春月寒氣錯繆，霜露數降，宜示天下以寬和。臣等不知大義，唯陛下察焉。」有詔假謁者節，召丞相詣廷尉詔獄。使者既到府，掾史涕泣，共和藥進嘉，嘉不肯服。主簿曰：「將相不對理陳冤，相踵以為故事，君侯宜引決。」使者危坐府門上。主簿復前進藥，嘉引藥杯以擊地，謂官屬曰：「丞相幸得備位三公，奉職負國，當伏刑都市以示萬眾。丞相豈兒女子邪，何謂咀藥而死！」嘉遂裝出，見使者再拜受詔，乘吏小車，去蓋不冠，隨使者詣廷尉。廷尉收嘉丞相新甫侯印綬，縛嘉載致都船詔獄。上聞嘉生自詣吏，大怒，使將軍以下與五二千石雜治。吏詰問嘉，嘉對曰：「案事者思得實。竊見相等前治東平王獄，不以雲為不當死，欲關公卿示重慎；置驛馬傳囚，勢不得踰冬月，誠不見其外內顧望阿附為雲驗。復幸得蒙大赦，相等皆良善吏，臣竊為國惜賢，不私此三人。」獄吏曰：「苟如此，則君何以為罪猶當？有以負國，不空入獄矣。」吏稍侵辱嘉，嘉喟然印天歎曰：「幸得充備宰相，不能進賢退不肖，以是負國，死有餘責。」吏問賢不肖主名，嘉曰：「賢，故丞相孔光、故大司空何武，不能進；惡，高安侯董賢父子，佞邪亂朝，而不能退。罪當死，死無所恨。」嘉繫獄二十餘日，不食歐血而死。帝舅大司馬票騎將軍丁明素重嘉而憐之，上遂免明，以董賢代之，語在賢傳。嘉為相三年誅，國除。（《漢書·何武王嘉師丹傳》，第 3499～3503 頁。）

3 年（漢平帝元始三年）是歲，尚書令潁川鍾元為大理。（哀帝元壽二年，復改廷尉為大理。）（《資治通鑒》卷三十六，第 1143 頁。）

23 年（漢淮陽王更始元年）……更始乃先封……廷尉大將軍王常為鄧王……（《後漢書·劉玄傳》，471 頁。）

23 年（劉玄更始元年）……時城中唯有八九千人，光武乃使成國上公王鳳、廷尉大將軍王常留守……（《後漢書·光武帝紀》，6 頁。）

25 年（漢光武帝建武元年）己亥，幸懷。遣耿弇率強弩將軍陳俊軍五社津，備滎陽以東。使吳漢率朱祐及廷尉岑彭（《前書》「廷尉，秦官」也。聽獄必質於朝廷，與眾共之。尉，平也，故稱廷尉。）、執金吾賈復、圍朱鮪於洛陽。（《後漢書·光武帝紀》，23～24 頁。）

25～219 年（東漢）（廷尉）廷尉，卿一人，中二千石。（應劭曰：「兵獄同制，故稱廷尉。」）本注曰：掌平獄，奏當所應。凡郡國讞疑罪，皆處當以報。（胡廣曰：「讞，質也。」《漢官》曰：「員吏百四十人，其十一人四科，十六人二百石廷吏，文學十六人百石，十三人獄史，二十七人佐，二十六人騎吏，三十人假佐，一人官醫。」）正、左監各一人。（前漢有左右監平，世祖省右而猶曰左。）左平一人，六百石。本注曰：掌平決詔獄。右屬廷尉。本注曰：孝武帝以下，置中都官獄二十六所，各令長名世祖中興皆省，唯廷尉及洛陽有詔獄。（蔡質《漢儀》曰：「正月旦，石官朝賀，光祿勳劉嘉、廷尉趙世各辭不能朝，高賜舉奏：『皆以被病篤困，空文武之位，闕上卿之贊，既無忠信斷金之用，而有敗禮傷化之尤，不謹不敬！請廷尉治嘉罪，河南尹治世罪。』議以世掌廷尉，故轉屬他官。」）（《後漢書·百官志》，3582 頁。）

25～219 年（東漢）（縣鄉）屬官，每縣、邑、道，大者置令一人，千石；其次置長，四百石；小者置長，三百石；侯國之相，秩次亦如之。本注曰：皆掌治民，顯善勸義，禁姦罰惡，理訟平賊，恤民時務，秋冬集課，上計於所屬郡國。（胡廣曰：「秋冬歲盡，各計縣戶口墾田，錢穀入出，盜賊多少，上其集簿。丞尉以下，歲詣郡，課校其功。功多尤為最者，於廷尉勞勉之，以勸其後。負多尤為殿者，於後曹別責，以糾怠慢也。諸對辭窮尤困，收主者，掾史關白太守，使取法。丞尉縛責，以明下轉相督來，為民除害也。明帝詔書不得僇辱黃綬，以別小人吏也。」）……凡縣主蠻夷曰道。公主所食湯沐曰邑。縣萬戶以上為令，不滿為長。侯國為相。皆秦制也。丞各一人。尉大縣二人，小縣一人。本注曰：丞署文書，典知倉獄。尉主盜賊。凡有賊發，主名不立，則推索行尋，案察姦宄，以起端緒。各署諸曹掾史。本注曰：諸曹略如郡員，五官為廷掾，監鄉五部，春夏為勸農掾，秋冬為制度掾。（《漢官》曰：「洛陽令秩千石，丞三人四百石，孝廉左尉四百石，孝廉右尉四百石。員吏七百九十六人，十三人四百石。鄉有秩、獄史五十六人，佐史、鄉佐七十七人，斗食、

令史、嗇夫、假五十人，官掾史、幹小史二百五十人，書佐九十人，修行二百六十人。」……鄉置有秩、三老、游徼……游徼掌徼循，禁司姦盜……亭有亭長，以禁盜賊。本注曰：亭長，主求捕盜賊，承望都尉。（《後漢書·百官志》，3622～3624頁。）

25～219年（東漢）法冠，一曰柱後。（《獨斷》曰：「柱後惠文。」）高五寸，以纚為展筒，（《前書》注曰：「纚，今之縰。」《通俗文》：「幘裏曰纚。」）鐵柱卷，（荀綽《晉百官表注》曰：「鐵柱，言其屬直不曲橈。」）執法者服之，侍御史、廷尉正監平也。或謂之獬豸冠。獬豸神羊，能別曲直，楚王嘗獲之，故以為冠。（《異物志》曰：「東北荒中有獸名獬豸，一角，性忠，見人鬥，則觸不直者；聞人論，則咋不正者。楚執法者所服也。今冠兩角，非象也。」臣昭曰：或謂獬豸乃非定名，在兩角未足斷正，安不存其豎飾，令兩為冠乎？）胡廣說曰：「《春秋左氏傳》有南冠而縶者，則楚冠也。秦滅楚，以其君服賜執法近臣御史服之。」（《後漢書·輿服志》，3667頁。）

29～37年（漢光武帝建武年間）董宣字少平，陳留圉人也。初為司徒侯霸所辟，舉高第，累遷北海相。到官，以大姓公孫丹為五官掾。丹新造居宅，而卜工以為當有死者，丹乃令其子殺道行人，置屍舍內，以塞其咎。宣知，即收丹父子殺之。丹宗族親黨三十餘人，操兵詣府，稱冤叫號。宣以丹前附王莽，慮交通海賊，乃悉收繫劇獄，（劇縣之獄。）使門下書佐水丘岑盡殺之。青州以其多濫，奏宣考岑，宣坐徵詣廷尉。在獄，晨夜諷誦，無憂色。及當出刑，官屬具饌送之，宣乃厲色曰：「董宣生平未曾食人之食，況死乎！」升車而去。時同刑九人，次應及宣，光武馳使騶騎特原宣刑，且令還獄。遣使者詰宣多殺無辜，宣具以狀對，言水丘岑受臣旨意，罪不由之，願殺臣活岑。使者以聞，有詔左轉宣懷令，令青州勿案岑罪。岑官至司隸校尉……後特徵為洛陽令。時湖陽公主蒼頭白日殺人，因匿主家，吏不能得。及主出行，而以奴驂乘，宣於夏門亭候之，乃駐車叩馬，以刀畫地，大言數主之失，叱奴下車，因格殺之。主即還宮訴帝，帝大怒，召宣，欲箠殺之。宣叩頭曰：「願乞一言而死。」帝曰：「欲何言？」宣曰：「陛下聖德中興，而縱奴殺良人，將何以理天下乎？臣不須箠，請得自殺。」即以頭擊楹，流血被面。帝令小黃門持之，使宣叩頭謝主，宣不從，強使頓之，宣兩手據地，終不肯俯。主曰：「文叔為白衣時，臧亡匿死，吏不敢至門。今為天子，威不能行一令乎？」帝笑曰：「天子不與白衣同。」因敕強項令出。賜錢三十萬，宣悉以班諸吏。由是搏擊豪

強，莫不震栗。京師號為「臥虎」。歌之曰：「枹鼓不鳴董少平。」（《後漢書》卷 77《酷吏列傳》，2489～2490 頁。）

25～57 年（漢光武帝）時，詔公卿大會，群臣皆就席，（戴）憑獨立。光武問其意。憑對曰：「博士說經皆不如臣，而坐居臣上，是以不得就席。」帝即召上殿，令與諸儒難說，憑多所解釋。帝善之，拜為侍中，數進見問得失。帝謂憑曰：「侍中當匡補國政，勿有隱情。」憑對曰：「陛下嚴。」帝曰：「朕何用嚴？」憑曰：「伏見前太尉西曹掾蔣遵，清亮忠孝，學通古今，陛下納膚受之訴，遂致禁錮，世以是為嚴。」帝怒曰：「汝南子欲復黨乎？」憑出，自繫廷尉，有詔敕出……（《後漢書》卷 79《儒林列傳》，2553 頁。）

42 年（漢光武帝建武十八年）……十八年，行幸章陵，徵晨行廷尉事……（《後漢書》卷 15《鄧晨傳》，584 頁。）

58～75 年（漢明帝永平年間）周紆字文通，下邳徐人也。為人刻削少恩，好韓非之術。少為廷尉史。永平中，補南行唐長。到官，曉吏人曰：「朝廷不以長不肖，使牧黎民，而性仇猾吏，志除豪賊，且勿相試！」遂殺縣中尤無狀者數十人，吏人大震。遷博平令。收考姦臧，無出獄者。以威名遷齊相，亦頗嚴酷，專任刑法，而善為辭案條教，（辭案猶今案牘也。）為州內所則。後坐殺無辜，復左轉博平令。建初中，為勃海太守。每赦令到郡，輒隱閉不出，先遣使屬縣盡決刑罪，乃出詔書。坐徵詣廷尉，免歸。紆廉潔無資，常築墼以自給。肅宗聞而憐之，復以為郎，再遷召陵侯相。廷掾憚紆嚴明，欲損其威，（《續漢志》每郡有五官掾，縣為廷掾也。）乃晨取死人斷手足，立寺門。紆聞，便往至死人邊，若與死人共語狀。陰察視口眼有稻芒，乃密問守門人曰：「悉誰載稿入城者？」門者對：「唯有廷掾耳。」又問鈴下：「外頗有疑令與死人語者不？」對曰：「廷掾疑君。」乃收廷掾考問，具服「不殺人，取道邊死人」。後人莫敢欺者。徵拜洛陽令，下車，先問大姓主名，吏數閭里豪強以對。紆厲聲怒曰：「本問貴戚若馬、竇等輩，豈能知此賣菜傭乎？」於是部吏望風旨，爭以激切為事。貴戚局蹐，京師肅清。皇后弟黃門郎竇篤從宮中歸，夜至止姦亭，亭長霍延遮止篤，篤蒼頭與爭，延遂拔劍擬篤，而肆詈恣口。篤以表聞。詔召司隸校尉、河南尹詣尚書譴問，遣劍戟士收紆送廷尉詔獄。數日貰出。（貰，赦也，音市夜反。）帝知紆奉法疾姦，不事貴戚，然苛慘失中，數為有司所奏，八年，遂免官……（《後漢書》卷 77《酷吏列傳》，2493～2495 頁。）

　　62 年（漢明帝永平五年）……永平五年，坐法徵，老小攀車叩馬，號呼相隨，日裁行數里，不得前。倫乃偽止亭舍，陰乘船去。眾知，復追之。及詣廷尉，吏民上書守闕者千餘人。是時顯宗方案梁松事，亦多為松訟者。帝患之，詔公車諸為梁氏及會稽太守上書者勿復受。會帝幸廷尉錄囚徒，得免歸田里。身自耕種，不交通人物。（《後漢書》卷 41《第五倫傳》，1397 頁。）

　　65 年（漢明帝永平八年）……帝不聽，（鄭）眾不得已，既行，在路連上書固爭之。詔切責眾，追還繫廷尉，會赦歸家。（《後漢書》卷 36《鄭眾傳》，1225 頁。）

　　66 年（漢明帝永平九年）……二十二年，坐賣弄國恩免。二十五年，徙封新息侯。帝以浮陵轢同列，每銜之，惜其功能，不忍加罪。永平中，有人單辭告浮事者，（單辭謂無證據也。《書》曰：「明清於單辭。」）顯宗大怒，賜浮死。長水校尉樊鯈言於帝曰：「唐堯大聖，兆人獲所，尚優游四凶之獄，厭服海內之心，使天下咸知，然後殛罰。浮事雖昭明，而未達人聽，宜下廷尉，章著其事。」帝亦悔之。（《後漢書》卷 33《朱浮傳》，1145 頁。）

　　71 年（漢明帝永平十四年）是時楚王英謀反，陰疏天下善士，及楚事覺，顯宗得其錄，有尹興名，乃徵興詣廷尉獄。（陸）續與主簿梁宏、功曹史駟勳及掾史五百餘人詣洛陽詔獄就考，諸吏不堪痛楚，死者大半，唯續、宏、勳掠考五毒，肌肉消爛，終無異辭。續母遠至京師，覘候消息，獄事特急，無緣與續相聞，母但作饋食，付門卒以進之。續雖見考苦毒，而辭色慷慨，未嘗易容，唯對食悲泣，不能自勝。使者怪而問其故。續曰：「母來不得相見，故泣耳。」使者大怒，以為門卒通傳意氣，召將案之。續曰：「因食餉羹，識母所自調和，故知來耳，非人告也。」使者問：「何以知母所作乎？」續曰：「母嘗截肉未嘗不方，斷蔥以寸為度，是以知之。」使者問諸謁舍，續母果來，於是陰嘉之，上書說續行狀。帝即赦興等事，還鄉里，禁錮終身。續以老病卒。（《後漢書》卷 81《獨行列傳》，2682～2683 頁。）

　　76～84 年（漢章帝建初年間）（劉）延既徙封，數懷怨望。建初中，復有告延與子男魴造逆謀者，有司奏請檻車徵詣廷尉詔獄。肅宗下詔曰：「王前犯大逆，罪惡尤深，有同周之管、蔡，漢之淮南。經有正義，律有明刑。（《公羊傳》曰：「君親無將，將而必誅。」《前書》曰：「大逆無道，父母、妻子、同產無少長皆棄市。」）先帝不忍親親之恩，枉屈大法，為王受愆，愆，過也。反而不誅，先帝之過，故言為王受過也。群下莫不惑焉。今王曾莫悔悟，悖心

不移，逆謀內潰，自子鮪發，誠非本朝之所樂聞。朕惻然傷心，不忍致王於理，今貶爵為阜陵侯，食一縣。獲斯辜者，侯自取焉。於戲誠哉！」赦鮪等罪勿驗，使謁者一人監護延國，不得與吏人通。（《後漢書》卷42《光武十王列傳》，1444～1445。）

86～167 年（漢章帝～漢桓帝）郭躬字仲孫，潁川陽翟人也。家世衣冠。父弘，習小杜律。（《前書》，杜周武帝時為廷尉、御史大夫，斷獄深刻。少子延年亦明法律，宣帝時又為御史大夫。對父故言小。）太守寇恂以弘為決曹掾，斷獄至三十年，用法平。諸為弘所決者，退無怨情，郡內比之東海於公。年九十五卒。（於公，東海人，丞相于定國父也。為郡決曹，決獄平，羅文法者，於公所決皆不恨。見《前書》也。）躬少傳父業，講授徒眾常數百人。後為郡吏，辟公府。永平中，奉車都尉竇固出擊匈奴，騎都尉秦彭為副。彭在別屯而輒以法斬人，固奏彭專擅，請誅之。顯宗乃引公卿朝臣平其罪科。躬以明法律，召入議。議者皆然固奏，躬獨曰：「於法，彭得斬之。」帝曰：「軍徵，校尉一統於督。彭既無斧鉞，可得專殺人乎？」躬對曰：「一統於督者，謂在部曲也。（《前書音義》曰「大將軍行有五部，部有曲」也。）今彭專軍別將，有異於此。兵事呼吸，不容先關督帥。且漢制棨戟即為斧鉞，於法不合罪。」帝從躬議。又有兄弟共殺人者，而罪未有所歸。帝以兄不訓弟，故報兄重而減弟死。中常侍孫章宣詔，誤言兩報重，《尚書》奏章矯制，罪當腰斬。帝復召躬問之，躬對「章應罰金」。帝曰：「章矯詔殺人，何謂罰金？」躬曰：「法令有故、誤，章傳命之謬，於事為誤，誤者其文則輕。」帝曰：「章與囚同縣，疑其故也。」躬曰：「『周道如砥，其直如矢。』（《詩·小雅》也。如砥，貢賦平。如矢，賞罰中。）『君子不逆詐。』君王法天，刑不可以委曲生意。」帝曰：「善。」遷躬廷尉正，坐法免。後三遷，元和三年，拜為廷尉。躬家世掌法，務在寬平，及典理官，決獄斷刑，多依矜恕，乃條諸重文可從輕者四十一事奏之，事皆施行，著於令。章和元年，赦天下繫囚在四月丙子以前減死罪一等，勿笞，詣金城，而文不及亡命未發覺者。躬上封事曰：「聖恩所以減死罪使戍邊者，重人命也。今死罪亡命無慮萬人，又自赦以來，捕得甚眾，而詔令不及，皆當重論。伏惟天恩莫不蕩宥，死罪已下並蒙更生，而亡命捕得獨不沾澤。臣以為赦前犯死罪而繫在赦後者，可皆勿笞詣金城，以全人命，有益於邊。」肅宗善之，即下詔赦焉。躬奏讞法科，多所生全。永元六年，卒官。中子晊，亦明法律。至南陽太守，

政有名跡。弟子鎮。鎮字桓鍾，少修家業。闢太尉府，再遷，延光中為尚書。及中黃門孫程誅中常侍江京等而立濟陰王，鎮率羽林士擊殺衛尉閻景，以成大功，事在宦者傳。再遷尚書令。太傅、三公奏鎮冒犯白刃，手劍賊臣，姦黨殄滅，宗廟以寧，功比劉章，宜顯爵土，以勵忠貞。乃封鎮為定潁侯，食邑二千戶。拜河南尹，轉廷尉，免。永建四年，卒於家。詔賜冢塋地。長子賀當嗣爵，讓與小弟時而逃去。積數年，詔大鴻臚下州郡追之，賀不得已，乃出受封。累遷，復至廷尉。及賀卒，順帝追思鎮功，下詔賜鎮謚曰昭武侯，賀曰成侯。賀弟禎，亦以能法律至廷尉。鎮弟子禧，少明習家業，兼好儒學，有名譽，延熹中亦為廷尉。建寧二年，代劉寵為太尉。禧子鴻，至司隸校尉，封城安鄉侯。郭氏自弘後，數世皆傳法律，子孫至公者一人，廷尉七人，侯者三人，刺史、二千石、侍中、中郎將者二十餘人，侍御史、正、監、平者甚眾。順帝時，廷尉河南吳雄季高，以明法律，斷獄平，起自孤宦，致位司徒。雄少時家貧，喪母，營人所不封土者，擇葬其中。喪事趣辦，不問時日，巫皆言當族滅，而雄不顧。及子訢孫恭，三世廷尉，為法名家。（名為明法之家。）……桓帝時，汝南有陳伯敬者，行必矩步，坐必端膝，呵叱狗馬，終不言死，目有所見，不食其肉，行路聞凶，便解駕留止，還觸歸忌，則寄宿鄉亭。年老寢滯，不過舉孝廉。後坐女婿亡吏，太守邵夔怒而殺之。時人罔忌禁者，多談為證焉。

論曰：曾子云：「上失其道，民散久矣。如得其情，則哀矜而勿喜。」（言人離散犯法，乃自上之所為，非下之過，當哀矜之，勿以得情為喜也。見《論語》也。）夫不喜於得情則恕心用，恕心用則可寄枉直矣。夫賢人君子斷獄，其必主於此乎？郭躬起自佐史，小大之獄必察焉。（《左傳》曰：「小大之獄，雖不能察，必以情。」）原其平刑審斷，庶於勿喜者乎？若乃推己以議物，捨狀以貪情，法家之能慶延於世，蓋由此也！（《後漢書》卷46《郭躬傳》，1543～1547頁。）

86年（漢章帝元和三年）……在位四年，奏尚書張林阿附侍中竇憲，而素行臧穢，又上洛陽令楊光，憲之賓客，在官貪殘，並不宜處位。書奏，吏與光故舊，因以告之。光報憲，憲奏弘大臣漏洩密事。帝詰讓弘，收上印綬。弘自詣廷尉，詔來出之，因乞骸骨歸，未許。病篤，上書陳謝，並言竇憲之短。（《後漢書》卷33《鄭弘傳》，1156頁。）

86年（漢章帝元和三年）帝以潁川郭躬為廷尉。決獄斷刑，多依矜恕，

條諸重文可從輕者四十一，奏之，事皆施行。(《資治通鑒》卷 47，1507～1508頁。)

87～155 年（漢章帝—漢桓帝）鍾皓字季明，潁川長社人也。為郡著姓，世善刑律。皓少以篤行稱，公府連辟，為二兄未仕，避隱密山，以詩律教授門徒千餘人。同郡陳寔，年不及皓，皓引與為友。皓為郡功曹，會辟司徒府，臨辭，太守問：「誰可代卿者？」皓曰：「明府欲必得其人，西門亭長陳寔可。」寔聞之，曰：「鍾君似不察人，不知何獨識我？」皓頃之自劾去。前後九辟公府，徵為廷尉正、博士、林慮長，皆不就……(《後漢書》卷 62《鍾皓傳》，2064 頁。)

89～105 年（漢和帝）和帝時，（許荊）稍遷桂陽太守。郡濱南州，風俗脆薄，不識學義。荊為設喪紀婚姻制度，使知禮禁。嘗行春到耒陽縣，人有蔣均者，兄弟爭財，互相言訟。荊對之歎曰：「吾荷國重任，而教化不行，咎在太守。」乃顧使吏上書陳狀，乞詣廷尉。均兄弟感悔，各求受罪。(《謝承書》曰「郴人謝弘等不養父母，兄弟分析，因此皆還供養者千有餘人」也。)(《後漢書》卷 76《循吏列傳》，2472 頁。)

93 年（漢和帝永元五年）（劉）暢性聰惠，然少貴驕，頗不遵法度。歸國後，數有惡夢，從官卞忌自言能使六丁，善占夢，暢數使卜筮。又暢乳母王禮等，因此自言能見鬼神事，遂共占氣，祠祭求福。忌等諂媚，雲神言王當為天子。暢心喜，與相應答。永元五年，豫州刺史梁相舉奏暢不道，考訊，辭不服。有司請徵暢詣廷尉詔獄，和帝不許。有司重奏除暢國，徙九真，帝不忍，但削成武、單父二縣……(《後漢書》卷 50《孝明八王列傳》，1676 頁。)

94 年（漢和帝永元六年）以大司農陳寵為廷尉。寵性仁矜，數議疑獄，每附經典，務從寬恕，刻敝之風，於此少衰。(《資治通鑒》卷 48，1543 頁。)

94～125 年（漢和帝—漢安帝）陳寵字昭公，沛國洨人也。曾祖父咸，成哀閒以律令為尚書。平帝時，王莽輔政，多改漢制，咸心非之。及莽因呂寬事誅不附己者何武、鮑宣等，（平帝時，王莽輔政，隔絕平帝外家，不得至京師。莽子宇，恐帝長大後見怨，教帝舅衛寶令帝母上書求入，莽不許。宇與婦兄呂寬謀，以為莽不可說而好鬼神，乃夜以血灑莽第門，以驚懼之，事覺，並誅死。何武為前將軍，王莽先從武求舉，武不敢。鮑宣為司隸，免，徙之上黨。呂寬事起，莽案鞫，並誅不附己者，武與宣在見誣中，皆被誅。並見《前書》。）咸乃歎曰：「《易》稱『君子見幾而作，不俟終日』，吾可以

逝矣！」即乞骸骨去職。及莽篡位，召咸以為掌寇大夫，謝病不肯應。時三子參、豐、欽皆在位，乃悉令解官，父子相與歸鄉里，閉門不出入，猶用漢家祖臘。人問其故，咸曰：「我先人豈知王氏臘乎？」其後莽復徵咸，遂稱病篤。於是乃收斂其家律令書文，皆壁藏之。咸性仁恕，常戒子孫曰：「為人議法，當依於輕，雖有百金之利，慎無與人重比。」

建武初，欽子躬為廷尉左監，早卒。躬生寵，明習家業，少為州郡吏，辟司徒鮑昱府。是時三府掾屬專尚交遊，以不肯視事為高。寵常非之，獨勤心物務，數為昱陳當世便宜。昱高其能，轉為辭曹，掌天下獄訟。(《續漢志》曰「三公掾屬二十四人，有辭曹，主訟事」也。) 其所平決，無不厭服眾心。時司徒辭訟，久者數十年，事類溷錯，易為輕重，不良吏得生因緣。因緣謂依附以生輕重也。寵為昱撰《辭訟比》七卷，決事科條，皆以事類相從。昱奏上之，其後公府奉以為法。

三遷，肅宗初，為尚書。是時承永平故事，吏政尚嚴切，尚書決事率近於重。寵以帝新即位，宜改前世苛俗。乃上疏曰：「臣聞先王之政，賞不僭，刑不濫，與其不得已，寧僭不濫。(事見《左傳》蔡大夫聲子辭。) 故唐堯著典，『眚災肆赦』；(《尚書‧舜典》之辭也。眚，過也。災，害也。肆，緩也。言過誤有害，當緩赦也。) 周公作戒，『勿誤庶獄』；(《尚書‧立政》之辭也。言文子文孫，從今以往，惟以正道理眾獄勿誤也。) 伯夷之典，『惟敬五刑，以成三德』。(三德，剛、柔、正直。《尚書‧呂刑》曰：「伯夷降典，折民惟刑，惟敬五刑，以成三德。」) 由此言之，聖賢之政，以刑罰為首。往者斷獄嚴明，所以威懲姦慝，姦慝既平，必宜濟之以寬。陛下即位，率由此義，數詔群僚，弘崇晏晏。而有司執事，未悉奉承，典刑用法，猶尚深刻。斷獄者急於箠格酷烈之痛，(箠即榜也，古字通用。《聲類》曰：「笞也。」《說文》曰：「格，擊也。」) 執憲者煩於詆欺放濫之文，或因公行私，逞縱威福。夫為政猶張琴瑟，大絃急者小絃絕。故子貢非臧孫之猛法，而美鄭喬之仁政。(臧孫，魯大夫，行猛政。子貢非之曰：「夫政猶張琴瑟也，大絃急則小絃絕矣。故曰：『罰得則姦邪止，賞得則下歡悅。』子之賊心見矣。獨不聞子產之相鄭乎？推賢舉能，抑惡揚善，有大略者不問其短，有厚德者不非小疵，家給人足，囹圄空虛。子產卒，國人皆叩心流涕，三月不聞竽琴之音。其生也見愛，死也可悲。故曰：『德莫大於仁，禍莫大於刻。』今子病而人賀，子愈而人相懼，曰：『嗟乎！何命之不善，臧孫子又不死？』」臧孫慚而避位，終身不出。見《新序》。)

《詩》云：『不剛不柔，布政優優。』方今聖德充塞，假於上下，宜隆先王之道，蕩滌煩苛之法。輕薄棰楚，以濟群生；全廣至德，以奉天心。」帝敬納寵言，每事務於寬厚。其後遂詔有司，絕鑽鑽諸慘酷之科，《蒼頡篇》曰：「鑽，持也。」《說文》曰：「鑽，鐵釱也。」其炎反。釱音陟葉反。鑽，臏刑，謂鑽去其髕骨也。鑽音作喚反。）解妖惡之禁，除文致之請讞五十餘事，定著於令。（文致謂前人無罪，文飾致於法中也。）是後人俗和平，屢有嘉瑞。

漢舊事斷獄報重，常盡三冬之月，（報，論也。重，死刑也。）是時帝始改用冬初十月而已。元和二年，旱，長水校尉賈宗等上言，以為斷獄不盡三冬，故陰氣微弱，陽氣發洩，招致災旱，事在於此。帝以其言下公卿議，寵奏曰：「夫冬至之節，陽氣始萌，故十一月有蘭、射干、芸、荔之應。《時令》曰：『諸生蕩，安形體。』天以為正，周以為春。十二月陽氣上通，雉雊雞乳，地以為正，殷以為春。十三月陽氣已至，天地已交，萬物皆出，蟄蟲始振，人以為正，夏以為春。三微成著，以通三統。周以天元，殷以地元，夏以人元。若以此時行刑，則殷、周歲首皆當流血，不合人心，不稽天意。《月令》曰：『孟冬之月，趣獄刑，無留罪。』（臣賢案：《月令》及《淮南子》皆言季秋趣獄刑，無留罪，今言孟冬，未詳其故。）明大刑畢在立冬也。又：『仲冬之月，身欲寧，事欲靜。』（《月令》「仲冬，君子齋戒，身欲寧，事欲靜，以待陰陽之所定」也。）若以降威怒，不可謂寧；若以行大刑，不可謂靜。議者咸曰：『旱之所由，咎在改律。』臣以為殷、周斷獄不以三微，而化致康平，無有災害。自元和以前，皆用三冬，而水旱之異，往往為患。由此言之，災害自為它應，不以改律。秦為虐政，四時行刑，聖漢初興，改從簡易。蕭何草律，季秋論囚，俱避立春之月，（草謂創造之也。論，決也。）而不計天地之正，二王之春，實頗有違。（言蕭何不論天地之正及殷、周之春，實乖正道。）陛下探幽析微，允執其中，（允，信也。中，正也。言信執中正之道。語見《尚書》。）革百載之失，建永年之功，（《尚書》曰：「立功立事，可以永年。」）上有迎承之敬，下有奉微之惠，（三正之月，不用斷獄，敬承天意，奉順三微也。）稽《春秋》之文，當《月令》之意，（《春秋》於春每月書王，所以通三統也。何休注云：「二月三月皆有王者，二月殷正月，三月夏正月也。」）聖功美業，不宜中疑。」書奏，帝納之。遂不復改。

寵性周密，常稱人臣之義，苦不畏慎。自在樞機，謝遣門人，拒絕知友，唯在公家而已。朝廷器之。

皇后弟侍中竇憲，薦真定令張林為《尚書》，帝以問寵，寵對「林雖有才能，而素行貪濁」，憲以此深恨寵。林卒被用，而以臧污抵罪。及帝崩，憲等秉權，常銜寵，乃白太后，令典喪事，欲因過中之。黃門侍郎鮑德素敬寵，說憲弟夏陽侯瓌曰：「陳寵奉事先帝，深見納任，故久留臺閣，賞賜有殊。今不蒙忠能之賞，而計幾微之故，誠傷輔政容貸之德。」瓌亦好士，深然之。故得出為太山太守。

後轉廣漢太守。西州豪右併兼，吏多姦貪，訴訟日百數。寵到，顯用良吏王渙、鐔顯等，以為腹心，訟者日減，郡中清肅。先是洛縣城南，每陰雨，常有哭聲聞於府中，積數十年。寵聞而疑其故，使吏案行。還言：「世衰亂時，此下多死亡者，而骸骨不得葬，倘在於是？」寵愴然矜歎，即來縣盡收殮葬之。自是哭聲遂絕。

及竇憲為大將軍征匈奴，公卿以下及郡國無不遣吏子弟奉獻遺者，而寵與中山相汝南張郴、東平相應順守正不阿。後和帝聞之，擢寵為大司農，郴太僕，順左馮翊。

永元六年，寵代郭躬為廷尉。性仁矜。及為理官，數議疑獄，常親自為奏，每附經典，務從寬恕，帝輒從之，濟活著甚眾。其深文刻敝，於此少衰。寵又鉤校律令條法，溢於《甫刑》者除之。（鉤猶動也。《前書》曰：「鉤校得其姦賊。」鉤音工候反。溢，出也。孔安國注《尚書》曰：「呂侯後為甫侯，故或稱《甫刑》也。」）曰：「臣聞禮經三百，威儀三千，（《禮記》曰：「禮經三百，曲禮三千。」鄭玄注云：「《禮》篇多亡，本數未聞，其中事儀有三千也。」）故《甫刑》大辟二百，五刑之屬三千。禮之所去，刑之所取，（去禮之人，刑以加之，故曰取也。）失禮則入刑，相為表裏者也。今律令死刑六百一十，耐罪千六百九十八，（耐者，輕刑之名也。）贖罪以下二千六百八十一，溢於《甫刑》者千九百八十九，其四百一十大辟，千五百耐罪，七十九贖罪。《春秋保乾圖》曰：『王者三百年一蠲法。』漢興以來，三百二年，憲令稍增，科條無限。又律有三家，其說各異。宜令三公、廷尉平定律令，應經合義者，可使大辟二百，而耐罪、贖罪二千八百，並為三千，悉刪除其餘令，與禮相應，以易萬人視聽，以致刑措之美，傳之無窮。」未及施行，會坐詔獄吏與囚交通抵罪。詔特免刑，拜為尚書。遷大鴻臚。

寵歷二郡三卿，所在有跡，見稱當時。十六年，代徐防為司空。寵雖傳法律，而兼通經書，奏議溫粹，號為任職相。在位三年薨。以太常南陽尹勤代

為司空。

勤字叔梁，篤性好學，屏居人外，荊棘生門，時人重其節。後以定策立安帝，封福亭侯，五百戶。永初元年，以雨水傷稼，策免就國。病卒，無子，國除。寵子忠。

忠字伯始，永始中辟司徒府，三遷廷尉正，（正，廷尉屬官也，秩千石也。）以才能有聲稱。司徒劉愷舉忠明習法律，宜備機密，於是擢拜尚書，使居三公曹。（成帝置五尚書，三公曹尚書主知斷獄也。）忠自以世典刑法，用心務在寬詳。初，父寵在廷尉，上除漢法溢於《甫刑》者，未施行，及寵免後遂寢。而苛法稍繁，人不堪之。忠略依寵意，奏上二十三條，為《決事比》，（比，例也，必寐反。）以省請讞之敝。又上除蠶室刑；（蠶室，宮刑名也，或云犕刑也。音奇敗反。作窨室畜火如蠶室。《說文》曰：「犕，騬牛也。」騬音繒。《漢舊儀》注曰「少府若盧獄有蠶室」也。）解臧吏三世禁錮；狂易殺人，得減重論；（狂易謂狂而易性也。）母子兄弟相代死，聽，赦所代者。事皆施行。

及鄧太后崩，安帝始親朝事。忠以為臨政之初，宜徵聘賢才，以宣助風化，數上薦隱逸及直道之士馮良、周燮、杜根、成翊世之徒。於是公車禮聘良、燮等。後連有災異，詔舉有道，公卿百僚各上封事。忠以詔書既開諫爭，慮言事者必多激切，或致不能容，乃上疏豫通廣帝意。曰：「臣聞仁君廣山藪之大，納切直之謀；忠臣盡謇諤之節，不畏逆耳之害。是以高祖捨周昌桀紂之譬，孝文嘉爰盎人豕之譏，武帝納東方朔宣室之正，元帝容薛廣德自刎之切。（元帝酎祭宗廟，出便門，欲御樓船。御史大夫薛廣德當車免冠諫曰：「宜從橋。」詔曰：「大夫冠。」廣德曰：「陛下不聽臣，臣自刎，以血污車輪。」帝乃從橋。）昔晉平公問於叔向曰：『國家之患孰為大？』對曰：『大臣重祿不極諫，小臣畏罪不敢言，下情不上通，此患之大者。』公曰：『善。』於是下令曰：『吾欲進善，有謁而不通者，罪至死。』今明詔崇高宗之德，推宋景之誠，引咎克躬，諮訪群吏。言事者見杜根、成翊世等新蒙表錄，顯列二臺，必承風響應，爭為切直。若嘉謀異策，宜輒納用。如其管穴，妄有譏刺，雖苦口逆耳，不得事實，且優游寬容，以示聖朝無諱之美。若有道之士，對問高者，宜垂省覽，特遷一等，以廣直言之路。」書御，有詔拜有道高第士沛國施延為侍中，延後位至太尉。常侍江京、李閏等皆為列侯，共秉權任。帝又愛信阿母王聖，封為野王君。忠內懷懼懣而未敢陳諫，乃作搢紳先生論以諷，文多故不載。自帝即位以後，頻遭元二之厄，百姓流亡，盜賊

並起，郡縣更相飾匿，莫肯糾發。（更相文飾，隱匿盜賊也。）忠獨以為憂，上疏曰：「臣聞輕者重之端，小者大之源，故堤潰蟻孔，氣泄針芒。是以明者慎微，智者識幾。《書》曰：『小不可不殺。』（《尚書·康誥》曰：「有厥罪，小乃不可不殺。」）《詩》云：『無縱詭隨，以謹無良。』蓋所以崇本絕末，鉤深之慮也。臣竊見元年以來，盜賊連發，攻亭劫掠，多所傷殺。夫穿窬不禁，則致強盜；強盜不斷，則為攻盜；攻盜成群，必生大姦。故亡逃之科，憲令所急，至於通行飲食，罪致大辟。（通行飲食，猶今律云過致資給，與同罪也。飲音蔭。食音寺。）而頃者以來，莫以為憂。州郡督錄怠慢，長吏防禦不肅，皆欲採獲虛名，諱以盜賊為負。雖有發覺，不務清澄。至有逞威濫怒，無辜僵仆。或有局蹐比伍，轉相賦斂。或隨吏追赴，周章道路。是以盜發之家，不敢申告，鄰舍比里，共相壓迮，或出私財，以償所亡。其大章著不可掩者，乃肯發露。陵遲之漸，遂且成俗。寇攘誅咎，皆由於此。前年勃海張伯路，可為至戒。覆車之軌，其跡不遠。蓋失之末流，求之本源。宜糾增舊科，以防來事。自今強盜為上官若它郡縣所糾覺，一發，部吏皆正法，（上官謂郡府也。若，及也。部吏謂督郵、游徼也。正法，依法也。）尉貶秩一等，令長三月奉贖罪；二發，尉免官，令長貶秩一等；三發以上，令長免官。便可撰立科條，處為詔文，切敕刺史，嚴加糾罰。冀以猛濟寬，驚懼姦慝。頃季夏大暑，而消息不協，寒氣錯時，水湧為變。天之降異，必有其故。所舉有道之士，可策問國典所務，王事過差，令處暖氣不儆之意。庶有讜言，以承天誡。」元初三年有詔，大臣得行三年喪，服闋還職。忠因此上言：「孝宣皇帝舊令，人從軍屯及給事縣官者，大父母死未滿三月，皆勿繇，令得葬送。請依此制。」太后從之。至建光中，尚書令祝諷、尚書孟布等奏，以為「孝文皇帝定約禮之制，（約，儉也。孝文帝崩，遺詔薄葬，以日易月，凡三十六日釋服，後以為故事。）光武皇帝絕告寧之典，（《前書音義》曰：「告寧，休謁之名。吉曰告，凶曰寧。古者名吏休假曰告，吏二千石有予告、賜告。予告，在官有功，法所當得也。賜告，病三月當免，天子優賜其告，使帶印綬，將官屬歸家養疾也。」）貽則萬世，誠不可改。宜復建武故事」。忠上疏曰：「臣聞之《孝經》，始於愛親，終於哀戚。上自天子，下至庶人，尊卑貴賤，其義一也。夫父母於子，同氣異息，一體而分，三年乃免於懷抱。先聖緣人情而著其節，制服二十五月，是以《春秋》臣有大喪，君三年不呼其門，閔子雖要絰服事，以赴公難，退而致位，以究私恩，故稱

『君使之非也，臣行之禮也』。（自此已上至「臣有大喪」，並《公羊傳》之文也。閔子騫，孔子弟子也，遭喪，君使之從軍，騫乃要絰而服，以從軍役，事了退家，致位喪次，極盡私恩。故君使之雖非，臣從君命有禮也。）周室陵遲，禮制不序，《蓼莪》之人作詩自傷曰：『瓶之罄矣，惟罍之恥。』言己不得終竟子道者，亦上之恥也。高祖受命，蕭何創制，大臣有寧告之科，合於致憂之義。建武之初，新承大亂，凡諸國政，多趣簡易，大臣既不得告寧，而群司營祿念私，鮮循三年之喪，以報顧復之恩者。禮義之方，實為雕損。大漢之興，雖承衰敝，而先王之制，稍以施行。故籍田之耕，起於孝文；孝廉之貢，發於孝武；郊祀之禮，定於元、成；三雍之序，備於顯宗；大臣終喪，成乎陛下。聖功美業，靡以尚茲。孟子有言：『老吾老以及人之老，幼吾幼以及人之幼，天下可運於掌。』臣願陛下登高北望，以甘陵之思，揆度臣子之心，則海內咸得其所。」宦豎不便之，竟寢忠奏而從諷、布議，遂著於令……論曰：陳公居理官則議獄緩死，相幼主則正不僭寵，可謂有宰相之器矣。忠能承風，亦庶乎明慎用刑而不留獄。然其聽狂易殺人，開父子兄弟得相代死，斯大謬矣。是則不善人多幸，而善人常代其禍，進退無所措也。贊曰：陳、郭主刑，人賴其平。寵矜枯齒，躬斷以情。忠用詳密，損益有程。（程，品式也。謂強盜發，貶黜令長，各有科條，故曰程也。）施于孫子，且公且卿。（《後漢書》卷46《郭躬傳》，1547～1567）

96年（漢和帝永元八年）永元二年，和帝封（劉）睦庶子斟鄉侯（劉）威為北海王，奉睦後。立七年，威以非睦子，又坐誹謗，檻車徵詣廷尉，道自殺。（《後漢書》卷14《宗室四王三侯傳》，558頁。）

108年（漢安帝永初二年）五月，旱。丙寅，皇太后幸洛陽寺及若盧獄，錄囚徒，賜河南尹、廷尉、卿及官屬以下各有差，即日降雨。（《後漢書·孝安帝紀》，210頁。）

110年（漢安帝永初四年）……任仁戰累敗，而兵士放縱，檻車徵詣廷尉詔獄死……（《後漢書》卷87《西羌傳》，2889頁。）

111年（漢安帝永初五年）秋七月己巳，詔三公、特進、九卿、校尉，（九卿，奉常、光祿、衛尉、太僕、鴻臚、廷尉、少府、宗正、司農。校尉謂城門、屯騎、越騎、步兵、長水、射聲等。）舉列將子孫明曉戰陳任將帥者。（《後漢書·孝安帝紀》，217頁。）

116年（漢安帝元初三年）元初三年，（劉）恭以事怒子酺，酺自殺。（《東

觀記》曰：「恭子男丁前妻物故，醋侮慢丁小妻，恭怒，閉醋馬廄，醋亡，夜詣彭城縣欲上書，恭遣從官倉頭曉令歸，數責之，乃自殺也。」）國相趙牧以狀上，因誣奏恭祠祀惡言，大逆不道。有司奏請誅之。恭上書自訟。朝廷以其素著行義，令考實，無徵，牧坐下獄，會赦免死。（《決錄注》曰：「牧字仲師，長安人。少知名，以公正稱。修《春秋》，事樂恢。恢以直諫死，牧為陳冤得申。高第為侍御史、會稽太守，皆有稱績。及誣奏恭，安帝疑其侵，乃遣御史母丘歆覆案其事實，下牧廷尉，會赦不誅，終於家。」）（《後漢書》卷50《孝明八王列傳》，1671頁。）

117年（漢安帝元初四年）……明年，坐子與《尚書》郎張俊交通，漏泄省中語，策免。敞廉勁不阿權貴，失鄧氏旨，遂自殺。張俊者，蜀郡人，有才能，與兄龕並為《尚書》郎，年少勵鋒氣。郎朱濟、丁盛立行不修，俊欲舉奏之，二人聞，恐，因郎陳重、雷義往請俊，俊不聽，因共私賂侍史，使求俊短，得其私書與敞子，遂封上之，皆下獄，當死。俊自獄中占獄吏上書自訟，書奏而俊獄已報。（謂奏報論死也。）廷尉將出谷門，臨行刑，鄧太后詔馳騎以減死論。俊假名上書謝曰：「臣孤恩負義，自陷重刑，情斷意訖，無所復望。廷尉鞫遣，歐刀在前，棺槨在後，魂魄飛揚，形容已枯。陛下聖澤，以臣嘗在近密，識其狀貌，傷其眼目，留心曲慮，特加遍覆。喪車復還，白骨更肉，披棺發槨，起見白日。天地父母能生臣俊，不能使臣俊當死復生。陛下德過天地，恩重父母，誠非臣俊破碎骸骨，舉宗腐爛，所報萬一。臣俊徒也，不得上書；不勝去死就生，驚喜踊躍，觸冒拜章。」當時皆哀其文。朝廷由此薄敞罪而隱其死，以三公禮葬之，復其官。子盱。盱後至光祿勳。時大將軍梁冀擅朝，內外莫不阿附，唯盱與廷尉邯鄲義正身自守。（《後漢書》卷45《袁敞傳》，1524～1525頁。）

118年（漢安帝元初五年）……又中郎將任尚嘗遺（鄧）鳳馬，後尚坐斷盜軍糧，檻車徵詣廷尉，（檻車謂以板四周為檻，無所見。）鳳懼事泄，先自首於騭。騭畏太后，遂髡妻及鳳以謝，天下稱之。（《後漢書》卷16《鄧禹傳》，616頁。）

119年（漢安帝元初六年）……長樂衛尉鐔顯、廷尉綦母參、司隸校尉崔據難曰……（《後漢書》卷47《班勇傳》，1588頁。）

120年（漢安帝永寧元年）……時廢皇太子為濟陰王，（桓）焉與太僕來歷、廷尉張皓諫，不能得，事已具《來歷傳》。（《後漢書》卷37《桓焉傳》，

1257 頁。）

120 年（漢安帝永寧元年）永寧元年，徵拜廷尉。皓雖非法家，而留心刑斷，數與尚書辯正疑獄，多以詳當見從。（詳審而平當也。）（《後漢書》卷 56《張皓傳》，1815 頁。）

121 年（漢安帝建光元年）安帝初，清河相叔孫光坐臧抵罪，遂增錮二世，舋及其子。是時居延都尉范邠復犯臧罪，詔下三公、廷尉議。司徒楊震、司空陳褒、廷尉張皓議依光比。（比，類也。以邠類叔孫光，亦錮及子也。比音庇。）愷獨以為「《春秋》之義，『善善及子孫，惡惡止其身』，所以進人於善也。（《公羊傳》曰：「曹公孫會自鄸出奔宋，畔也。曷為不言畔？為公子喜時之後諱也，《春秋》為賢者諱也。何賢乎公子喜時？讓國也。君子之善善也長，惡惡也短。惡惡止其身，善善及子孫。賢者子孫，故君子為其諱也。」）《尚書》曰：『上刑挾輕，下刑挾重。』（今《尚書・呂刑篇》曰：「上刑適輕下服，下刑適重上服。」謂二罪俱發，原其本情，須有虧減，故言適輕適重。此言「挾輕挾重」，意亦不殊，但與今《尚書》不同耳。）如今使臧吏禁錮子孫，以輕從重，懼及善人，（《左傳》曰：「刑濫則懼及善人。」）非先王詳刑之意也」。（《尚書》周穆王曰：「有邦有土，告汝詳刑。」鄭玄注云：「詳，審察之也。」）有詔：「太尉議是。」（《後漢書》卷 39《劉般傳》，1308～1310 頁。）

121 年（漢安帝建光元年）……建光元年，太后崩，未及大斂，帝復申前命，封騭為上蔡侯，位特進。帝少號聰敏，及長多不德，而乳母王聖見太后久不歸政，慮有廢置，常與中黃門李閏候伺左右。及太后崩，宮人先有受罰者，懷怨恚，因誣告悝、弘、闓先從尚書鄧訪取廢帝故事，謀立平原王得。帝聞，追怒，令有司奏悝等大逆無道，遂廢西平侯廣德、葉侯廣宗、西華侯忠、陽安侯珍、都鄉侯甫德皆為庶人。騭以不與謀，但免特進，遣就國。宗族皆免官歸故郡，沒入騭等貲財田宅，徙鄧訪及家屬於遠郡。郡縣逼迫，廣宗及忠皆自殺。又徙封騭為羅侯，騭與子鳳並不食而死。騭從弟河南尹豹、度遼將軍舞陽侯遵、將作大匠暢皆自殺，唯廣德兄弟以母閻后戚屬得留京師。大司農朱寵痛騭無罪遇禍，乃肉袒輿櫬，上疏追訟騭曰：「伏惟和熹皇后聖善之德，為漢文母。兄弟忠孝，同心憂國，宗廟有主，王室是賴。功成身退，讓國遜位，歷世外戚，無與為比。當享積善履謙之祐，而橫為宮人單辭所陷。利口傾險，反亂國家，罪無申證，獄不訊鞫，遂令騭等罹此酷濫。一門七人，並不以命，屍骸流離，怨魂不反，逆天感人，率土喪氣。宜收還祐次，寵樹遺孤，奉承血

祀，以謝亡靈。」寵知其言切，自致廷尉，詔免官歸田里。眾庶多為驚稱枉，
帝意頗悟，乃譴讓州郡，還葬洛陽北芒舊塋，公卿皆會喪，莫不悲傷之。詔遣
使者祠以中牢，諸從昆弟皆歸京師。及順帝即位，追感太后恩訓，愍騭無辜，
乃詔宗正復故大將軍鄧騭宗親內外，朝見皆如故事。除騭兄弟子及門從十二
人悉為郎中，擢朱寵為太尉，錄尚書事。（《後漢書》卷16《鄧禹傳》，616～
617頁。）

121年（漢安帝建光元年）……建光元年，怨者乃詐作璽書譴責煥、光，
賜以歐刀。又下遼東都尉龐奮使速行刑，奮即斬光收煥。煥欲自殺，緄疑詔
文有異，止煥曰：「大人在州，志欲去惡，實無它故，必是凶人妄詐，規肆姦
毒。願以事自上，甘罪無晚。」煥從其言，上書自訟，果詐者所為，徵奮抵
罪。會煥病死獄中，帝愍之，賜煥、光錢各十萬，以子為郎中。緄由是知名。
（《後漢書》卷38《馮緄傳》，1280～1281頁。）

121年（漢安帝建光元年）（蔡）倫初受竇后諷旨，誣陷安帝祖母宋貴人。
及太后崩，安帝始親萬機，敕使自致廷尉。倫恥受辱，乃沐浴整衣冠，飲藥而
死。國除。（《後漢書》卷78《宦者列傳》，2514頁。）

124年（漢安帝延光三年）明年，中常侍樊豐與大將軍耿寶、侍中周廣、
謝惲等共讒陷太尉楊震，震遂自殺。歷謂侍御史虞詡曰：「耿寶託元舅之親，
榮寵過厚，不念報國恩，而傾側姦臣，誣奏楊公，傷害忠良，其天禍亦將至
矣。」遂絕周廣、謝惲，不與交通。時皇太子驚病不安，避幸安帝乳母野王君
王聖舍。太子乳母王男、廚監邴吉等以為聖舍新繕修，犯土禁，不可久御。聖
及其女永與大長秋江京及中常侍樊豐、王男、邴吉等互相是非，聖、永遂誣
譖男、吉，皆幽囚死，家屬徙比景。太子思男等，數為歎息。京、豐懼有後
害，妄造虛無，構讒太子及東宮官屬。帝怒，召公卿以下會議廢立。耿寶等承
旨，皆以為太子當廢。歷與太常桓焉、廷尉張皓議曰：「經說，年未滿十五，
過惡不在其身。且男、吉之謀，皇太子容有不知，宜選忠良保傅，輔以禮義。
廢置事重，此誠聖恩所宜宿留。」帝不從，是日遂廢太子為濟陰王。時監太子
家小黃門籍建、中傅高梵等皆以無罪徙朔方。歷乃要結光祿勳祋諷，宗正劉
瑋，將作大匠薛皓，侍中閭丘弘、陳光、趙代、施延，太中大夫朱倀、第五
頡，中散大夫曹成，諫議大夫李尤，符節令張敬，持書侍御史龔調，城門司馬
徐崇，衛尉守丞樂闈，長樂、未央廄令鄭安世等十餘人，俱詣鴻都門證太子
無過。龔調據法律明之，以為男、吉犯罪，皇太子不當坐。帝與左右患之，乃

使中常侍奉詔脅群臣曰：「父子一體，天性自然。以義割恩，為天下也。歷、諷等不識大典，而與群小共為歡嘩，外見忠直而內希後福，飾邪違義，豈事君之禮？朝廷廣開言事之路，故且一切假貸；若懷迷不反，當顯明刑書。」諫者莫不失色。薛皓先頓首曰：「固宜如明詔。」歷怫然，《字林》曰：「怫，鬱也。」怫音扶勿反。廷詰皓曰：「屬通諫何言，而今復背之？屬，近也。通猶共也。近言共諫，何乃相背也。大臣乘朝車，處國事，固得輾轉若此乎！」《周禮》曰：「卿乘夏縵，大夫乘墨車。」輾轉，不定也。《詩》曰：「展轉反側。」乃各稍自引起，歷獨守闕，連日不肯去。帝大怒，乃免歷兄弟官，削國租，黜公主不得會見。歷遂杜門不與親戚通，時人為之震栗。（《後漢書》卷15《來歷傳》，590～592頁。）

125～126年（漢安帝延光四年～漢順帝永建元年）……是歲，安帝崩，（楊）倫輒棄官奔喪，號泣闕下不絕聲。閻太后以其專擅去職，坐抵罪。順帝即位，詔免倫刑，遂留行喪於恭陵。服闋，徵拜侍中。是時，邵陵令任嘉在職貪穢，因遷武威太守，後有司奏嘉臧罪千萬，徵考廷尉，其所牽染將相大臣百有餘人。倫乃上書曰：「臣聞《春秋》誅惡及本，本誅則惡消；振裘持領，領正則毛理。今任嘉所坐狼藉，未受辜戮，猥以垢身，改典大郡，自非案坐舉者，無以禁絕姦萌。往者湖陸令張疊、蕭令駟賢、徐州刺史劉福等，譽穢既章，咸伏其誅，而豺狼之吏至今不絕者，豈非本舉之主不加之罪乎？昔齊威之霸，殺姦臣五人，並及舉者，以弭謗讟。當斷不斷，《黃石》所戒。夫聖王所以聽僮夫匹婦之言者，猶塵加嵩岱，霧集淮海，雖未有益，不為損也。惟陛下留神省察。」奏御，有司以倫言切直，辭不遜順，下之。尚書奏倫探知密事，激以求直。坐不敬，結鬼薪。（結，正其罪也。鬼薪，取薪以給宗廟，三歲刑也。）詔書以倫數進忠言，特原之，免歸田里。（《後漢書》卷79《儒林列傳》，2564～2565頁。）

125年（漢安帝延光四年）（閻）顯弟衛尉景遽從省中還外府，收兵至盛德門。孫程傳召諸尚書使收景。尚書郭鎮時臥病，聞之，即率直宿羽林出南止車門，逢景從吏士拔白刃呼曰：「無干兵！」鎮即下車持節詔之，景曰：「何等詔！」因斫鎮，不中。鎮引劍擊景墮車，左右以戟叉其胸，遂禽之，送廷尉獄，即夜死。戊午，遣使者入省，奪得璽綬，帝乃幸嘉德殿，遣侍御史持簡收閻顯及其弟城門校尉耀、執金吾晏，並下獄，誅；家屬皆徙比景。（《資治通鑒》卷51，1637～1638頁。）

126 年（漢順帝永建元年）壬寅，廷尉張皓為司空。（《後漢書·順帝紀》，253 頁。）

126 年（漢順帝永建元年）及順帝即位，拜皓司空，在事多所薦達，天下稱其推士。時清河趙騰上言災變，譏刺朝政，章下有司，收騰繫考，所引黨輩八十餘人，皆以誹謗當伏重法。皓上疏諫曰：「臣聞堯舜立敢諫之鼓，三王樹誹謗之木，《春秋》採善書惡，聖主不罪芻蕘。騰等雖干上犯法，所言本欲盡忠正諫。如當誅戮，天下杜口，塞諫爭之源，非所以昭德示後也。」帝乃悟，減騰死罪一等，餘皆司寇。（《前書音義》曰：「司寇，二歲刑也。」輸作司寇，因以名焉。）四年，以陰陽不和策免。陽嘉元年，復為廷尉。其年卒官，時年八十三……（《後漢書》卷 56《張皓傳》，1816 頁。）

126 年（漢順帝永建元年）時中常侍張防特用權埶，每請託受取，詡輒案之，而屢寢不報。詡不勝其憤，乃自繫廷尉，奏言曰：「昔孝安皇帝任用樊豐，遂交亂嫡統，幾亡社稷。今者張防復弄威柄，國家之禍將重至矣。臣不忍與防同朝，謹自繫以聞，無令臣襲楊震之跡。」書奏，防流涕訴帝，詡坐論輸左校。防必欲害之，二日之中，傳考四獄。獄吏勸詡自引，詡曰：「寧伏歐刀以示遠近。」（歐刀，刑人之刀也。）宦者孫程、張賢等知詡以忠獲罪，乃相率奏乞見。程曰：「陛下始與臣等造事之時，常疾姦臣，知其傾國。今者即位而復自為，何以非先帝乎？司隸校尉虞詡為陛下盡忠，而更被拘繫；常侍張防臧罪明正，反構忠良。今客星守羽林，其占宮中有姦臣。宜急收防送獄，以塞天變。下詔出詡，還假印綬。」時防立在帝後，程乃叱防曰：「姦臣張防，何不下殿！」防不得已，趨就東箱。程曰：「陛下急收防，無令從阿母求請。」帝問諸尚書，尚書賈朗素與防善，證詡之罪。帝疑焉，謂程曰：「且出，吾方思之。」於是詡子顗與門生百餘人，舉幡候中常侍高梵車，叩頭流血，訴言枉狀。梵乃入言之，防坐徙邊，賈朗等六人或死或黜，即日赦出詡。程復上書陳詡有大功，語甚切激。帝感悟，復徵拜議郎。數日，遷尚書僕射。是時長吏、二千石聽百姓謫罰者輸贖，號為「義錢」，託為貧人儲，而守令因以聚斂。詡上疏曰：「元年以來，貧百姓章言長吏受取百萬以上者，匈匈不絕，謫罰吏人至數千萬，而三公、刺史少所舉奏。尋永平、章和中，州郡以走卒錢給貸貧人，司空劾案，州及郡縣皆坐免黜。今宜遵前典，蠲除權制。」於是詔書下詡章，切責州郡。謫罰輸贖自此而止。先是寧陽主簿詣闕，訴其縣令之枉，積六七歲不省。主簿乃上書曰：「臣為陛下子，

陛下為臣父。臣章百上，終不見省，臣豈可北詣單于以告怨乎？」帝大怒，持章示尚書，尚書遂劾以大逆。詡駁之曰：「主簿所訟，乃君父之怨；百上不達，是有司之過。愚蠢之人，不足多誅。」帝納詡言，笞之而已。詡因謂諸尚書曰：「小人有怨，不遠千里，斷髮刻肌，詣闕告訴，而不為理，豈臣下之義？君與濁長吏何親，而與怨人何仇乎？」聞者皆慚。詡又上言：「臺郎顯職，仕之通階。今或一郡七八，或一州無人。宜令均平，以厭天下之望。」及諸奏議，多見從用。（《後漢書》卷 58《虞詡傳》，1870～1873 頁。）

126 年（漢順帝永建元年）……（郭）鎮引劍擊景墮車，左右以戟叉其匈，遂禽之，送廷尉獄，即夜死。旦日，令侍御史收（閻）顯等送獄，於是遂定……（《後漢書》卷 79《宦者列傳》，2515～2516 頁。）

126～144 年（漢順帝）……順帝即位，拜光祿大夫，遷將作大匠。損省經用，歲息四五千萬。屢因災異，多所匡正。由是權貴共誣酺及尚書令高堂芝等交通屬託，坐減死歸家。復被章云酺前與河南張楷等謀反，逮詣廷尉。及杜真等上書訟之，事得明釋。卒於家。（《益部耆舊傳》曰：「杜真字孟宗，廣漢綿竹人也。少有孝行，習《易》、《春秋》，誦百萬言，兄事同郡翟酺。酺後被繫獄，真上檄章救酺，繫獄笞六百，竟免酺難，京師莫不壯之。」）（《後漢書》卷 48《翟酺傳》，1605 頁。）

133 年（漢順帝陽嘉二年）陽嘉二年，（楊倫）徵拜太中大夫。大將軍梁商以為長史。諫諍不合，出補常山王傅，病不之官。詔書敕司隸催促發遣，倫乃留河內朝歌，以疾自上，曰：「有留死一尺，無北行一寸。刎頸不易，九裂不恨。匹夫所執，強於三軍。固敢有辭。」帝乃下詔曰：「倫出幽升高，寵以藩傅，稽留王命，擅止道路，託疾自從，苟肆狷志。」遂徵詣廷尉，有詔原罪。（《後漢書》卷 79《儒林列傳》，2565 頁。）

136 年（漢順帝永和元年）……前掾李固時為大將軍梁商從事中郎，乃奏記於商曰：「……夫三公尊重，承天象極，未有詣理訴冤之義。（三公承助天子，位象三臺，故曰承天象極。哀帝時，丞相王嘉有罪，召詣廷尉詔獄。主簿曰「將相不對理陳冤，相踵以為故事，君侯宜引決」也。）纖微感概，輒引分決，是以舊典不有大罪，不至重問。（大臣獄重，故曰重問。成帝時，丞相薛宣、御史大夫翟方進有罪，上使五二千石雜問。《音義》云：「大獄重，故以二千石五人同問之。」）王公沉靜內明，不可加以非理。卒有它變，則朝廷獲害賢之名，群臣無救護之節矣。昔絳侯得罪，袁盎解其過，魏尚獲戾，馮唐訴其

冤，時君善之，列在書傳。今將軍內倚至尊，外典國柄，言重信著，指撝無違，宜加表救，濟王公之艱難。語曰：『善人在患，饑不及餐。』斯其時也。」商即言之於帝，事乃得釋。（《後漢書》卷56《王龔傳》，1820～1821頁。）

141～159年（漢順帝—漢桓帝）……遷定襄太守，徵拜議郎，遷揚州刺史。舉奏豫章太守王永奏事中官，吳郡太守徐參在職貪穢，並徵詣廷尉。參，中常侍璜之弟也。由此威名大振。又徵拜議郎，補御史中丞。坐黨事考黃門北寺獄，以無驗見原，卒於家。（《後漢書》卷67《黨錮列傳》，2213頁。）

142年（漢順帝漢安元年）先是周舉等八使案察天下，多所劾奏，其中並是宦者親屬，輒為請乞，詔遂令勿考。又舊任三府選令史，光祿試尚書郎，時皆特拜，不復選試。固乃與廷尉吳雄上疏，以為八使所糾，宜急誅罰，選舉署置，可歸有司。帝感其言，乃更下免八使所舉刺史、二千石，自是稀復特拜，切責三公，明加考察，朝廷稱善。乃復與光祿勳劉宣上言：「自頃選舉牧守，多非其人，至行無道，侵害百姓。又宜止槃遊，專心庶政。」帝納其言，於是下詔諸州劾奏守令以下，政有乖枉，遇人無惠者，免所居官；其姦穢重罪，收付詔獄。（《後漢書》卷63《李固傳》，2082頁。）

142年（漢順帝漢安元年）……杜喬至兗州，表奏泰山太守李固政為天下第一，上徵固為將作大匠。八使所劾奏，多梁冀及宦者親黨；互為請救，事皆寢遏。侍御史河南種暠疾之，復行案舉。廷尉吳雄、將作大匠李固亦上言：「八使所糾，宜急誅罰。」帝乃更下八使奏章，令考正其罪。（《資治通鑑》卷52，1693頁。）

144年（漢順帝建康元年）……順帝末，以緄持節督揚州諸郡軍事，與中郎將滕撫擊破群賊，遷隴西太守。後鮮卑寇邊，以緄為遼東太守，曉喻降集，虜皆弭散。徵拜京兆尹，轉司隸校尉，所在立威刑。遷廷尉、太常……時天下飢饉，帑藏虛盡，每出征伐，常減公卿奉祿，假王侯租賦，前後所遣將帥，宦官輒陷以折耗軍資，往往抵罪……監軍使者張敞承宦官旨，奏緄將傅婢二人戎服自隨，又輒於江陵刻石紀功，請下吏案理。尚書令黃俊奏議，以為罪無正法，不合致糾。會長沙賊復起，攻桂陽、武陵，緄以軍還盜賊復發，策免……頃之，拜將作大匠，轉河南尹。上言「舊典，中官子弟不得為牧人職」，帝不納。復為廷尉。時山陽太守單遷以罪繫獄，緄考致其死。遷，故車騎將軍單超之弟，中官相黨，遂共誹章誣緄，坐與司隸校尉李膺、大司農劉祐俱輸左校。應奉上疏理緄等，得免。後拜屯騎校尉，復為廷尉，卒於官。（《後漢書》卷38

《馮緄傳》，1281、1283～1284頁。）

147年（漢桓帝建和元年）……桓帝即位，（裴）優遂行霧作賊，事覺被考，引楷言從學術，楷坐繫廷尉詔獄，積二年，恒諷誦經籍，作《尚書注》。後以事無驗，見原還家。建和三年，下詔安車備禮聘之，辭以篤疾不行。年七十，終於家。子陵。（《後漢書》卷36《張楷傳》，1243頁。）

147～167年（漢桓帝）舉孝廉，稍遷冀州刺史。中常侍具瑗託其弟恭舉茂才，衍不受，乃收齎書者案之。又劾奏河間相曹鼎臧罪千萬。鼎者，中常侍騰之弟也。騰使大將軍梁冀為書請之，衍不答，鼎竟坐輸作左校。乃徵衍拜議郎、符節令。梁冀聞衍賢，請欲相見，衍辭疾不往，冀恨之。時南陽太守成瑨等以收糾宦官考廷尉，衍與議郎劉瑜表救之，言甚切厲，坐免官還家，杜門不出……（《後漢書》卷67《黨錮列傳》，2209頁。）

151年（漢桓帝元嘉元年）（張）陵字處沖，官至尚書。元嘉中，歲首朝賀，大將軍梁冀帶劍入省，陵呵叱令出，來羽林、虎賁奪冀劍。冀跪謝，陵不應，即劾奏冀，請廷尉論罪，有詔以一歲俸贖，而百僚肅然。（《後漢書》卷36《張陵傳》，1243頁。）春，正月朔，群臣朝會，大將軍冀帶劍入省。尚書蜀郡張陵呵叱令出，敕虎賁、羽林奪劍。冀跪謝，陵不應，即劾奏冀，請廷尉論罪。有詔，以一歲俸贖；百僚肅然。（《資治通鑑》卷53，1721頁。）

153年（漢桓帝永興元年）永興元年，河溢，漂害人庶數十萬戶，百姓荒饉，流移道路。冀州盜賊尤多，故擢穆為冀州刺史。州人有宦者三人為中常侍，並以檄謁穆。穆疾之，辭不相見。冀部令長聞穆濟河，解印綬去者四十餘人。及到，奏劾諸郡，至有自殺者。以威略權宜，盡誅賊渠帥。舉劾權貴，或乃死獄中。有宦者趙忠喪父，歸葬安平，僭為璵璠、玉匣、偶人。穆聞之，下郡案驗。吏畏其嚴明，遂發墓剖棺，陳屍出之，而收其家屬。帝聞大怒，徵穆詣廷尉，（《謝承書》曰：「穆臨當就道，冀州從事欲為畫像置聽事上，穆留板書曰：『勿畫吾形，以為重負。忠義之未顯，何形象之足紀也！』」）輸作左校。（左校，署名，屬將作，掌左工徒。）太學書生劉陶等數千人詣闕上書訟穆曰：「伏見施刑徒朱穆，處公憂國，拜州之日，志清姦惡。誠以常侍貴寵，父兄子弟佈在州郡，競為虎狼，噬食小人，故穆張理天網，補綴漏目，羅取殘禍，以塞天意。由是內官咸共恚疾，謗讟煩興，讒隙仍作，極其刑謫，輸作左校。天下有識，皆以穆同勤禹、稷而被共、鯀之戾，若死者有知，則唐帝怒於崇山，重華忿於蒼墓矣。當今中官近習，竊持國柄，手握王爵，口含天憲，運

賞則使餓隸富於季孫，呼控則令伊、顏化為桀、跖。而穆獨亢然不顧身害。非惡榮而好辱，惡生而好死也，徒感王綱之不攝，懼天網之久失，故竭心懷憂，為上深計。臣願黥首繫趾，（黥首謂鑿額涅墨也。繫趾謂鈦其足也，以鐵著足曰鈦也。）代穆校作。」帝覽其奏，乃赦之。（《後漢書》卷43《朱暉傳》，1470～1471 頁。）

159 年（漢桓帝延熹二年）……諸梁及孫氏中外宗親送詔獄，無長少皆棄市。不疑、蒙先卒。其他所連及公卿列校刺史二千石死者數十人，故吏賓客免黜者三百餘人，朝廷為空，唯尹勳、袁盱及廷尉邯鄲義在焉……（《後漢書》卷 34《梁統傳》，1183～1184 頁。）

159 年（漢桓帝延熹二年）桓帝延熹二年，誅大將軍梁冀，而中常侍單超等五人皆以誅冀功並封列侯，專權選舉。又立掖庭民女亳氏為皇后，數月間，後家封者四人，賞賜鉅萬。是時地數震裂，眾災頻降。雲素剛，憂國將危，心不能忍，乃露布上書，移副三府，曰：……帝得奏震怒，下有司逮雲，詔尚書都護劍戟送黃門北寺獄，使中常侍管霸與御史、廷尉雜考之。時弘農五官掾杜眾傷雲以忠諫獲罪，上書願與雲同日死。帝愈怒，遂並下廷尉。大鴻臚陳蕃上疏救雲曰……顧使小黃門可其奏，雲、眾皆死獄中。（《後漢書》卷 57《李雲傳》，1851～1852 頁。）

159 年（漢桓帝延熹二年）（朱）震字伯厚，初為州從事，奏濟陰太守單匡臧罪，並連匡兄中常侍車騎將軍超。桓帝收匡下廷尉，以譴超，超詣獄謝。三府諺曰：「車如雞棲馬如狗，疾惡如風朱伯厚。」（《後漢書》卷 66《陳蕃傳》，2171 頁。）

160 年（漢桓帝延熹三年）小黃門段珪家在濟陰，與（侯）覽並立田業，近濟北界，僕從賓客侵犯百姓，劫掠行旅。濟北相滕延一切收捕，殺數十人，陳屍路衢。覽、珪大怨，以事訴帝，延坐多殺無辜，徵詣廷尉，免。延字伯行，北海人，後為京兆尹，有理名，世稱為長者。覽等得此愈放縱。覽兄參為益州刺史，民有豐富者，輒誣以大逆，皆誅滅之，沒入財物，前後累億計。太尉楊秉奏參，檻車徵，於道自殺。京兆尹袁逢於旅舍閱參車三百餘兩，皆金銀錦帛珍玩，不可勝數。覽坐免，旋復復官。（《後漢書》卷 79《宦者列傳》，2522～2523 頁。）

162 年（漢桓帝延熹五年）其年冬，徵還拜議郎。論功當封。而中常侍徐璜、左悺欲從求貨，數遣賓客就問功狀，規終不答。璜等忿怒，陷以前事，下

之於吏。官屬欲賦斂請謝，規誓而不聽，遂以餘寇不絕，坐繫廷尉，論輸左校。（《漢官儀》曰，左校署屬將作大匠也。）諸公及太學生張鳳等三百餘人詣闕訟之。會赦，歸家。（《後漢書》卷 65《皇甫規傳》，2135 頁。）

164 年（漢桓帝延熹七年）時中常侍侯覽弟參為益州刺史，累有臧罪，暴虐一州。明年，秉劾奏參，檻車徵詣廷尉。參惶恐，道自殺。（《謝承書》曰：「秉奏『參取受罪臧累億。牂柯男子張攸，居為富室，參橫加非罪，雲造訛言，殺攸家八人，沒入盧宅。又與同郡諸生李元之官，共飲酒，醉飽之後，戲故相犯，誣言有淫慝之罪，應時捶殺。以人臣之勢，行桀紂之態，傷和逆理，痛感天地，宜當持，以謝一州』。又曰『京兆尹袁逢於長安客舍中得參重車三百餘乘，金銀珍玩，不可稱記。』」）……（《後漢書》卷 54《楊秉傳》，1773〜1774 頁。）

165 年（漢桓帝延熹八年）……大司農劉祐、廷尉馮緄、河南尹李膺，皆以忤旨，為之抵罪。蕃因朝會，固理膺等，請加原宥，升之爵任。言及反覆，誠辭懇切。帝不聽，因流涕而起。時小黃門趙津、南陽大猾張氾等，奉事中官，乘執犯法，二郡太守劉瓆、成瑨考案其罪，雖經赦令，而並竟考殺之。宦官怨恚，有司承旨，遂奏瓆、瑨罪當棄市。又山陽太守翟超，沒入中常侍侯覽財產，東海相黃浮，誅殺下邳令徐宣，超、浮並坐髠鉗，輸作左校……（《後漢書》卷 66《陳蕃傳》，2163〜2164 頁。）

165 年（漢桓帝延熹八年）……復以（度）尚為荊州刺史。尚見胡蘭餘黨南走蒼梧，懼為己負，乃偽上言蒼梧賊入荊州界，於是徵交阯刺史張盤下廷尉。辭狀未正，會赦見原。盤不肯出獄，方更牢持械節，獄吏謂盤曰：「天恩曠然而君不出何乎？」盤因自列曰：「前長沙賊胡蘭作難荊州，餘黨散入交阯。盤身嬰甲冑，涉危履險，討擊凶患，斬殄渠帥，餘盡鳥竄冒遁，還奔荊州。刺史度尚懼盤先言，怖畏罪戾，伏奏見誣。盤備位方伯，為國爪牙，而為尚所枉，受罪牢獄。夫事有虛實，法有是非。盤實不辜，赦無所除。如忍以苟免，永受侵辱之恥，生為惡吏，死為敝鬼。乞傳尚詣廷尉，面對曲直，足明真偽。尚不徵者，盤埋骨牢檻，終不虛出，望塵受枉。」廷尉以其狀上，詔書徵尚到廷尉，辭窮受罪，以先有功得原。盤字子石，丹陽人，以清白稱，終於盧江太守。（《後漢書》卷 38《度尚傳》，1286〜1287 頁。）

165 年（漢桓帝延熹八年）明年，司隸校尉韓演因奏悝罪惡，及其兄太僕南鄉侯稱請託州郡，聚斂為姦，賓客放縱，侵犯吏民。悝、稱皆自殺。演又奏

瑗兄沛相恭臧罪，徵詣廷尉。瑗詣獄謝，上還東武侯印綬，詔貶為都鄉侯，卒於家……（《後漢書》卷 79《宦者列傳》，2522 頁。）

166（漢桓帝延熹九年）……桓帝時，宦官專朝，政刑暴濫，又比失皇子，災異尤數。延熹九年，楷自家詣闕上疏曰：臣聞皇天不言，以文象設教。堯舜雖聖，必曆象日月星辰，察五緯所在，故能享百年之壽，為萬世之法。臣竊見去歲五月，熒惑入太微，犯帝坐，出端門，不軌常道。其閏月庚辰，太白入房，犯心小星，震動中耀。中耀，天王也；傍小星者，天王子也。夫太微天廷，五帝之坐，而金火罰星揚光其中，於占，天子凶；又俱入房、心，法無繼嗣。今年歲星久守太微，逆行西至掖門，還切執法。歲為木精，好生惡殺，而淹留不去者，咎在仁德不修，誅罰太酷。前七年十二月，熒惑與歲星俱入軒轅，逆行四十餘日，而鄧皇后誅。其冬大寒，殺鳥獸，害魚鱉，城傍竹柏之葉有傷枯者。臣聞於師曰：「柏傷竹枯，不出三年，天子當之。」今洛陽城中人夜無故叫呼，云有火光，人聲正喧，於占亦與竹柏枯同。自春夏以來，連有霜雹及大雨雷，而臣作威作福，刑罰急刻之所感也。太原太守劉瓆、南陽太守成瑨，志除姦邪，其所誅翦，皆合人望，（《謝承書》曰：「劉瓆字文理，平原人。遷太原太守。郡有豪強，中官親戚，為百姓所患。瓆深疾之，到官收其魁帥殺之，所臧匿主人悉坐伏誅。桓帝徵詣廷尉，以瓆宗室，不忍致之於刑，使自殺。」「成瑨字幼平，弘農人。遷南陽太守。時桓帝美人外親張子禁怙恃榮貴，不畏法網，瑨與功曹岑晊捕子禁付宛獄，笞殺之。桓帝徵瑨詣廷尉，下獄死。」瓆音質。瑨音晉。）而陛下受閹豎之譖，乃遠加考逮。三公上書乞哀瓆等，不見採察，而嚴被譴讓。憂國之臣，將遂杜口矣。（《後漢書》卷 30《襄楷傳》，1076 頁。）

167 年（漢桓帝永康元年）弼遷尚書，出為平原相。時詔書下舉鉤黨，郡國所奏相連及者多至數百，唯弼獨無所上。詔書前後切卻州郡，髡笞掾史。從事坐傳責曰：「詔書疾惡黨人，旨意懇惻。青州六郡，其五有黨，近國甘陵，亦考南北部，平原何理而得獨無？」弼曰：「先王疆理天下，畫界分境，水土異齊，風俗不同，它郡自有，平原自無，胡可相比？若承望上司，誣陷良善，淫刑濫罰，以逞非理，則平原之人，戶可為黨。相有死而已，所不能也。」從事大怒，即收郡僚職送獄，遂舉奏弼。會黨禁中解，弼以俸贖罪得免，濟活者千餘人。弼為政特挫抑強豪，其小民有罪，多所容貸。遷河東太守，被一切詔書當舉孝廉。弼知多權貴請託，乃豫來斷絕書屬。中常侍侯覽果遣諸生齎書

請之，並求假鹽稅，積日不得通。生乃說以它事謁弼，而因達覽書。弼大怒曰：「太守忝荷重任，當選士報國，爾何人而偽詐無狀！」命左右引出，楚捶數百，府丞、掾史十餘人皆諫於廷，弼不對。遂付安邑獄，即日考殺之。侯覽大怒，遂詐作飛章下司隸，誣弼誹謗，檻車徵。吏人莫敢近者，唯前孝廉裴瑜送到崤澠之間，大言於道傍曰：「明府摧折虐臣，選德報國，如其獲罪，足以垂名竹帛，願不憂不懼。」弼曰：「『誰謂荼苦，其甘如薺。』昔人刎頸，九死不恨。」及下廷尉詔獄，平原吏人奔走詣闕訟之。又前孝廉魏劭毀變形服，詐為家僮，瞻護於弼。弼遂受誣，事當棄市。劭與郡人賣郡邸，行賂於侯覽，得減死罪一等，論輸左校。（《後漢書》卷 64《史弼傳》，2110～2111 頁。）

168 年（漢靈帝建寧元年）……靈帝即位，大將軍竇武、太傅陳蕃輔政，徵拜議郎。蕃、武被誅，巴以其黨，復謫為永昌太守。以功自劾，辭病不行，上書極諫，理陳、竇之冤。帝怒，下詔切責，收付廷尉。巴自殺……（《後漢書》卷 57《欒巴傳》，1842 頁。）

168～180 年（漢靈帝建寧年間～光和三年）靈帝建寧中，京都長者皆以葦方笥為妝具，下士盡然。時有識者竊言：葦方笥，郡國讞篋也；今珍用之，此天下人皆當有罪讞於理官也。到光和三年癸丑赦令詔書，吏民依黨禁錮者赦除之，有不見文，他以類比疑者讞。於是諸有黨郡皆讞廷尉，人名悉入方笥中。（《後漢書・五行志》，3271～3272 頁。）

168～208 年（漢靈帝—漢獻帝）徐璆字孟玉，廣陵海西人也。父淑，度遼將軍，有名於邊。（《謝承書》曰：「淑字伯進，寬裕博學，習《孟氏易》、《春秋公羊傳》、《禮記》、《周官》。善誦《太公六韜》，交接英雄，常有壯志。」）璆少博學，辟公府，舉高第。（《袁山松書》曰：「璆少履清高，立朝正色。稱揚後進，惟恐不及。」）稍遷荊州刺史。時董太后姊子張忠為南陽太守，因執放濫，臧罪數億。璆臨當之部，太后遣中常侍以忠屬璆。璆對曰：「臣身為國，不敢聞命。」太后怒，遽徵忠為司隸校尉，以相威臨。璆到州，舉奏忠臧餘一億，使冠軍縣上簿詣大司農，以彰暴其事。又奏五郡太守及屬縣有臧污者，悉徵案罪，威風大行。中平元年，與中郎將朱儁擊黃巾賊於宛，破之。張忠怨璆，與諸閹官構造無端，璆遂以罪徵。有破賊功，得免官歸家。後再徵，遷汝南太守，轉東海相，所在化行。獻帝遷許，以廷尉徵，當詣京師，道為袁術所劫，授璆以上公之位……（《後漢書》卷 48《徐璆傳》，1620～1621 頁。）

168～179 年（漢靈帝）陽球字方正，漁陽泉州人也。家世大姓冠蓋。球

能擊劍，習弓馬。性嚴厲，好申韓之學。郡吏有辱其母者，球結少年數十人，殺吏，滅其家，由是知名。初舉孝廉，補尚書侍郎，閒達故事，其章奏處議，常為臺閣所崇信。出為高唐令，以嚴苛過理，郡守收舉，收繫舉劾之也。會赦見原……時天下大旱，司空張顥條奏長吏苛酷貪污者，皆罷免之。球坐嚴苛，徵詣廷尉，當免官。靈帝以球九江時有功，拜議郎。遷將作大匠，坐事論。頃之，拜尚書令……光和二年，遷為司隸校尉。王甫休沐里舍，球詣闕謝恩，奏收甫及中常侍淳于登、袁赦、封（曰／羽）、中黃門劉毅、小黃門龐訓、朱禹、齊盛等，及子弟為守令者，姦猾縱恣，罪合滅族。太尉段熲諂附佞倖，宜並誅戮。於是悉收甫、熲等送洛陽獄，及甫子永樂少府萌、沛相吉。球自臨考甫等，五毒備極。萌謂球曰：「父子既當伏誅，少以楚毒假借老父。」球曰：「若罪惡無狀，死不滅責，乃欲求假借邪？」萌乃罵曰：「爾前奉事吾父子如奴，奴敢反汝主乎！今日困吾，行自及也！」球使以土窒萌口，棰朴交至，父子悉死杖下。熲亦自殺。乃僵磔甫屍於夏城門，大署榜曰「賊臣王甫」。盡沒入財產，妻子皆徙比景……其冬，司徒劉郃與球議收案張讓、曹節，節等知之，共誣白郃等。語已見《陳球傳》。遂收球送洛陽獄，誅死，妻子徙邊。（《後漢書》卷 77《酷吏列傳》，2498～2501 頁。）

168～189 年（漢靈帝）呂強字漢盛，河南成皋人也。少以宦者為小黃門，再遷中常侍。為人清忠奉公。靈帝時，例封宦者，以強為都鄉侯。強辭讓懇惻，固不敢當，帝乃聽之。因上疏陳事曰：……舊典選舉委任三府，三府有選，參議掾屬，諮其行狀，度其器能，受試任用，責以成功。若無可察，然後付之尚書。尚書舉劾，請下廷尉，覆案虛實，行其誅罰。今但任尚書，或復來用。如是，三公得免選舉之負，尚書亦復不坐，責賞無歸，豈肯空自苦勞乎……（《後漢書》卷 79《宦者列傳》，2532 頁。）

169 年（漢靈帝建寧二年）轉奐太常，與尚書劉猛、刁韙、衛良同薦王暢、李膺可參三公之選，而曹節等彌疾其言，遂下詔切責之。奐等皆自囚廷尉，數日乃得出，並以三月俸贖罪。司隸校尉王寓，出於宦官，欲借寵公卿，以求薦舉，百僚畏憚，莫不許諾，唯奐獨拒之。寓怒，因此遂陷以黨罪，禁錮歸田里。（《後漢書》卷 65《張奐傳》，2141 頁。）

169 年（漢靈帝建寧二年）是時山陽張儉殺常侍侯覽母，案其宗黨賓客，或有迸匿太山界者，康既常疾閹官，因此皆窮相收掩，無得遺脫。覽大怨之，誣康與兗州刺史第五種及都尉壺嘉詐上賊降，徵康詣廷尉獄，減死罪一等，

徒日南。潁陰人及太山羊陟等詣闕為訟，乃原還本郡，卒於家。（《後漢書》卷67《黨錮列傳》，2214頁。）

171年（漢靈帝建寧四年）……建寧三年，遷司空，轉司徒。素與南陽太守陳球有隙，及在公位，而薦球為廷尉……（《後漢書》卷51《橋玄傳》，1696頁。）

172年（漢靈帝熹平元年）陳球字伯真，下邳淮浦人也。歷世著名。《父䵂，廣漢太守。䵂音尾。球少涉儒學，善律令……遷南陽太守，以糾舉豪右，為執家所謗，徵詣廷尉抵罪。會赦，歸家。徵拜廷尉。熹平元年，竇太后崩。太后本遷南宮雲臺，太后父竇武與陳蕃謀誅宦官，反為中常侍曹節矯詔殺武、蕃，遷太后焉。宦者積怨竇氏，遂以衣車載後屍，置城南市舍數日。中常侍曹節、王甫欲用貴人體殯，帝曰：「太后親立朕躬，統承大業。《詩》云：『無德不報，無言不酬。』於是發喪成禮。及將葬，節等復欲別葬太后，而以馮貴人配祔。詔公卿大會朝堂，令中常侍趙忠監議……忠笑而言曰：「陳廷尉宜便操筆。」球即下議曰：「皇太后自在椒房，有聰明母儀之德。遭時不造，援立聖明，承繼宗廟，功烈至重。先帝晏駕，因遇大獄，遷居空宮，不幸早世，家雖獲罪，事非太后。今若別葬，誠失天下之望。且馮貴人冢墓被發，骸骨暴露，與賊並屍，魂靈污染，且無功於國，何宜上配至尊？」忠省球議，作色俯仰，蚩球曰：「陳廷尉建此議甚健！」球曰：「陳、竇既冤，皇太后無故幽閉，臣常痛心，天下憤歎。今日言之，退而受罪，宿昔之願。」公卿以下，皆從球議……六年，遷球司空，以地震免。拜光祿大夫，復為廷尉、太常。光和元年，遷太尉，數月，以日食免。復拜光祿大夫。明年，為永樂少府，桓帝母孝崇皇后宮曰永樂，置太僕、太府。乃潛與司徒河閒劉郃謀誅宦官……球小妻，程璜之女，璜用事宮中，所謂程大人也。節等頗得聞知，乃重賂於璜，且脅之。璜懼迫，以球謀告節，節因共白帝曰：「郃等常與藩國交通，有惡意。數稱永樂聲勢，受取狼籍。步兵校尉劉納及永樂少府陳球、衛尉陽球交通書疏，謀議不軌。」帝大怒，策免郃，郃與球及劉納、陽球皆下獄死。球時年六十二。（《後漢書》卷56《陳球傳》，1831～1834頁。）（曹）節等欲別葬太后，而以馮貴人配祔。詔公卿大會朝堂，令中常侍趙忠監議。太尉李咸時病，扶輿而起，搗椒自隨，謂妻子曰：「若皇太后不得配食桓帝，吾不生還矣！」既議，坐者數百人，各瞻望良久，莫肯先言。趙忠曰：「議當時定！」廷尉陳球曰：「皇太后以盛德良家，母臨天下，宜配先帝，是無所疑，」忠笑而言曰：「陳廷尉宜便

操筆。」球即下議曰：「皇太后自在椒房，有聰明母儀之德；遭時不造，援立聖明承繼宗廟，功烈至重。先帝晏駕，因遇大獄，遷居空宮，不幸早世，家雖獲罪，事非太后，今若別葬，誠失天下之望。且馮貴人冢嘗被發掘，骸骨暴露，與賊並屍，魂靈污染，且無功於國，何宜上配至尊！」忠省球議，作色俛仰，蚩球曰：「陳廷尉建此議甚健！」球曰：「陳、竇既冤，皇太后無故幽閉，臣常痛心，天下憤歎！今日言之，退而受罪，宿昔之願也！」李咸曰：「臣本謂宜爾，誠與意合。」於是公卿以下皆從球議。（《資治通鑒》卷57，1829頁。）

172年（漢靈帝熹平元年）悝後因中常侍王甫求復國，許謝錢五千萬。帝臨崩，遺詔復為勃海王。悝知非甫功，不肯還謝錢。甫怒，陰求其過。初，迎立靈帝，道路流言悝恨不得立，欲鈔徵書。而中常侍鄭颯、中黃門董騰並任俠通剽輕，數與悝交通。王甫司察，以為有姦，密告司隸校尉段潁。熹平元年，遂收颯送北寺獄。（北寺，獄名，屬黃門署。《前書音義》曰即若盧獄也。）使尚書令廉忠誣奏颯等謀迎立悝，大逆不道。遂詔冀州刺史收悝考實，又遣大鴻臚持節與宗正、廷尉之勃海，迫責悝。悝自殺。妃妾十一人，子女七十人，伎女二十四人，皆死獄中。傅、相以下，以輔導王不忠，悉伏誅。悝立二十五年國除。眾庶莫不憐之。（《後漢書》卷55《章帝八王傳》，1798頁。）

179年（漢靈帝光和二年）光和二年，復代橋玄為太尉。在位月餘，會日食自劾，有司舉奏，詔收印綬，詣廷尉。時司隸校尉陽球奏誅王甫，並及潁，就獄中詰責之，遂飲鴆死，家屬徙邊。後中常侍呂強上疏，追訟潁功，靈帝詔潁妻子還本郡。（《後漢書》卷65《段潁傳》，2154頁。）

184年（漢靈帝中平元年）……初，（楊）賜與太尉劉寬、司空張濟併入侍講，自以不宜獨受封賞，上書願分戶邑於寬、濟。帝嘉歎，復封寬及濟子，拜賜尚書令。數日出為廷尉，賜自以代非法家，言曰：「三后成功，惟殷於民，皋陶不與焉，蓋吝之也。」（吝，恥也。殷，盛也。《尚書》曰：「伯夷降典，折人惟刑，禹平水土，主名山川，稷降播種，農殖嘉穀，三后成功，惟殷於人。」言皋陶不預其數者，蓋恥之。）遂固辭，以特進就第。（《後漢書》卷54《楊賜傳》，1784頁。）

184年（漢靈帝中平元年）是時（張）讓、忠及夏惲、郭勝、孫璋、畢嵐、栗嵩、段珪、高望、張恭、韓悝、宋典十二人，皆為中常侍，封侯貴寵，父兄子弟布列州郡，所在貪殘，為人蠹害。黃巾既作，盜賊麋沸，郎中中山張鈞上書曰：「竊惟張角所以能興兵作亂，萬人所以樂附之者，其源皆由十常侍多放

父兄、子弟、婚親、賓客典據州郡，辜榷財利，侵掠百姓，百姓之冤無所告訴，故謀議不軌，聚為盜賊。宜斬十常侍，懸頭南郊，以謝百姓，又遣使者布告天下，可不須師旅，而大寇自消。」天子以鈞章示讓等，皆免冠徒跣頓首，乞自致洛陽詔獄，並出家財以助軍費。有詔皆冠履視事如故。帝怒鈞曰：「此真狂子也。十常侍固當有一人善者不？」鈞復重上，猶如前章，輒寢不報。詔使廷尉、侍御史考為張角道者，御史承讓等旨，遂誣奏（張）鈞學黃巾道，收掠死獄中。而讓等實多與張角交通。後中常侍封諝、徐奉事獨發覺坐誅，帝因怒詰讓等曰：「汝曹常言黨人慾為不軌，皆令禁錮，或有伏誅。今黨人更為國用，汝曹反與張角通，為可斬未？」皆叩頭云：「故中常侍王甫、侯覽所為。」帝乃止。（《後漢書》卷 79《宦者列傳》，2535 頁。）

185 年（漢靈帝中平二年）三月，廷尉崔烈為司徒。（《後漢書‧靈帝紀》，351 頁。）

185 年（漢靈帝中平二年）……書奏，內幸因此譖康援引亡國，以譬聖明，大不敬，檻車徵詣廷尉。侍御史劉岱典考其事，岱為表陳解釋，免歸田里。復徵拜議郎。（《後漢書》卷 31《陸康傳》，1113 頁。）

192 年（漢獻帝初平三年）……及卓被誅，邕在司徒王允坐，殊不意言之而歎，有動於色。允勃然叱之曰：「董卓國之大賊，幾傾漢室。君為王臣，所宜同忿，而懷其私遇，以忘大節！今天誅有罪，而反相傷痛，豈不共為逆哉？」即收付廷尉治罪。邕陳辭謝，乞黥首刖足，繼成漢史。士大夫多矜救之，不能得。太尉馬日磾馳往謂允曰：「伯喈曠世逸才，多識漢事，當續成後史，為一代大典。且忠孝素著，而所坐無名，誅之無乃失人望乎？」允曰：「昔武帝不殺司馬遷，使作謗書，流於後世。方今國祚中衰，神器不固，不可令佞臣執筆在幼主左右。既無益聖德，復使吾黨蒙其訕議。」日磾退而告人曰：「王公其不長世乎？善人，國之紀也；製作，國之典也。滅紀廢典，其能久乎！」邕遂死獄中。允悔，欲止而不及。時年六十一……（《後漢書》卷 60《蔡邕傳》，2006 頁。）

192 年（漢獻帝初平三年）初，允以同郡宋翼為左馮翊，王宏為右扶風。是時三輔民庶熾盛，兵穀富實，李傕等欲即殺允，懼二郡為患，乃先徵翼、宏。宏遣使謂翼曰：「郭汜、李傕以我二人在外，故未危王公。今日就徵，明日俱族。計將安出？」翼曰：「雖禍福難量，然王命所不得避也。」宏曰：「義兵鼎沸，在於董卓，況其黨與乎！若舉兵共討君側惡人，山東必應之，此轉

福為福之計也。」翼不從。宏不能獨立，遂俱就徵，下廷尉。催乃收允及翼、宏，並殺之……王宏字長文，少有氣力，不拘細行。初為弘農太守，考案郡中有事宦官買爵位者，雖位至二千石，皆掠考收捕，遂殺數十人，威動鄰界。素與司隸校尉胡種有隙，及宏下獄，種遂迫促殺之。宏臨命詬曰：「宋翼豎儒，不足議大計。胡種樂人之禍，禍將及之。」種後眠輒見宏以杖擊之，因發病，數日死。（《後漢書》卷66《王允傳》，2177頁。）

　　195年（漢獻帝興平二年）……冬，天子東還洛陽，催、汜追上到曹陽，虜掠乘輿輜重，殺光祿勳鄧淵、廷尉宣璠、少府田邠等數十人。（《後漢書·五行志》，3275頁。）

　　213年（漢獻帝建安十八年）冬，十一月……鍾繇為大理（大理，漢廷尉之職。）……魏公操欲復肉刑，令曰：「昔陳鴻臚以為死刑有可加於仁恩者，御史中丞能申其父之論乎？」陳群對曰：「臣父紀以為漢除肉刑而增加於笞，本興仁而死者更眾，所謂名輕而實重者也。名輕則易犯，實重則傷民。且殺人償死，合於古制；至於傷人，或殘毀其體，而裁剪毛髮，非其理也。若用古刑，使淫者下蠶室，盜者刖其足，則永無淫放穿踰之姦矣。夫三千之屬，（周穆王作甫刑，墨罰之屬千，荊罰之屬五百，宮罰之屬三百，大辟之罰其屬二百，五刑之屬三千。）雖未可悉復，若斯數者，時之所患，宜先施用。漢律所殺殊死之罪，仁所不及也，其餘逮死者，可易以肉刑。如此，則所刑之與所生足以相貿矣。今以笞死之法易不殺之刑，是重人支體而輕人軀命也。」當時議者，唯鍾繇與群議同，餘皆以未可行。操以軍事未罷，顧眾議而止。（《資治通鑒》卷66，2124頁。）

秦漢廷尉史料編年所引資料版本參見：

1. （漢）司馬遷：《史記》，北京：中華書局，1959年。
2. （漢）班固：《漢書》，北京：中華書局，1962年。
3. （南朝宋）范曄：《後漢書》，北京：中華書局，1965年。
4. （宋）司馬光編著：《資治通鑒》，北京：中華書局，1956年。

附錄二：何思維《漢代廷尉的
職能》譯文

　　兩漢時期，廷尉為九卿之一，在漢帝國行政中佔有重要地位（參考文獻
的書目信息可以在文章末尾找到）。畢漢思教授最近詳細地考證了廷尉的職官
設置，我之前也在這個問題上有所涉獵。然而，正如瞿同祖教授所言，我無
故地忽略了廷尉在實際司法運作中的職能。現在我希望去彌補過去的疏忽，
以此紀念致力於中國法律研究的卜德教授。與此同時，藉以紀念我與卜德教
授自年輕時在北京就建立長達半個世紀的友誼。

　　像在很多方面一樣，漢繼承了秦的廷尉制度。此外，評論家指出在戰國
其他國家，這一官職有不同的名稱。其職責可以用簡略術語表示。《漢書》記
載「掌刑辟」，《後漢書》記載其職能為「掌平獄，奏當所應」，「凡郡國讞疑
罪，皆處當以報」。二世紀經典文獻亦提及「謂讞疑辨事，先來詣，乃通之於
士也」（諸侯有疑案，由訝士接受，轉呈士師決斷）。關於其屬官，最為重要
的是設於漢宣帝四年（公元前 66 年）的廷尉平。其作為廷尉的屬官，職責為
「聽獄必質諸朝廷，與眾共之」。

　　現在廷尉在不同情況下的判決送到郡。有一條令文，其來源於高皇帝七
年（公元前 200 年）詔令：

　　「獄之疑者，吏或不敢決，有罪者久而不論，無罪者久繫不決。自今以
來，縣道官獄疑者，各讞所屬二千石官，二千石官以其罪名當報之。所不能
決者，皆移廷尉，廷尉亦當報之。廷尉所不能決，謹具為奏，傅所當比律令以
聞。」

　　換句話說，縣道法官所不能判決的疑案，需要上報給他的上級郡，郡所不能裁決的疑案需上報給廷尉，廷尉所不能裁決的疑案，請求皇帝最後的裁決。大庭修教授認為漢簡包含有這樣的帝國司法審判程序。然而不幸的是，據我所知，這些案件的報告並沒有告訴我們這一點。或許另一種解釋也是可能的。《杜周傳》記載「郡吏大府舉之廷尉，一歲至千餘章」。

　　或許，廷尉不僅是最高審判機關。它也是涉及貴族詔獄的初審機關。如果不是這樣的情況，《杜周傳》中記載的詔獄就不得不被廷尉審理。同樣的文獻顯示，在杜周任職廷尉期間，詔獄數量增加，以至於「章大者連逮證案數百，廷尉及中都官詔獄逮至六七萬人。」詔獄最為主要的情況是諸侯王煽動叛亂情況，有時是貴族被指為最邪惡的罪名。

　　廷尉的另一職能是制定法律。當然，理論上講，最高的立法者是皇帝，正如杜周所言「前主所是著為律，後主所是疏為令」。然而，在實際情況下，制定和修改律令的是卿，這已被史料所佐證。廷尉參與律令修改，在公元前156年，前60年，86年被明確提及。

　　最後，作為九卿之一，廷尉經常參與重大政治問題的討論。正是這樣的情況，廷尉在公元前74年參與了廢黜只做了二十七天皇帝的劉賀的活動。結果，廷尉和參與者都獲得了獎賞。

　　鑒於廷尉最主要的職能為審判，我編制了一份有關廷尉審判案件的列表。原則上這份列表是基於哈佛燕京學社1966年編譯再版的《漢書》和《後漢書》中對廷尉的記錄。這份列表是按時間順序排列的，因為這種安排可以讓讀者去觀察到廷尉的這種功能在兩漢四百年代內的連續性。T 這些案件是有編號的，同時在空白處，我標記了有關人員的身份。「K」代表諸侯王，「n」代表貴族，「o」代表官員。依次是序列號。這裡明顯地缺少對於縣令（長）的審判。對我來說，這似乎表明對於有過失的縣令（長）是由他的上級郡守審判的，儘管郡守要向皇帝彙報這些案件，因為需要先請皇帝，得到其允許才可以進行。同時這是不按規定的處罰。儘管沒有證據，所以我猜測，這些上請的案件也會由廷尉去審判。我同樣相信，除了下面列出的案例外，兩漢歷史中簡單出現的貴族和高級官員「下獄」案件，廷尉是會參與審判.除了參與郡縣提交的疑案外，廷尉不審判平民。列表中的三例平民被判案件均與皇室有關。

　1. 官員1，公元前196年。丞相蕭何，因「多受賈人財物」，「下相國廷尉」。

《漢書》卷 39 第 5 段，《史記》53 卷第 11 段，《〈史記〉譯注》卷 1，第 131 頁。

2. 諸侯王 1，公元前 196 年。梁王彭越，因謀反，「廷尉奏請族之」（對於「族之」，見何四維《漢律拾遺》，第 112 頁之後）。

《漢書》卷 34 第 15 段上；《史記》卷 90 第 10 段；《〈史記〉譯注》卷 1，第 194 頁。參見《漢書》卷 1 下 18 段下，亦見《〈漢書〉譯注》卷 1，第 132 頁；《史記》卷 9 第 79 段；德效騫《〈史記〉譯注》卷 2，第 395 頁。

3. 貴族 1，公元前 177 年。絳侯周勃，「上書告勃欲反」，「下廷尉」。

《漢書》卷 40 第 24 段下；《史記》卷 57 第 13 段；《〈史記〉譯注》卷 1，第 432 頁。參見《漢書》卷 4 第 12 段下，《〈漢書〉譯注》卷 1，第 429 頁（不在《史記》卷 10）。

4. 諸侯王 2，公元前 174 年。廷尉「奏議淮南王劉長謀反事」。

《漢書》卷 44 第 5 段上；《史記》卷 108 第 5 段；《〈史記〉譯注》卷 2，第 361 頁；

參見《漢書》卷 4 第 13 段上；《〈漢書〉譯注》卷 1，第 250 頁；《史記》卷 10 第 26 段之後。《〈史記〉譯注》卷 2，第 472 頁（這裡的前 176 年有誤，當為前 174 年）。

5. 平民 1，大約公元前 160 年。廷尉之典範張釋之公正地審判了平民渭橋驚文帝乘輿馬和盜竊高廟座前玉環案件。

《漢書》卷 30 第 3 段上之後；《史記》卷 102 第 8 段之後；《〈史記〉譯注》卷 1，第 536 頁之後。

6. 官員 2，公元前 154 年。廷尉及其他高級官員劾奏御史大夫晁錯「大逆無道」，「當要斬」。

《漢書》卷 5 第 4 段上；《〈漢書〉譯注》卷 2，第 314 頁；《史記》卷 11 第 5 段；德效騫《〈史記〉譯注》卷 2，第 499 頁。

7. 官員 3，貴族 2，公元前 143 年。太尉條侯周亞夫，涉嫌籌劃叛亂，下廷尉獄，餓死獄中。

《漢書》卷 40 第 28 段上；《史記》卷 57 第 23 段；《〈史記〉譯注》卷 1，第 439 頁。參考《漢書》卷 5 第 8 段下；《〈漢書〉譯注》卷 1，第 326 頁；《史記》卷 11 第 10 段；《〈史記〉譯注》卷 2，第 504 頁（這裡的時間公元前 147 年有誤，見《〈漢書〉譯注》Loc. Cit., note 8.6.）

8. 官員 4，公元前 129 年。驍騎將軍李廣與騎將軍公孫敖，因「失師而還」，下廷尉，罰金贖刑。

《漢書》卷 54 第 4 段上，卷 55 第 2 段下，卷 94 上第 17 段上；高延：《亞洲史中的中國史實》卷 1，第 104 頁；《史記》卷 109 第 9 段，卷 110 第 45 段，卷 111 第 5 段；《〈漢書〉譯注》卷 2，第 145 頁、178 頁、195 頁；《漢書》卷 6 第 7 段下之後；《〈漢書〉譯注》卷 2，第 44 頁之後。

9. 諸侯王 3，公元前 123 年。淮南王劉安，籌劃謀反，下廷尉治。

《漢書》卷 44 第 10 段上；《史記》卷 119 第 36 段；《〈史記〉譯注》卷 2，第 370 頁之後。參考《漢書》卷 6 第 13 段上；《〈漢書〉譯注》卷 2，第 58 頁，《漢書》卷 59 第 3 段下。亦見，沃拉克：《淮南王二世劉安》，《美國東方學會會刊》1972 年第 92 卷，第 36～50 頁，尤其是第 44 頁之後。

10. 諸侯王 4，公元前 122 年。衡山王劉賜謀反，「廷尉治驗」。

《漢書》卷 44 第 16 段；《史記》卷 119 第 45 段；《〈史記〉譯注》卷 2，第 391 頁。參考《漢書》卷 6 第 13 段上；《〈漢書〉譯注》卷 2，第 58 頁；《漢書》卷 59 第 3 段下。

11. 諸侯王 5，公元前 121 年。江都王劉建謀反，下廷尉治。

《漢書》卷 53 第 7 段上；《史記》卷 59 第 7 段；《〈史記〉譯注》卷 1，第 453 頁。參考《漢書》卷 6 第 15 段上；《〈漢書〉譯注》卷 2，第 61 頁；《漢書》卷 59 第 3 段下。

12. 官員 5，公元前 116 年。廷尉下令調查御史大夫張湯「居為大姦」。

《漢書》卷 59 第 5 段下；《史記》卷 122 第 21 段；《〈史記〉譯注》卷 2，第 433 頁（「大姦」為法律術語，沒有確切法律規定）。

13. 諸侯王 6，大約公元前 100 年。廷尉雜治趙王太子劉丹同產姊及王後宮姦亂案。

《漢書》卷 45 第 11 段上，卷 53 第 9 段上，《史記》卷 59 第 12 段，《〈史記〉譯注》卷 1，第 456 頁。

14. 貴族 3，大約公元前 100 年。隆慮公主子、漢武帝女夷安公主之夫昭平君醉殺主傅，廷尉上請請論。

《漢書》卷 65 第 9 段上下。參考何四維《漢律拾遺》，第 289 頁，第 7 章。

15. 平民 2，公元前 82 年。廷尉驗治假冒衛太子（公元前 91 年謀反漢武帝，失敗後自殺）者，此人後被腰斬。

《漢書》卷 71 第 2 段上之後；《古代中國的臣民》，第 160 頁之後。參考
《漢書》卷 7 第 4 段上；《〈漢書〉譯注》卷 2，第 158 頁。關於「衛太
子之變」，見魯惟一：《漢代中國的危機和衝突》，第 37 頁之後。

16. 官員 6，公元前 80 年。典屬國「蘇武素與（上官）桀、（桑）弘羊有舊，
數為燕王所訟，子又在謀（燕王劉旦謀反）中，廷尉奏請逮捕武，（霍光）
寢其奏」。

《漢書》卷 54 第 23 段上；《古代中國的臣民》，第 42 頁之後。關於這次
造反，參見《漢書》卷 7 第 7 段上；《〈漢書〉譯注》卷 2，第 164 頁之
後。尤其是《漢書》卷 63 第 4 段上之後；《古代中國的臣民》，第 55～
65 頁；《霍光與漢帝國》，第 60～78 頁；魯惟一：《漢代中國的危機和衝
突》，第 73～75 頁。

17. 官員 7，公元前 72 年。廷尉因大司農貪贓受賄驗治田延年。
《漢書》卷 90 第 14 段下；何四維：《漢律拾遺》，第 178 頁第一節。

18. 官員 8，公元前 55 年。廷尉案驗光祿勳楊惲。
《漢書》卷 66 第 9 段下、第 10 段下；魯惟一：《漢代中國的危機和衝突》，
第 147 頁；《漢書》卷 8 第 19 段下；《〈漢書〉譯注》，第 249 頁之後；何
四維《漢律拾遺》，第 173、175 頁。

19. 諸侯王 7，公元前 54 年。天子遣廷尉、大鴻臚即訊廣陵王劉胥，因其詛
咒漢宣帝。
《漢書》卷 63 第 16 段上；《古代中國的臣民》，第 67 頁；《霍光與漢帝
國》，第 86～89、103 頁第二節；《漢代中國的危機和衝突》，第 89 頁之
後；《漢書》卷 8 第 20 段下；《〈漢書〉譯注》，第 253 頁。

20. 官員 9，大約公元前 40 年。「而池陽令並素行貪污，輕（馮）野王外戚年
少，治行不改。野王部督郵掾祋栩趙都案驗，得其主守盜十金罪，收捕。
並不首吏，都格殺。並家上書陳冤，事下廷尉。都詣吏自殺以明野王，京
師稱其威信」。
《漢書》卷 79 第 7 段上。

21. 官員 10，公元前 24 年。廷尉致京兆尹王章大逆罪，死獄中，妻子徙合浦。
《漢書》卷 98 第 7 段上下。

22. 官員 11，公元前 15 年。廷尉、丞相、御史議罪陳湯，制曰：「廷尉增壽
當是」。

《漢書》卷 70 第 17 段下之後；參看卷 84 第 5 段上。我將其認為是官員，是因為在他失去關內侯爵位（卷 70 第 14 段下）之後擔任中郎將（卷 84 第 5 段上）。陳湯是公元前三十六年滅郅支單于之戰的功臣，關於這一點，見《〈漢書〉譯注》卷 2，第 279 頁之後；魯惟一《漢代中國的危機和衝突》，第 211 頁之後。

23. 皇后，公元前 8 年。「天子使廷尉孔光持節賜廢后（許皇后）藥」，因許皇后預謀復位。

《漢書》卷 10 第 15 段下；《〈漢書〉譯注》卷 2，第 416 頁；《漢書》卷 93 第 7 段下、卷 97 下第 6 段下；《〈漢書〉譯注》卷 2，第 360 頁之後。

24. 官員 12，公元前 7 年。廷尉駁斥了御史中丞對於薛況的懲處，「丞相孔光、大司空師丹以中丞議是，自將軍以下至博士議郎皆是廷尉」，漢哀帝亦贊同。

《漢書》卷 83 第 7 段下之後；何四維《漢律拾遺》，第 183 頁。

25. 官員 13，公元前 6 年。廷尉彈劾大司空師丹「漏泄省中語」。

《漢書》卷 86 第 18 段上。

26. 官員 14，公元前 5 年。光祿勳平當、光祿大夫毛莫如與御史中丞、廷尉雜治夏賀良，執左道，亂朝政，傾覆國家。

《漢書》卷 75 第 33 段上；參考《漢書》卷 11 第 6 段上；《〈漢書〉譯注》卷 3，第 31 頁之後；魯惟一《漢代中國的危機和衝突》，第 278～280 頁；注解：我將其標記為官員，因為他為皇帝身邊近臣，但沒有發現其獲得官職的證據。

27. 諸侯王 8，公元前四年。廷尉梁相與丞相長史、御史中丞及五二千石雜治東平王雲獄，因其被誣陷詛咒皇帝。

《漢書》卷 86 第 12 段下，卷 45 第 14 段上之後，卷 80 第 8 段下之後。參考《漢書》卷 11 第 6 段下，《〈漢書〉譯注》卷 3，第 33 頁。

28. 諸侯王 9，公元前 3 年。廷尉賞、大鴻臚由持節即訊梁王劉立，因其亂倫與謀殺。

《漢書》卷 47 第 9 段下到第 10 段上。參考《前漢時代中國的奴隸制》，第 423 頁。

29. 官員 14，公元 25～27 年。北海相董宣「使門下書佐水丘岑盡殺五官掾公孫丹宗族親黨三十餘人」，「坐徵詣廷尉」。

《後漢書集解》卷 67 第 2 段上。

30. 官員 15，公元 25～27 年。侍中戴憑惹怒漢光武帝，「自繫廷尉」。
《後漢書集解》卷 69 上第 6 段下。

31. 官員 16，公元 62 年。會稽太守第五倫因觸犯法令，徵詣廷尉。
《後漢書集解》卷 31 第 2 段下。

protest against being sent again on a mission to the Northern

32. 官員 17，約公元 65 年。給事中鄭眾上書反對朝廷再派使者出使北匈奴，因為這會有損東漢國威。明帝追還他，嚴厲責備（鄭眾），交付廷尉治罪。
《後漢書集解》卷 26 第 6 段上。

33. 諸侯王 10，公元 70～71 年。儘管沒有明確提及廷尉，但他必定在雜治楚王英謀反案中。同樣地，廷尉抓捕與本案有牽扯的人達 500 多，下帝國設置的「洛陽獄」。
《後漢書集解》卷 71 第 13 段上。

34. 諸侯王 11，公元 73 年。淮陽王劉延因同樣的罪名。
《後漢書》卷 2 第 15 段下；《後漢書集解》卷 32 第 16 段下。

35. 官員 18，公元 72 年。吳郡太守尹興因與楚王英有繫，「詣廷尉獄」。
《後漢書集解》卷 71 第 13 段上。

36. 諸侯王 12，公元 76～77 年。阜陵王劉延因巫蠱，有司奏請檻車徵詣廷尉詔獄，其被貶爵為阜陵侯。
《後漢書集解》卷 32 第 16 段上下。關於這個問題，參見古德利奇：《中國古代的「檻車」》，《通報》1975 年 61 卷，第 215～231 頁。

37. 官員 19，約公元 80 年。勃海太守周紆兩次被徵詣廷尉。一次因為「每赦令到郡，輒隱閉不出，先遣使屬縣盡決刑罪，乃出詔書」；他的下屬（亭長霍延）肆詈恣口皇后弟黃門郎竇篤。
《後漢書集解》卷 67 第 5 段上下。

38. 官員 20，公元 88 年。太尉鄭弘因漏洩密事，「自詣廷尉」，「詔敕出之」。
《後漢書集解》卷 23 第 13 段上。

39. 官員 21，公元 89～104 年。丹陽太守馬棱因坐盜賊事，「當詣廷尉」，「詔書原停棱事」。
《後漢書集解》卷 72 上第 9 段下。

40. 諸侯王 13，公元 93 年。有司請徵梁王劉暢詣廷尉詔獄，因豫州刺史梁相
舉奏劉暢不道，漢和帝不許。

《後漢書集解》卷 40 第 7 段下。

41. 諸侯王 14，公元 96 年。北海王劉威坐誹謗（見何四維《漢律拾遺》，第
175 頁之後），「檻車徵詣廷尉」，「自殺」。

《後漢書集解》卷 4 第 7 段下，參考《後漢書》卷 4 第 10 段上。

42. 官員 22，約公元 100 年。桂陽太守許荊「上書陳狀，乞詣廷尉」。

《後漢書集解》卷 66 第 10 段下。

43. 官員 23，公元 110 年。騎都尉任仁因與羌戰累敗，「檻車徵詣廷尉」，後
「死」。

《後漢書集解》卷 77 第 14 段上；《後漢書》卷 5 第 8 段上。

44. 官員 24，公元 116 年。彭城王國相因「誣奏（彭城王劉）恭祠祀惡言，
大逆不道」，「下廷尉」，「會赦不誅」。

《後漢書集解》卷 40 第 4 段上注。

45. 官員 25，公元 119 年。中郎將任尚在與羌戰爭中，因「坐斷盜軍糧」，
「檻車徵詣廷尉」。

《後漢書集解》卷 6 第 14 段上。參考《後漢書》卷 5 第 13 段上。

46. 官員 26，公元 121 年。鄧太后病歿，大司農朱寵上書言切鄧騭無罪，「袒
身載棺」，「自致廷尉」，「免官歸田里」。

《後漢書集解》卷 6 第 15 段上。

47. 貴族 4，公元 121 年。紙的發明者，長樂太僕（鄧太後宮大千秋）龍亭侯
蔡倫與「自致廷尉」，因「受竇后諷旨誣陷宋貴人」。

《後漢書集解》卷 68 第 5 段上，參考卷 45 第 2 段下。

48. 官員 27，約公元 126 年。將作大匠翟酺因「前與河南張楷等謀反」，「逮
詣廷尉」，「事得明釋」。

《後漢書集解》卷 38 第 6 段下。

49. 官員 28，公元 126 年。司隸校尉虞詡多次彈劾中常侍張防濫用權勢的奏
章遭到扣壓，「自繫廷尉」，「坐論輸左校」。

《後漢書集解》卷 48 第 5 段上。

50. 官員 29，約公元 128 年。武威太守任嘉「徵考廷尉」，因其任邵陵令「贓
罪千萬」，（《後漢書集解》卷 69 上第 15 段上）。儘管「其所牽染將相大臣

百有餘人」釋放，關於任嘉的判決情況缺失，但其仍被收錄（見何四維《漢律拾遺》，第 178 頁之後）。

51. 官員 30，133 年之後。太中大夫楊倫「出補常山王傅，病不之官」，「遂徵詣廷尉」，「有詔原罪」。
    《後漢書集解》卷 69 上第 15 段下。

52. 官員 31，約 142 年。濟北相崔瑗「徵詣廷尉」，因贓罪，「上書自訟，得理出」。
    《後漢書集解》卷 42 第 13 段下。

53. 貴族 6，官員 32，147 年之後。臭名昭著的宦官大長秋封亭侯曹騰因賄賂於他的書信被人發現，「請下廷尉案罪」，「遂寢皓奏」。
    《後漢書集解》卷 68 第 9 段上。

54. 平民 3，公元 150 年。性好道術的張楷「坐繫廷尉詔獄，積二年」，因「（裴）優遂行霧作賊，事覺被考，引楷言從學術」。
    《後漢書集解》卷 26 第 19 段上，參考《後漢書》卷 7 第 5 段下。

55. 官員 33，約公元 150 年。揚州刺史陳翔「舉奏豫章太守王永奏事中官，吳郡太守徐參在職貪穢，並徵詣廷尉」。
    《後漢書集解》卷 57 第 20 段下。

56. 官員 34，公元 153 年。冀州刺史朱穆因「有宦者趙忠喪父，僭為璵璠、玉匣、偶人」，遂發墓剖棺，陳屍出之，而收其家屬。帝聞大怒，徵穆詣廷尉，輸作左校。
    《後漢書集解》卷 33 第 10 段下。

57. 官員 35，約公元 150～172 年。太山太守苑康「徵詣廷尉獄」，因宦官（侯覽）誣陷，減死罪一等，徙日南。「潁陰人及太山羊陟等詣闕為訟，乃原還本郡」。
    《後漢書集解》卷 57 第 21 段下。

58. 官員 36，公元 159 年之後。沛相具恭因贓罪，「徵詣廷尉」。
    《後漢書集解》卷 68 第 11 段下。

59. 官員 37，公元 59～168 年。濟北相滕延「坐多殺無辜」，「徵詣廷尉」。
    《後漢書集解》卷 68 第 11 段下。

60. 官員 38，約公元 160 年。白馬令李雲上書皇帝，譴責中常侍單超等五人皆以誅梁冀的過度功績，譴責皇帝，「使中常侍管霸與御史廷尉雜考

之」。

《後漢書集解》卷 47 第 10 段下。《後漢書》卷 7 第 9 段下～第 10 段上。

61. 官員 39，約公元 164 年。濟陰太守單匡因贓罪，下廷尉。沒有具體細節。
《後漢書集解》卷 56 第 9 段下。

62. 官員 40，公元 165 年。交趾（一段時間作為省，見 Hou Han shu Treatise 卷 23 下第 30 段下。）刺史張盤、荊州刺史度尚「乃偽上言蒼梧賊入荊州界」，下廷尉。
《後漢書集解》卷 28 第 10 段上下。

63. 官員 41，公元 165 年。「中常侍侯覽弟侯參為益州刺史，累有贓罪，暴虐一州。檻車徵詣廷尉」。
《後漢書集解》卷 44 第 14 段上。

64. 官員 42，公元 166 年。太原太守劉瓆與南陽太守成瑨因檢舉、笞殺漢桓帝美人外親張子禁，徵詣廷尉。
《後漢書》卷 7 第 14 段下。《後漢書集解》卷 20 第 16 段下，卷 56 第 4 段下、5 段下、6 段上、10 段上，卷 57 第 17 段下。

65. 官員 43，公元 167 年之前。皇甫規因長期與羌作戰，還拜議郎，「中常侍數遣賓客就問功狀，規終不答」，「遂以餘寇不絕」，坐繫廷尉，論輸左校。
《後漢書集解》卷 55 第 5 段下。

66. 官員 44，公元 168 年之後。永昌太守樂巴「以功自劾，辭病不行，上書極諫」，「收付廷尉」，後他自殺。
《後漢書集解》卷 47 第 3 段下。

67. 官員 45，約公元 170 年。南陽太守陳球「以糾舉豪右，為執家所謗」，「徵詣廷尉抵罪」，「會赦」。
《後漢書集解》卷 46 第 13 段下。

68. 官員 46，約公元 171 年。太常張奐因宦官（曹節）等彌疾其言，遂下詔切責之。「自囚廷尉，數日乃得出」。
《後漢書集解》卷 55 第 9 段下。

69. 諸侯王 14，公元 172 年。「（大鴻臚持節、宗正）與廷尉迫責」渤海王劉悝，因其想稱帝。「（劉）悝自殺。妃妾十一人，子女七十人，伎女二十四人，皆死獄中」。

《後漢書集解》卷 45 第 1 段下。《後漢書》卷 8 第 4 段下。

70. 官員 47，公元 178 年之前。河東太守史弼因被誣誹謗，「下廷尉詔獄」，「論輸左校」。

《後漢書集解》卷 54 第 9 段上。

71. 官員 48，公元 178 年。平原相陽球「坐嚴酷」，「徵詣廷尉」。

《後漢書集解》卷 67 第 7 段下。

72. 官員 49，公元 179 年。太尉段熲捲入「司隸校尉陽球奏誅王甫」事件，「詣廷尉」，「詰責之，遂飲鴆死」。

《後漢書集解》卷 55 第 18 段下。

73. 官員 50，公元 179 年。護匈奴中郎將張修「坐不先請而擅誅殺單于呼徵」，「檻車徵詣廷尉抵罪」

《後漢書集解》卷 79 第 18 段下，《後漢書》卷 8 第 8 段下。

74. 官員 51，公元 185 年。豫州刺史王允因宦官陷害它罪被捕，「檻車徵至廷尉」，「以減死論，是冬大赦」。

《後漢書集解》卷 56 第 10 段下。

75. 官員 52，公元 192 年。大儒蔡邕因與董卓聯繫，董卓敗亡後，他「收付廷尉，死獄中」。

《後漢書集解》卷 50 下第 19 段下。

　　用一些案例來結束這次考察可能是恰當的，從中可以看出，廷尉不僅審判其他官員，而且自己審判自己。這些信息不僅簡略而且互相矛盾。通過這樣的方式，我們發現在公元前 83 年有廷尉公開被判決的記錄。一種說法是廷尉「坐故縱死罪」，第二種說法是「坐誣罔」，還有第三種說法是「坐逆（權臣霍光）將軍意」。但是沒有相關細節被證明。之後不久的公元前 78 年，廷尉、少府、左馮翊「皆坐縱反者」，皆被懲處。但這不知是不是因為政治或者個人原因導致霍光的這一判斷。

　　總之，應該說，在上述調查中的案件已盡可能顯現簡短的特點。這種記錄非常的豐富，包括從實際記錄的廣泛引用，這樣提供的特徵和意想不到的圖景。漢書的作者門展現了他們的才華，讓歷史作為人性的見證者。

主要參考文獻及縮寫

1. （美）畢漢思：《漢代官僚制度》，劍橋大學出版社 1980 年版。之後簡稱

畢漢思：《漢代官僚制度》。

2. （法）沙畹：《司馬遷〈史記〉譯注》五卷，巴黎，1895～1905（其補遺卷作為第六卷巴黎（麥松奈文出版社），1969年）。之後簡稱沙畹：《〈史記〉譯注》。

3. （英）德效騫：《〈漢書〉譯注》三卷，巴爾的摩（韋弗利出版社），1938年，1944年，1955年。之後簡稱德效騫：《〈漢書〉譯注》。

4. （荷）高延：《亞洲史中的中國史實》兩卷，柏林，1921年；萊比錫，1926年。之後簡稱高延：《亞洲史中的中國史實》。

5. 王先謙：《漢書補注》，長沙，1900年；臺北，1965年再版。之後簡稱《漢書》。

6. 王先謙：《後漢書集解》，長沙，1923年；臺北，1965年再版。之後簡稱《後漢書》。

7. （荷）何四維：《漢律拾遺》，萊頓：1955年。之後簡稱何四維：《漢律》。

8. Arvid Jongchell：《霍光與漢帝國》，哥德堡：1930年。之後簡稱《霍光與漢帝國》。

9. （日）瀧川龜太郎：《史記會注考證》，東京，1934年，臺北，1971年再版。之後簡稱史記。

10. （英）魯惟一：《漢代中國的危機和衝突》，倫敦：1974年。

11. （美）華茲生：《古代中國的臣民：班固〈漢書〉選譯》，紐約、倫敦，1971年。之後簡稱華茲生《臣民》。

12. （美）華茲生：《中國偉大的史學著作：英譯〈史記〉》兩卷，紐約：1961年，倫敦，1962年。之後簡稱《史記》。

13. （美）韋慕庭：《前漢時代中國的奴隸制》，芝加哥，1943年。

本文原刊信息

A.F. P. Hulsewé. The functions of the Commandant of Justice during the Han Period, Charles Le Blanc and Susan Blader: Chinese Ideas about Nature and Society: Studies in Honour of Derk Bodde, Hong Kong University Press, 1987, pp.249-264.

感謝香港大學出版社授權翻譯此文。

附錄三：揚雄《廷尉箴》

　　天降五刑，維夏之績。亂茲平民，不回不僻。昔在蚩尤，爰作淫刑。延於苗民，夏氏不寧。穆王耄荒，甫侯伊謨。五刑訓天，周以阜基。厥後陵遲，上帝不孤。周輕其制，秦繁其辜。五刑紛紛，靡遏靡止。寇賊滿山，刑者半市。昔在唐虞象刑，天民是全。紂作炮烙，墜人於淵。故有國者，無云何謂，是刖是劓。無云何害，是剝是割。惟虐惟殺，人其莫泰。殷以刑顛，秦以酷敗。獄臣司理，敢告執謁。

　　相關研究成果可參閱：霍存福：《西漢揚雄〈廷尉箴〉的主旨與貢獻》，《當代法學》2017 年第 6 期。

附錄四：秦朝經濟法律制度

　　秦國自商鞅變法之後，以法家思想為統治思想，奉行法家治國之路線，以法治國，以吏為師。商鞅變法的主要內容：一是承認土地私有，允許土地自由買賣。二是獎勵耕戰，包括獎勵農耕和獎勵軍功兩方面的內容。三是推行縣制，由國君直接派官治理。商鞅變法的核心思想是法家「一元化」思想〔註1〕，首先表現為其政治目標是絕對單一的富國強兵；其次實現目標的手段是具有很強單一特性的刑賞，即內涵單一的「賞」和與「賞」相比居於唯一重要地位的「刑」；最後為實現單一的目標，為使單一的手段具有現實可操作性，必須實現「人」的絕對單一化，即使所有的人都成為農民和戰士從而使得「人」成為統治者富國強兵的工具。於是為達成秦國富國強兵、耕戰合一的國家戰略，秦國在經濟方面制定了一系列相關的法律法規。至秦王嬴政統一六國，建立中國歷史上第一個專制中央集權制國家，秦國的法律制度一躍成為秦朝的法律制度。

　　傳世史料所載秦的法律制度頗為零散。但這是一個「地不愛寶」的時代，隨著睡虎地秦簡、里耶秦簡、龍崗秦簡、嶽麓秦簡〔註2〕的發現與公布，其中所記載秦朝法律制度為學界所矚目，為進一步研究秦制提供了極為豐富的材

〔註1〕　喬健：《論商鞅的一元化思想》，《蘭州大學學報》1996 年第 3 期，第 113 頁。
〔註2〕　本文所徵引出土秦律，皆參見睡虎地秦墓竹簡整理小組：《睡虎地秦墓竹簡》，北京：文物出版社，1978 年；里耶秦簡博物館：《里耶秦簡博物館藏秦簡》，上海：中西書局，2016 年；中國文物研究所、湖北省文物考古研究所編：《龍崗秦簡》，北京：中華書局，2001 年；朱漢民、陳松長編：《嶽麓書院藏秦簡（1～4）》，上海：上海辭書出版社，2010、2011、2013、2015 年。

料。陳寅恪先生指出「一時代之學術，必有其新材料與新問題。取用此材料，以研求問題，則為此時代學術之新潮流。治學之士，得預此潮流者，謂之預流。其未得預者，謂之不入流。此古今學術之通義。非彼閉門造車之徒，所能同喻者也。」而現階段秦朝法律制度研究中簡牘材料的使用，蔚然已經成為學術研究之「預流」。

目前，見之於世的簡牘秦朝經濟法律法規頗為豐富，在農業方面與糧食管理方面，有《田律》、《倉律》；在牧業方面，有《廄苑律》、《牛羊課》；在手工業方面，有關於規定手工業產品規格、質量定額、人員配置的《工律》、《均工律》、《工人程》；在商業管理方面，有關於市場管理、商業貿易的《關市律》、《市井律》、《津關律》；在貨幣流通以及國家財政政策方面，有《金布律》、《效律》、《錢律》；在賦役與國家稅收方面，有《徭律》、《均輸律》、《雜律》等等相關法律法規。本節即以傳世文獻記載以及上述出土簡牘材料為基礎，嘗試勾勒秦朝經濟法律制度的基本內容，並涉及秦朝的土地制度、賦稅制度、商業制度、金融財政制度、度量衡制度的相關研究，從而分析秦制在經濟法律制度方面的特點。

第一節　農業法律制度

秦朝以耕戰為立國之本，《商君書》所言「國之所以興也，農戰也。」秦朝通過立法建制獎勵農耕，懲治惰農，為秦朝的農業法律制度奠定了基礎，《史記·商君列傳》記載：「大小戮力本業，耕織致粟帛多者，事末利及怠而貧者，舉以為收孥。」

一、秦農業職官的設置

秦政府專門設置了專職的農業管理官員，在中央設置大司農，負責全國農業事務。在中央大司農之下設置「大田」，負責國家農業的具體事務，《秦律十八種·田律》：「乘馬服牛稟，……稟大田而毋（無）恒籍者，以其致到日稟之，勿深致。」另外在基層縣一級設置田嗇夫，負責縣一級的農業相關事務，如具體負責日常農事和牛（耕牛）羊的管理，《秦律十八種·田律》：「百姓居田舍者毋敢（酤）酉（酒），田嗇夫、部佐謹禁禦之，有不從令者有罪。」《秦律十八種·廄苑律》：「以四月、七月、十月、正月膚田牛。卒歲，以正月大課之，最，賜田嗇夫壺酉（酒）束脯，為旱〈皂〉者除一更，賜牛長日三旬；殿者，誶田嗇夫，罰冗皂者二月。」《法律答問》：「部佐匿者（諸）民田，

者（諸）民弗智（知），當論不當？部佐為匿田，且可（何）為？已租者（諸）民，弗言，為匿田；未租，不論◎◎為匿田。」《秦律雜抄・牛羊課》：「牛大牝十，其六毋（無）子，貲嗇夫、佐各一盾。羊牝十，其四毋（無）子，貲嗇夫、佐各一盾。」

同時地方農官需要向中央及時彙報當地農業情況，如《秦律十八種・田律》詳細規定：下了及時的雨和穀物抽穗，應即書面報告受雨、抽穗的頃數和已開墾而沒有耕種的田地的頃數。禾稼生長後下了雨，也要立即報告雨量多少，和受益田地的頃數。如有旱災、暴風雨、澇災、蝗蟲、其他害蟲等災害損傷了禾稼，也要報告受災頃數。距離近的縣，文書由走得快的人專程遞送，距離遠的縣由驛站傳送，務必在八月底以前送達。（「雨為澍〈澍〉，及誘（秀）粟，輒以書言澍〈澍〉稼、誘（秀）粟及狠（墾）田暘毋（無）稼者頃數。稼已生後而雨，亦輒言雨少多，所利頃數。早〈旱〉及暴風雨、水潦、（螽）蚰、暨它物傷稼者，亦輒言其頃數。近縣令輕足行其書，遠縣令郵行之，盡八月□□之。」）

二、秦農業土地的權屬

在設置專職農官的基礎之上，秦政府嚴格控制土地權屬，對耕地的所有權予以合法保護，在《青川木牘》、《睡虎地秦簡》與《龍崗秦簡》中均有相應的管理措施。如《青川木牘・為田律》：「……以秋八月，脩封捋（埒），正疆畔，……，」即定期修理和端正封疆阡陌、明確疆界，以防止發生侵犯所有權的事件。《法律答問》記載「「盜徙封，贖耐。」可（何）如為「封」？「封」即田千佰。……，」《龍崗秦簡》：「盜徙封，侵食冢廬，贖耐；□□宗廟宎（壖）……侵食道、千（阡）、（陌），及斬人疇企（畦），貲一甲……田及為（詐）偽寫田籍皆坐臧（贓），與盜□……盜田二町，當遣三程者，□□□□□□□……，」可見秦政府對於「盜徙封」、「侵食道」、「詐田」與「盜田」等破壞了田屬規制的行為，多依「盜」罪處「貲、贖」等經濟類刑罰，即「當時對相鄰權的侵害以刑事論處，而未言及民事責任。」〔註3〕

秦政府有相當一部分土地為國家所有，並由秦政府直接所管理。依據出土文獻可見秦政府對於官營農業（包括山林川澤、園囿）有許多具體的法律

〔註3〕 田振洪：《秦漢時期的侵權行為民事法律責任論析》，《延安大學學報》2007年第1期，第103頁。

規定。如關於官營田地的用種，種籽的保管和播種，《秦律十八種‧倉律》有詳細地規定：種：稻、麻畝用二斗大半斗，禾、麥畝一斗，黍、荅畝大半斗，叔（菽）畝半斗。利田疇，其有不盡此數者，可　　（也）。其有本者，稱議種之。縣遺麥以為種用者，毇禾以臧（藏）之。可見秦代，縣倉庫所保存的種子，當是為基層縣農戶所準備。如果地方農官因管理不善而造成種籽的黴爛、丟失，主要負責農官要受到相應的懲罰，輕者斥責，重者處以刑罰。這些法律規定呈現了秦統治者對農業生產的重視。

三、秦政府對於農業生產的管理

秦政府對於田間管理，亦有一套整體的法律規定。出土簡牘所見，涉及土地利用、日常農事與保障措施三方面的規定〔註4〕。《秦律十八種‧田律》：「入頃芻稾，以其受田之數，無很（墾）不很（墾），頃入芻三石、稾二石。……」，即是為了確保土地的有效利用，土地稅的繳納對象是針對所有已授田地，從而提高土地耕種率〔註5〕。在日常農事的管理方面，秦朝農業生產須依時令而行，《龍崗秦簡》：「南郡用節不紿時令」，即南郡依照節候安排生產，不耽誤時令；關於農業播種方面，秦朝政府要求地方政府配置優良種子、實施科學播種。《秦律十八種‧倉律》：「縣遺麥以為種用者，毇禾以臧（藏）之……種：稻、麻畝用二斗大半斗，禾、麥畝一斗，黍、荅畝大半斗，叔（菽）畝半斗。利田疇，其有不盡此數者，可毆。其有本者，稱議種之。」

為了保障農業的發展，秦朝亦制定相關法律法規從生勞力、耕牛、鐵器、水源等方面進行保護。如在家庭農田生產中，國家保障基本的勞力需求，懲治懈怠農事的私人奴隸。秦朝法律規定：無論是被征服戍邊還是以勞役贖債，每家應至少保留一個有生勞力參與農事，同時法律還允許現役的貲贖者定期回家務農，以緩解農耕勞力的匱乏，《秦律十八種‧司空》記載：「居貲贖責（債）者歸田農，種時、治苗時各二旬。」有亦在對刑徒的管理中，也會要求其從事農業勞動。《秦律十八種‧倉律》記載：「……隸臣田者，以二月月稟二石半石，到九月盡而止其半石。春，月一石半石。……」但如徒隸懈怠田事，就會引起監管者（司空等）的連坐以及「耐為司寇」之類的

〔註4〕 孫銘：《簡牘秦律分類輯析》，西安：西北大學出版社，2014年。
〔註5〕 （日）古賀登：《漢長安城と阡陌、縣鄉亭里制度》，東京：雄山閣，1980年，第381～382頁。

刑罰。

在農業工具，如耕牛、鐵器、水源方面，秦朝法律亦有詳細規定。《戰國策·趙策》云：「秦以牛田。」耕牛的作用極其重要，為了保證耕牛的有效生產能力，秦朝官府一年要考核數次（四小考一大考），且對飼養者以獎懲督之。《秦律十八種·廄苑律》記載：「以四月、七月、十月、正月臚田牛。卒歲，以正月大課之，最，賜田嗇夫壺酉（酒）束脯，為旱〈皂〉者除一更，賜牛長日三旬；殿者，誶田嗇夫，罰冗皂者二月。」

在鐵器農具的使用方面，秦朝官府採取了某些措施來鼓勵百姓使用鐵質農具，以此提高生產效率，《秦律十八種·廄苑律》記載「叚（假）鐵器，銷敝不勝而毀者，為用書，受勿責。」

即借用鐵製農具，因破舊不堪使用而損壞的，以文書上報損耗，收下原物而不令賠償。

在農業水源的保障方面，秦朝政府規定「春二月，毋敢伐材木山林及雍（壅）隄水。」政府利用夏水之後、秋收之前這段時間，從事堤防、道路、封疆等維修工作，以便來年耕種，《青川木牘·為田律》記載「……以秋八月，脩封捋（埒），正疆畔，及癹轍（阡）百（陌）之大草。九月，大除道及除澮；十月為橋，脩陂隄，利津□，鮮草。雖非除道之時，而有陷敗不可行，相為之□□」，且「這是法律規定的每年定期賦課的勞役內容。」［註6］

第二節　林牧業法律制度

一、秦朝的山林法律制度

對於山林川澤的保護，在商鞅時期所頒布的法律條文中就有「壹山林」和「刑棄灰於道路」的針對性規定。秦統一後，其法律制度更趨完備，出現了在全國範圍內實施保護森林資源的專門法律制度，睡簡《田律》就明確地規定了對森林資源的保護辦法［註7］。

《秦律十八種·田律》規定：「春二月，毋敢伐材木山林及雍（壅）隄水。不夏月，毋敢夜草為灰，取生荔、麛（卵）鷇，毋□□□□□□毒魚鱉，置罔

［註6］（日）重近啟樹：《秦漢における徭役の諸形態》，《東洋史研究》第49卷第3號，1990年，第443頁

［註7］參看黃維民：《〈田律〉——我國最早涉及環境保護的一部文獻》，《西北大學學報》1991年第1期，第113頁。陳業新《秦漢生態法律文化初探》，《華中師範大學學報》1998年第2期，第85頁。

（網），到七月而縱之。唯不幸死而伐緄（棺）享（槨）者，是不用時。邑之紤（近）皂及它禁苑者，雟時毋敢將犬以之田。百姓犬入禁苑中而不追獸及捕獸者，勿敢殺；其追獸及捕獸者，殺之。河（呵）禁所殺犬，皆完入公；其他禁苑殺者，食其肉而入皮。」

從中可見秦朝時期人們對自然資源的利用就已經有了深刻的認識，這對保護生態環境和生態平衡起著積極的作用，值得我們後人充分肯定〔註8〕。

二、秦朝的禁苑法律制度

睡虎地秦簡《秦律十八種》中有《廄苑律》，但所記錄的3條律文都屬廄，而無苑。幸好龍崗六號秦墓出土的一批簡牘多數與禁苑有關，其簡牘雖殘缺不全，但仍可反映秦代對禁苑的法律管理制度。

禁苑以內的事務由禁苑的嗇夫與吏負責，職責主要是日常巡視與上報苑內事務，《秦律十八種・徭律》：「縣葆禁苑、公馬牛苑，興徒以斬（塹）垣離（籬）散及補繕之，輒以傲苑吏，苑吏循之。……」。其次，禁苑以外則由縣（道）府負責，縣（道）府也可參與禁苑事務，其職責是負責禁苑圍牆的工程加固與修繕，這顯現了它較強的服務屬性，《龍崗秦簡》：「禁苑嗇夫、吏數循行，垣有壞決獸道出，及見獸出在外，亟告縣。」

出入要件受三種因素影響，一是形式上的因素，二是時效上的因素，三是個別特殊因素。

在形式上，出入禁苑需有正式憑證，且不得私自偽造、轉借，保證專人專用，《龍崗秦簡》記載：「於禁苑中者，吏與參辨券。」沒有出入憑證而非法進出禁苑的，處肉刑，《龍崗秦簡》記載：「竇出入及毋（無）符傳而闌入門者，斬其男子左趾。□女【子】……。」凡有欺騙、偽造、借入與借出符傳行為者，會面臨斬左趾的刑罰，《龍崗秦簡》記載：「（詐）偽、假人符傳及讓人符傳者，皆與闌入門同罪。」

在時效要件，出入禁苑有嚴格的時間限制，如不按規定及時離開禁苑的，會以「盜」罪論處。時效要件的成立應是以滿足形式要件為前提的，即出入者有正式憑證，但卻超時滯留，故而被定為犯罪。如《龍崗秦簡》記載：「不出者，以盜入禁。」

〔註8〕 張晉藩主編、徐世虹編：《中國法制通史（戰國、秦漢卷）》，北京：法律出版社，1999年，第109頁。

在特殊要件的成立上，親率是針對特殊行為而採取的處置辦法，它取決於行為本身的「善」與「惡」。如對「善」的許可：「法律可能對城旦舂因追捕盜賊和逃亡者而進入禁苑壖地給予特殊許可，對有立功表現的人還予以一定的獎勵。」〔註9〕《龍崗秦簡》：「城旦舂其追賊盜、亡人，追賊盜、亡人出入禁苑臾（？）者得……除其罪，有（又）賞之，如他人告。」對「惡」的懲治，主要是逃亡犯顯然是沒有出入憑證的人，對滯留於禁苑內的此類預備犯施以極刑，這是將預備犯罪等同既遂犯罪的重刑表現，即「『亡人挾弓、弩、矢居禁中者』祇是具有犯罪的動機，甚至沒有動機，攜帶弓、弩祇是為了防止野獸，性質上最多就是屬預備犯罪，在處罰預備犯罪上應該輕於既遂犯罪。《龍崗秦簡》所載：「亡人挾弓、弩、矢居禁中者，棄市。」

在禁苑內部規制方面，禁苑內有嚴格的秩序規定，入其間必須按照指定道路行走。《龍崗秦簡》所載：「傳入門者，必行其所當行之道，□□【不】行其所當行。」而在獵捕規定方面，應遵循（守）節令、法令與獵捕對象三項要求。一、獵捕動物時，要遵循節令和方式，否則可能處「貲」或「連坐」。《龍崗秦簡》：「盾；非田時殹，及田不□□坐。」二、無論何種獵捕行為，均應遵守法令，尤其是公交車司馬衛隊參加獵捕活動時，法律設有專門的單行法規規定其捕獵的程序以及違反此規定的處罰措施。《龍崗秦簡》所載：「田不從令者，論之如律。」《秦律雜抄・公交車司馬獵律》：「射虎車二乘為曹。虎未越泛蘚，從之，虎環（還），貲一甲。虎失（佚），不得，車貲一甲。虎欲犯，徒出射之，弗得，貲一甲。豹簏（遂），不得，貲一盾。」三、因獵捕對象不同，處罰結果就會有區別。如獵捕危害生態平衡的動物，判決無罪，《龍崗秦簡》：「諸取禁中豺狼者，毋（無）罪。」原因可能是：「當時這些獸類或為人害，或捕獵苑中所豢養的其他動物，又或繁衍太甚，以故不禁民捕獵。」〔註10〕如偷獵禁苑內的益類動物且數量較多的，則會處以「完城旦舂」。《龍崗秦簡》：「鹿一、麑一、麇一、麀一、狐二，當（？）完為城旦舂，不□□□。」《龍崗秦簡》：「盜賊以田時殺□。」

從以上所分析《秦律》所見的禁苑法律規定可知，秦朝的苑囿管理非常的嚴格。

〔註9〕　中國文物研究所、湖北省文物考古研究所：《龍崗秦簡》，北京：中華書局，2001 年，第 121 頁。

〔註10〕　劉金華：《〈雲夢龍崗秦簡〉所見之秦代苑政》，《文博》2002 年第 1 期，第 39 頁。

三、秦朝的畜牧業法律制度

秦族是一個有悠久畜牧傳統的民族，秦人祖先非子因為周天子牧馬，而分封西陲，終成秦統一大業，因此秦朝統治者非常重視畜牧業的發展。

秦朝設置有專職的畜牧業職官，畜牧業職官的設置廄苑與禁苑中的職官屬性較為近似，均負責管理畜牧事務。主要有嗇夫，如《秦律十八種‧內史雜》：「……苑嗇夫不存，縣為置守，如廄律。」《秦律雜抄》記載：「……馬勞課殿，貲廄嗇夫一甲，令、丞、佐、史各一盾。馬勞課殿，貲皂嗇夫一盾。」《秦律十八種‧田律》記載：「……邑之紤（近）皂及它禁苑者，麛時毋敢將犬以之田。……」

秦時的官牛馬應該編有牛籍、馬籍〔註11〕，其管理權亦應屬官嗇夫。睡虎地秦簡《效律》記載：「馬牛誤職（識）耳，及物之不能相易者，貲官嗇夫一盾。」而在法律地位上，牛籍、馬籍似可與戶籍並列。睡虎地秦簡《效律》：「……人戶、馬牛一以上為大誤。誤自重殹，減罪一等。」

秦朝在牛馬飼料的處置有兩方面的內容，一是對於飼料的領取，法律設有嚴格的時限規定；發放時限規定，領取飼料的日期截止後，寬限期祇有兩個月。不過，大田處的發放則需嚴格遵循法定時間。《秦律十八種‧田律》記載：「乘馬服牛稟，過二月弗稟、弗致者，皆止，勿稟、致。稟大田而毋（無）恒籍者，以其致到日稟之，勿深致。」二是日常供應方面，會根據畜種的不同、環境的差別施以針對性的標準。如傳馬的體力消耗大，因而喂飼的次數也較為頻繁，《秦律十八種‧倉律》記載：「駕傳馬，一食禾，其顧來有（又）一食禾，皆八馬共。其數駕，毋過日一食。駕縣馬勞，有（又）益壺〈壹〉禾之。

秦朝上報制度涉及廄苑與禁苑，主要對象是馬牛。在廄苑事務方面，上報內容包括：官有馬牛的具體生存狀態（丟失、殘疾、死亡）。如馬牛因放牧與駕用而死亡的，須上報上繳，對後續的對象處置與買賣也設有詳細的規定，《秦律十八種‧廄苑律》規定：「將牧公馬牛，馬【牛】死者，亟謁死所縣，縣亟診而入之，其入之其弗亟而令敗者，令以其未敗直（值）賞（償）之。……其大廄、中廄、宮廄馬牛殹，以其筋、革、角及其賈（價）錢效，其人詣其官。其乘服公馬牛亡馬者而死縣，縣診而雜買（賣）其肉，即入其

〔註11〕 參看曹旅寧《秦律〈廄苑律〉考》，《中國經濟史研究》2003 年第 3 期，第 148頁。

筋、革、角，及索（索）入其賈（價）錢。錢少律者，令其人備之而告官，官告馬牛縣出之。……」曹旅寧認為「以賣死馬牛肉的錢充公是為了防止國家資財流失。」﹝註12﹞同時，禁苑中丟失的馬、牛、駒、犢、羔及其獸皮也須上繳，《龍崗秦簡》記載：「亡馬、牛、駒、犢、【羔】，馬、牛、駒、犢、【羔】皮及□皆入禁□□（官）□。」

在牛馬的保護措施方面，主要包括兩方面：一是禁止獵殺馬牛；二是督查和處罰對馬牛羊的日常飼養與管理。一、禁止獵殺馬牛。行為有可能傷害馬牛（祇是隱患），但實際尚未造成傷害的，要處以貲刑，這是重罰預備犯的表現。如果已經造成殺傷事實的，則以「盜」罪論處，處罰結果顯然會重於貲刑。《龍崗秦簡》：「諸馬牛到所，毋敢穿及置它機，敢穿及置它【機】能害……人馬、牛者……雖未有殺傷殹，貲二甲；殺傷馬……與為盜。」二、通過對馬牛羊的優劣評比，來考察飼養人的工作成績，《龍崗秦簡》記載：「馬、牛殺之及亡之，當償而諄□□□□□□□。」睡虎地秦簡《秦律雜抄》：「……廄吏乘馬篤、（齒），及不會廄期，貲各一盾。馬勞課殿，貲廄嗇夫一甲，令、丞、佐、史各一盾。馬勞課殿，貲皂嗇夫一盾。」

同時，秦律規定負責畜牧業的官員需要定期近行耕牛評比。《秦律十八種‧廄苑律》規定：「以四月、七月、十月、正月膚田牛。卒歲，以正月大課之，最，賜田嗇夫壺酉（酒）束脯，為旱〈皂〉者除一更，賜牛長日三旬；殿者，諄田嗇夫，罰冗皂者二月。」對耕牛一年考核數次（四小考一大考），實行獎懲制。亦有對駕車用牛一年考核一次，實行分級考核制。《秦律十八種‧廄苑律》記載：「……今課縣、都官公服牛各一課，卒歲，十牛以上而三分一死；不盈十牛以下，及受服牛者卒歲死牛三以上，吏主者、徒食牛者及令、丞皆有罪。內史課縣，大（太）倉課都官及受服者。」同時亦對牛羊繁殖率的考核，《秦律雜抄‧牛羊課》：「牛大牝十，其六毋（無）子，貲嗇夫、佐各一盾。羊牝十，其四毋（無）子，貲嗇夫、佐各一盾。」

第三節　手工業法律制度

秦的經濟雖以農業為主，但工商業法規無論在規模還是影響上，都已成為全國性的了﹝註13﹞。手工業是經濟體系中不可缺少的重要組成部分，舉世

﹝註12﹞ 曹旅寧：《秦律新探》，北京：中國社會科學出版社，2002 年，第 146 頁。
﹝註13﹞ 張中秋：《秦代工商法律研究》，《江蘇社會科學》1994 年第 5 期，第 33 頁。

聞名的秦始皇陵兵馬俑就是秦代手工業成就的巨大體現。秦朝政府對違反相關法律的行為一般採用經濟制裁或行政處罰。

一、秦朝手工業職官設置

工室是秦朝管理全國官手工業的機構，其官吏為工師。」〔註14〕《荀子‧王制》記載：「論百工，審時事，辨功苦，尚完利，便備用，使雕琢、文采不敢專造於家，工師（工官）之事也。」《秦律雜抄》記載：「……縣工新獻，殿，貲嗇夫一甲，縣嗇夫、丞、吏、曹長各一盾。……」基層亦設置漆園嗇夫管理漆園生產，《秦律雜抄》：「髹園殿，貲嗇夫一甲，令、丞及佐各一盾，徒絡組各廿給。……。」同時，秦朝政府設置採山嗇夫，負責鐵礦生產的職官。《秦律雜抄》記載：「採山重殿，貲嗇夫一甲，佐一盾；……。」

二、秦律所見手工業規定

出土簡牘所見，手工業法規涉及有工匠管理、生產原則、產品質量的保障辦法、生產標準的設定與勞績的核算四部分的律文內容。

（一）對於工匠的管理，一是規範工匠資格的取得與贖免，二是嚴格要求工匠的日常訓練事務。在工匠資格的取得過程中，主要是由普通勞役者的身份轉換而來的。勞役者若要成為工匠，先決條件有二。隸臣如「有巧」，便有成為工匠的機會，《秦律十八種‧均工律》記載：「隸臣有巧可以為工者，勿以為人僕、養。」工隸臣亦可通過「斬首」獲得轉換為普通工匠的資格，殘廢的則要做隱官工，《秦律十八種‧軍爵律》：「……工隸臣斬首及人為斬首以免者，皆令為工。其不完者，以為隱官工。」吳榮曾認為「從秦律材料可以得到證實，在官營手工業作坊中僅有少數的工匠具有自由民的身份，其餘多數人則為不自由人或半自由人。」〔註15〕所以，某些情況下是嚴禁贖免工匠的，典型代表就是對於優產工匠的贖免設定了限制，《秦律十八種‧倉律》：「……女子操敃紅及服者，不得贖。……。」

在工匠的訓練事務方面，主要包括負責人、學徒期與獎懲辦法三項內容。一是由工師負責訓練工匠，「戰國和秦代，器物上總有工師的名字，工師是常見的官名。」〔註16〕二是工匠的學徒期為：故工一年、新工兩年。三是對提

〔註14〕栗勁：《秦律通論》，濟南：山東人民出版社，1985年，第414頁。

〔註15〕吳榮曾：《雲夢秦簡研究》，北京：中華書局，1981年，第51頁。

〔註16〕于豪亮：《雲夢秦簡所見職官述略》，《文史》第8輯，北京：中華書局，1980年，第10頁。

前學成的學徒會予以獎勵，但期滿仍未學成的則要上報內史、面臨處罰。《秦律十八種‧均工律》：「新工初工事，一歲半紅（功），其後歲賦紅（功）與故等。工師善教之，故工一歲而成，新工二歲而成。能先期成學者謁上，上且有以賞之。盈期不成學者，籍書而上內史。」

（二）在生產原則方面，秦律規定：一不能違規生產，二產品規格要統一。

《秦律雜抄》：「……非歲紅（功）及毋（無）命書，敢為它器，工師及丞貲各二甲。……，」即違規生產的代價是：工師與丞同時受罰二甲。張中秋認為「這條規定是西周官工制度的延續，《周禮‧考工記》和《呂氏春秋》中便有類似的內容。」〔註17〕同時在生產同類產品時，要求它們的規格（大小、長短、寬厚）必須符合統一標準，《秦律十八種‧工律》：「為器同物者，其小大、短長、廣亦必等。」

（三）在產品質量的保障方面，秦律主要是分別針對監管者與勞役者採用不同的刑種，來督促他們生產出合格的產品。《秦律雜抄》：「省殿，貲工師一甲，丞及曹長一盾，徒絡組廿給。省三歲比殿，貲工師二甲，丞、曹長一甲，徒絡組五十給。……縣工新獻，殿，貲嗇夫一甲，縣嗇夫、丞、吏、曹長各一盾。城旦為工殿者，治（笞）人百。大車殿，貲司空嗇夫一盾，徒治（笞）五十。……。」可見秦律規定，年度評比中，考查時產品質量被評為下等的，過錯年的長短正比於處罰的重與輕。大體看來，貲刑用於監管領域中的嗇夫、丞、吏和曹長等，笞刑施於生產環節上的城旦與徒。

漆園與礦業生產，是國家的重要經濟命脈。所以，凡監管不力的情況，除貲刑之外，還會附加以「廢」刑。不過，對漆園生產的處罰略重於礦業生產。漆園生產中，如產品連續三年被評為下等的，「廢」漆園嗇夫，《秦律雜抄》：「……鬃園殿，貲嗇夫一甲，令、丞及佐各一盾，徒絡組各廿給。鬃園三歲比殿，貲嗇夫二甲而法（廢），令、丞各一甲。」而礦業生產中，《秦律雜抄》：「……採山重殿，貲嗇夫一甲，佐一盾；三歲比殿，貲嗇夫二甲而法（廢）。殿而不負費，勿貲。賦歲紅（功），未取省而亡之，及弗備，貲其曹長一盾。大（太）官、右府、左府、右採鐵、左採鐵課殿，貲嗇夫一盾。」可見，秦律在「廢」刑的施用情況類似於漆園生產，但規定有一項特殊的免責條件：雖評為下等而無虧欠。一方面，由此處罰辦法應可推定，漆園生產

〔註17〕張中秋：《秦代工商法律研究》，《江蘇社會科學》1994年第5期，第34頁。

的地位高於礦業生產，故處罰較嚴。另一方面，「透過這條規定的處理部分，我們可以發現，秦律對物品質量檢查採取的是經濟制裁與行政處罰相結合的方法，而且在其中貫徹嚴格的連帶責任制。」〔註18〕

（四）在生產標準的設定與勞績的核算方面，秦律規定根據環境與季節的不同而分別設置生產標準。《秦律十八種‧工人程》：「隸臣、下吏、城旦與工從事者冬作，為矢程，賦之三日而當夏二日。」可見受季節因素影響，冬天的生產標準低於夏天。而關於勞績的核算，因工種、年齡和性別的不同而有所區別。擅自增加勞績天數的，貲刑處之，《秦律十八種‧工人程》：「冗隸妾二人當工一人，更隸妾四人當工【一】人，小隸臣妾可使者五人當工一人。」一般情況下，女工的勞績低於男工，《秦律十八種‧工人程》：「隸妾及女子用箴（針）為緡綉它物，女子一人當男子一人。」若違規增加勞績天數的處罰，《秦律雜抄‧中勞律》規定：「敢深益其勞歲數者，貲一甲，棄勞。」〔註19〕

第四節　商業法律制度

秦朝自商鞅變法以來，確定「事本而禁末」的國家政策，並制定了一系列的獎懲法律條文，所以依據傳世文獻，我們覺得秦朝的商品經濟並不發達。但出土秦簡中有許多關於商業的律令，細緻研究這些資料，可見秦朝在商品經濟的很多方面做出了詳細的規定，足以反映秦朝商品經營中的實際情況。

一、秦朝商業職官的設置

專職秦朝政府設置管理糧草事務的職官，《秦律十八種‧倉律》：「入禾倉，萬石一積而比黎之為戶。縣嗇夫若丞及倉、鄉相雜以印之，而遣倉嗇夫及離邑倉佐主稟者各一戶以氣（餼），自封印，皆輒出，餘之索而更為發戶。」可見縣倉是以萬石為一積而設立的，由倉嗇夫負責；鄉里的糧倉管理則需本地倉佐（離邑倉佐）參與。而皮革的貯藏由藏嗇夫負《秦律雜抄‧臧（藏）律》：「臧（藏）皮革蠹（蠹）突，貲嗇夫一甲，令、丞一盾。」為軍隊供應兵器的事務由庫嗇夫負責，《秦律雜抄》：「稟卒兵，不完善（繕），丞、庫嗇夫、吏貲二甲，法（廢）。」

會計事務由令史掾負責，《漢書音義》云：「正曰掾，副曰屬。」睡虎地秦

〔註18〕張中秋：《秦代工商法律研究》，《江蘇社會科學》1994 年第 5 期，第 35 頁。
〔註19〕黃留珠：《秦簡〈中勞律〉釋義》，《文博》1997 年第 6 期，第 54 頁。

簡《效律》規定：「其他冗吏、令史掾計者，及都倉、庫、田、亭嗇夫坐其離官屬鄉者，如令、丞。」「馬令史掾苑計，計有劾，司馬令史坐之，如令史坐官計劾然。」

二、秦朝調整商業貿易法律規範

秦雖重農抑商，但也注意運用法律手段來調節商業貿易，當時已有專門調整商業市場的法律規範。秦律對商業貿易的調節包括兩方面內容，一是禁止和打擊非法商業，二是保護和規範合法商業〔註20〕。

在禁止和打擊非法商業方面。秦律規定嚴禁官吏利用職務之便涉商牟私利。《秦律雜抄》：「吏自佐、史以上負從馬、守書私卒，令市取錢焉，皆遷（遷）。」即利用官府的馬和私卒進行市場交易，藉以牟取私人利益的行為是違法的。處遷刑應該說是對官吏不專於本職業務的一種加重的刑罰處置，其所針對的不僅僅是單一的瀆職行為，或是對於複雜犯罪所設定的法定刑，以此來避免肉刑的施加。〔註21〕秦律規定官府可與百姓交易，但禁止官吏在買賣、租賃和借貸等活動中故意操縱價格（故貴賦其賈），《嶽麓秦簡》：「新地吏及其舍人敢受新黔首錢財、酒肉、它物及有賣買叚（假）貣貣於新黔首而故貴賦其賈（價），皆坐其所受及故為貴賦之臧、叚（假）賃費貣息，與盜同法。」若以此牟私利的，將根據其所獲得的贓值依盜竊罪論處（與盜同法）〔註22〕。

農糧事關國家經濟命脈，珠玉為王室專享之物，秦律規定這些事務中決不允許商業因素的存在。《秦律十八種·田律》規定：「百姓居田舍者毋敢（酤）酉（酒），田嗇夫、部佐謹禁禦之，有不從令者有罪。」可見農糧是杜絕商業買賣的。且軍糧不可出售，違者戍邊，《秦律雜抄》：「軍人買（賣）稟稟所及過縣，貲戍二歲；同車食、敦（屯）長、僕射弗告，戍一歲。」對於走私珠玉等違法行為，故內史會以獎賞手段打擊珠玉的走私，《法律答問》：「盜出朱（珠）玉邦關及買（賣）於客者，上朱（珠）玉內史，內史材鼠（予）購。」可（何）以購之？其耐罪以上，購如捕它罪人；貲罪，不購。」

秦律規定以盜竊物作為交易商品的行為屬非法買賣。不過，法律會保護

〔註20〕參看曾憲義主編《中國法制史》，北京：北京大學出版社，2000年，第85頁。
〔註21〕孫銘：《簡牘秦律分類輯析》，西安：西北大學出版社，2014年。
〔註22〕于振波：《秦律令中的「新黔首」與「新地吏」》，《中國史研究》2009年第3期，第76頁。

後續買進人的合法權益。如正常死亡的官有牛馬可以交易，交易的收入歸屬官府，《秦律十八種·廄苑律》：「其乘服公馬牛亡馬者而死縣，縣診而雜買（賣）其肉，即入其筋、革、角，及索（索）入其賈（價）錢。」但盜來的死獸則不能用於交易，《龍崗秦簡》：「盜死獸直（值）賈（價）以關口。」同時秦律規定買來的被盜衣服，不會被作為贓物追還，《法律答問》：「今盜盜甲衣，買（賣），以買布衣而得，當以衣及布畀不當？當以布及其他所買畀甲，衣不當。」這一辦法體現了保護單方合法貿易的精神。也「可能是因為盜竊所買衣物是為自己所用，不適合被盜之人，故法律規定不用交還。」〔註23〕

在保護和規範合法商業方面。秦律確立基本的交易原則，同時針對涉外貿易還設有特別的規定。如在確立交易原則時，規定交易必須透明，且由專人監管，《秦律十八種·關市律》規定：「為作務及官府市，受錢必輒入其錢缿中，令市者見其入，不從令者貲一甲。」《嶽麓秦簡·金布律》：「官府為作務市，受錢及受齎租、質它稍入錢，皆官為缿，謹為缿空，瘦毋令錢能出，以令若丞印封缿而入，與入錢者三辨券之，輒入錢缿中，令入錢者見其入。月壹輸缿錢，及上券中辨其縣廷；月未盡而缿盈者，輒輸之。不如律，貲一甲。」同時亦由專人監管官府的買賣活動。《嶽麓秦簡·關市律》曰：「縣官有買賣也，必令令史監，不從令者，貲一甲。」《封診式·告臣》：「某里士五（伍）甲縛詣男子丙，告曰：「丙，甲臣，橋（驕）悍，不田作，不聽甲令。謁買（賣）公，斬以為城旦，受賈（價）錢。」訊丙，辭曰：「甲臣，誠悍，不聽甲。甲未賞（嘗）身免丙。丙毋（無）病殹，毋（無）它坐罪。」令令史某診丙，不病。令少內某、佐某以市正賈（價）賈丙丞某前，丙中人，賈（價）若干錢。」

在價格規範方面，秦律中關於勞動力與官糧均有其法定價格，《秦律十八種·司空律》：「有罪以貲贖及有責（債）於公，以其令日問之，其弗能入及賞（償），以令日居之，日居八錢；公食者，日居六錢……（係）城旦舂，公食當賣者，石卅錢。」即勞力價格為一天八錢（包食的六錢），糧食價格為每石三十錢。

同時秦律在原則上規定賣出的商品必須要明碼標價，《秦律十八種·金布

〔註23〕 朱紅林：《張家山漢簡〈二年律令〉集釋》，北京：社會科學文獻出版社，2005年，第 57 頁。

律》：「有買（賣）及買殹，各嬰其賈（價）；小物不能各一錢者，勿嬰。」在對外貿易方面，秦律《法律答問》：「客未布吏而與賈，貲一甲。可（何）謂布吏？詣符傳於吏是謂布吏。」即在本土買賣商品，邦客的交易資格必須經過官府的確認。

三、商業稅收法律制度

自商鞅變法之後，秦特別「重關市之賦（稅）」，《秦律十八種·關市律》規定：「為作務及官府市，受錢必輒入其錢缿中，令市者見其入，不從令者貲一甲。」《嶽麓秦簡·關市律》規定：「縣官有買賣也，必令令史監，不從令者，貲一甲。」《嶽麓秦簡·金布律》規定：「官府為作務市，受錢及受齎租、質它稍入錢，皆官為缿，謹為缿空，要毋令錢能出，以令若丞印封缿而入，與入錢者三辨券之，輒入錢缿中，令入錢者見其入。月壹輸缿錢，及上券中辨其縣廷；月未盡而缿盈者，輒輸之。不如律，貲一甲。」黃今言認為「在雲夢秦簡中，有專門的《關市》律，說明秦時徵收關稅已成制度，而且很重。」〔註24〕此觀點是非常中肯的。

四、度量衡法律制度

秦統一六國之後，頒布了統一的度量衡制，《史記·秦始皇本紀》：「秦一法度衡石丈尺。車同軌，書同文字。」從現階段出土的文物以及相關史料可知，秦將統一的標準的度量衡推廣至全國。如阿房宮遺址出土的「三年高奴禾石銅權」，當為秦所鑄一石重標準衡器，據實測量，重 30.75 千克，秦的衡制為：1 石＝120 斤；1 均＝30 斤；1 斤＝16 兩；1 兩＝4 輜＝24 銖。

為了準確校正度量衡器具，縣及主管手工業的官吏工室，至少每年檢查校正一次度量衡器，對保管器具失職的人員處罰貲刑，睡虎地秦簡《效律》：「衡石不正，十六兩以上，貲官嗇夫一甲；不盈十六兩到八兩，貲一盾。甬（桶）不正，二升以上，貲一甲；不盈二升到一升，貲一盾。斗不正，半升以上，貲一甲；不盈半升到少半升，貲一盾。半石不正，八兩以上；鈞不正，四兩以上；斤不正，三朱（銖）以上；半斗不正，少半升以上；參不正，六分升一以上；升不正，廿分升一以上；黃金衡贏（纍）不正，半朱（銖）【以】上，貲各一盾。」

第五節　貨幣管理制度

　　貨幣作為一般等價物的商品，在商品流通領域起著至關重要的作用，它的發行規格、質地、數量涉及到國家經濟局勢的穩定，故秦政府以法律的形式對貨幣做出了相應系統的規定。如在睡虎地秦簡《金布律》、《效律》、《關市律》、《工律》等律文，記載有秦經濟活動特別是貨幣規制、比價、流通等方面的內容。此外，《秦律雜抄》、《法律問答》以及《封診式》也涉及到了相關的經濟法規，反映出法律意識在經濟活動中有較為廣泛的貫穿和深入。所以，秦人對於貨幣管理的各個環節均有涉及，不僅對貨幣的使用者進行了規範，也對政府官員（貨幣管理者）的經濟職能進行了規範，以此達到國家對市場進行監控的實際效用〔註 25〕。

一、貨幣形式

　　「秦幣分為黃金、布、半兩錢三等的制度在戰國晚期就已形成。」〔註 26〕「金布」中的「金」和「布」都是戰國時期秦國貨幣的名稱，而用錢幣來兌換黃金或布，表明秦國的法定貨幣有金、布、錢三種。如《秦律十八種・金布律》規定：「錢十一當一布。其出入錢以當金、布，以律。」《法律答問》記載：「捕亡完城旦，購幾可（何）？當購二兩。」

　　為統一貨幣，秦律規定，在全國範圍內衹允許使用國家所確定的貨幣，製幣權由國家絕對壟斷。睡虎地秦簡《封診式》記載：「【爰】書：某里士五（伍）甲、乙縛詣男子丙、丁及新錢百一十錢、容（鎔）二合，告曰：「丙盜鑄此錢，丁佐鑄。甲、乙捕（索）其室而得此錢、容（鎔），來詣之。」」「民間私鑄錢幣屬犯罪行為，私鑄錢要受刑罰制裁，並允許公民揭發和扭送。」〔註 27〕在貨幣收發環節，官府對於錢幣的收入與支出有嚴格的程序規定。在日常交易中，不論是政府還是私人，都不准在貨幣的質量上挑揀選擇，必須一起通用，《秦律十八種・金布律》：「官府受錢者，千錢一畚，以丞、令印印。不盈千者，亦封印之。錢善不善，雜實之。出錢，獻封丞、令，乃發用之。百姓市用錢，美惡雜之，勿敢異。賈市居列者及官府之吏，毋敢

〔註 25〕嚴翔：《簡牘中的歷史——從雲夢秦簡看秦朝貨幣管理》，《現代商業》2008 年第 6 期，第 272 頁。

〔註 26〕何清谷：《秦幣考略》，《陝西歷史博物館館刊》第 5 輯，西安：西北大學出版社，1998 年，第 26 頁。

〔註 27〕曾憲義主編：《中國法制史》，北京：北京大學出版社，2000 年，第 86 頁。

擇行錢、布；擇行錢、布者，列伍長弗告，吏循之不謹，皆有罪。」故吳榮曾認為「行錢」即是典型代表，即「通過秦簡、漢簡，明確了當時所謂的行錢，實際上是指質次的銅錢。行錢不僅可以流通，而且拒用者還要受重罰。」〔註28〕

對於布的形制，秦律規定的較為嚴格，不達標準的布是不准流通的，《秦律十八種・金布律》記載：「布袤八尺，福（幅）廣二尺五寸。布惡，其廣袤不如式者，不行。」

二、貨幣兌換

在商品交易中，合理運用金、錢、布三者的兌換比率，是能夠準確把握貨幣價值的關鍵。《漢書・食貨志》載：「金一斤＝一萬錢」。這表明，一萬錢的貨幣價值是由一斤金折算出來的，而不應理解成金一斤的價格為一萬錢〔註29〕。同時《秦律十八種》亦記載：「十一錢折合一布。」

三、管理機構

由出土簡文看，「金布」當是負責管理錢幣和物資的縣曹職官。《金布律》當得名於「金布」這樣一個管理金錢財物的機構，律條中規定的各項內容當然也就和「金布」這個機構的職能有關〔註30〕。它所負責的工作是少內工作的一部分，「金布」當是隸屬於少內的下屬機關。《嶽麓秦簡・律令雜抄》記載：「內史旁金布令乙四。」《里耶秦簡》記載：「四月丙午朔癸丑，遷陵守丞色下：少內謹案致之。書到言，署金布發，它如律令。／欣手。／四月癸丑水十一刻刻下五，守府快行少內。」結合此簡，於洪濤指出：「金布與少內在某些職能上相重合，但是少內職權較金布大得多。從《金布律》的內容來看，其主要負責貨幣及其相關的管理事物，也就是說只負責收入部分；而少內卻不相同，不僅有收入，而且包括支出。金布負責工作是少內工作的一部分，更加說明金布是隸屬於少內的下屬機關。」如《里耶秦簡》記載：「署金布發，」「四月己酉，陽陵守丞廚敢言之，寫上謁報，報署金布發，敢言之。／儋手。」

〔註28〕 吳榮曾：《秦漢時的行錢》，《張家山漢簡〈二年律令〉研究文集》，桂林：廣西師範大學出版社，2007年，第193頁。

〔註29〕 （日）堀毅：《秦漢法制史論考》，北京：法律出版社，1988年，第280頁。

〔註30〕 朱紅林：《里耶秦簡「金布」與〈周禮〉中的相關制度》，《華夏考古》2007年第2期，第112～113頁。

第六節　賦稅法律制度

　　賦稅是一個國家的官僚、軍隊等生存、運作的基礎。秦國在秦孝公三年（公元前 359 年）就頒布詔令：「民有二男以上不分異者，倍其賦。」此說明至少在秦國商鞅變法時期，秦國就開始向百姓徵賦稅。秦時的賦稅主要有土地稅（田賦）、人頭稅（口賦）。

一、秦朝土地稅

　　土地稅的主要內容是指田租的徵收。秦簡公七年，「初租禾」，這是秦課收實物田租的開始〔註 31〕。後來，田租徵收方面的法規不斷發展、演進，在睡虎地、里耶、嶽麓與龍崗等秦簡中均有不同程度的體現，其中關於田租徵收的具體事務，龍崗秦簡反映的較為全面。

　　秦徵收田租的主管部門是縣（道）、鄉兩級。徵收田租的負責者，被稱為「租者」；監收租者，被稱為「監者」。日本學者古賀登對睡簡的《田律》和《倉律》分析後指出，縣倉中收儲了各縣租稅的大部分，究其緣由：一是因為當時運送到中央很困難，二是因為商鞅的耕戰制度將所有成年男子變為耕戰之士，這是一種以縣為單位進行戰爭的體制〔註 32〕。

　　簡牘所見的內容，涉及田租的徵收範圍、徵收標準與具體事務三個方面。

　　關於土地稅的徵課範圍，主要為土地的出產物，包括粟米、芻稾以及枲等。均以實物交納，且這種田租屬分成租而非定額租〔註 33〕。如《秦律十八種·田律》規定：「入頃芻稾，以其受田之數，無狠（墾）不狠（墾），頃入芻三石、稾二石。」

　　關於土地稅徵收標準的劃定，需要考量總田畝數、稅田與程三項要素。官吏彙報田租徵收的內容：田地總數、稅田總數和平均畝產量（「率」）。首先，「秦田租徵收的標準是土地的多少，而不是人戶。」其次，具體的實施辦法是，分別從各戶田地中劃出一定數量的「稅田」，而田租就來自「稅田」。「稅田」是從總田地面積中劃分出用於交租的部分，「稅田」所產全部作為租稅。具體體現在《里耶秦簡》中，記載：「遷陵卅五年狠田興五十二頃九十五畝，稅田四頃□□。戶百五十二，租六百七十七石。（率）之，畝一石

<hr>

〔註 31〕張金光：《秦制研究》，上海：上海古籍出版社，2004 年，第 187 頁。
〔註 32〕（日）古賀登：《漢長安城と阡陌、縣鄉亭里制度》，東京：雄山閣，1980 年，第 163 頁。
〔註 33〕于振波：《秦簡所見田租的徵收》，《湖南大學學報》2012 年第 5 期，第 8 頁。

五；戶嬰四石四斗五升，奇不（率）六斗。啟田九頃十畝，租九十七石六斗。都田十七頃五十一畝，租二百卅一石。貳田廿六頃卅四畝，租三百卅九石三。凡田七十頃卅二畝。租凡九百一十。六百七十七石。」

關於土地稅徵收的具體事務，主要包括百姓的義務與官吏的職責兩方面內容。百姓的義務要求：一是真實呈報土地佔有量，求自耕農向官府呈報自己佔有土地的數量，《龍崗秦簡》記載：「租者且出以律，告典、田典，典、田典令黔首皆智（知）之，及。」張金光先生認為此舉意義大致有三：此舉為嚴格登記以實現稅收；也是宣傳、普及法規的有效措施；同時防止官吏貪腐，即「收租之律非僅祇催促黔首繳租，此外杜絕收租吏員貪污盜竊以及營私舞弊，亦為其重要內容，……普遍法的作用也是兩刃的，既治民，又治吏。」〔註 34〕同時百姓盜占田地會被定性為逃漏田租，且盜占面積與繳納租額成正比，《龍崗秦簡》規定：「一町，當遣二程者，而□□□□□□。」

二、秦朝人頭稅

秦既有土地稅，又有人口稅〔註 35〕。人口稅有二：戶賦和口賦。一方面，秦孝公十四年（公元前 348 年）頒布「初為賦」，即「戶賦」；另一方面，「口賦」也是國家賦稅徵收的一項重要內容。

出土簡牘所見，一是「戶賦」的徵收單位與徵收物，二是「口賦」的徵收單位與繳納額度。「戶賦」有法定的徵收單位，且徵收物的範圍較為廣泛。「戶賦」名目，是以「戶」為單位實行徵收，《法律答問》記載：「可（何）謂「匿戶」及「敖童弗傅」？匿戶弗繇（徭）、使，弗令出戶賦之謂殹。徵收物的範圍，不止於糧草和錢，也可以折納之物代替。」「戶賦」的徵收物，一般是芻或錢。《秦律十八種・田律》記載：入頃芻稾，以其受田之數，無豤（墾）不豤（墾），頃入芻三石、稾二石。」《里耶秦簡》記載：「十月戶芻錢三【百】……戶芻錢六十四。」

「戶賦」的徵收，還可依折納的實物代替，《里耶秦簡》記載：「卅四年，啟陵鄉見戶、當出戶賦者志：Ⅰ見戶廿八戶，當出十斤八兩。」，即「二十八戶交納的『戶賦』總數為十斤八兩蠶繭，每戶約交納蠶繭三兩八錢。」〔註 36〕

〔註 34〕 張金光：《秦制研究》，上海：上海古籍出版社，2004 年版，第 196～197 頁。
〔註 35〕 劉海年：《戰國秦代法制管窺》，北京：法律出版社，2006 年，第 403 頁。
〔註 36〕 李恒全：《從出土簡牘看秦漢時期的戶稅徵收》，《甘肅社會科學》2012 年第 6 期，第 160 頁。

「口賦」按人頭收稅，所以法律嚴禁人口的非法外流，《法律答問》：「臣邦人不安其主長而欲去夏者，勿許。」可（何）謂「夏」？欲去秦屬是謂「夏」。「這當然是為了保證勞動力的穩定，同時也是為了不減少賦稅來源。」〔註37〕關於「口賦」的繳納額度，有兩條律文大致可以透露出「口賦」的一個近似數，睡虎地秦簡《效律》：「人戶、馬牛一，貲一盾；自二以上，貲一甲。」《法律答問》：「可（何）如為『大誤』？人戶、馬牛及者（諸）貨材（財）直（值）過六百六十錢為『大誤』，其他為小。」張金光從而認為「計會人員誤缺一戶，其價值與統計貨財差錯六百六十錢同等；一戶之口賦當少於六百六十錢。」〔註38〕

三、秦朝徭役

從廣義上來講，封建徭役包括全部徭、戍等力役。秦之服役分「徭」（更）役與「戍」役（兵役）兩大類，且「徭」、「戍」有別。在具體事務，主要由由徭戍役的單行法規、徭役徵調與管理制度三項內容組成。

廣義的徭役可分為「徭」與「戍」，即「戍役同徭役一樣，按法律上的規定，是秦民的普遍義務，即按戶籍徵發。」〔註39〕論及專項法規，《秦律十八種·徭律》記載：「御中發徵，乏弗行，貲二甲。失期三日到五日，誶；六日到旬，貲一盾；過旬，貲一甲。其得殹，及詣。水雨，除興。」《秦律十八種·徭律》：「興徒以為邑中之紅（功）者，令（婷）堵卒歲。未卒堵壞，司空將紅（功）及君子主堵者有罪，令其徒復垣之，勿計為繇（徭）。縣葆禁苑、公馬牛苑，興徒以斬（塹）垣離（籬）散及補繕之，輒以徭苑吏，苑吏循之。未卒歲或壞陝（決），令縣復興徒為之，而勿計為繇（徭）。卒歲而或陝（決）壞，過三堵以上，縣葆者補繕之；三堵以下，及雖未盈卒歲而或陝（決）道出入，令苑輒自補繕之。縣所葆禁苑之傅山、遠山，其土惡不能雨，夏有壞者，勿稍補繕，至秋毋（無）雨時而以繇（徭）為之。其近田恐獸及馬牛出食稼者，縣嗇夫材興有田其旁者，無貴賤，以田少多出人，以垣繕之，不得為繇（徭）。縣毋敢擅壞更公舍官府及廷，其有欲壞更殹，必之。欲以城旦舂益為公舍官府及補繕之，為之，勿。縣為恒事及有為殹，吏程攻（功），贏員及減員自二

〔註37〕劉海年：《戰國秦代法制管窺》，北京：法律出版社，2006年，第80頁。

〔註38〕張金光：《秦制研究》，上海：上海古籍出版社，2004年，第202頁。

〔註39〕高恒：《秦律中的徭、戍問題——讀雲夢秦簡札記》，《考古》1980年第6期，第534頁。

日以上，為不察。上之所興，其程攻（功）而不當者，如縣然。度攻（功）必令司空與匠度之，毋獨令匠。其不審，以律論度者，而以其實為繇（徭）徒計。」《嶽麓秦簡・徭律》曰：「□縣□……繇戍自□日以上盡券書及署於牒，將陽倍事者亦署之，不從令及繇不當。」

　　戍役即兵役，《戍律》當為有關徵發兵役的法律。其以貲罰保障，乃「實行謫戍的原因是戍卒太苦，人民不願行戍，故強制一部分人行戍，以滿足秦政府所需的戍卒人數。」《秦律雜抄・戍律》曰：「同居毋並行，縣嗇夫、尉及士吏行戍不以律，貲二甲。」《秦律雜抄・戍律》：「戍者城及補城，令姑（嫭）堵一歲，所城有壞者，縣司空署君子將者，貲各一甲；縣司空佐主將者，貲一盾。令戍者勉補繕城，署勿令為它事；已補，乃令增塞埤塞。縣尉時循視其攻（功）及所為，敢令為它事，使者貲二甲。」《嶽麓秦簡・癸、瑣相移謀購案》：「絔等以盜未有取吏貲瀗（法）戍律令論癸、瑣等。」〔註40〕

　　在徭役徵調方面，主要規定相關責任人應及時徵調並配套合理的保障措施，以及服役者要按時報到。官府人員有按時徵調徭役的義務，不執行命令或是耽誤了日程，依照行為輕重，施以「諜」至貲二甲不等的行政與刑事處罰。《秦律十八種・徭律》：「御中發徵，乏弗行，貲二甲。失期三日到五日，諜；六日到旬，貲一盾；過旬，貲一甲。其得殹，及詣。」朝廷運輸勞役者，會用到大量的車輛物資，百姓無論是僱車或是用他人車輛運送物品，都減少了國家可利用的車馬資源，嚴重影響到徭役徵調，故依法論處。睡虎地秦簡《效律》：「上節（即）發委輸，百姓或之縣就（僦）及移輸者，以律論之。」

　　關於徒役的違法形式和處罰措施，秦簡法律答問》規定：「可（何）謂「逋事」及「乏繇（徭）」？律所謂者，當繇（徭），吏、典已令之，即亡弗會，為「逋事」；已闌及敦（屯）車食若行到繇（徭）所乃亡，皆為「乏繇（徭）」。」被徵調的人不報到（逋事）或報到後又逃亡的（乏徭），就構成了逃避服役的罪名〔註41〕。對於對不報到（不會）的具體處罰是笞打。《法律答問》：「不會，治（笞）；未盈卒歲得，以將陽有（又）行治（笞）。」今士五（伍）甲不會，治（笞）五十；未卒歲而得，治（笞）當駕（加）不當？當。」《嶽麓秦簡》：「不會，笞及除。未盈卒歲而得，以將陽癖；卒歲而得，

〔註40〕　（德）勞武利、李婧嶸譯：《張家山漢簡〈奏讞書〉與嶽麓書院秦簡〈為獄等狀四種〉的初步比較》，《湖南大學學報（社會科學版）》2013 年第 3 期，第 7 頁。
〔註41〕　（日）堀毅：《秦漢法制史論考》，北京：法律出版社，1988 年，第 19 頁。

以闌癖，又行其笞。」可見首先，服徭役者多為繳納不了貲罰而以勞役抵償的普通百姓，故而對其加以笞打並非出自所謂「法定刑」，乃因逃亡者無力徵償所致。其次，笞打的施用有具體的標準。關於這一點，嶽麓秦簡的律文記載得非常清楚，即「未滿一年而捕獲的話，『以將陽癖』；滿一年而捕獲的話，『以闌亡癖，又行其笞』。」〔註42〕

關於徭役管理制度，秦律主要包括人員的管理與生產的管理。關於人員管理，《秦律雜抄》：「戍者城及補城，……敢令為它事，使者貲二甲。」即為「戍者」，當使其專于役事，違者貲二甲，此措施保障了徭戍管理中對人力資源的有效利用。同時，殘疾人也要負擔一定的徭役，《法律答問》：「罷（癃）守官府，亡而得，得比公（癃）不得？得比焉。」關於生產管理，徭役集中統一使用於朝廷，禁止郡縣擅自濫用。使用徭役興建工程，要計劃精密，不得無故拖延工程進度。要按規定施工，保證工程質量，此三點引自栗勁先生對《秦律十八種‧徭律》116～124 簡的總結〔註43〕，此不贅述。

第七節　財政法律制度

秦在統一中國後，廢分封，全面實行郡縣制度。隨著中央集權制的建立，從而建立了一套完整而又龐大的職官體系和一支強大的軍隊，同時秦始皇修建驪山陵園與北部長城。官俸、軍費、大型工程成為國家財政的大頭。於是秦朝政府制定了一些列相關的國家財政法律法規。

一、秦朝國家財政職官設置

秦朝的國家財政由職掌京師的機構——內史兼管。睡虎地秦簡《秦律十八種‧廄苑律》關於牧養公馬牛的業績考課辦法規定：「內史課縣，大（太）倉課都官及受服者。」《秦律十八種‧倉律》規定：「入禾稼、芻稿，輒為廥籍，上內史。芻稿各萬石一積，咸陽二萬一積，其出入、增積及效如禾……稻後禾孰（熟），計稻後年。已獲上數，別粲、（糯）、（黏）稻。別粲、（糯）之襄（釀），歲異積之，勿增積，以給客，到十月牒書數，上內史。」《秦律十八種‧金布律》亦規定：「縣、都官以七月糞公器不可繕者，有久識者靡 之。其金及鐵器入以為銅。都官輸大內，內受買（賣）之，盡七月而齊（畢）。都

〔註42〕陳松長：《睡虎地秦簡中的「將陽」小考》，《湖南大學學報》2012 年第 5 期，第 6 頁。
〔註43〕栗勁：《秦律通論》，濟南：山東人民出版社，1985 年，第 390～391 頁。

官遠大內者輸縣，縣受買（賣）之。糞其有物不可以須時，求先買（賣），以書時謁其狀內史。凡糞其不可買（賣）而可以為薪及蓋〈蘙〉者，用之；毋（無）用，乃燔之。」《秦律十八種・內史雜》：「都官歲上出器求補者數，上會九月內史……有實官縣料者，各有衡石羸（纍）、斗甬（桶）。計其官，毋（假）百姓。不用者，正之如用者。」這些資料都顯示出秦朝內史管理國家財政。

睡虎地秦簡《法律答問》亦記載有關於繳獲私攜出關買賣珠寶如何獎賞的問答，「盜出朱（珠）玉邦關及買（賣）於客者，上朱（珠）玉內史，內史材鼠（予）購。可（何）以購之？其耐罪以上，購如捕它罪人；貲罪，不購。」由此可知，內史根據不同情況決定給予獎賞，足見內史管理國家財政之具體工作〔註44〕。

之後秦朝出現專職職掌國家財政的機構與官員，即治粟內史。《漢書・百官公卿表》記載：「治粟內史，秦官，掌穀貨，有兩丞。景帝後元年更名大農令，武帝太初元年更名大司農。屬官有太倉、均輸、平準、都內、籍田五令丞、斡官、鐵市兩長丞。」這正好說明治粟內史設置於秦朝。

二、上計制度

從睡虎地秦簡的內容來看，很大一部分是屬經濟規範，包括生產、流通、分配、儲運、經濟管理及責任等各方面的法律規定，特別是加強了錢、糧、衣布、車牛馬及其他公物等的管理〔註45〕。對於錢、糧、衣布、車牛馬等各類公物，秦以上計制度統籌保障之，並依據度量衡完成了對物資的控制與調節，睡簡《效律》就規定了官吏對官府物資財產保管出納的責任，設定了對縣、都官物資帳目的審計核驗制度，這些制度的實行，均為秦國家財政制度的實行提供了便利。

所謂上計，即要求地方行政長官於每年年終將施政情形，如戶口、墾田、賦稅收入、獄政等，編為簿籍以呈送朝廷。朝廷據此決定對地方官吏的獎懲、任免。秦最初實行的上計制度，並非由縣上計於郡，再由郡上計於朝廷，而是縣直接上計於朝廷。計偕，就是指地方於上計時，將有關的物或人一併送到京師。

〔註44〕 史衛：《從收支項目看秦漢二元財政的源流》，《南都學壇》2005年地2期。
〔註45〕 劉向明：《從睡虎地秦簡看秦代有關衣布管理的法律》，《江西師範大學學報》
　　　　2006年第4期，第79頁。

　　出土簡牘所見，有財務登記與出納記帳兩方面的規定。財務登記形式，主要有「廥籍」、「致」、「書」與「參辦券」等〔註46〕。關於「廥籍」，是關於登記糧食、芻稾的籍書，《秦律十八種・倉律》記載：「入禾稼、芻稾，輒為廥籍，上內史。」關於「致」，《禮記・曲禮》：「獻田宅者操書致。」朱駿聲《說文通訓定聲》：「按猶券也。」「致」即是領取衣服和糧草的憑證。《秦律十八種・金布律》記載：「在咸陽者致其衣大內，在它縣者致衣從事之縣。縣、大內皆聽其官致，以律稟衣。」《秦律十八種・田律》記載：「乘馬服牛稟，……稟大田而毋（無）恒籍者，以其致到日稟之，勿深致。」關於「書」，其相當於上報損耗的原始憑證，《秦律十八種・廄苑律》記載：「叚（假）鐵器，銷敝不勝而毀者，為用書，受勿責。」關於『參辦券』，多用於財物出入管理〔註47〕，《秦律十八種・金布律》記載：「縣、都官坐效、計以負賞（償）者，已論，嗇夫即以其直（值）錢分負其官長及冗吏，而人與參辦券，以嫩少內，少內以收責之。其入贏者，亦官與辨券，入之。其責（債）毋敢隃（逾）歲，隃（逾）歲而弗入及不如令者，皆以律論之。」《龍崗秦簡》記載：「於禁苑中者，吏與參辨券。」

　　關於出納記帳，主要是確定好物品的年份與種類。首先，運送官有物品，要嚴格按照出入帳的時間進行登記，可能跨年運送的，應計入下一年度。其次，上繳手工業產品時，一律按照產出年份登記。《秦律十八種・金布律》記載：「官相輸者，以書告其出計之年，受者以入計之。八月、九月中其有輸，計其輸所遠近，不能逮其輸所之計，□□□□□□□移計其後年，計毋相繆。工獻輸官者，皆深以其年計之。」同時不同種類的產品應分別記帳，以便清晰帳目。《秦律十八種・工律》記載：「為計，不同程者毋同其出。」但物資統計中，如出現數量上的較大誤差，便可能引起舉劾的發生，《嶽麓秦簡・暨過誤失坐官案》記載：「……除銷史丹為江陵史，□未定（？）；與從事廿（二十）一年庫計，劾繆（謬）弩百。」

　　由上述的分析中，我們可以看出，秦朝的法律不但內容豐富，調整範圍廣泛，而且相當細密嚴苛。它反映了秦朝統治者在推行重本抑末政策的同時，對手工業、商業也很重視，並從法律上進行了全面的規定。說明了當時的統

〔註46〕周傳麗：《論秦朝的會計管理制度》，《河南大學學報》1996 年第 4 期，第 75 頁。
〔註47〕李孝林：《從雲夢秦簡看秦朝的會計管理》，《江漢考古》1984 年第 3 期，第 90 頁。

治者認識到沒有手工業的發展就無法提供農業生產的工具以及從事戰爭的武器。沒有商業，工業農業之間的交換也無法進行。因此，秦朝統治者運用法律手段調整經濟關係，以保證國家與人民之間在經濟利益上的衝突。特別是在秦民的賦稅和徭役的問題上，統治者以法律的手段採取強制性的規定，從而保證國家的收入與戌邊、工程等人員的充足〔註48〕。

　　本文原載農業部產業政策法規司、農業部管理幹部學院、中國農業經濟法研究會編《農業法律研究論叢（2019）》，法律出版社 2020 年版。後收入閆曉君主編《秦法律文化新探》，西北大學出版社 2021 年版。

〔註48〕張晉藩主編、徐世虹編：《中國法制通史（戰國、秦漢卷）》，北京：法律出版社，1999 年，第 126 頁。

附錄五：秦漢梟首刑簡論

　　摘要：梟首刑是中國古代法定刑罰的一種，梟首刑起源於戰爭，可能在商鞅變法時期逐漸的法定化，作為主要死刑方式之一。在漢代主要適用於謀反、逾制、不道、殺人、毆殺親屬、不孝等罪名，魏晉南北朝一直沿用。隋文帝制定《開皇律》時廢除，在以後古代的法典之中再無梟首刑的規定，但是梟首仍作為法外之刑使用，直至民國。

一、緒　論

　　「梟首」的定名與「梟獍」這種動物有關。《漢書・郊祀志》：「古天子常以春解祠，祠皇帝用一梟、破鏡」。《集解》引張晏注曰：「黃帝，五帝之首也，歲之始也。梟，惡逆之鳥。方士虛誕，云以歲始祓除凶災，令神仙之帝食惡逆之物，使天下為逆者破滅訖竟，無有遺育也。」《集解》引孟康注曰：「梟，鳥名，食母。破鏡，獸名，食父。皇帝欲絕其類，使百吏祠皆用之。破鏡如貙而虎眼。」《集解》引如淳著曰：「漢使東郡送梟，五月五日作梟羹以賜百官。以其惡鳥，故食之也。」〔註1〕《說文解字》解釋「梟，不孝鳥也。故日至捕梟磔之，從鳥，頭在木上。」〔註2〕《漢書・高祖帝》：「梟故塞王欣頭櫟陽市。師古曰：『梟，懸首於木上。』」〔註3〕可見在古人看來，梟是一種不孝的鳥，這種鳥啄食母肉，最後只剩下母梟的頭掛在樹枝上，梟

〔註1〕　（漢）班固：《漢書・郊祀志》，北京：中華書局，1962 年，1218 頁。
〔註2〕　（東漢）許慎撰、段玉裁注：《說文解字》，上海：上海古籍出版社，1981 年，271 頁。
〔註3〕　《漢書・高帝紀》，第 43 頁。

是象形字，之後就被指代「懸首於木上」。可見梟首就是割下罪犯的頭顱，懸掛於竿上示眾的刑罰。

在中國甘肅省博物館館藏有一件文物，定名為「人頭形鑾青銅戟」〔註4〕，此件文物 1972 年 10 月出土於靈臺縣白草坡西周墓葬。戟長 25.5 釐米，寬 23 釐米，重 275 克。人頭形刺刃，頸部有橢圓形鑾，長胡三穿，援斜出如鉤，有脊棱，援基飾一牛首，方內三齒，陰刻牛頭形徽識。為國家一級文物。這件青銅戟最為引人注目的，便是人頭形刺刃部分，其造型濃眉深目，披髮蜷鬚，高耳巨目，吻部突出，腮部有紋飾，目前有學者認為是最早進入新疆和河西走廊的印歐人—吐火羅人的形象。結合白草坡西周墓地出土的一些其他文物看，當時這裡的人們顯然與北方草原地區有著某些關聯。例如，白草坡墓地 1 號墓出土的管鑾啄戈、鐮形劍、三凸鈕鈴首刀等器物與中國北方草原以至於歐亞草原中西部、近東地區出土的同類型器物極為相似。有專家認為，在西周早中期，西周西部的一些方國就與歐亞草原和近東有一定文化聯繫，甚至存在一定程度上的人員交往。殷末周初，靈臺一代分布著許多異族、方國，有的是「戎狄之邦」，有的是殷的聯盟勢力，有的是周的聯盟勢力，而在其西北部的大片區域則是獫狁部族，即後來所說的犬戎。從同墓葬出土的有銘文的青銅器可知，人頭形鑾青銅戟的主人為伯，他與白草坡西周墓地的另一墓主人潶伯在周康王（公元前 1020～前 996 年）時期被封到這裡，其目的是為了加強對殷商移民及異族方國的鎮撫。他們手握重兵，曾參與重大戰役，受到周王的優厚待遇。而這件人頭形青銅戟就很可能是在某一次戰役勝利後所特別鑄造的兵器。商周時期曾盛行一種風習：不僅以異族戰俘的肉體獻神祭祖，還喜用異族戰俘的形象裝飾貴族們的兵器，有炫示威武之意。

現階段學界關於梟首刑的研究主要在於羅列梟首刑的事例，如沈家本的《歷代刑法考》、〔註5〕程樹德的《九朝律考》〔註6〕、韓冰的《死刑的歷史》〔註7〕、趙曉耕主編的《罪與罰：中國傳統刑事法律形態》〔註8〕。或者在論

〔註4〕　俄軍主編：《甘肅省博物館文物精品圖集》，西安：三秦出版社，2006 年，86 頁。
〔註5〕　（清）沈家本：《歷代刑法考》，北京：中華書局，1985 年，118～124 頁。
〔註6〕　（民國）程樹德：《九朝律考》，北京：中華書局，2003 年，38、194、239、310、355、398、416 頁。
〔註7〕　韓冰：《死刑的歷史》，北京：中國法制出版社，2006 年，139 頁。
〔註8〕　趙曉耕主編：《罪與罰：中國傳統刑事法律形態》，北京：中國人民大學出版社，2012 年，590～594 頁。

述某一朝代死刑時，論述梟首刑的事例，如栗勁的《秦律通論》〔註9〕、黃中業的《秦國法制建設》〔註10〕認為秦代將梟首刑列入秦死刑之中。傅榮珂的《睡虎地秦簡刑律研究》〔註11〕認為漢以後將梟首之刑視為主刑之一。李俊芳的《晉朝法制研究》〔註12〕論述晉朝死刑中的梟首刑。連宏的《漢唐刑罰比較研究》〔註13〕論述漢唐時期死刑中的梟首刑。但關於梟首刑的起源？何時梟首刑法定化？梟首刑的適用罪名是什麼？之前的研究成果均為明確說清。本文在結合出土文物與歷史文獻的基礎上分析上述三個問題，請教於方家。

二、梟首刑的起源——刑起於兵

中國古代的刑罰都是戰爭的產物，《漢書・刑法志》「大刑用甲兵，其次用斧鉞；中刑用刀鋸，其次用鑽笮；薄刑用鞭扑。大者陳之原野，小者致之市朝。其所繇來者上矣。」「甲兵」、「斧鉞」都是兵器，同時《漢書・刑法志》有將近一半的內容主要談論古代的戰爭、兵法，可見中國古代「兵」「刑」同源。〔註14〕

而梟首這種刑罰的最早事例也是在戰爭中出現的。《史記・黃帝本紀》「……於是黃帝乃徵師諸侯，與蚩尤戰於涿鹿之野，遂禽殺蚩尤。」〔註15〕為此宋朝高承在《事物紀原》第10卷中寫道：「黃帝斬蚩尤，懸首軍門，此梟首之起也。」〔註16〕《史記・殷本紀》：「甲子日，紂兵敗，走，入登鹿臺，衣其寶玉衣，赴火而死。周武王遂斬紂頭，懸之白旗。殺妲己。」〔註17〕《漢書・五行志》記載前616（魯文公十一年）「敗狄於咸。《穀梁》、《公羊傳》曰，長狄兄弟三人，一者之魯，一者之齊，一者之晉。皆殺之，身橫九畝；斷其首而載之，眉見於軾。何以書？記異也。」〔註18〕這裡面將戎狄的頭顱

〔註9〕 栗勁：《秦律通論》，濟南：山東人民出版社，1985年，424頁。
〔註10〕 黃中業：《秦國法制建設》，瀋陽：遼瀋書社，1991年，133頁。
〔註11〕 傅榮珂：《睡虎地秦簡刑律研究》，臺北：商鼎文化出版社，1992年，85頁。
〔註12〕 李俊芳：《晉朝法制研究》，北京：人民出版社，2012年，135頁。
〔註13〕 連宏：《漢唐刑罰比較研究》，東北師範大學2012年博士論文。
〔註14〕 蔡樞衡：《中國刑法史》，北京：中國法制出版社，2005年，78頁。
〔註15〕 （漢）司馬遷：《史記・五帝本紀》，北京：中華書局，1959年，3頁。
〔註16〕 參見王三聘輯：《古今事物考》，北京：中華書局，1985年，165頁。
〔註17〕 《史記・殷本紀》，108頁。
〔註18〕 《漢書・五行志》，1471頁。

斬下放在戰車前的木頭上。同時上文提到的甘肅省博物館館藏「人頭形鋬青銅戟」，這件兵器上頂端鑄造有異族人的頭顱，可能是這一時期部落之間戰爭的遺跡，以宣揚威武之意，非常符合梟首刑的懲處方式。國家博物館館藏有一件立虎梟首鍾〔註 19〕，一般認為是西周後期（一說春秋早期）樂器。正中飾變形獸面紋，中線有倒置立虎，周圍為粗疏的雷紋地，分布有九個梟首。此鍾奇特的文飾不是中原青銅器系統的風格，梟首的啄作鉤曲之狀，亦非一般的陶質塊範法所能鑄造。可見這也是古代部落為紀念戰爭而鑄造的器物，有梟首的部分，為了宣揚武力。

可見，梟首這樣的刑罰是在古代的戰爭中出現的，史料中所見黃帝與蚩尤的戰爭、武王伐紂的戰爭，兩件青銅器雖不是戰爭場面的描寫，但是都帶有濃厚的異族文化色彩，可能與對異族的征伐有很大的關係。梟首主要是砍下敵人的頭顱懸掛在武器或者木頭上，起到震懾敵人的作用，炫耀武力。之後隨著國家的出現，戰爭中的懲罰方式逐漸的變為國家政權的法律刑罰方式。

三、「梟首刑」的法定化

至於何時梟首刑成為國家法定的死刑方式之一，因古代律法資料多有遺失，所以很難確定，筆者只能根據相關資料推測其可能發生的時間，最有可能發生在春秋末期的商鞅變法時期。具體原因如下：

（一）查閱史籍記載，最早關於梟首刑的事例發生在秦王嬴政九年（前238 年），《史記·秦始皇本紀》：「衛尉竭、內史肆、佐弋竭、中大夫令齊等二十人皆梟首。車裂以徇，滅其宗。」〔註 20〕嫪毒叛亂的二十幾人同黨皆被處以梟首之刑，同時處以車裂之刑。可見最晚到秦王嬴政九年，梟首因成為秦國法定化的死刑之一。而秦國的法律體系主要是商鞅變法時所制定，所以存在商鞅變法時梟首刑成為法定化死刑的可能性。

（二）戰國之際，列國變法圖強，秦孝公任命商鞅為左庶長（前 359 年）「卒定變法之令」，其中關於軍功爵制的記載是這樣的，《北堂書鈔》「商君為法」條引徐野民注曰：「《秦本紀》云：商君為法於秦，戰斬一首者，賜爵

〔註 19〕 中國文物學會專家委員會編：《中國文物大辭典（上）》，北京：中央編譯出版社，2008 年，278～279 頁。
〔註 20〕 《史記·秦始皇本紀》，108 頁。

一級，其欲為官者五十石，其爵名：一為公士，二為上造，三為簪，四不更，五大夫，六公大夫，七官大夫，（注：此處「六公大夫，七官大夫」有誤，應為「六官大夫，七公大夫」。）八公乘，九五大夫，十左庶長，十一右庶長，十二左更，十三中更，十四右更，十五少上造，十六大上造，十七駟車庶長，十八大庶長，十九關內侯，二十為徹侯。」〔註21〕可見商鞅變法關於爵位的獲得是靠斬首敵人的頭顱獲得的，也可以見得這一時期斬首敵人頭顱對於秦國兵士的重要性，這也可以作為梟首刑在這一時期法定化的旁證，即斬首頭顱是獲得軍功爵位的手段，那麼梟首也可以作為主要的刑罰方式。

（五）日本學者富谷至的《剝奪生命與屍體處刑》認為在死刑的執行上存在著作為「剝奪生命」的正刑和「處理身體」的附加刑的雙重結構，而梟首刑屬後者。〔註22〕「處理身體」的附加刑主要在於起到刑罰的威懾作用。商鞅變法時期，秦國實行嚴刑峻法，「令民為什伍，而相牧司連坐。不告姦者腰斬，告姦者與斬敵首同賞，匿姦者與降敵同罰，」〔註23〕旨在實行法律的威懾性，使民懼法，而不敢犯法。這樣的社會背景，梟首刑最能體現法律的威懾性，故將梟首刑作為法定刑罰是非常有可能的。

四、秦漢時期梟首刑的適用

漢承秦制，漢代刑法體系主要繼承秦朝，而梟首刑是主要的死刑執行方式。考諸漢代時期梟首刑的案例，我們可以看到梟首刑主要適用於如下罪名：

（一）謀反罪

漢高祖十一年（前 196 年）「漢召彭越責以謀反，夷三族，梟首洛陽，下詔有收視者輒捕之。」〔註24〕漢靈帝建寧元年（168 年）「（竇）武不受詔，馳入步兵營，與紹共射殺使者。武、紹走，諸軍追圍之，皆自殺，梟首洛陽都亭。」〔註25〕

〔註21〕 （唐）虞世南：《北堂書鈔》卷 48《封爵部（下）・爵封》，北京：中國書店，1989 年，139 頁。

〔註22〕 （日）富谷至：《從終極的肉刑到生命刑——漢至唐死刑考》，周東平譯，載於范忠信、陳景良主編：《中西法律傳統》第 7 卷，北京：北京大學出版社，2009 年，1～48 頁。

〔註23〕 《史記・商君列傳》，2229 頁。

〔註24〕 《漢書・季布欒布田叔傳》，1980 頁。

〔註25〕 （宋）范曄：《後漢書・竇武傳》，北京：中華書局，1999 年，1516 頁。

（二）逾制罪

司馬彪《續漢書》「張濟為河南尹，中常侍段珪奴乘犢車於道，濟即收捕之，梟首，懸屍珪門。」〔註26〕

（三）對戰犯的處罰

《漢書‧高帝紀》：「漢王疾瘉，西入關，至櫟陽，存問父老，置酒。梟故塞王欣頭櫟陽市。〔註27〕

《資治通鑑》：「（呂）布亦怨術初不已受也，女已在塗，乃追還絕昏，械送韓胤，梟首許布。」〔註28〕

《資治通鑑》：「（袁）術求救於操，操不救。遂屠其城，梟術首，徙其部曲二萬餘人。」〔註29〕

《資治通鑑》：「（曹）操梟（袁）尚首，令三軍：「敢有哭之者斬！」〔註30〕

《資治通鑑》：「平北都尉呂蒙勒前鋒，親梟（陳）就首……」〔註31〕

（四）不道罪

主要是指以巫蠱之術害人。漢武帝晚年巫蠱之禍起，多人因此而獲罪。《漢書‧武帝紀》：「乙巳，皇后陳氏廢。捕為巫蠱者，皆梟首。」〔註32〕《漢書‧外戚傳》：「元光五年，上遂窮治之，女子楚服等坐為皇后巫蠱祠祭祝詛，大逆無道，相連及誅者三百餘人。楚服梟首於市。」〔註33〕《漢書‧公孫劉田王楊蔡陳鄭傳》：「貳師女為屈氂子妻，故共欲立焉。是時治巫蠱獄急，內者令郭穰告丞相夫人以丞相數有譴，使巫祠社，祝詛主上，有惡言，及與貳師共禱祠，欲令昌邑王為帝。有司奏請案驗，罪至大逆不道。有詔載屈氂廚車以徇，要斬東市，妻子梟首華陽街。貳師將軍妻子亦收。貳師聞之，降匈奴，宗族遂滅。」〔註34〕

〔註26〕周天游輯注：《八家後漢書輯注》，上海：上海古籍出版社，1986年，第417頁。
〔註27〕《漢書‧高帝紀》，43頁。
〔註28〕（宋）司馬光編著：《資治通鑑》卷62，北京：中華書局，1956年，1997頁。
〔註29〕《資治通鑑》卷63，2039頁。
〔註30〕《資治通鑑》卷65，2073頁。
〔註31〕《資治通鑑》卷65，2078頁。
〔註32〕《漢書‧武帝紀》，164頁。
〔註33〕《漢書‧外戚傳》，3948～3949頁。
〔註34〕《漢書‧公孫劉田王楊蔡陳鄭傳》，2883頁。

（五）殺人罪

《漢書‧游俠傳》：「（申屠建）遂斬（原）涉，縣之長安市。」〔註35〕但清末沈家本對原涉被判梟首認為是非法。沈家本說：「申屠建殺之，亦不為過，因恨其殺主簿而梟首焉，則非法也。」〔註36〕

（六）毆殺親屬

《二年律令‧賊律》中記載「子賊殺傷父母，奴婢賊殺傷主、主父母妻子，皆梟其首市。」〔註37〕子女故意殺傷父母，奴婢故意殺傷主人及主人父母，皆處梟首。《太平御覽》「甲、乙與丙爭言相鬥，丙以佩刀刺乙，甲即以杖擊丙，誤傷乙，甲當何論？或曰，毆父當梟首。」〔註38〕

（七）不孝罪

漢武帝元朔年間，因梁平王之王后與任王后與梁平王大母李太后爭奪罍樽，漢武帝「乃削梁八城，梟任王后首於市」。〔註39〕因罍樽乃梁孝王穿後世之物，當為梁國之重器，任王后與李太后爭之，實乃不孝行為，同時對於梁國國器之褻瀆。故被處於極刑。

五、結　論

梟首刑起源於戰爭，可能在商鞅變法時期逐漸的法定化，作為主要死刑方式之一。在漢代主要適用於謀反、逾制、不道、殺人、毆殺親屬、不孝等罪名，如《春秋公羊傳‧文十六年》何休注：「無尊上，非聖人，不孝者，斬首梟之。」〔註40〕同時也是對於戰犯的主要處理方式，仍然帶有兵刑的色彩。魏晉南北朝時期一直作為死刑的主要方式之一。《晉書‧刑法志》：「梟首者惡之長，斬刑者罪之大，棄市者死之下，髡作者刑之威，贖罰者誤之誡。」〔註41〕可知曹魏死刑中亦有梟首。直到隋文帝制定《開皇律》時，

〔註35〕《漢書‧游俠傳》，3719 頁。

〔註36〕（清）沈家本：《歷代刑法考》，北京：中華書局，1985 年，123 頁。

〔註37〕張家山二四七號漢墓竹簡整理小組：《張家山漢墓竹簡》，北京：文物出版社，2006 年，13 頁。

〔註38〕（宋）李昉等撰：《太平御覽》卷 640《刑法部（六）》，北京：中華書局，1960，2868 頁。

〔註39〕《史記‧梁孝王世家》，2088 頁。

〔註40〕（清）阮元校刻：《十三經注疏‧春秋公羊傳》卷 14《文公十六年》，北京：中華書局，1980 年，2275 頁。

〔註41〕（唐）房玄齡：《晉書‧刑法志》，北京：中華書局，1974 年，931 頁。

「蠲除前代鞭刑及梟首轘裂之法」〔註 42〕。在以後古代的法典之中再無梟首刑的規定，但是梟首仍作為法外之刑使用，直至民國。

本文係《隴右文博》（甘肅省博物館館刊）2016 年第 3 期封面文章。

〔註 42〕（唐）魏徵、令狐德棻：《隋書·刑法志》，北京：中華書局，1973 年，711 頁。

附錄六：漢代法治人物散論

劉　邦

　　劉邦（前 256～前 195 年），字季，泗水郡沛縣人，出身農家。他是當地出了名了「酒色之徒」，《史記・高祖本紀》記載「常有大度，不事家人生產作業。及壯，試為吏，為泗水亭長，廷中吏無所不狎侮。好酒及色。常從王媼、武負貰酒，醉臥，武負、王媼見其上常有龍，怪之。高祖每酤留飲，酒讎數倍」。

　　劉邦在泗水亭長任上，押送刑徒到驪山修建始皇陵，途中刑徒紛紛逃走，按照秦法，刑徒逃跑，劉邦亦要受到連坐。劉邦索性放走其餘刑徒，自己也逃到芒碭山，聚集百人，做起了「山大王」。公元前 209 年，陳勝、吳廣起義爆發後，沛縣吏蕭何、曹參召回劉邦，裏應外合。殺死沛縣縣令，推舉劉邦為縣令，號「沛公」，組織起一支二三千人的起義隊伍。

　　後來，劉邦投奔項梁，以「寬大長者」的名聲受到楚懷王的信任，被派遣西入關中。由於秦軍主力開赴趙地，與項羽主力決戰鉅鹿，西線空虛，所以劉邦軍隊沒有遇到大的阻力，直逼咸陽。公元前 207 年八月，劉邦攻陷武關。九月，趙高立子嬰為秦王，子嬰謀殺趙高，派遣重兵把手嶢關，試圖阻擋劉邦。劉邦繞過嶢關，大敗秦軍於藍田，「秦王子嬰素車白馬，繫頸以組，封皇帝璽符節，降軹道旁。」至此，中國歷史上第一個統一的中央集權制的帝國——秦王朝宣告滅亡。

　　公元前 206 年，劉邦進軍關中，《史記・高祖本紀》記載「十一月，沛公悉召諸縣父老、豪傑，謂曰：『父老苦秦苛法久矣！吾與諸侯約，先入關

者王之；吾當王關中。與父老約，法三章耳：殺人者死，傷人及盜抵罪。餘悉除去秦法，諸吏民皆案堵如故。凡吾所以來，為父老除害，非有所侵暴；無恐！且吾所以還軍霸上，待諸侯至而定約束耳。」乃使人與秦吏行縣、鄉、邑，告諭之。」沛公與父老、豪傑相約：除了「法三章」之外將廢除一切繁雜的秦法。所謂父老，就是基層「里」即村落的長老；豪傑，就是有勢力者。劉邦曰：「父老苦秦苛法久矣」，用了慰勞的表達；這與起事沛縣時「天下苦秦久矣」的用語是一樣的。當然，建立國家僅靠「法三章」是無法治理的。但是，這是沛公集團最有利的政治宣傳口號，亦為之後劉邦再入關中奠定了良好的政治形象。

此時，項羽已消滅秦軍主力，率領四十萬大軍破關西入，駐紮新豐鴻門，準備進攻劉邦。劉邦軍隊十萬，力量遠遠不敵項羽，劉邦利用項伯規勸項羽，上演了驚心動魄的「鴻門宴」，劉邦向項羽謝罪，避免與項羽交戰，保存了自己惡軍事實力。

項羽自立為西楚霸王，封劉邦為漢王，封地漢中。不久，各諸侯王政敵混戰，項羽被牽制無法西顧之時，劉邦重用韓信，「明修棧道、暗度陳倉」，平定三秦，東出函谷關，同項羽爭奪天下。從公元前 206 年八月到公元前 202 年年初，歷時五年的楚漢戰爭，最終以劉邦的全面勝利而告終，一代豪傑項羽只留下的「霸王別姬」的歷史長歌。

公元前 202 年，劉邦稱帝，五月，聽取婁敬的建議，正式建都長安，史稱西漢。建國之後劉邦為鞏固和加強統治採取了如下措施：

（一）制定政治、法律制度

《漢書‧高帝紀》記載：「天下既定，命蕭何次律令，韓信申軍法，張蒼定章程，叔孫通制禮儀，陸賈造《新語》。又與功臣剖符作誓，丹書鐵契，金匱石室，藏之宗廟。雖日不暇給，規摹弘遠矣。」漢承秦制，基本繼承秦代的法律體系，蕭何根據時代的變化修改律令，此亦當劉邦自漢中返回關中之後也，此為漢初的法律概況，可能就是後世所說的《九章律》。

（二）劃除異性諸侯王

稱帝後的劉邦重新劃分、冊封了八個異性諸侯王，分別是齊王韓信、韓王信、燕王臧荼、燕王盧綰、梁王彭越、趙王張耳、淮南王英布以及長沙王吳芮。其實這八個諸侯王，臧荼、英布，吳芮之前歸附在項羽麾下之時便是

王；而韓王信和趙王張耳以前皆是劉邦的盟友，張耳在劉邦登基當年便逝世了，其子張敖繼任為王；梁王彭越在楚漢之爭時立下赫赫戰功，齊王韓信則是漢高祖劉邦手下的第一功臣，先後平定山西、河北、山東。

當時的高祖劉邦迫於形勢不得已冊封他們為王，等劉邦坐穩了皇位後，這些散居在各地的異姓王便成為威脅劉氏皇權的隱患，劉邦與大臣刑白馬為盟「非劉氏王者，天下共擊之」，逐漸地剷除異性諸侯王。齊王韓信由於功高蓋主，桀驁不馴，起初被貶謫為淮陰侯，後來被設計殺害；韓王信遭到猜忌，投誠了匈奴；梁王彭越、淮南王英布和燕王臧荼由於涉及謀反而被逐一誅殺；趙王張敖受此牽連被捕入獄，後貶謫為列侯；燕王盧綰反叛後逃回匈奴而死。

（三）恢復經濟生產

漢初，國窮民窮，「民失作業而大飢饉，凡米石五千，人相食，死者過半」，到處是一片荒涼的景色。面對這種現實，漢初統治者廢除秦朝苛法，與民休息，恢復社會經濟。陸賈《新語》記載「秦始皇設為車裂之誅，以斂姦邪。築長城於戎境，以備胡越，征大吞小，威震天下。……事愈煩，天下愈亂，法愈滋，而姦愈熾，兵馬益設，而敵人愈多。秦非不欲為治，然失之者，乃舉措暴眾而用刑太極故也」。所以，陸賈建議劉邦多給農民種地的時間，寬刑薄賦，與民休息。劉邦頒布了一系列有利於恢復和發展社會經濟的休養生息詔令，歸納起來有如下幾種：勞力歸農。頒布軍隊復員令，凡復員的軍吏卒，可按軍功大小，分配田宅或免除賦徭。動員流亡之民回鄉，「復故爵田宅」。在全國推行釋免罪人和奴婢，增加農業勞動人口。鼓勵生育。高祖七年（公元前 200 年），詔令「民產子」，可以免除徭役兩年，以資鼓勵。採用這一政策，使得大漢帝國人口漸盛，中國人口的數量第一次達到歷史上的高峰。

公元前 196 年，劉邦帶病率軍征討英布的叛亂，戰時中箭受傷，病情加重。到第二年，劉邦病死長樂宮，後安葬長陵。

蕭　何

蕭何（？～前 193 年）不僅是協助漢高祖劉邦開國的功臣，也是安定漢初政局的良相。

蕭何與漢高祖劉邦的關係非常密切。《史記·蕭相國世家》記載：「蕭相國何者，沛豐人也。以文無害，為沛主吏掾。高祖為布衣時，何數以吏事護高

祖。高祖為亭長，常左右之。高祖以吏繇咸陽，吏皆送奉錢三，何獨以五。素有秦御史監郡者與從事，常辨之。何乃給泗水卒史。秦御史欲入言徵何，何固請，得毋行。及高及高祖起為沛公，何常為丞督事。」可見蕭何是沛縣人，與劉邦私交很好。蕭何以精通法律成為沛縣主吏掾，經常給予劉邦的幫助。劉邦以小吏身份服役咸陽時，有交誼的官吏都送錢三百，唯獨蕭何送去了錢五百。此事令劉邦終生難忘。劉邦受封為漢王，即任蕭何為丞相。

在楚漢之爭中，蕭何幫助劉邦做出了巨大的貢獻。

其一、在戰亂中搶救和保護了秦代的律令和戶口檔案文書。《史記·蕭相國世家》：「沛公至咸陽，諸將皆爭走金帛財物之府分之，何獨先入收秦丞相御史律令圖書藏之。沛公為漢王，以何為丞相。項王與諸侯屠燒咸陽而去。漢王所以具知天下　阨塞，戶口多少，彊弱之處，民所疾苦者，以何具得秦圖書也。」劉邦率軍進入咸陽，諸將爭先佔領府庫，搶奪金帛財物。唯獨蕭何獨具慧眼，首先進入丞相、御史大夫府，將律令、檔案文書收藏起來。由此掌握了珍貴的檔案資料，劉邦從而可以詳盡地瞭解天下的地形、戶口、賦稅情況，為後期劉邦與項羽的對決提供了堅實的戰略基礎。並且，蕭何因此掌握了秦朝的立法狀況，為建國以後，借鑒秦律，建立和完善漢朝的法律體系，奠定了基礎。《漢書·高帝紀》記載：「天下既定，命蕭何次律令，韓信申軍法，張蒼定章程，叔孫通制禮儀，陸賈造《新語》。又與功臣剖符作誓，丹書鐵契，金匱石室，藏之宗廟。雖日不暇給，規摹弘遠矣。」

其二、蕭何極力向劉邦推薦軍事天才韓信，促使劉邦拜韓信為大將軍，取得「明修棧道、暗渡陳倉」的戰略勝利，最終成為戰勝項羽的決定性因素。《史記·淮陰侯列傳》記載：「信數與蕭何語，何奇之。至南鄭，諸將行道亡者數十人，信度何等已數言上，上不我用，即亡。何聞信亡，不及以聞，自追之。人有言上曰：「丞相何亡。」上大怒，如失左右手。居一二日，何來謁上，上且怒且喜，罵何曰：「若亡，何也？」何曰：「臣不敢亡也，臣追亡者。」上曰：「若所追者誰？」曰：「韓信也。」上復罵曰：「諸將亡者以十數，公無所追；追信，詐也。」何曰：「諸將易得耳。至如信者，國士無雙。王必欲長王漢中，無所事信；必欲爭天下，非信無所與計事者。顧王策安所決耳。」王曰：「吾亦欲東耳，安能鬱鬱久居此乎？」何曰：「王計必欲東，能用信，信即留；不能用，信終亡耳。」王曰：「吾為公以為將。」何曰：「雖為將，信必不留。」王曰：「以為大將。」何曰：「幸甚。」於是王欲召信拜之。何曰：「王

素慢無禮，今拜大將如呼小兒耳，此乃信所以去也。王必欲拜之，擇良日，齋戒，設壇場，具禮，乃可耳。」王許之。諸將皆喜，人人各自以為得大將。至拜大將，乃韓信也，一軍皆驚。」

其三、蕭何先後為劉邦經營巴蜀、關中，替劉邦建立牢固的後方基地，保證了充足的軍需物資和兵員，使得劉邦在多次軍事失敗之後，仍能重整旗鼓，最終戰勝項羽。《史記・蕭相國世家》記載：「漢王引兵東定三秦，何以丞相留收巴蜀，填撫諭告，使給軍食。漢二年，漢王與諸侯擊楚，何守關中，侍太子，治櫟陽。為法令約束，立宗廟社稷宮室縣邑，輒奏上，可，許以從事；即不及奏上，輒以便宜施行，上來以聞。關中事計戶口轉漕給軍，漢王數失軍遁去，何常興關中卒，輒補缺。上以此專屬任何關中事。」

因此蕭何雖無攻城野戰之功，但他對楚亡漢興起到了關鍵的作用。《史記・蕭相國世家》記載：「五年，既殺項羽，定天下，論功行封。群臣爭功，歲餘功不決。高祖以蕭何功最盛，封為酇侯。所食邑多。功臣皆曰：「臣等身被堅執銳，多者百餘戰，少者數十合，攻城略地，大小各有差。今蕭何未嘗有汗馬之勞，徒持文墨議論，不戰，顧反居臣等上，何也？」高帝曰：「諸君知獵乎？」曰：「知之。」「知獵狗乎？」曰：「知之。」高帝曰：「夫獵，追殺獸兔者狗也，而發蹤指示獸處者人也。今諸君徒能得走獸耳，功狗也。至如蕭何，發蹤指示，功人也。且諸君獨以身隨我，多者兩三人。今蕭何舉宗數十人皆隨我，功不可忘也。」群臣皆莫敢言。」劉邦用「功狗」「功人」的妙論，肯定了蕭何的功勞。

劉邦死後，蕭何繼續以相國身份輔佐惠帝劉盈。公元前 193 年，蕭何病故，諡號「文終侯」。《漢書・蕭何傳》記載了班固對於蕭何的評價：「蕭何、曹參皆起秦刀筆吏，當時錄錄未有奇節。漢興，依日月之末光，何以信謹守管籥，參與韓信俱征伐。天下既定，因民之疾秦法，順流與之更始，二人同心，遂安海內。淮陰、黥布等已滅，唯何、參擅功名，位冠群臣，聲施後世，為一代之宗臣，慶流苗裔，盛矣哉！」

曹　參

曹參（？～前 190 年）不僅是協助漢高祖劉邦開國的功臣，也是安定漢初政局的良相。《史記・曹相國世家》記載：「曹參者，沛人也。秦時為沛獄掾，而蕭何為主吏，居縣為豪吏矣。高祖為沛公而初起也，參以中涓從。」曹

參與蕭何一樣都是劉邦在沛縣的故交。秦時，曹參為沛縣獄掾，與蕭何同為沛縣中的「豪吏」，也是協助劉邦起事的核心人物。

在反秦起義中，曹參始終跟隨在劉邦身邊，是敢打惡仗、多立戰功的名將。《史記・曹相國世家》記載：「將擊胡陵、方與，攻秦監公軍，大破之。東下薛，擊泗水守軍薛郭西。復攻胡陵，取之。徙守方與。方與反為魏，擊之。豐反為魏，攻之。賜爵七大夫。擊秦司馬枿軍碭東，破之，取碭、狐父、祁善置。又攻下邑以西，至虞，擊章邯車騎。攻爰戚及亢父，先登。遷為五大夫。北救阿，擊章邯軍，陷陳，追至濮陽。攻定陶，取臨濟。南救雍丘。擊李由軍，破之，殺李由，虜秦候一人。秦將章邯破殺項梁也，沛公與項羽引而東。楚懷王以沛公為碭郡長，將碭郡兵。於是乃封參為執帛，號曰建成君。遷為戚公，屬碭郡。」

曹參率軍攻打過秦將章邯的車騎軍隊，並且取得勝利；曹參率部攻打秦三川太守李由（秦丞相李斯之子）的部隊，擊破敵軍，誅殺李由。其後，曹參又參加了滅秦之戰的諸多戰役，戰功顯赫。《史記・曹相國世家》記載：「其後從攻東郡尉軍，破之成武南。擊王離軍成陽南，復攻之杠里，大破之。追北，西至開封，擊趙賁軍，破之，圍趙賁開封城中。西擊將楊熊軍於曲遇，破之，虜秦司馬及御史各一人。遷為執珪。從攻陽武，下軒轅、緱氏，絕河津，還擊趙賁軍屍北，破之。從南攻犫，與南陽守齮戰陽城郭東，陷陳，取宛，虜齮，盡定南陽郡。從西攻武關、嶢關，取之。前攻秦軍藍田南，又夜擊其北，秦軍大破，遂至咸陽，滅秦。」

在楚漢之爭中，曹參以戰將身份奮戰在第一線，其隸屬於韓信的麾下，參加諸多苦戰惡仗，攻城野戰，勞苦功高。這一時期，曹參就具備「出將入相」的閱歷，表現出治國理政的才幹。在隨韓信平定齊國之時，曹參任右丞相，留守齊地，以鎮壓田齊餘黨。《史記・曹相國世家》記載：「韓信已破趙，為相國，東擊齊。參以右丞相屬韓信，攻破齊歷下軍，遂取臨菑。還定濟北郡，攻著、漯陰、平原、鬲、盧。已而從韓信擊龍且軍於上假密，大破之，斬龍且，虜其將軍周蘭。定齊，凡得七十餘縣。得故齊王田廣相田光，其守相許章，及故齊膠東將軍田既。韓信為齊王，引兵詣陳，與漢王共破項羽，而參留平齊未服者。」

後來，劉邦稱帝，封其長子劉肥為齊王，任命曹參為齊相國。當時，齊國是最大的諸侯王國，齊地視為除關中之外最重要的區域，由此可見，曹參

深得漢高祖劉邦的信任。同時，曹參任職齊國丞相，對治國之道進行了有益的探索。《史記·曹相國世家》記載：「孝惠帝元年，除諸侯相國法，更以參為齊丞相。參之相齊，齊七十城。天下初定，悼惠王富於春秋，參盡召長老諸生，問所以安集百姓，如齊故諸儒以百數，言人人殊，參未知所定。聞膠西有蓋公，善治黃老言，使人厚幣請之。既見蓋公，蓋公為言治道貴清靜而民自定，推此類具言之。參於是避正堂，捨蓋公焉。其治要用黃老術，故相齊九年，齊國安集，大稱賢相。」曹參實踐黃老學派「無為而治」的政治理論和治國之術，休養生息，切實地符合當時的社會需要吧，使得齊國安定和睦，社會經濟得到快速的恢復。

公元前193年，蕭何去世，曹參接替蕭何擔任漢朝丞相，「參代何為漢相國，舉事無所變更，一遵蕭何約束。」曹參一切政務遵從蕭何所確定的規章制度辦事，史稱「蕭規曹隨」。

細察曹參的施政，我們可以發現兩個鮮明的特點。其一，曹參選用官吏，不以能幹為標準，而專用「重厚長者」，《史記·曹相國世家》記載：「擇郡國吏木詘於文辭，重厚長者，即召除為丞相史。吏之言文刻深，欲務聲名者，輒斥去之。」而見到別人的微小過失，總是為他們隱匿遮掩，《史記·曹相國世家》記載：「參見人之有細過，專掩匿覆蓋之，府中無事。」

其二、曹參終日飲酒，不理日常政務。《史記·曹相國世家》記載：「日夜飲醇酒。卿大夫已下吏及賓客見參不事事，來者皆欲有言。至者，參輒飲以醇酒，間之，欲有所言，復飲之，醉而後去，終莫得開說，以為常。」

曹參日夜飲酒、不理朝政，使得漢惠帝心生憂慮，「帝怪相國不治事，以為『豈少朕與』？參免冠謝曰：『陛下自察聖武孰與高帝？』上曰：『朕乃安敢望先帝乎！』曰：『陛下觀臣能孰與蕭何賢？』上曰：『君似不及也。』參曰：『陛下言之是也。且高帝與蕭何定天下，法令既明，今陛下垂拱，參等守職，遵而勿失，不亦可乎？』惠帝曰：『善。君休矣！』」

曹參勸說漢惠帝遵守漢高祖劉邦的既定國策，使得漢朝給天下百姓提供了修養生息的寬鬆環境，為文景之治奠定了基礎。百姓以歌謠的方式表達對曹參的尊重，《史記·曹相國世家》記載：「百姓歌之曰：蕭何為法，若畫一；曹參代之，守而勿失。載其清淨，民以寧一。」

太史公評價曹參「曹相國參攻城野戰之功所以能多若此者，以與淮陰侯俱。及信已滅，而列侯成功，唯獨參擅其名。參為漢相國，清靜極言合道。然

百姓離秦之酷後，參與休息無為，故天下俱稱其美矣。」

袁 盎

　　袁盎（？～前148年），字絲，西漢大臣。其父楚人也，故為群盜，徙安陵。初為遊俠，後歷任中郎將、隴西都尉、齊相、吳相和楚相，漢景帝時因病免官。

　　《漢書・袁盎傳》記載：「絳侯為丞相，朝罷趨出，意得甚。上禮之恭，常目送之。盎進曰：「丞相何如人也？」上曰：「社稷臣。」盎曰：「絳侯所謂功臣，非社稷臣。社稷臣主在與在，主亡與亡。方呂后時，諸呂用事，擅相王，劉氏不絕如帶。是時絳侯為太尉，本兵柄，弗能正。呂后崩，大臣相與共誅諸呂，太尉主兵，適會其成功，所謂功臣，非社稷臣。丞相如有驕主色，陛下謙讓，臣主失禮，竊為陛下弗取也。」後朝，上益莊，丞相益畏。已而絳侯望盎曰：「吾與汝兄善，今兒乃毀我。」盎遂不謝。及絳侯就國，人上書告以為反，徵繫請室，諸公莫敢為言，唯盎明絳侯無罪。絳侯得釋，盎頗有力。絳侯乃大與盎結交。」

　　絳侯周勃擔任丞相時，皇上對其非常恭敬，常常親自送周勃出宮。袁盎便對皇上說：「陛下以為丞相絳侯是什麼樣的人？」皇上說：「他是國家重臣。」袁盎說：「絳侯是通常所說的功臣，並不是國家的重臣，國家的重臣能與皇上生死與共。當年呂后執政時，諸呂掌權，爭相為王，致使劉家的天下幾乎斷送。這時，絳侯周勃當太尉，掌握兵權，不能匡正挽救。呂后去世後，大臣們一起共同反對諸呂，太尉掌握兵權，又恰好遇到那個成功的機會，所以他是通常所說的功臣，而不是國家的重臣。」從此以後上朝的時候，皇上逐漸威嚴起來，周勃也逐漸敬畏起來。等到周勃被免除了丞相的職位，回到自己的封國，封國中有人上書告他謀反，於是周勃被召進京，囚禁在監獄中。這時，只有袁盎一人敢證明周勃無罪，周勃才得以釋放。

　　《漢書・袁盎傳》記載：「淮南屬王朝，殺辟陽侯，居處驕甚。盎諫曰：「諸侯太驕必生患，可適（謫）削地。」上弗許。淮南王益橫。謀反發覺，上徵淮南王，遷之蜀，檻車傳送。盎時為中郎將，諫曰：「陛下素驕之，弗稍禁，以至此，今又暴摧折之。淮南王為人剛，有如遇霜露行道死，陛下竟為以天下大弗能容，有殺弟名，奈何？」上不聽，遂行之。淮南王至雍，病死，聞，上輟食，哭甚哀。盎入，頓首請罪。上曰：「以不用公言至此。」盎

曰：「上自寬，此往事，豈可悔哉！且陛下有高世行三，此不足以毀名。」
上曰：「吾高世三者何事？」盎曰：「陛下居代時，太后嘗病，三年，陛下不
交睫解衣，湯藥非陛下口所嘗弗進。夫曾參以布衣猶難之，今陛下親以王者
修之，過曾參遠矣。諸呂用事，大臣顓（專）制，然陛下從代乘六乘傳，馳
不測淵，雖賁育之勇不及陛下。陛下至代邸，西向讓天子者三，南鄉（向）
讓天子者再。夫許由一讓，陛下五以天下讓，過許由四矣。且陛下遷淮南王，
欲以苦其志，使改過，有司宿衛不謹，故病死。」於是上乃解，盎繇（由）
此名重朝廷。」

淮南王劉長來京朝見的時候，殺死了辟陽侯，他平時待人處事也相當驕
橫。袁盎勸諫皇上適當削減諸侯的封地，皇上不聽，等到棘蒲侯柴武太子準
備造反的事被發覺，追查治罪，這件事牽連到了淮南王，皇上便將其貶謫到
蜀地去，用囚車傳送。袁盎當時擔任中郎將，勸諫皇上說：「陛下向來驕縱淮
南王，不稍稍加以限制，以至落到現在這種地步。如今突然又摧折他。淮南
王為人剛直，萬一在路上遇到風寒而死在半途中，陛下就會背上殺弟的惡名，
到那時怎麼辦呢？」皇上沒採納他的意見。等到淮南王在雍地病死的消息傳
來後，皇上不吃不喝，哭得很悲哀。袁盎進入，叩頭請罪，又勸皇上寬心，並
說：「淮南王有三個兒子，隨您安排罷了。」於是文帝便把淮南王的三個兒子
都封為王，而袁盎也因此在朝廷中名聲大震。

一次，文帝從霸陵上山，打算從西邊的陡坡奔馳而下，袁盎騎著馬，緊
靠著皇帝的車子，還拉著馬韁繩，皇上說：「將軍害怕了嗎？」袁盎說：「我聽
說家有千金的人，就坐時不靠近屋簷邊，家有百金財富的人，站的時候不倚
在樓臺的欄杆上，英明的君主不會以僥倖心理去冒險。現在陛下放縱駕車的
六匹馬，從高坡上奔馳下去，假如發生馬匹受驚車輛毀壞的事，陛下縱然看
輕自己，怎麼對得起高祖和太后呢？」皇上這才中止。還有一次，皇上駕臨
上林苑，竇皇后、慎夫人跟從。等到就坐的時候，袁盎把慎夫人的坐席向後
拉了一些。慎夫人生氣，不肯就坐，皇上也發怒，站起身來回到宮中。袁盎勸
說：「我聽說尊貴和卑下有區別，那樣上下才能和睦。如今陛下既然已經確定
了皇后，慎夫人只不過是個妾，妾和主上怎麼可以同席而坐呢！再說陛下寵
愛她，就厚厚地賞賜她，陛下以為是為了慎夫人，其實恰好成了禍害她的根
由。陛下難道沒看見過『人彘』嗎？」皇上這才高興起來，召來慎夫人，把袁
盎的話告訴了她，慎夫人賜給袁盎黃金 50 斤。漢文帝時，宦官趙談受寵，常

和文帝出入同車，趙談曾向文帝講過袁盎的壞話，袁盎對此耿耿於懷，企圖報復。一次，袁盎見文帝又與趙談同車外出，即伏車前向文帝進諫說：「今漢朝雖缺乏人才，但陛下為什麼非同一個受過閹割的人共坐一輛車呢？」文帝一聽，只好讓趙談下車。趙談當眾受辱，氣憤難當，痛哭流涕地下了車。

袁盎在任隴西都尉時，仁愛士卒，士卒皆爭為死。之後，袁盎被提升為齊相，又調任吳相。

漢景帝對各諸侯的專橫跋扈憂心忡忡。御史大夫晁錯使人告發袁盎收受吳王劉濞賄賂。景帝震怒，將袁盎削職為民。不久，西漢政府實行晁錯削藩建議，吳王劉濞乘機發動「七國之亂」，晁錯準備請景帝追治袁盎之罪。袁盎大為恐慌，連夜面見大將軍竇嬰，誣晁錯的削藩建議逼出叛亂，並獻計說：「為今之計，只有斬晁錯，發使赦吳楚七國，恢復原有封地，方可平息此亂。」景帝失掉主見，竟下令誅晁錯，並派袁盎使吳議和。吳王欲殺袁盎，被一從史相救，袁盎遂歸京回報。後景帝派名將周亞夫率軍平定了「七國之亂」。

後來，袁盎因病被免官居家。景帝中元二年（前148年），梁孝王以袁盎曾阻止景帝立己為太子，派人在安陵將袁盎刺殺。

桑弘羊

桑弘羊（公元前152年～前80年），西漢著名的財政大臣。其出生於洛陽的一個商人家庭。當時洛陽是一個非常繁華的商業城市，以洛陽為中心，可以「東賈齊、魯，南賈梁、鄭」，這裡的風俗，《史記‧蘇秦列傳》：「治產業，力工商，逐什二以為務，」《漢書‧地理志》：「巧偽趨利，貴財賤義，高富下貧，喜為商賈，不好仕宦」。因此，我們認為桑弘羊在幼年時代接受了及其濃厚的商業思想，對他一生的事業產生了重要的影響。

漢武帝建元元年（公元前140年），桑弘羊13歲就進入宮廷，為漢武帝侍中，成為皇帝近侍，受到漢武帝的寵信。漢武帝元狩三年（公元前120年），山東的大鹽商東郭咸陽和南陽的冶鐵家孔僅，在大農令鄭當時的推薦下，成為漢庭重臣，以大農丞管理鹽鐵事務，而這時桑弘羊亦以能「言利」，與二人其名，深受漢武帝的器重。漢武帝元鼎二年（公元前115年），孔僅升任大農令，桑弘羊以侍中遷擢大農丞。元鼎六年（公元前111年），因為車算事件，侵犯商人的利益，商人的代表御史大夫卜式串通孔僅，上書言事，引起漢武帝的反感，次年（元封元年），卜式被貶太子太傅，孔僅亦被免職。漢武帝以

桑弘羊為治粟都尉，領大農，管理天下鹽鐵事務。

桑弘羊崇尚法治。他之所以崇尚法治，其根本出發點有兩個：首先，桑弘羊認為治國之道「堅據古人以應當世」，只有因法，才能適應社會的需求，《鹽鐵論‧大論》：「射者因勢，治者因法，虞夏以質，殷周以文，異時各有所施，今欲以敦樸之時，治頑弊之民，是猶遷延而拯弱，輯讓而救火也」。其次，桑弘羊深信「有法則治，無法則亂」的道理，因此，認為治民之道在於嚴刑峻法，《鹽鐵論‧刑德》：「令者所以教民也，法者所以督姦也。令嚴而民慎，法設而姦禁。罔疏則獸失，法疏則罪漏。罪漏則民放佚而輕犯禁。故禁不必法。」《鹽鐵論‧刑德》：「王者立法，曠若大路。今馳道不小也，而民公犯之，以其罰罪之輕也。千仞之高，人不輕凌，千鈞之重，人不輕舉。商君刑棄灰於道，而秦民治。故盜馬者死，盜牛者加，所以重本而絕輕疾之資也。武兵名食，所以佐邊而重武備也。盜傷與殺同罪，所以累其心而責其意也。」

桑弘羊一生的主要事業，就是他在經濟方面所實行的一系列措施，這些措施為漢武帝的宏圖大業提供了堅實的經濟基礎。

（一）鹽、鐵、酒專賣

漢武帝連年對外用兵，支出大量的軍費，致使國庫空虛，百姓流亡，國家為安置流民，耗費以億萬計，此舉大大地增加國家的財政困難。在桑弘羊及大鹽鐵商的建議下，《史記‧平準書》「山海，天地之藏也，皆宜屬少府，陛下不私，以屬大農佐賦。願募民自給費，因官器作煮鹽，官與牢盆。浮食奇民欲擅管山海之貨，以致富羨，役利細民。其沮事之議，不可勝聽。敢私鑄鐵器煮鹽者，釱左趾，沒入其器物。郡不出鐵者，置小鐵官，便屬在所縣」。漢武帝元封元年（公元前 122 年），桑弘羊被任命為治粟都尉，領大農，管理天下鹽鐵。凡是產鹽鐵的區域，都設置鹽鐵官，管理煮鹽、製造鐵器和買賣鹽鐵等事務。

漢武帝天漢三年（公元前 98 年），桑弘羊主辦建立酒榷制度，《鹽鐵論‧輕重》「大夫君以心計策國用，構諸侯，參以酒榷」，國家禁止百姓私自釀酒，釀酒業由國家專利並設官專門管理。

（二）均輸平準

漢武帝元鼎元年（公元前 115 年），桑弘羊創立均輸法，《史記‧平準書》

「弘羊為大農丞，管諸會計事，稍稍置均輸，以通貨物矣」，《鹽鐵論‧本議》「往者，郡國諸侯各以其方物貢輸，往來煩雜，物多苦惡，或不償其費。故郡國置輸官以相給運，而便遠方之貢，故曰均輸。開委府於京師，以籠貨物。賤即買，貴則賣。是以縣官不失實，商賈無所貿利，故曰平準。平準則民不失職，均輸則民齊勞逸。故平準、均輸，所以平萬物而便百姓，非開利孔而為民罪梯者也」。

漢武帝元封元年（公元前 110 年），桑弘羊創設平準法，《史記‧平準書》「置平準於京師，都受天下委輸。召工官治車諸器，皆仰給大農。大農之諸官盡籠天下之貨物，貴即賣之，賤則買之。如此，富商大賈無所牟大利，則反本，而萬物不得騰踊。故抑天下物，名曰「平準」。

均輸、平準法的施行，有利於排斥諸侯國、巨商大賈，平抑物價，保持物價平衡，同時可使政府直接控制交通運輸和市場物價，增加國庫收入。

（三）統一貨幣

漢武帝時期，貨幣紊亂嚴重影響國家財政收入，漢武帝元鼎五年（公元前 112 年），漢武帝採納桑弘羊的建議，將鑄幣權收歸中央，《漢書‧食貨志》「禁郡國毋鑄錢，專令上林三官鑄。錢既多，而令天下非三官錢不得行，諸郡國前所鑄錢，皆廢銷之，輸其銅三官」。自此以後，直至漢平帝時，全國通行的貨幣都是五銖錢。桑弘羊評價統一幣制的作用，《鹽鐵論‧錯幣》「文帝之時，縱民得鑄錢、冶鐵、煮鹽。吳王擅鄣海澤，鄧通專西山。山東姦猾，咸聚吳國，秦、雍、漢、蜀因鄧氏。吳、鄧錢佈天下，故有鑄錢之禁。禁禦之法立，而姦偽息，姦偽息，則民不期於妄得，而各務其職；不反本何為？故統一，則民不二也；幣由上，則下不疑也。」

漢武帝後元二年（公元前 87 年），漢武帝死，漢昭帝立，桑弘羊與霍光、金日磾、上官桀等共同受遺詔輔政，是年，桑弘羊遷御史大夫。漢昭帝元鳳元年（公元前 80 年），九月，鄂邑長公主、燕王劉旦與左將軍上官桀、驃騎將軍上官安謀反，事涉桑弘羊，桑弘羊父子先後被殺。

霍　光

霍光，字子孟，河東平陽人。生於漢武帝元光年間，卒於漢宣帝地節二年（前 68 年）。霍光一生輔佐漢武帝、漢昭帝、漢宣帝三期，其中在昭、宣兩朝執政二十年，是西漢歷史上舉足輕重的政治人物。

　　霍光是西漢名將霍去病的同父異母的弟弟，出身頗有一些戲劇性。《漢書‧霍光傳》記載：「父中孺，河東平陽人也，以縣吏給事平陽侯家，與侍者衛少兒私通而生去病。中孺吏畢歸家，娶婦生光，因絕不相聞。」

　　後來，漢武帝寵幸衛子夫，冊封其為皇后，霍去病亦因這層關係受到漢武帝重用。漢武帝元朔四年（前 125 年），霍去病出兵攻打匈奴，路過河東，至平陽交界，父子相認，《漢書‧霍光傳》記載：「會為票騎將軍擊匈奴，道出河東，河東太守郊迎，負弩矢先驅，至平陽傳舍，遣吏迎霍中孺。中孺趨入拜謁，將軍迎拜，因跪曰：「去病不早自知為大人遺體也。」中孺扶服叩頭，曰：「老臣得託命將軍，此天力也。」去病大為中孺買田宅、奴婢而去。還，復過焉，乃將光西至長安，時年十餘歲，任光為郎，稍遷諸曹、侍中。去病死後，光為奉車都尉、光祿大夫，出則奉車，入侍左右，出入禁闥二十餘年，小心謹慎，未嘗有過，甚見親信。」藉此機會，霍去病將霍光帶入長安，走進朝廷，在霍去病去世後，霍光被擢升為奉車都尉、光祿大夫，成為武帝貼身近臣，獲得漢武帝的信任，逐漸走進了風雲變幻的政治旅途。

　　漢武帝征和二年（前 91 年），巫蠱之禍爆發，衛太子被逼造反，後兵敗自殺。漢武帝晚年終於決定立年幼的劉弗陵為太子，特意命畫工根據古代周公輔佐年幼成王的故事，繪製「周公負成王朝諸侯圖」，專門送給霍光，以霍光為顧命大臣。《漢書‧霍光傳》記載：「上乃使黃門畫者畫周公負成王朝諸侯以賜光。後元二年春，上游五柞宮，病篤，光涕泣問曰：「如有不諱，誰當嗣者？」上曰：「君未諭前畫意邪？立少子，君行周公之事。」光頓首讓曰：「臣不如金日磾。」日磾亦曰：「臣外國人，不如光。」上以光為大司馬大將軍，日磾為車騎將軍，及太僕上官桀為左將軍，搜粟都尉桑弘羊為御史大夫，皆拜臥內床下，受遺詔輔少主。明日，武帝崩，太子襲尊號，是為孝昭皇帝。帝年八歲，政事一決於光。」

　　漢昭帝始元六年（前 81 年），在霍光的謀劃下，漢昭帝一舉剷除了上官桀、桑弘羊、燕王劉旦的叛亂，《漢書‧霍光傳》記載：「後桀黨有譖光者，上輒怒曰：「大將軍忠臣，先帝所屬以輔朕身，敢有毀者坐之。」自是桀等不敢復言，乃謀令長公主置酒請光，伏兵格殺之，因廢帝，迎立燕王為天子。事發覺，光盡誅桀、安、弘羊、外人宗族。燕王、蓋主皆自殺。光威震海內。昭帝既冠，遂委任光，訖十三年，百姓充實，四夷賓服。」接下來在漢昭帝在位十三年的時間裏，霍光牢牢把握政局，大權獨裁，威震海內。

　　元平元年（前74年），年僅21歲的漢昭帝去世，更為嚴重的是，漢昭帝沒有子嗣，故皇位繼承問題，成為公卿大臣最為棘手的問題。在霍光的授意下，迎接漢武帝之孫昌邑王劉賀，繼承大統。「即日承皇太后詔，遣行大鴻臚事少府樂成、宗正德、光祿大夫吉、中郎將利漢迎昌邑王賀。」

　　但事與願違，昌邑王劉賀嚴重地挑戰了霍光的權勢，霍光逐漸有了廢掉劉賀的打算，故史書記載了 1127 件劉賀入繼大統荒唐行為，「即位，行淫亂。」「受璽以來二十七日，使者旁午，持節詔諸官署徵發，凡千一百二十七事」。不少學者認為「行淫亂」是霍光廢黜劉賀的藉口，真正原因是劉賀的奪權行動。劉賀即位後，並未急於奪權，最典型的例子就是夏侯勝提醒劉賀「臣下有謀上者」時，劉賀反將夏侯勝下獄，這實際上是一種政治表態。再者，昌邑群臣遭誅殺時，呼喊「當斷不斷，反受其亂」，正是劉賀不曾支持昌邑群臣奪權的明證，因為掌握決斷權的人，只能是劉賀。劉賀從官中有人建議奪權，從主從關係上來說，這是從官的職責與本分，但這並不代表昌邑王集團真的採取了行動。劉賀並無大志和國家治理才能，屬生活方式腐化的西漢皇族。為了享樂，他利用皇帝的權力，肆意徵調人力與物資，這與當時社會發展的整體形勢和霍光的政治理念不符。

　　決心已定，霍光安排車騎將軍張安世調動軍隊，召集丞相、御史、將軍、列侯、中兩千石、大夫、博士到未央宮，《漢書・霍光傳》記載：「光曰：「昌邑王行昏亂，恐危社稷，如何？」群臣皆驚鄂失色，莫敢發言，但唯唯而已。田延年前，離席按劍，曰：「先帝屬將軍以幼孤，寄將軍以天下，以將軍忠賢能安劉氏也。今群下鼎沸，社稷將傾，且漢之傳諡常為孝者，以長有天下，令宗廟血食也。如令漢家絕祀，將軍雖死，何面目見先帝於地下乎？今日之議，不得旋踵。群臣後應者，臣請劍斬之。」光謝曰：「九卿責光是也。天下匈匈不安，光當受難。」於是議者皆叩頭，曰：「萬姓之命在於將軍，唯大將軍令。」光即與群臣俱見白太后，具陳昌邑王不可以承宗廟狀。皇太后乃車駕幸未央承明殿，詔諸禁門毋內昌邑群臣。」

　　至此，昌邑王劉賀被廢，昌邑王隨從二百多人被殺，霍光的權勢如日中天。後擁立漢武帝曾孫、流落民間的戾太子劉據的後代劉詢，是為漢宣帝。《漢書・霍光傳》記載：「近親唯有衛太子孫號皇曾孫在民間，咸稱述焉。光遂復與丞相敞等上奏曰：「《禮》曰：『人道親親故尊祖，尊祖故敬宗。』大宗亡嗣，擇支子孫賢者為嗣。孝武皇帝曾孫病已，武帝時有詔掖庭養視，至今

年十八，師受《詩》、《論語》、《孝經》，躬行節儉，慈仁愛人，可以嗣孝昭皇帝後，奉承祖宗廟，子萬姓。臣昧死以聞。」皇太后詔曰：「可。」光遣宗正劉德至曾孫家尚冠里，洗沐賜御衣，太僕以軨獵車迎曾孫就齋宗正府，入未央宮見皇太后，封為陽武侯。已而光奉上皇帝璽綬，謁於高廟，是為孝宣皇帝。」

漢宣帝地節二年（前 68 年），霍光一病不起，不久病逝，在生命垂危之際，漢宣帝親自到府中探視，在霍光死後，漢宣帝與皇太后親自為其主持喪禮，治喪儀式一律按照皇帝的規格辦理，將其葬於漢武帝茂陵之側，《漢書・霍光傳》記載：「中大夫任宣與侍御史五人持節護喪事。中二千石治莫府冢上。賜金錢、繒絮、繡被百領，衣五十篋，璧珠璣玉衣，梓宮、便房、黃腸題湊各一具，樅木外臧槨十五具。東園溫明，皆如乘輿制度。載光屍柩以轀車，黃屋在纛，發材官輕車北軍五校士軍陳至茂陵，以送其葬。諡曰宣成侯。發三河卒穿復士，起冢祠堂。置園邑三百家，長丞奉守如舊法。既葬，封山為樂平侯，以奉車都尉領尚書事。天子思光功德，下詔曰：「故大司馬、大將軍、博陸侯宿衛孝武皇帝三十有餘年，輔孝昭皇帝十有餘年，遭大難，躬秉誼，率三公、九卿、大夫定萬世冊，以安社稷，天下蒸庶咸以康寧。功德茂盛，朕甚嘉之。復其後世，疇其爵邑，世世無有所與，功如蕭相國。」

霍光作為一代權臣，生時極盡榮耀，死後封妻蔭子，可謂善始善終。但霍氏家族在霍光去世後兩年，漢宣帝一紙詔令，將霍氏家族斬草除根、誅滅殆盡。

本文係陝西省人民政府地方志辦公室重大招標項目《周秦漢唐法制史》「漢代法律故事・人物篇」的階段性成果。

致　謝

　　《漢代廷尉研究》是在自己碩士論文《漢代廷尉考論》基礎之上增補修訂而成，其完成可以作為蘭州大學七年求學的一個總結。

　　在此感謝碩士導師喬健先生、屈直敏教授、薛小林老師的教誨以及碩士師門張銀霏等等諸位師兄弟的幫助。

　　同時在法律史研究的道路上，感謝博士導師朱勇先生的教誨與同門師兄師姐的幫助。感謝西北政法大學閆曉君教授在學術道路上的指引與惠賜序言，感謝西安美術學院趙農教授的教誨。感謝臺灣花木蘭文化事業有限公司杜潔祥主編與楊嘉樂老師的幫助。

　　感謝我的愛人梁曉燕博士，感謝我的父母，最後也感謝不懈努力的自己。

2021 年 3 月 1 日

於長安清涼山